신보험기준서를 반영한

금융·보험회계

오광욱·이태기·오명전 공저

ACCOUNTING FOR FINANCIAL INSTRUMENTS AND INSURANCE CONTRACTS

상경사
www.SKBOOKS.co.kr

오광욱

(현)고려대학교 세종캠퍼스 융합경영학부 교수
고려대학교 경영학과 졸업,고려대학교 대학원 졸업(경영학석사),
고려대학교 대학원 졸업(경영학박사), 삼일회계법인 근무(한국공인회계사, 세무사),
금융감독원 회계관리국 자문교수, 한국회계기준원 질의회신연석회의 위원

이태기

(현) 금융감독원 근무
고려대학교 경영학과 졸업, 고려대학교 일반대학원(경영학 석사)
멜번대 MBA 졸업, 삼정회계법인 근무(한국공인회계사, 세무사)

오명전

(현) 숙명여자대학교 경영학부 교수
연세대학교 경영학과 졸업, 연세대학교 대학원 졸업(경영학석사)
연세대학교 대학원 졸업(경영학박사), 안진회계법인 근무(한국공인회계사, 세무사)
금융감독원 회계관리국 자문교수, 한국회계기준원 질의회신연석회의 위원
한국회계기준원 회계자문위원회 위원

금융·보험회계

지은이 오광욱 · 이태기 · 오명전

2023년 2월 22일 1판 1쇄 펴냄
2024년 2월 19일 1판 2쇄 펴냄

펴낸곳 상경사
펴낸이 김희철
재무이사 반경희
영업·마케팅 김병훈 · 김희은
편집·북디자인 성진우 · 배정영 · 이은정 · 임경순
경영지원 배정민

등록일 1988년 6월 27일
등록번호 제 1-753 호

06784 서울특별시 서초구 동산로12길 13-8 B01,02 (양재동,담덕궁)
전화 02-577-3835, 팩스 02-573-2240, https://www.skbooks.co.kr

- ISBN 979-11-6137-277-8 93320

- 저자와의 협의에 의해 인지를 생략합니다.
- 값은 표지 뒷면에 있습니다.
- 파본은 구입하신 서점에서 교환해드립니다.

신보험기준서를 반영한

금융·보험회계

오광욱·이태기·오명전 공저

상경사
www.SKBOOKS.co.kr

머리말

ACCOUNTING FOR FINANCIAL INSTRUMENTS AND INSURANCE CONTRACTS

보험회계는 각국의 보험회계 역사, 관행 및 실무 등에 크게 영향을 받아왔으며, 이에 따라 유사한 보험계약에 대해서도 국가별로 상이한 회계처리가 이루어지고 있었다. 이와 관련하여 국제회계기준위원회는 국가 간 보험회계의 통일성을 높이기 위해 1997년부터 보험계약 회계기준서 제정작업을 1단계와 2단계로 구분하여 진행하였다. 그 결과 2004년에 1단계 기준서인 IFRS4를, 2017년 5월에 2단계 기준서인 IFRS17을 확정·발표하였고, 이후 추가개정 등으로 시행 시기가 다소 지연되어 2023년 1월부터 IFRS17이 시행되게 되었다.

새로운 보험계약 기준서인 IFRS17은 국제적으로 통일된 회계기준으로서, 보험부채를 현행가치(이행가치)로 평가하고 보험서비스 제공에 따라 수익을 인식(발생기준)하도록 하였다. 이는 과거 현금기준과 유사한 보험업계의 회계처리 관행에서 벗어나 일반적인 회계원칙에 부합하는 내용을 담고 있다. 특히 새로운 보험계약 회계기준서(IFRS17)와 함께 그동안 적용이 유예되었던 금융상품 회계기준서(IFRS9)가 2023년부터 최초로 동시 적용됨으로써 보험업계 입장에서 2023년은 진정한 국제회계기준 도입의 원년이라 할 수 있다.

자본시장의 국제화 등에 따라 금융·보험산업의 중요성이 커지고 있음에도 학부 학생들이 금융회사, 특히 보험회사의 재무제표 및 회계처리에 대해 이해하는데 도움을 얻을 수 있는 금융·보험회계 관련 서적이 없는 실정이다. 이에 저자들은 회계원리, 중급회계, 고급회계 과정으로 대변되어온 기존의 재무회계 학습체계 외에 금융산업, 특히 보험회계에 관한 대학 현장 교육에 필요한 새로운 서적 출간의 필요성에 공감하였다. 이를 위해 지난 2년여간 새로운 회계기준서 검토, 금융상품 관련 공인회계사시험 등 기출문제 분석 등의 과정을 거쳤으며 2023년 IFRS17 시행 시기에 맞추어 「금융·보험회계」를 발간하게 되었다. 본서 각 부분의 주요 특징은 다음과 같다.

첫째, 중급자들에게 익숙한 금융상품회계 일반은 현행 기준서의 문장을 최대한 그대로 인용하는 방향으로 기술하였다. 여러 관련 교제가 기준서 이해를 위해 문장을 지나치게 요약·수정 기술함으로써 학생들이 막상 기준서의 문장 자체를 접했을 때 어려워하는 경우가 많다. 이에 본서는 금융상품 관련 기준서 문장을 최대한 유지·기술하고 관련 예제를 통해 난해한 기준서 문장 자체에 대한 문해(文解)를 돕고자 하였다.

둘째, 복합금융상품 및 파생상품 등은 개념의 이해를 위해 다양한 보충 설명을 제시하였다. 특히 통상 고급회계에서 별도로 다루는 파생상품 외에도 최근 쟁점이 되는 신종자본증권에 대한 설명을 포함하여 금융상품 기준서 전반에 대한 이해가 가능하도록 구성하였다.

셋째, 보험회계는 학부생에게 새로운 분야임을 고려하여 기준서상 다양한 용어 정의 및 보험업계에서 통용되는 용어에 대한 해설과 보충 설명에 정성을 다하였다. 또한 기준서에서 다루고 있는 보험계약 관련 사례를 이해하기 쉽도록 정리하고 관련 회계처리를 함께 제시하여 새로운 보험계약 회계기준서(IFRS17)의 내용을 이해할 수 있도록 하였다. 다만, 처음 학습하는 기준서의 내용 자체가 익숙하지 않아서 이해에 어려움이 있다면 제7장과 제8장 본문 및 예제를 중심으로 학습한 이후에 연습문제 부분과 제9장을 학습해도 무방하다.

마지막으로 본서가 대학 현장에서 활용될 교재임을 고려해서 보험회계 부분을 제외한 나머지 각 장의 연습문제의 난이도를 조정하였다. 기존의 저명 재무회계 분야 교재들은 공인회계사와 세무사 수험 준비생을 대상으로 하는 것이 사실이다. 따라서 내용뿐 아니라 연습문제의 다수가 공인회계사·세무사 2차 시험 수준의 주제와 문제들이 많아 대학 현장에서 학습하는 학부생에게는 부담이었다. 이에 본서에서는 연습문제를 교재의 내용을 이해함에 도움이 될 수 있는 분량과 수준으로 한정하고자 하였다.

본서를 출간하기까지 많은 도움이 있었다. 2021년 여름부터 공인회계사 최종합격자 발표를 기다리며 각종 기출문제 수집과 수정뿐 아니라 검토에 도움을 준 고려대학교 세종캠퍼스 신정욱 학생, 박주태, 정지환 회계사에게 고마움을 표한다. 또한 좋은 책을 만들기 위하여 편집과 디자인에 정성을 다해 준 상경사 사장님과 직원들에게도 감사드린다. 이번 출간을 계기로 현장의 목소리를 듣고 미흡하다고 판단되는 부분은 개정 과정에서 꼭 반영할 것임을 약속드린다.

본서를 통하여 학부·대학원 과정의 학생들뿐만 아니라 금융·보험회사 현업의 실무자들이 금융·보험회계에 대한 의문과 갈증을 조금이나마 해소하길 간절히 희망한다. 마지막으로 본서 출간을 계기로 학생들의 금융·보험회계에 관심을 유도하고 나아가 회계정보 생산자인 금융·보험업계 실무자, 투자자 등 정보이용자들이 향후 금융·보험회계에 대한 심도 있는 논의와 토론을 통해 사회 전반에 보험회계의 중요성을 전파하는 데 미력이나마 도움이 되길 바란다.

2023년 2월
오광욱·이태기·오명전

차 례

ACCOUNTING FOR FINANCIAL INSTRUMENTS AND INSURANCE CONTRACTS

제 4 장 금융부채

제 5 장 복합금융상품

제 6 장 파생금융상품과 위험회피회계

제 7 장 보험계약(1) : 보험의 이해, 보험계약 인식 및 최초 측정

부 록

제1장
금융상품 개론

ACCOUNTING FOR
FINANCIAL INSTRUMENTS AND
INSURANCE CONTRACTS

제1절
금융상품의 기본개념

1.1 금융상품의 정의

금융상품(financial instruments)은 거래당사자 일방에게 금융자산을 발생시키고 동시에 다른 거래상대방에게 금융부채나 지분상품[1)]을 발생시키는 모든 계약을 말한다.

따라서 일방이 금융자산으로 분류하면 거래상대방은 거래의 실질과 성격에 따라 금융부채 또는 지분상품으로 분류한다.

일반적으로 금융상품은 금융기관이 취급하는 정기예금이나 양도성예금 등 예금상품을 떠올리기 쉽다. 그러나 K-IFRS에서 정의하는 금융상품은 이뿐만 아니라 거래당사자에게 금융자산과 금융부채 또는 지분상품을 발생시키는 모든 계약상의 권리와 의무를 포괄한다.

금융상품을 수취, 인도 또는 교환하는 계약상 권리 또는 계약상 의무는 그 자체로 금융상품이다. 연쇄적인 계약상 권리나 의무가 궁극적으로는 현금을 수취 또는 지급하게 되거나 지분상품을 취득 또는 발행하게 되는 경우, 당해 계약상 권리와 의무는 금융상품의 정의를 충족한다.

[도표 1] 금융상품의 개념

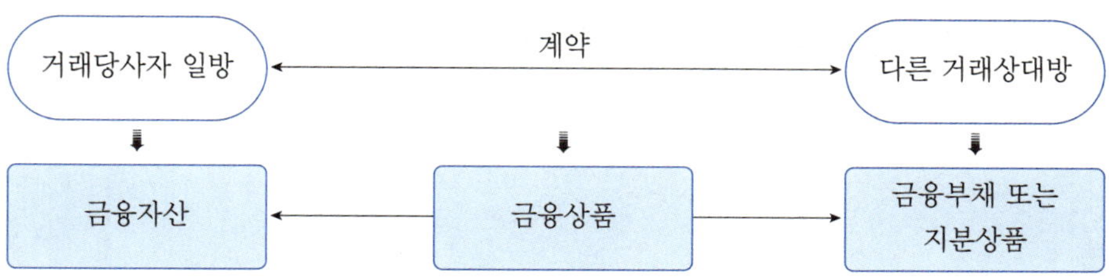

1) 지분상품(equity instruments)은 자본으로 인식되는 보통주와 같은 항목으로 이해하면 된다.

1. 계약상 권리 또는 의무

금융상품이 되기 위해서는 계약(contract)에 의해 이루어져야 하며 계약에 의하지 않은 권리와 의무는 금융상품으로 분류되지 않는다.

여기서 계약이란 명확한 경제적 결과를 가지고 있고, 법적 구속력이 있기 때문에 당사자가 그러한 경제적 결과를 자의적으로 회피할 여지가 적은 둘 이상의 당사자 간 합의를 말한다.[2)]

따라서 계약에 의하지 않은 자산과 부채는 금융자산이나 금융부채가 아니다. 이러한 예로 정부가 법인세법의 규정에 따라 부과하여 발생하는 법인세 관련 부채(미지급법인세)를 들 수 있으며, 이에 대해서는 '금융상품' 기준서가 아닌 '법인세' 기준서를 적용한다.

마찬가지로 의제의무도 계약에서 발생한 것이 아니라 암묵적인 합의 등에서 발생한 것이므로 금융부채가 아니며, '충당부채, 우발부채 및 우발자산' 기준서를 적용한다.

2. 계약에 따른 조건부 권리 또는 의무

계약상 권리나 의무는 미래 사건의 발생 여부를 조건으로 하는 경우도 있다.

예를 들어, 금융보증계약은 미래에 차입자가 채무를 상환하지 않는 경우에 대여자가 금융보증인에게 현금을 수취할 계약상 권리를 발생시키며, 동시에 금융보증인은 대여자에게 채무를 대신 상환하기 위해 현금을 지급할 계약상 의무를 발생시킨다.

이러한 대여자의 계약상 권리와 금융보증인의 계약상 의무는 모두 차입자가 채무를 상환하지 않는다는 미래 사건의 발생을 조건으로 하고 있다.

그러나 상환청구권과 보증의무 모두 과거 금융보증계약의 결과로 존재하는 것이므로, 계약에 따른 조건부 권리 또는 의무 모두 금융자산과 금융부채의 정의를 충족한다.

유의할 점은 '보험계약 기준서'의 적용범위에 포함되는 보험계약도 조건부 권리와 의무에 해당하기 때문에 금융상품과 보험계약을 구분하여야 한다는 것이다.

---

2) 금융상품의 계약은 다양한 형태로 존재할 수 있으며, 반드시 서류로 작성되어야 하는 것은 아니다.

1.2 금융자산과 금융부채 및 지분상품의 정의

K-IFRS 제1032호 '금융상품 표시'에서는 금융자산과 금융부채를 다음과 같이 정의하고 있다.

[도표 2] 금융자산과 금융부채의 정의

금융자산	금융부채
① 현금 ② 다른 기업이 발행한 지분상품 ③ 다음 중 하나에 해당하는 계약상 권리 ㉠ 거래상대방에게서 현금 등 금융자산을 수취할 계약상 권리 ㉡ 잠재적으로 유리한 조건으로 거래상대방과 금융자산이나 금융부채를 교환하기로 한 계약상 권리 ④ 기업 자신의 지분상품(이하 '자기지분상품'[3]이라 한다)으로 결제되거나 결제될 수 있는 다음 중 하나의 계약 ㉠ 수취할 자기지분상품의 수량이 변동가능한 비파생상품 ㉡ 확정수량의 자기지분상품에 대하여 확정금액의 현금 등 금융자산을 교환하여 결제하는 방법이 아닌 방법으로 결제되거나 결제될 수 있는 파생상품[4]	① 다음 중 하나에 해당하는 계약상 의무 ㉠ 거래상대방에게 현금 등 금융자산을 인도하기로 한 계약상 의무 ㉡ 잠재적으로 불리한 조건으로 거래상대방과 금융자산이나 금융부채를 교환하기로 한 계약상 의무 ② 자기지분상품[3]으로 결제되거나 결제될 수 있는 다음 중 하나의 계약 ㉠ 인도할 자기지분상품의 수량이 변동가능한 비파생상품 ㉡ 확정수량의 자기지분상품에 대하여 확정금액의 현금 등 금융자산을 교환하여 결제하는 방법이 아닌 방법으로 결제되거나 결제될 수 있는 파생상품[4]

3) 자기지분상품은 기업이 보유하고 있는 자기주식뿐만 아니라 결제를 위해 신규로 발행하는 주식, 이미 발행한 주식을 포함한 기업 자체의 주식으로 보통주, 우선주 등이 모두 포함된다.

4) 이러한 목적상 자기지분상품에는 다음의 금융상품은 포함되지 않는다.
① K-IFRS 제1032호 문단 16A와 16B에 따라 지분상품으로 분류되는 풋가능 금융상품
② 발행자가 청산되는 경우에만 거래상대방에게 지분비율에 따라 발행자 순자산을 인도해야 하는 의무를 발행자에게 부과하는 금융상품으로서 문단 16C와 16D에 따라 지분상품으로 분류되는 금융상품
③ 자기지분상품을 미래에 수취하거나 인도하기 위한 계약인 금융상품

1. 금융자산

(1) 현금 및 금융기관예치금

화폐(현금)는 교환의 수단이므로 금융자산이며, 재무제표에 모든 거래를 인식하고 측정하는 기준이 된다.

또한, 은행이나 이와 유사한 금융회사에 대한 예치금은 당해 금융회사에서 현금을 인출하거나 금융부채를 지급하기 위하여 예치된 잔액에 대하여 채권자를 수취인으로 하여 수표 등을 발행할 수 있는 계약상 권리를 나타내므로 금융자산이다.

(2) 다른 기업이 발행한 지분상품

다른 기업이 발행한 지분상품에 투자하여 보유하고 있는 경우, 이는 금융자산이다. 다른 기업이 발행한 지분상품의 대표적 예로는 보통주와 우선주, 주식매입권 등이 있다.

반면 기업은 기업 자신이 발행한 지분상품을 보유하고 있는 경우가 있는데, 이를 자기지분상품이라 한다. 기업이 자기지분상품을 보유하고 있는 경우에는 이를 금융자산으로 구분해서는 안되고, 자기주식 등의 과목으로 자본에서 차감하는 항목으로 표시해야 한다.

(3) 거래상대방에게서 현금 등 금융자산을 수취할 계약상 권리

1) 현금을 수취할 계약상 권리

미래에 거래상대방으로부터 현금을 수취할 계약상 권리에 해당하는 금융자산은 일반적으로 ① 매출채권, ② 받을어음, ③ 대여금, ④ 투자사채 등을 들 수 있다. 각각의 사례에서, 한 거래당사자가 현금을 수취할 계약상 권리는 다른 거래당사자가 현금을 지급할 계약상 의무에 대응되는 것이다.

보충설명 실물자산과 실물자산을 수취할 권리 및 인도할 의무

- 실물자산(예 재고자산, 유형자산), 리스자산(사용권자산)과 무형자산(예 특허권, 상표권)은 금융자산이 아니다.
- 이러한 실물자산이나 무형자산에 대한 통제는 현금 등 금융자산이 유입될 기회를 제공하지만, 현금 등 금융자산을 수취할 현재의 권리를 발생시키지 않는다.
- 또한, 미래 경제적 효익이 현금 등 금융자산을 수취할 권리가 아니라 재화나 용역을 수취할 권리가 있는 자산(예 선급금, 선급비용)은 금융자산이 아니다.[5]

---

5) 마찬가지로 선수수익과 대부분의 품질보증의무와 같은 항목도 현금 등 금융자산을 지급할 계약상 의무가 아니라 재화나 용역의 인도를 통하여 당해 항목과 관련된 경제적 효익이 유출될 것이므로 금융부채가 아니다.

보충설명 영구적 채무상품

- '영구적' 채무상품(예 '영구적'인 공채, 사채 및 자본성격의 채권)의 보유자는 한정되지 않은 미래 기간의 확정 일자에 이자의 명목으로 일정 금액을 수취할 계약상 권리가 있는 반면에, 원금을 상환받을 권리는 없거나, 또는 상환가능성을 매우 낮게 하거나 매우 먼 미래에 상환하게 하는 조건으로 원금을 상환받을 권리를 보유한다.
- 예를 들어, 기업은 ₩1,000의 액면금액에 대하여 연 8%의 이자율을 적용한 금액에 상당하는 연간 지급액을 영구적으로 지급하는 것을 조건으로 하는 금융상품을 발행할 수 있다. 이러한 금융상품의 발행시점에 유효이자율이 8%라고 가정하면, 발행자는 최초인식 시점에 ₩1,000의 공정가치(현재가치)를 가지는 일련의 미래 이자금액을 지급할 계약상 의무를 부담하게 된다.
- 이러한 금융상품의 보유자와 발행자는 각각 금융자산과 금융부채를 보유하게 된다.

또한 미수수익과 미수배당금도 금융자산이며, 금융리스계약에 의해 리스제공자가 기록하는 금융리스채권도 금융자산이다.

보충설명 금융리스와 운용리스

- 금융리스의 경우, 대출약정에 따른 원금 및 이자의 현금흐름과 실질적으로 동일한 현금흐름을 발생시킨다. 리스제공자는 이러한 현금흐름을 수취할 권리가 있고, 리스이용자는 지급할 의무가 있다.
- 따라서 리스제공자는 리스계약에 따라 수취할 금액을 현금을 받을 권리로 회계처리하게 되며, 이는 금융상품에 해당한다.
- 반면, 운용리스는 리스제공자가 미래 기간에 리스이용자에게 자산을 사용하게 하는 대가로 용역수수료와 유사한 대가를 수취하게 된다. 이는 일종의 미이행계약으로서, 리스제공자는 리스실물자산을 그대로 회계처리하므로 금융상품에 해당하지 않는다.[6]

2) 현금 외의 금융자산을 수취할 계약상 권리

금융상품의 다른 유형은 수취하거나 포기해야 할 경제적 효익이 현금 외의 금융자산으로 이루어지는 경우이다. 이러한 예로는 현금이 아닌 국채를 수취할 계약상 권리와 국채로 지급할 계약상 의무가 각각 보유자와 발행자에게 있는 국채지급어음을 들 수 있다.

국채는 발행자인 정부가 현금을 지급할 의무를 나타내므로 정부 입장에서는 금융부채(보유자는 금융자산)이다. 따라서 국채지급어음은 계약에 의해 보유자와 발행자에게 각각 금융자산과 금융부채를 발생시키므로 금융상품이다.

---

6) 다만, 운용리스의 경우에도 지급기일이 도래하였으나 아직 지급되지 않은 개별적인 지급액은 미수금 또는 미지급금으로 금융상품에 해당한다.

(4) 잠재적으로 유리한 조건으로 금융자산이나 금융부채를 교환하기로 한 계약상 권리

금융상품은 발생원천에 따라 본원금융상품과 파생금융상품으로 구분할 수 있다.

본원금융상품(primary instrument)에는 현금과 수취채권, 지급채무, 지분상품이 해당된다. 그리고 파생금융상품(derivative instrument)은 금융변수를 기초변수로 하여 그 기초변수의 변동에 따라 가치가 변동되는 금융상품으로서, 이에는 선물과 선도, 스왑, 옵션 등이 있다.[7]

이들 파생상품이 기초변수로 사용하는 금융변수로는 이자율, 환율, 물가지수, 종합주가지수, 본원금융상품의 가격, 일반상품(commodity, 예컨대 콩, 밀, 구리, 금 등)의 가격, 신용등급 등이 있다.

파생금융상품은 본원금융상품에 내재되어 있는 고유위험(가격변동, 환율변동, 이자율변동 등)을 계약 당사자간에 이전시키는 효과를 갖는 권리와 의무를 발생시킨다.

파생금융상품의 발생시점에 권리를 가진 계약당사자는 본원금융상품에 내재된 고유위험을 잠재적으로 유리한 조건으로 전가할 수 있는 권리를 가지게 되며, 의무를 가진 계약당사자는 해당 고유위험을 잠재적으로 불리한 조건으로 부담하는 의무를 지게 된다.[8]

이러한 권리와 의무는 시장상황의 변화에 따라 파생금융상품의 계약당사자에게 유리하거나 불리하게 바뀌게 된다. 따라서 잠재적으로 유리한 교환조건을 갖게 되면 금융자산이 되며, 잠재적으로 불리한 조건이 되면 금융부채가 된다.

> 예를 들어, 갑회사가 을회사로부터 ㈜대한의 보통주 1주를 3개월 후에 ₩100,000에 살 수 있는 권리를[9] 갖는 계약을 체결하고, 그 권리의 대가로 ₩2,000을 지급했다고 하자. 갑회사는 3개월 후에 ㈜대한의 보통주 가격이 ₩100,000을 초과하면 권리를 행사하여 차액만큼 이익을 내겠지만(유리할 수 있

---

7) K-IFRS 제1109호 '금융상품'의 적용범위에 해당하면서 다음의 세 가지 특성을 모두 가진 금융상품이나 기타계약을 파생상품이라 한다.
① 기초변수의 변동에 따라 가치가 변동한다. 기초변수는 이자율, 금융상품가격, 일반상품가격, 환율, 가격 또는 비율의 지수, 신용등급이나 신용지수 또는 기타 변수를 말한다.
② 최초 계약시 순투자금액이 필요하지 않거나 시장요소의 변동에 유사한 영향을 받을 것으로 기대되는 다른 유형의 계약보다 적은 순투자금액이 필요하다.
③ 미래에 결제된다.

8) 잠재적으로 유리하다는 의미는 유리할 수는 있지만 불리할 수 없는 경우이며, 잠재적으로 불리하다는 의미는 불리할 수는 있지만 유리할 수 없는 경우이다.

9) 이러한 계약을 콜옵션(call option)이라 한다. 반면, 일정한 기간 후에 팔 수 있는 계약을 풋옵션(put option)이라 한다.

음), 가격이 ₩100,000 미만이면 권리행사를 포기할(불리할 수는 없음) 것이다. 따라서 이러한 계약은 갑회사에 잠재적으로 유리한 계약이다. 그러므로 권리의 대가로 지급한 ₩2,000은 파생상품으로서 금융자산의 일종이다. 이런 경우 갑회사는 파생상품자산으로 인식한다.

(5) 자기지분상품으로 결제되거나 결제될 수 있는 일부 계약

기업 자신의 보통주나 우선주 또는 주식매입권 등을 자기지분상품이라 하는데, 이를 수취할 수 있는 계약을 체결하는 경우 그 권리의 대가로 지급한 금액은 지분상품이다. 지분상품은 자본 요소로서 이런 경우 자본에서 차감하는 형식으로 표시한다.

그러나 자기지분상품을 취득하는 계약 중 다음 두 가지 경우에는 이를 자본의 요소가 아닌 금융자산으로 표시해야 한다.

① 수취할 자기지분상품의 수량이 변동가능한 비파생상품
② 확정수량의 자기지분상품에 대하여 확정금액의 현금 등 금융자산을 교환하여 결제하는 방법이 아닌 방법으로 결제되거나 결제될 수 있는 파생상품

1) 수취할 자기지분상품의 수량이 변동가능한 비파생상품

자기지분상품에 대한 계약이 비파생상품이면서 수취할 자기지분상품의 수량이 변동가능하면 금융자산으로 기록하고, 그렇지 않으면(수량이 확정된 비파생상품) 자기지분상품(자본요소)으로 기록한다.

예를 들어, 갑회사가 을회사에 ₩1,000,000을 대여하고 3개월 후에 ₩1,000,000에 해당하는 갑회사의 보통주를 수취하는 계약을 체결했다고 가정하자. 이런 계약의 경우 갑회사는 을회사로부터 3개월 후의 갑회사의 보통주 가격에 따라 자기회사의 보통주식을 수취하게 될 것이다. 즉, 3개월 후 갑회사의 보통주 가격이 ₩50,000이라면 20주를 수취하고, 보통주 가격이 ₩100,000이라면 10주를 수취할 것이다. 이렇게 자기지분상품을 수취하는 비파생상품계약으로서 자기지분상품의 수량이 변동가능하면(확정되지 않으면) 금융자산으로 표시한다.

이런 경우 갑회사는 다음과 같은 회계처리를 한다.

(차)	수취채권(금융자산)	1,000,000	(대) 현금	1,000,000

그런데 위와는 달리 3개월 후에 수취하게 되는 갑회사의 보통주 수량이 확정되는 경우가 있다. 예컨대 3개월 후에 갑회사의 보통주 가격과는 관계없이 20주의 보통주를 수취하기로 하고 대여했다면 이는 지분상품(자본요소)으로 기록해야 한다.

이런 경우 회계처리는 다음과 같이 행한다.

(차) 자기지분상품(자본요소) 1,000,000 (대) 현금 1,000,000

위의 회계처리에서 지분상품은 자본요소로서 자본에서 차감하는 형식으로 표시한다. 이를 자기주식으로 표시하지 않는 이유는 대여시점에서 갑회사의 보통주(자기지분상품)를 취득하는 것이 아니기 때문이다.

어느 경우든 3개월 후 갑회사가 갑회사의 보통주를 수취하게 되는 경우에는 자기주식의 과목으로 대체하고 자본에서 차감하는 형식으로 표시한다.

2) 확정수량의 자기지분상품에 대하여 확정금액의 현금 등 금융자산을 교환하여 결제하는 방법이 아닌 방법으로 결제되거나 결제될 수 있는 파생상품

자기지분상품에 대한 파생상품계약이면서 특정한 요건을 충족시키는 경우에는 금융자산으로 기록한다.

예컨대, 자기지분상품에 대한 파생상품계약이면서 수취하게 되는 자기지분상품의 수량이 확정되지 않았거나, 자기지분상품에 대한 대가가 확정되지 않은 경우에는 금융자산(파생상품자산)으로 기록한다.

그러나 자기지분상품에 대한 파생상품계약이면서 수취하게 되는 자기지분상품의 수량이 확정되고 자기지분상품에 대한 대가가 확정된 경우에는 자기지분상품(자본요소)으로 기록한다. 이를 정리하면 [도표 3]과 같다.

[도표 3] 자기지분상품으로 결제하는 파생상품

자기지분상품의 대가 / 자기지분상품 수취 수량	확정	가변
확정	① 자기지분상품	② 금융자산
가변	③ 금융자산	④ 금융자산

- 위의 각각의 경우를 예를 들어 설명해 보자. 만약, 갑회사가 을회사와 6개월 후 갑회사의 주식을 살 수 있는 콜옵션을 체결하고 그 대가로 ₩20,000을 지급하였다면, 그 계약은 다양하게 이루어질 수 있다.
- 각각의 계약은 수취하게 되는 갑회사 주식(자기지분상품)의 수량 확정여부와 갑회사 주식대가(받을 권리의 화폐가치)의 확정여부에 따라 다음과 같이 달라질 수 있다.
  ① 6개월 후 갑회사가 ₩1,000,000을 지급하고 갑회사 주식 100주를 살 수 있는 계약

② 6개월 후 갑회사가 중동산 원유 100배럴에 해당하는 금액으로 갑회사 주식 100주를 살 수 있는 계약
③ 6개월 후 갑회사가 ₩1,000,000을 지급하는 날의 주가로 결정되는 갑회사 주식을 살 수 있는 계약
④ 6개월 후 갑회사가 중동산 원유 100배럴에 해당하는 금액만큼 주당 ₩2,000으로 갑회사 주식을 살 수 있는 계약

- 위의 경우 중 ①에 해당하는 경우에만 자기지분파생상품(자본요소)으로 기록하고 나머지 ②, ③, ④는 모두 금융자산(파생상품자산)으로 기록한다.

2. 금융부채

(1) 현금 등 금융자산을 인도하기로 한 계약상 의무

1) 현금을 지급할 계약상 의무

미래에 현금을 지급할 계약상 의무에 해당하는 금융부채의 일반적인 예로는 매입채무, 지급어음, 차입금, 사채 등을 들 수 있다. 뿐만 아니라 미지급비용과 미지급배당금 및 미지급금도 금융부채이며, 금융리스계약에 의해 리스이용자가 부담하는 금융리스부채도 금융부채이다.[10)]

2) 현금 외의 금융자산을 지급할 계약상 의무

금융상품의 다른 유형으로는 포기해야 할 경제적 효익이 현금 외의 금융자산으로 이루어지는 경우이다. 이러한 예로는 현금이 아닌 국채로 지급할 계약상 의무가 발행자에게 있는 국채지급어음을 들 수 있다.

국채는 발행자인 정부가 현금을 지급할 의무를 나타내므로 보유자에게는 금융자산이다. 따라서 당해 어음은 계약에 의해 발행자에게 금융부채를 발생시킨다.

(2) 잠재적으로 불리한 조건으로 금융자산이나 금융부채를 교환하기로 한 계약상 의무

파생금융상품은 본원금융상품에 내재되어 있는 고유위험을 계약당사자간에 이전시키는 효과를 갖는 권리와 의무를 발생시킨다. 파생금융상품의 발생시점에 권리를 가진 계약당사자는 본원금융상품에 내재된 고유위험을 잠재적으로 유리한 조건으로 전가할 수 있는 권리를 가지게 되며, 의무를 가진 계약당사자는 해당 고유위험을 잠재적으로 불리한 조건으로 부담하는 의무를

10) 따라서 금융리스는 금융상품에 해당하며 운용리스는 금융상품에 해당되지 않는다. 다만, 운용리스의 경우에도 지급기일이 도래하였으나 아직 지급되지 않은 개별적인 지급액은 금융상품에 해당한다.

지게 된다. 이러한 권리와 의무는 시장상황의 변화에 따라 파생금융상품의 계약당사자에게 유리하거나 불리하게 바뀌게 된다.

따라서 잠재적으로 유리한 교환조건을 갖게 되면 금융자산이 되며, 잠재적으로 불리한 조건이 되면 금융부채가 된다.

> 예를 들어 갑회사가 을회사에 ㈜대한의 보통주 10주를 3개월 후에 주당 ₩100,000에 팔 수 있는 권리를 갖는 계약을 체결하고, 그 권리의 대가로 ₩2,000을 지급했다고 하자. 이런 계약은 3개월 후에 ㈜대한의 보통주 가격이 ₩100,000 미만이면 을회사는 손해를 볼 수 있으므로 을회사에 잠재적으로 불리한 계약이다. 그러므로 계약의 대가로 수취한 ₩2,000은 파생상품으로서 금융부채의 일종이다. 이런 경우 을회사는 파생상품부채계정에 대기한다.

(3) 자기지분상품으로 결제되거나 결제될 수 있는 일부 계약

기업이 자기지분상품을 인도할 계약을 체결하는 경우 그 대가로 받은 금액은 지분상품이며, 자본의 증가로 표시한다.[11)]

그러나 자기지분상품을 발행하는 계약 중 다음 두 가지 경우에는 자본의 증가가 아닌 금융부채로 표시해야 한다.

> ① 인도할 자기지분상품의 수량이 변동가능한 비파생상품
> ② 확정수량의 자기지분상품에 대하여 확정금액의 현금 등 금융자산을 교환하여 결제하는 방법이 아닌 방법으로 결제되거나 결제될 수 있는 파생상품

1) 인도할 자기지분상품의 수량이 변동가능한 비파생상품

자기지분상품에 대한 계약이 비파생상품이면서 인도할 자기지분상품의 수량이 변동가능하면 금융부채로 기록하고, 그렇지 않으면(수량이 확정된 비파생상품) 자기지분상품(자본요소)으로 기록한다.

예를 들어 갑회사가 을회사로부터 ₩1,000,000을 차입하고 3개월 후에 ₩1,000,000에 해당하는 갑회사의 보통주를 인도하는 계약을 체결했다고 가정하자. 이런 계약의 경우 갑회사는 3개월 후에 갑회사의 보통주 가격에 따라 자기회사의 보통주식을 을회사에 인도하게 될 것이다.

---

11) 자기지분상품을 새로 발행하여 인도하는 경우에는 자본이 증가하며, 기존에 보유하고 있는 자기지분상품(자기주식)을 인도하면 차감표시되는 기타자본요소가 감소되므로 역시 자본이 증가한다.

① 만약 갑회사의 보통주 가격이 주당 ₩50,000이라면 20주를 인도하고, 보통주 가격이 주당 ₩100,000이라면 10주를 인도할 것이다.

이렇게 자기지분상품을 인도하는 비파생상품계약으로서 자기지분상품의 수량이 변동가능하면 (확정되지 않으면) 금융부채로 표시한다.

이런 경우 갑회사는 다음과 같은 회계처리를 한다.

(차) 현금	1,000,000	(대) 금융부채	1,000,000

② 그런데 위와는 달리 3개월 후에 인도하게 되는 갑회사의 보통주(자기지분상품) 수량이 확정되는 경우가 있다. 만약 3개월 후에 갑회사의 보통주 가격과는 관계없이 20주의 보통주를 지급하기로 하고 차입했다면, 이는 지분상품(자본요소)으로 기록해야 한다. 이런 경우 회계처리는 다음과 같이 행한다.

(차) 현금	1,000,000	(대) 자기지분상품	1,000,000

위의 회계처리에서 자기지분상품은 자본요소로서 자본에서 가산하는 형식으로 표시한다. 이를 자본금의 증가로 표시하지 않는 이유는 차입시점에서 갑회사의 보통주(자기지분상품)를 발행한 것이 아니기 때문이다.

어느 경우든 3개월 후 갑회사가 갑회사의 보통주를 인도하게 되는 경우에는 납입자본의 증가(신주발행의 경우)나 자기주식의 감소(자기주식을 교부하는 경우)로 처리한다.

2) 확정수량의 자기지분상품에 대하여 확정금액의 현금 등 금융자산을 교환하여 결제하는 방법이 아닌 방법으로 결제되거나 결제될 수 있는 파생상품

자기지분상품에 대한 파생상품계약이면서 특정한 요건을 충족시키는 경우에는 금융부채로 기록한다.

만약 자기지분상품에 대한 파생상품계약이면서 인도하게 되는 자기지분상품의 수량이 확정되지 않았거나 자기지분상품에 대한 대가가 확정되지 않은 경우에는 금융부채(파생상품부채)로 기록한다.

그러나 자기지분상품에 대한 파생상품계약이면서, 인도하게 되는 자기지분상품의 수량이 확정되고 자기지분상품에 대한 대가가 확정된 경우에는 지분상품(자기지분파생상품)으로 기록한다. 이를 정리하면 [도표 4]와 같다.

[도표 4] 자기지분상품으로 결제하는 파생상품

자기지분상품 인도 수량 \ 자기지분상품의 대가	확정	가변
확정	① 지분상품	② 금융부채
가변	③ 금융부채	④ 금융부채

- 위의 각각의 경우를 예를 들어 설명해 보자. 만약, 갑회사가 을회사와 6개월 후 을회사의 주식을 살 수 있는 콜옵션을 체결하고 을회사가 그 대가로 ₩20,000을 수취하였다면, 그 계약은 다양하게 이루어질 수 있다.
- 각각의 계약은 인도하게 되는 을회사 주식(자기지분상품)의 수량 확정여부와 을회사 주식(자기지분상품) 가치(인도할 의무의 화폐가치)의 확정여부에 따라 다음과 같이 달라질 수 있다.
  ① 6개월 후 갑회사가 ₩1,000,000을 지급하고 을회사 주식 100주를 살 수 있는 계약
  ② 6개월 후 갑회사가 중동산 원유 100배럴에 해당하는 금액으로 을회사 주식 100주를 살 수 있는 계약
  ③ 6개월 후 갑회사가 ₩1,000,000을 지급하는 날의 주가로 결정되는 을회사 주식을 살 수 있는 계약
  ④ 6개월 후 갑회사가 중동산 원유 100배럴에 해당하는 금액만큼 주당 ₩2,000으로 을회사 주식을 살 수 있는 계약
- 위의 경우 중 을회사는 ①에 해당하는 경우에만 자기지분파생상품(자본요소)으로 기록하고, 나머지 ②, ③, ④는 모두 금융부채(파생상품부채)로 기록한다.

지금까지의 설명에 따라 각종 부채를 금융부채와 비금융부채로 구분하면 다음과 같다. 예수금은 성격에 따라 비금융부채 또는 금융부채로 분류된다.

[도표 5] 금융부채와 비금융부채의 예

금융부채	비금융부채
매입채무(외상매입금, 지급어음), 미지급금, 미지급비용, 미지급배당금, 차입금, 사채, 금융리스부채, 상환우선주*, 예수금 * 상환금액과 상환일자가 정해진 경우	미지급법인세, 미지급재산세, 각종 충당부채와 의제의무*, 선수금, 선수수익, 예수금 * 조건부 의무인 금융보증은 금융부채의 정의를 충족함

3. 지분상품

앞에서 살펴본 금융자산과 금융부채의 개념을 통해 지분상품의 정의를 살펴보자.

지분상품은 기업의 자산에서 모든 부채를 차감한 후의 잔여지분을 나타내는 모든 계약이기 때문에 자본 중 계약이 아닌 항목은 지분상품이 아니다.

예컨대 보통주나 주식선택권 등은 지분상품이지만, 이익잉여금의 처분으로 인한 적립금과 미처분이익잉여금 등은 지분상품이 아니다.

K-IFRS 제1032호 '금융상품 표시'에서 규정하고 있는 지분상품의 분류요건을 나타내면 다음과 같다.

> 금융상품의 발행자가 당해 금융상품이 금융부채가 아니라 지분상품에 해당되는지를 결정하는 경우, 다음 조건을 모두 충족하는 금융상품만이 지분상품이다.
>
> ① 다음의 계약상 의무를 포함하지 아니한다.
> - ㉠ 거래상대방에게 현금 등 금융자산을 인도하기로 하는 계약상 의무
> - ㉡ 발행자에게 잠재적으로 불리한 조건으로 거래상대방과 금융자산이나 금융부채를 교환하는 계약상 의무
>
> ② 자기지분상품으로 결제되거나 결제될 수 있는 계약으로서, 다음 중 하나에 해당한다.
> - ㉠ 변동가능한 수량의 자기지분상품을 인도할 계약상 의무가 없는 비파생상품
> - ㉡ 확정수량의 자기지분상품에 대하여 확정금액의 현금 등 금융자산의 교환을 통해서만 결제될 파생상품[12)]

계약상 의무(파생금융상품에서 발생하는 계약상 의무 포함)에 따라 자기지분상품을 미래에 수취하거나 인도하는 결과가 발생하더라도, 위 ①과 ②의 조건이 충족되지 않는 계약상 의무는 지분상품이 아니다.

예외적으로, 금융부채의 정의를 충족하는 금융상품(풋가능 금융상품 등)이 지정된 특성과 조건을 충족하는 경우, 그 금융상품은 지분상품으로 분류한다.

---

12) 이러한 목적상, 기업이 동일 종류의 비파생 자기지분상품을 보유하고 있는 기존소유주 모두에게 주식인수권, 옵션 또는 주식매입권을 지분비율대로 비례하여 부여하는 경우, 어떤 통화로든 확정금액으로 확정수량의 자기지분상품을 취득하는 주식인수권, 옵션 또는 주식매입권은 지분상품이다. 또한 이러한 목적상 자기지분상품에는 다음의 금융상품은 포함되지 않는다.

① K-IFRS 제1032호 문단 16A와 16B 또는 문단 16C와 16D에 기술하고 있는 모든 특성을 가지고 있으며 동 문단에 기술하고 있는 조건을 충족하는 금융상품

② 자기지분상품을 미래에 수취하거나 인도하기 위한 계약인 금융상품

지분상품의 특성을 갖고 있는 자본구성항목으로는 중도상환이 불가능한 보통주와 금융부채(일부 상환우선주)로 분류되지 않는 우선주 등이 있다. 또한, 파생상품 보유자로부터 확정금액의 현금 등 금융자산을 수취하기로 하고 확정수량의 보통주(중도상환 불가능)를 청약이나 매입으로 취득할 수 있는 권리를 부여한 계약인 주식매입권과 매도콜옵션 등은 지분상품이다.

제2절
금융부채와 지분상품의 구분

금융상품의 발행자는 계약의 실질과 금융자산, 금융부채 및 지분상품의 정의에 따라 최초 인식 시점에 금융상품이나 금융상품의 구성요소를 금융자산, 금융부채 또는 지분상품으로 분류해야 한다.

계약상 의무(파생금융상품에서 발생하는 계약상 의무 포함)에 따라 자기지분상품을 미래에 수취하거나 인도하는 결과가 발생하더라도, 지분상품의 분류조건을 충족하지 않는 계약상 의무는 지분상품이 아니다.

예외적으로, 금융부채의 정의를 충족하는 금융상품(풋가능 금융상품 등)이 지정된 특성과 조건을 충족하는 경우, 그 금융상품은 지분상품으로 분류한다.

본 절에서는 앞에서 살펴본 금융부채와 지분상품의 정의를 바탕으로 금융부채와 지분상품의 구분에 대해 구체적으로 살펴보기로 한다.

2.1 금융부채와 지분상품 구분시 고려요소

신종자본증권이 금융부채와 지분상품 중 어느 것으로 분류되어야 하는지 결정하기 위해 고려해야 할 요소를 도식화하면 아래와 같다.

[도표 6] 금융부채와 지분상품의 분류[13)]

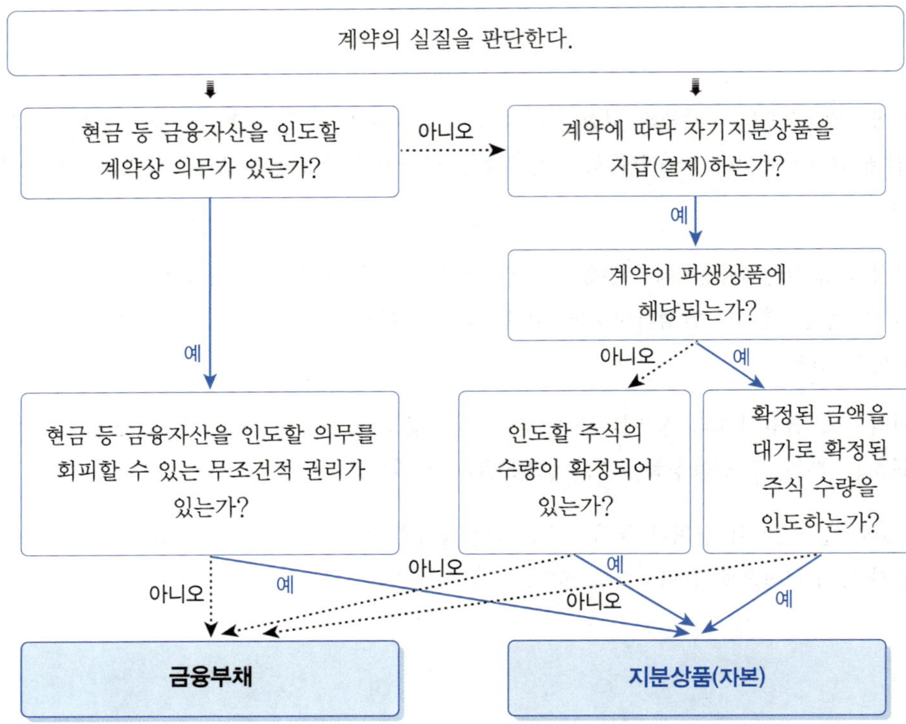

1. 계약의 실질 파악

금융상품은 법적 형식이 아니라 실질에 따라 재무상태표에 분류되어야 한다. 어떤 금융상품은 지분상품의 법적 형식을 가지고 있지만, 실질적으로는 금융부채에 해당하는 경우가 있다. 반면에 어떤 금융상품은 금융부채의 특성과 지분상품의 특성이 결합되어 있는 경우도 있다.

13) 출처 : 한국회계기준원 회계기준 길잡이 1 '금융상품 분류 : 신종자본증권'

보충설명 계약의 실질에 따른 금융상품 분류

- 우선주의 발행자가 보유자에게 확정되었거나 결정 가능한 미래의 시점에 확정되었거나 결정 가능한 금액을 의무적으로 상환해야 하거나, 우선주의 보유자가 발행자에게 특정일이나 그 이후에 확정되었거나 결정 가능한 금액의 상환을 청구할 수 있는 권리를 보유하고 있는 경우에 이러한 우선주는 금융부채이다.
- 금융상품의 보유자가 발행자에게 당해 금융상품의 환매를 요구할 권리를 부여받아 현금 등 금융자산을 수취할 수 있는 금융상품(풋가능 금융상품)은 금융부채이다. 단, 예외규정에 따라 지분상품으로 분류되는 금융상품은 제외한다.

2. 현금 등 금융자산을 인도할 의무

금융부채와 지분상품을 구분하는 중요한 특성은 금융상품의 거래당사자인 발행자가, 금융상품의 다른 거래당사자인 보유자에게 현금 등 금융자산을 인도하거나 발행자에게 잠재적으로 불리한 조건으로 보유자와 금융자산이나 금융부채를 교환하는 계약상 의무의 존재여부이다.

지분상품의 보유자가 지분비율에 따라 배당이나 그 밖의 배분을 수취할 자격이 있다는 자체만으로는 발행자가 보유자에게 현금 등 금융자산을 반드시 인도해야 하는 것은 아니기 때문에 발행자가 그러한 배분을 해야 할 계약상 의무를 지는 것은 아니다.

이런 이유로 발행된 보통주에 대해 배당금을 선언하기 전에는 배당금 지급 의무를 금융부채로 인식하지 않는다.

3. 의무를 회피할 수 있는 무조건적인 권리

계약상 의무를 결제하기 위한 현금 등 금융자산의 인도를 회피할 수 있는 무조건적인 권리를 기업이 가지고 있지 않은 경우, 이러한 의무는 금융부채의 정의를 충족한다.

보충설명 무조건적인 권리를 가지고 있지 않은 경우

- 외화의 획득이 곤란하거나 감독기구에서 지급승인을 받을 필요가 있는 등 금융상품의 발행자가 의무를 이행할 능력에 제약이 있더라도, 이러한 제약은 당해 발행자의 계약상 의무나 당해 금융상품 보유자의 계약상 권리에 영향을 미치지 않는다.
- 거래상대방이 상환을 요구할 수 있는 권리를 행사하는 경우에 발생하는 계약상 의무는 금융부채이다. 이는 발행자가 현금 등 금융자산의 인도를 회피할 수 있는 무조건적인 권리를 가지고 있지 않기 때문이다.

4. 자기지분상품으로 결제

단순히 자기지분상품을 수취하거나 인도하게 된다고 해서 그러한 계약이 지분상품이 되는 것은 아니다.

이러한 계약이 지분상품인지 여부는 인도 또는 수취해야 할 자기지분상품의 수량과 수령하는 현금이나 기타 금융자산이 변동가능한지 아니면 확정되어 있는지에 따라 결정된다.

(1) 지분상품으로 분류되는 계약

기업이 확정금액의 현금 등 금융자산을 대가로 확정수량의 자기지분상품을 수취하거나 인도하여 결제되는 계약은 지분상품이다.

예를 들어, 상대방에게 확정된 가격이나 확정된 사채의 액면금액으로 확정된 수량의 발행자 주식을 매입할 수 있는 권리가 부여된 주식옵션을 발행한 경우, 당해 옵션은 지분상품이다.

(2) 금융부채로 분류되는 계약

기업은 수취하거나 인도해야 할 자기지분상품의 공정가치가 계약상 권리나 의무의 금액과 일치하도록 수량이 변동하는 기업 자신의 주식이나 그 밖의 지분상품을 수취할 권리 또는 인도할 의무를 가질 수 있다.

이러한 계약상 권리나 의무의 금액은 확정금액일 수도 있으며, 자기지분상품의 시장가격이 아닌 다른 변수(예 이자율, 일반상품가격 또는 금융상품의 가격 등)의 변동의 전부 또는 일부에 따라 변동하는 금액일 수도 있다.

예를 들어, ① ₩1,000,000과 동일한 공정가치에 해당하는 자기지분상품을 인도할 계약과 ② 100온스의 금과 동일한 공정가치에 해당하는 자기지분상품을 인도할 계약의 경우, 이러한 계약은 기업이 자기지분상품을 인도하여 당해 계약을 결제해야 하거나 결제할 수 있더라도 금융부채이다. 기업이 변동가능한 수량의 자기지분상품을 계약의 결제수단으로 사용하는 경우, 이러한 계약은 지분상품이 아니기 때문에 그 계약은 자산에서 모든 부채를 차감한 후의 잔여지분을 나타내지 못한다.

변동가능한 금액의 현금 등 금융자산을 대가로 확정된 수량의 자기지분상품을 인도하거나 수취하여 결제되는 계약은 금융자산이나 금융부채이다. 이러한 계약의 예로는 향후 금 100온스의 가치에 해당하는 현금을 대가로 자기지분상품 100주를 인도하는 계약을 들 수 있다.

2.2 금융부채 정의의 예외규정

1. 풋가능 금융상품

풋가능 금융상품이란 금융상품 보유자가 발행자에게 당해 금융상품의 환매를 요구하여 현금 등 금융자산을 수취할 권리가 부여된 금융상품 또는 불확실한 미래사건이 발생하거나 금융상품 보유자가 사망하거나 퇴직하는 경우 발행자에게 자동으로 환매되는 금융상품을 말한다.

풋가능 금융상품은 풋(put)이 행사되면 발행자가 현금 등 금융자산으로 그 금융상품을 재매입하거나 상환해야 하는 계약상 의무를 포함하므로 일반적으로 금융부채이다.

그러나 금융부채의 정의에 대한 예외로서, 금융부채의 정의를 충족하는 금융상품이 [도표 7]의 특성과 조건을 모두 가지고 있는 경우에는 지분상품으로 분류한다.

2. 발행자가 청산되는 경우에만 거래상대방에게 지분비율에 따라 발행자 순자산을 인도해야 하는 의무를 발행자에게 부과하는 금융상품이나 금융상품의 요소

일부 금융상품은 발행자가 청산되는 경우에만 거래상대방에게 지분비율에 따라 발행자 순자산을 인도해야 하는 계약상 의무를 포함한다.

그러한 의무는 ① 청산의 발생이 확실하고 그 청산을 발행자가 통제할 수 없거나(예 존속기간이 정해진 기업), ② 청산의 발생이 불확실하지만 그 청산을 해당 금융상품 보유자가 선택할 수 있기 때문에 생겨난다.

이러한 경우에도 발행자가 현금 등의 자산을 인도해야 하는 의무를 회피할 수 있는 무조건적인 권리가 없으므로 금융부채의 정의를 충족한다.

그러나 금융부채의 정의에 대한 예외로서, 그러한 의무를 포함하는 금융상품이 [도표 7]의 특성과 요건 중 ①②③의 특성과 ⑥의 요건을 충족시키는 경우에는 지분상품으로 분류한다.

[도표 7] 풋가능 금융상품 등이 지분상품으로 분류되는 특성과 요건(모두 충족)

① 발행자가 청산되는 경우, 보유자에게 지분비율에 따른 발행자 순자산에 대한 권리가 부여된다.[14)]

② 그 금융상품은 그 밖의 모든 종류의 금융상품보다 후순위인 금융상품의 종류에 포함된다.[15)]

③ 그 밖의 모든 종류의 금융상품보다 후순위인 금융상품의 종류에 포함되는 모든 금융상품은 동일한 특성을 갖는다. 예를 들어, 해당 금융상품이 모두 풋가능해야 하며, 재매입가격이나 상환가격을 계산하기 위해 사용된 공식이나 그 밖의 방법이 해당 종류의 모든 금융상품에 대하여 동일하다.

④ 발행자가 현금 등 금융자산으로 그 금융상품을 재매입하거나 상환해야 하는 계약상 의무를 제외하고는, 그 금융상품은 거래상대방에게 현금 등 금융자산을 인도하거나 발행자에게 잠재적으로 불리한 조건으로 거래상대방과 금융자산이나 금융부채를 교환하는 계약상 의무를 포함하지 않으며, 금융부채의 정의를 충족하고 있는 자기지분상품으로 결제되거나 결제될 수 있는 계약이 아니다.

⑤ 금융상품의 존속기간에 걸쳐 그 금융상품에 귀속되는 총기대현금흐름은 실질적으로 그 해당 기간 중 발행자의 당기손익, 인식된 순자산의 변동 또는 인식 및 미인식된 순자산의 공정가치 변동(해당 금융상품의 효과는 제외)에 기초한다.

⑥ 발행자는 다음 모두에 해당하는 그 밖의 금융상품이나 계약을 보유하지 않아야 한다.

㉠ 총현금흐름이 실질적으로 발행자의 당기손익, 인식된 순자산의 변동 또는 인식 및 미인식된 순자산의 공정가치 변동(그러한 금융상품이나 계약의 효과는 제외)에 기초한다.

㉡ 풋가능 금융상품 보유자의 잔여 수익을 실질적으로 제한하거나 고정시키는 효과가 있다.

※ 발행자가 청산되는 경우에만 거래상대방에게 지분비율에 따라 발행자 순자산을 인도해야 하는 의무를 발행자에게 부과하는 금융상품이 지분상품으로 분류되기 위해서는 ①②③의 특성과 ⑥의 요건을 충족시켜야 한다.

① 풋가능 금융상품과 ② 발행자가 청산되는 경우에만 거래상대방에게 지분비율에 따라 발행자 순자산을 인도해야 하는 의무를 발행자에게 부과하는 금융상품이 [도표 7]의 특성과 조건을 충족시키거나 충족시키지 못하는 경우에는 금융부채로 재분류해야 한다.

14) 발행자 순자산은 발행자의 자산에 대한 그 밖의 모든 청구권을 차감한 후의 잔여 자산이다. 지분비율은 다음에 따라 결정된다.

① 청산시 발행자 순자산을 동일한 금액의 단위로 나눈 후,

② 그 금액에 금융상품 보유자가 보유한 단위 수를 곱한다.

15) 그러한 금융상품의 종류에 포함되기 위해서는 해당 금융상품이 다음의 조건을 모두 충족해야 한다.

① 청산시 발행자의 자산에 대한 그 밖의 청구권에 우선하지 않는다.

② 그 밖의 모든 종류의 금융상품보다 후순위인 금융상품의 종류에 포함되기 전에 또 다른 금융상품으로 전환될 필요가 없다.

지분상품의 특성과 조건을 더 이상 충족하지 못하여 그 지분상품을 금융부채로 재분류하는 경우에, 금융부채는 재분류일의 해당 금융상품의 공정가치로 측정한다.

발행자는 재분류일의 지분상품의 장부금액과 금융부채의 공정가치의 차이를 자본으로 인식한다.

반대로, 지분상품의 특성과 요건을 충족시키면 금융부채를 자본으로 재분류하며, 이때의 지분상품은 재분류일의 금융부채의 장부금액으로 측정한다.

2.3 조건부 결제조항

주가지수, 소비자물가지수, 이자율 또는 과세조건의 변동이나 발행자의 미래 수익, 순이익 또는 부채비율과 같이 금융상품의 발행자와 보유자 모두가 통제할 수 없는 불확실한 미래사건의 발생여부나 불확실한 상황의 결과에 따라 현금 등 금융자산을 인도하여 결제되거나 금융부채로 분류되는 결과를 초래하는 그 밖의 방법으로 결제되는 금융상품이 있다.

이 경우에 발행자는 현금 등 금융자산의 인도를 회피할 수 있거나 아니면 금융부채로 분류되는 결과를 초래하는 그 밖의 결제방법을 회피할 수 있는 무조건적인 권리를 가지고 있지 않다.

따라서 이러한 금융상품은 다음의 경우를 제외하고는 발행자의 금융부채이다.

① 현금 등 금융자산을 인도하는 결제방법이나 금융부채로 분류되는 결과를 초래하는 그 밖의 결제방법과 관련된 조건부 결제규정이 실질적으로 유효하지 않은 경우
② 발행자가 청산되는 경우에만, 현금 등 금융자산을 인도하는 방법으로(또는 금융부채로 분류되는 결과를 초래하는 기타의 방법으로) 의무를 결제하도록 요구할 수 있는 경우
③ 금융상품이 [도표 7]의 조건을 충족하는 경우

2.4 결제옵션

여러 가지 결제방법(예 현금 차액결제 또는 현금과 주식의 교환) 중 발행자나 보유자가 결제방법을 선택할 수 있는 파생금융상품은 금융자산이나 금융부채이다. 다만, 어떤 결제방법이 적용되더라도 지분상품이 되는 경우에는 그러하지 아니하다.

결제옵션이 있는 파생금융상품으로서 금융부채인 예로는, 발행자가 현금으로 차액결제하는 방법과 현금과 기업 자신의 주식을 교환하여 결제하는 방법 중에서 선택할 수 있는 주식옵션을 들 수 있다.

마찬가지로, 기업 자신의 주식을 대가로 비금융항목을 매입하거나 매도하는 일부 계약은 비금융항목을 인도하여 결제되거나 현금 등 금융상품으로 차액결제될 수 있기 때문에 K-IFRS 제1032호를 적용한다. 이러한 계약은 지분상품이 아니라 금융자산이나 금융부채에 해당한다.

2.5 복합금융상품

비파생금융상품의 발행자는 금융상품의 조건을 평가하여 당해 금융상품이 부채요소와 자본요소를 모두 가지고 있는지를 결정해야 하며, 각 요소별로 금융부채 또는 지분상품으로 분류해야 한다.

발행자는 ① 금융부채를 발생시키는 요소와 ② 발행자의 지분상품으로 전환할 수 있는 옵션을 보유자에게 부여하는 요소를 별도로 분리하여 인식한다. 예를 들어, 보유자가 확정수량의 발행자의 보통주로 전환할 수 있는 사채 또는 이와 유사한 금융상품은 복합금융상품이다.

발행자의 관점에서 이러한 금융상품은 금융부채(현금 등 금융자산을 인도하는 계약)의 요소와 지분상품(확정수량의 발행자의 보통주로 전환할 수 있는 권리를 정해진 기간 동안 보유자에게 부여하는 콜옵션)의 요소로 구성된다.

이러한 금융상품을 발행하는 거래는 조기상환규정이 있는 채무상품과 주식을 매입할 수 있는 주식매입권을 동시에 발행하는 거래 또는 분리형 주식매입권이 있는 채무상품을 발행하는 거래와 실질적으로 동일한 경제적 효과가 있다. 따라서 이러한 모든 거래들의 경우 발행자는 재무상태표에 부채요소와 자본요소를 분리하여 표시한다.

전환권을 행사할 가능성이 변동하는 경우에도(특히, 특정 보유자의 입장에서 전환권의 행사가 경제적으로 유리해지는 경우에도) 전환상품의 부채요소와 자본요소의 분류를 수정하지 않는다.

예를 들어 전환으로 인해 보유자에게 발생하는 세무효과의 차이 등으로 인하여 보유자는 예상대로 행동하지 않을 수 있다. 더욱이 전환의 가능성은 때에 따라 변동한다. 발행자가 미래에 원리금을 지급할 계약상 의무는 전환, 금융상품 만기의 도래 또는 그 밖의 거래를 통하여 소멸되기 전까지는 미결제된 상태로 유지된다.

보통주로 전환할 수 있는 사채의 발행자는 자본요소가 결합되지 않은 유사한 사채(내재되어 있는 비자본요소인 파생상품의 특성 포함)의 공정가치를 측정하여 부채요소의 장부금액을 우선 결정한다.

그 다음으로 자본요소(금융상품을 보통주로 전환할 수 있는 전환권)의 장부금액은 복합금융상품 전체의 공정가치에서 금융부채의 공정가치를 차감하여 결정한다.

복합금융상품 발행자의 회계처리는 제5장에서 상세히 설명한다.

제2장

금융자산(1)

: 지분상품과 채무상품의 인식과 측정

ACCOUNTING FOR FINANCIAL INSTRUMENTS AND INSURANCE CONTRACTS

제1절 금융상품의 인식

1.1 금융상품 인식의 일반원칙

인식이란 금융상품의 정의를 충족하는 항목을 재무상태표에 포함하기 위하여 계정명칭 또는 화폐 금액으로 나타내는 것이다.

금융자산이나 금융부채는 금융상품의 계약당사자가 되는 때 재무상태표에 인식한다. 따라서 계약의 당사자가 확정되지 않으면 금융상품은 재무제표에 인식되지 않는 것이 원칙이다. 다음은 최초 인식과 관련된 사례이다.

[도표 1] 금융상품의 최초 인식 시점

사례	최초 인식 시점
무조건적인 채권과 채무	계약의 당사자가 되어 현금을 수취(지급)할 법적 권리(의무)를 가지게 된 때
재화나 용역을 매입 또는 매도하는 확정계약에 따라 취득하는 자산과 부담하는 부채	당사자 중 어느 한쪽이 계약을 이행할 때
기준서의 적용대상인 비금융항목을 매입하거나 매도하는 확정계약	계약일

보충설명

- 미인식 확정계약을 공정가치 위험회피의 위험회피대상항목으로 지정하면 회피대상위험에 따른 순공정가치의 변동은 위험회피개시 후에 자산이나 부채로 인식한다.
- 선도계약은 결제일이 아닌 계약일에 자산이나 부채를 인식한다.
- 옵션계약은 그 보유자나 발행자가 계약의 당사자가 된 때 자산이나 부채를 인식한다. 이 내용은 파생금융상품을 학습한 후에 이해할 것을 권한다.

최초로 인식하는 금융자산과 금융부채는 후속 측정을 위해 관련 기준서의 내용에 따라 분류한다.

1.2 금융자산의 정형화된 매입 또는 매도

금융자산의 정형화된 매입 또는 매도는 매매일이나 결제일에 인식하거나 제거한다. 매매일 또는 결제일 회계처리는 같은 방식으로 분류한 금융자산의 매입이나 매도 모두에 일관되게 적용한다.

예를 들어, 금융자산의 분류와 관련된 기준서의 내용에 따라 금융자산을 특정 범주로 분류한 기업이 해당 범주에 속하는 금융자산을 매입할 시 매매일에 인식하고 매도 시 결제일에 제거하는 회계처리를 할 수 없다.

매매일은 자산을 매입하거나 매도하기로 약정한 날이다. 매매일 회계처리는 ① 매매일에 수취할 자산과 그 자산에 대하여 지급할 부채를 인식하는 것 ② 매매일에 매도한 자산을 제거하고 처분 손익을 인식하며 매입자가 지급할 금액을 채권으로 인식하는 것이다.

결제일은 자산을 인수하거나 인도하는 날이다. 결제일 회계처리는 ① 자산을 인수하는 날에 자산을 인식하는 것 ② 자산을 인도하는 날에 자산을 제거하고 처분 손익을 인식하는 것이다. 결제일 회계처리 방법을 적용하는 경우 기준서 제1109호 금융자산에 따라 분류된 금융자산은 매매일과 결제일 사이의 공정가치 변동을 반영하지 않거나 공정가치 변동을 당기손익 또는 기타포괄손익으로 반영한다.

예제 1 매매일과 결제일 회계처리

㈜대한(결산일은 12월 31일)은 12월 28일 금융자산을 매입했으며 결제일은 차연도 1월 2일이다. 다음은 기업이 매입한 금융자산의 일자별 공정가치이다.

일자	공정가치
12월 28일	₩1,000
12월 31일	1,050
1월 2일	1,080

물음

1. 매매일과 결제일의 공정가치 변동을 반영하지 않는 금융자산이라고 가정한다. 매매일에 회계처리하는 방법과 결제일에 회계처리하는 방법을 적용하는 경우 일자별 회계처리를 제시하라.

2. 매매일과 결제일의 공정가치 변동을 반영(당기손익 또는 기타포괄손익에 반영)하는 금융자산이라고 가정한다. 매매일에 회계처리하는 방법과 결제일에 회계처리하는 방법을 적용하는 경우 일자별 회계처리를 제시하라.

해설

1. 매매일과 결제일의 공정가치 변동을 반영하지 않는 금융자산

일자	매매일	결제일
12월 28일	(차) 금융자산 1,000 (대) 미지급금 1,000	회계처리 없음
12월 31일	회계처리 없음	회계처리 없음
1월 2일	(차) 미지급금 1,000 (대) 현금 1,000	(차) 금융자산 1,000 (대) 현금 1,000

2. 매매일과 결제일 사이의 공정가치 변동을 반영(당기손익 또는 기타포괄손익)하는 금융자산

일자	매매일	결제일
12월 28일	(차) 금융자산 1,000 (대) 미지급금 1,000	회계처리 없음
12월 31일	(차) 금융자산 50 (대) 이익(기타포괄이익) 50	(차) 금융자산 50 (대) 이익(기타포괄이익) 50
1월 2일	(차) 금융자산 30 (대) 이익(기타포괄이익) 30 (차) 미지급금 1,000 (대) 현금 1,000	(차) 금융자산 1,030 (대) 이익(기타포괄이익) 30 현금 1,000

제2절
금융자산의 분류

2.1 금융자산의 분류 시 고려할 요소

금융자산을 분류하면서 고려해야 하는 요소는 다음의 두 가지이다.

(1) 금융자산의 관리를 위한 사업모형(entity's business model)
(2) 금융자산의 계약상 현금흐름 특성(the contractual cash flow characteristics)

1. 사업모형(entity's business model)

기준서상 금융자산 분류기준 가운데 첫 번째 사항은 관리를 위한 사업모형을 고려하는 것이다.

사업모형은 현금흐름을 창출하기 위해 금융자산을 관리하는 방식을 의미한다. 따라서 사업모형은 최악의 상황 시나리오 또는 위기 상황 시나리오같이, 발생할 것이라고 합리적으로 예상하지 아니하는 시나리오에 근거하여 평가하지 아니한다.

사업모형은 특정 사업 목적을 이루기 위해 금융자산의 집합을 함께 관리하는 방식을 반영하는 수준에서 결정한다. 사업모형은 개별 상품에 대한 경영진의 의도와는 무관하다.

따라서 이 조건은 금융상품별 분류접근법이 아니며 더 높은 수준으로 통합하여 결정해야 한다. 그러나 하나의 기업은 금융상품을 관리하는 둘 이상의 사업모형을 가질 수 있다. 따라서 분류가 보고실체(reporting entity) 수준에서 결정될 필요는 없다.

현금흐름이 사업모형을 평가했던 시점의 예상과 다르게 실현되더라도 사업모형을 평가할 때 이용할 수 있었던 모든 관련 정보를 고려하였다면 재무제표에 과거기간의 오류가 있는 것은 아니며, 그 사업모형에서 보유하고 있는 나머지 금융자산의 분류에 영향을 미치지 아니한다.

새로 창출하거나 새로 매입하는 금융자산에 대해 사업모형을 평가할 때는 과거에 현금흐름이 실현된 방식에 대한 정보를 관련되는 그 밖의 모든 정보와 함께 고려해야 한다.

2. 계약상 현금흐름 특성(the contractual cash flow characteristics)

금융자산의 계약상 현금흐름의 특성에 기초하여 금융자산을 분류한다. 이를 위해 해당 금융자산의 계약상 현금흐름이 원리금 지급만으로 구성(계약상 현금흐름(SPPI)요건, Soley Payment of Principal and Interest on the principal amount outstanding)되어 있는지를 판단한다.

다음은 원리금 지급만으로 구성되는 계약상 현금흐름을 나타내는 계약조건 사례이다.

사 례 원리금 지급만으로 구성되는 계약조건 사례[1)]

(1) 화폐의 시간가치, 특정 기간에 원금잔액과 관련된 신용위험, 그 밖의 기본적인 대여 위험과 원가에 대한 대가 및 이윤으로 구성되는 변동이자율

(2) 발행자(채무자)가 채무상품을 중도 상환하거나 보유자(채권자)가 만기 이전에 채무상품을 발행자에게 환매할 수 있게 허용하고, 중도 상환금액이 미지급된 원리금을 실질적으로 나타내며, 이 중도 상환금액에는 계약의 조기 청산에 대한 합리적인 보상이 포함될 수 있는 계약조건

(3) 발행자나 보유자가 채무상품의 계약기간을 연장할 수 있도록 허용하며(연장옵션), 이러한 연장옵션의 조건 때문에 연장된 기간의 계약상 현금흐름에는 원리금 지급만 존재하고, 이 금액에는 계약의 연장에 대한 합리적인 추가 보상이 포함될 수 있는 계약조건

3. 금융자산의 분류 과정

금융자산을 분류하는 순서는 첫째, 현금흐름의 특성을 판단하고 둘째, 사업모형을 고려하는 것이다.

---

1) 제1109호 금융상품 B4.1.11

구체적으로, 기업은 ① 계약상 현금흐름을 수취하기 위해 자산을 보유하는 것이 목적인 사업모형인지 또는 ② 계약상 현금흐름의 수취와 금융자산의 매도 둘 다를 위해 자산을 보유하는 것이 목적인 사업모형인지를 평가하여 최초 인식한 금융자산을 분류한다.

앞서 기술한 금융자산의 분류 시 고려해야 할 요소(계약상 현금흐름의 특성 및 사업모형)들에 따라 금융자산은 다음과 같이 분류된다.

(1) 상각후원가측정금융자산(Amortized Cost, 이하 AC금융자산이라 함)
(2) 기타포괄손익-공정가치측정 금융자산(Fair Value through other Comprehensive Income, 이하 FVOCI금융자산이라 함)
(3) 당기손익-공정가치측정 금융자산(Fair Value through Profit or Loss, 이하 FVPL금융자산이라 함)

다음은 금융자산의 분류 시 고려해야 할 요소들의 적용 및 이에 따른 금융자산의 분류 과정을 제시한다.

[도표 2] 금융자산 범주의 분류과정

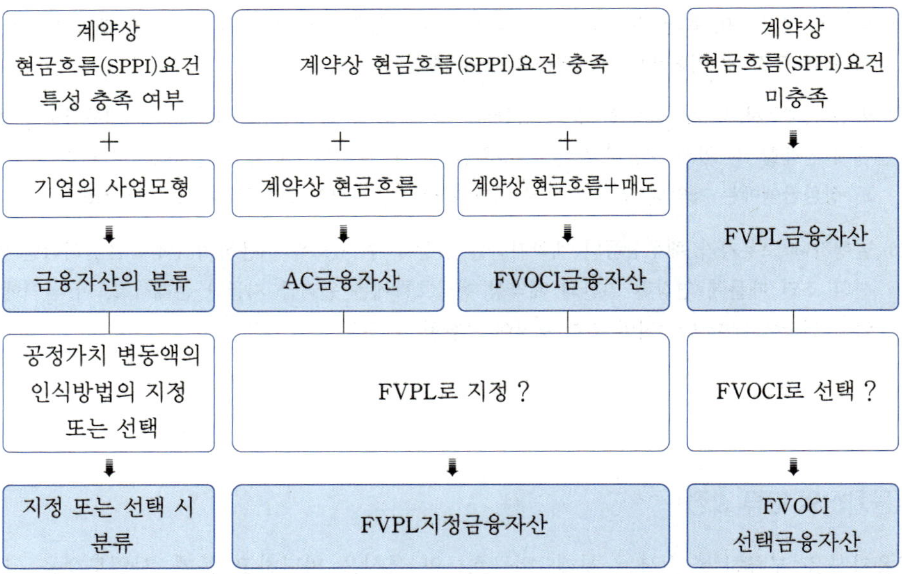

FVPL금융자산으로 지정하는 경우가 아니라면, 계약상 현금흐름의 특성 및 사업모형 모두에 근거하여 금융자산을 AC금융자산, FVOCI금융자산, FVPL금융자산으로 분류한다.

현금흐름의 특성상 계약상 현금흐름(SPPI)요건조건이 충족될 수 없는 단기 매매항목이 아닌 지분상품[2)]에 대한 투자의 후속적인 공정가치 변동을 기타포괄손익(OCI)으로 표시할 수 있으며 이 경우 FVOCI선택금융자산으로 분류한다. 이러한 선택은 최초 인식 시점에만 가능하며 이후에 취소할 수 없다.

금융자산의 분류 과정에서 회사가 공정가치 변동액의 회계처리를 당기손익으로 반영하는 방식으로 지정하거나 기타포괄손익(OCI)으로 반영하는 방식을 선택할 수 있다.

AC금융자산이나 FVOCI금융자산의 범주로 분류되더라도 회사가 공정가치 변동액을 당기손익으로 반영하는 방식으로 지정하는 경우 FVPL금융자산으로 분류한다.

FVPL금융자산 범주 분류되었음에도 회사가 공정가치 변동액을 기타포괄손익(OCI)에 반영하는 것으로 선택하면 FVOCI선택금융자산으로 분류한다.

02

2.2 지분상품의 분류

1. FVPL금융자산

지분상품은 특정 법인에 발행한 주식에 투자하는 경우이다. 주식의 경우에는 특정한 만기가 없으며 계약상 약속된 현금흐름이 없다. 배당은 주식을 발행한 법인이 금전 배당을 선언하는 때에만 발생하기 때문에 계약상 약속된 현금흐름이 아니다.

지분상품은 계약상 현금흐름(SPPI)요건을 충족할 수 없으므로 보유 기업이 가지고 있는 사업모형을 고려할 필요가 없다.

따라서 지분상품을 보유한 회사는 해당 금융자산을 AC금융자산이나 FVOCI금융자산으로 분류하는 일은 없을 것이므로 지분상품을 보유하고 있는 회사는 해당 지분상품을 FVPL금융자산으로 분류한다.

---

2) 정해진 이자와 만기가 있는 채무상품과 달리 지분상품은 이자 등 계약에 따른 고정된 현금흐름이 없고 만기도 없으므로 계약상 현금흐름(SPPI)요건을 충족할 수 없는 금융자산일 것이다.

2. FVOCI선택금융자산

한편, 지분상품을 무조건 FVPL금융상품으로 분류하면 장기간 해당 지분상품을 보유할 의도를 가진 회사의 경우 가까운 시일 내에 실현되지 않을 공정가치의 변동액이 당기손익에 반영됨에 따라 불필요한 손익의 변동성에 노출되는 문제점이 있다. 이에 따라 기업의 성과와 관련된 정보가 적절하게 표시되지 않아 정보이용자의 혼란을 초래할 수 있다.

이 문제를 해결하기 위해 기준서에서는 단기 매매항목이 아니고 사업결합에서 취득자가 인식하는 조건부 대가가 아닌 지분상품에 대한 투자의 후속적인 공정가치 변동을 기타포괄손익(OCI)으로 표시할 수 있는 선택권을 부여하고 있다. 이러한 선택은 해당 금융자산의 최초 인식 시점에만 가능하며 이후에 취소할 수 없다.

FVOCI선택금융자산으로의 분류는 상품별(주식별)로 하게 된다. 이때 기타포괄손익(OCI)으로 표시하는 금액은 후속적으로 당기손익으로 이전되지 않는다(Recycling 금지).

이는 손익의 변동을 기타포괄손익으로 표시하기로 최초 시점에 선택한 기업이 이후에 유리한 공정가치의 변동을 손익으로 표시하고자 하는 유인을 통제하기 위함이다. 그러나 자본 내에서 누적 손익을 이전할 수는 있다.

투자에서의 배당금이 명확하게 투자원가의 회수를 나타내지 않는다면(예를 들어 청산 배당) 그러한 배당금은 당기손익으로 인식한다.

2.3 채무상품의 분류

1. AC금융자산

지분상품과 달리 채무상품은 일정한 만기가 있으며 계약에 따라 약속된 현금흐름이 있다. 따라서 채무상품의 경우에는 계약상 현금흐름이 원리금 지급만으로 구성될 수 있다(계약상 현금흐름(SPPI)요건을 충족).

다음 두 가지 조건을 모두 충족하는 경우 회사는 보유 중인 금융상품(채무상품)을 AC금융자산으로 분류한다.

(1) 계약상 현금흐름을 수취하기 위해 보유하는 것이 목적인 사업모형 하에서 금융자산을 보유한다.
(2) 금융자산의 계약 조건에 따라 특정일에 원금과 원금잔액에 대한 이자 지급(이하 '원리금 지급') 만으로 구성되어 있는 현금흐름이 발생한다.

여기에서 원금은 중도에 상환이 있는 경우와 같이 금융자산의 존속기간에 걸쳐 변동할 수 있다. 한편, 이자는 화폐의 시간가치에 대한 대가, 특정 기간에 원금잔액과 관련된 신용위험에 대한 대가, 그 밖의 기본적인 대여 위험과 원가에 대한 대가뿐만 아니라 이윤으로 구성된다.

2. FVOCI금융자산

회사가 보유하고 있는 금융상품(채무상품)이 다음의 두 가지 조건을 모두 충족한다면 금융자산을 FVOCI금융자산으로 분류한다.

(1) 계약상 현금흐름의 수취와 금융자산의 매도 둘 다를 통해 목적을 이루는 사업모형 하에서 금융자산을 보유한다.
(2) 금융자산의 계약 조건에 따라 특정일에 원리금 지급만으로 구성되어 있는 현금흐름이 발생한다.

한편, 다음과 같은 경우에는 금융자산을 최초로 인식하는 시점에 FVPL지정금융자산으로 분류할 수 있다.

(1) FVPL로 지정함으로써 회계불일치를 제거하거나 유의적으로 줄일 수 있는 경우
(2) 금융상품집합을 공정가치 기준으로 관리하고 그 성과를 평가하는 경우

3. FVPL지정금융자산

서로 다른 기준에 따라 자산이나 부채를 측정하거나 그에 따른 손익을 인식하는 경우 측정이나 인식의 불일치(회계불일치)가 발생할 수 있다. 이 경우 금융자산을 FVPL 측정 항목으로 지정하면 회계불일치를 제거하거나 유의적으로 줄일 수 있다.

이를 위해 최초 인식 시점에 해당 금융자산을 당기손익–공정가치 측정 항목으로 지정, FVPL지정금융자산으로 분류할 수 있다. 단, 한번 지정하면 이를 취소할 수 없다.

금융자산이나 금융부채의 측정방법과 인식된 가치변동의 표시 방법은 해당 항목의 분류와 위험회피관계(예를 들어 공정가치 변동위험) 지정 여부에 따라 결정된다.

예를 들어, 금융자산은 후속적으로 FVPL로 측정하고, 이 자산과 관련되어 있다고 여기는 금융부채는 후속적으로 AC로 측정(공정가치 변동은 인식하지 않음)하는 경우 인식과 측정의 불일치(때로 회계불일치라 말하기도 한다)가 나타날 수 있다.

이 경우 해당 금융자산과 금융부채를 모두 FVPL로 분류하면, 재무제표가 더 목적적합한 정보를 제공할 것이라는 판단을 할 수 있다. FVPL금융자산으로 지정함으로써 이와 같은 효과를 기대할 수 있는 상황으로 다음과 같은 사례를 들 수 있다.

[도표 3] FVPL지정 조건을 충족하는 사례와 효과

구분	상황	FVPL지정 효과
1117호 보험계약	부채는 FVPL로 측정하지만 자산은 FVOCI로 측정하거나 AC로 측정하는 금융자산을 보유하는 경우	금융자산을 FVPL로 지정하면 유의한 회계불일치를 통제할 수 있음
이자율 변동에 따라 자산과 부채의 공정가치 변동이 상쇄되는 상황	보유 중인 금융상품 집합 중 일부에 대해서만 공정가치 변동을 당기손익으로 인식하는 경우	보유 중인 금융상품 전체를 FVPL로 지정하면 유의한 회계불일치를 통제할 수 있음
	보유 중인 금융상품 집합 중 FVPL로 측정되는 금융상품이 없는 예로, 정기적으로 매매하는 사채를 공모발행하여 매매가 거의 없는 특정 대여금 집합의 자금을 조달한 경우(사채와 대여금 모두 AC로 측정)	대여금과 사채를 모두 FVPL로 지정하면 두 항목을 모두 AC로 측정하고 사채의 재매입 시점마다 손익을 인식하는 경우 나타날 수 있는 손익인식 시점의 불일치를 통제할 수 있음

앞서 기술한 바와 같이, 금융부채 집합 또는 금융자산과 금융부채의 집합을 관리하고 평가하는 방법에 따라 이를 공정가치로 측정하고 당기손익으로 인식하는 것이 좀 더 목적 적합한 정보를 제공하는 것일 수 있다. 이때 중요한 것은 금융상품의 특성이 아니라 관리 방법과 성과평가 방법이다.

예를 들면, 문서화 된 위험관리전략이나 투자전략에 따라 금융상품 집합(금융부채, 금융자산과 금융부채의 조합으로 구성된 집합)을 공정가치 기준으로 관리하고 그 성과를 평가하며 그 정보를 이사회, 대표이사 등 주요 경영진에게 그러한 공정가치 기준에 근거하여 성과평가 결과를 내부적으로 제공하는 상황이 이에 해당한다.

제3절 금융자산의 최초 측정

3.1 지분상품의 최초 측정

최초 인식 시점에 금융상품(금융자산 및 금융부채)은 공정가치로 측정하는 것이 원칙이다.

FVPL금융자산을 최초 취득 인식 시점에 해당 금융자산을 거래하는 과정에서 발생하는 거래원가는 당기 비용을 반영한다.

FVPL금융자산은 매도 빈도가 빈번한 사업모형에 해당하므로 당기 비용으로 반영하더라도 회계 기간별 손익 왜곡 효과 문제가 크지 않다. 그러나 FVPL 이외의 금융자산의 경우에는 사업모형에 계약상 현금흐름을 수취하기 위한 보유 의도가 있으므로 거래원가를 최초 인식 시점에 당기 비용으로 반영하면 회계 기간별 손익 왜곡 효과가 있다.

지분상품은 공정가치로 최초 인식 시점에 측정함이 원칙임에도 불구하고 공정가치를 결정하기 위해 이용할 수 있는 더 최근의 정보가 불충분하거나, 가능한 공정가치 측정치의 범위가 넓고 그 범위에서 원가가 공정가치의 최선의 추정치를 나타낸다면 원가 정보가 공정가치의 적절한 추정치가 될 수 있다.

보충설명

- 해당 내용은 제1109호 금융상품 문단 5.2.3을 참조한다. 한편, 문단 B5.2.6에 따르면, '원가는 공시가격이 있는 지분상품의 투자(또는 공시가격이 있는 지분상품에 대한 계약)에 대한 공정가치의 최선의 추정치는 절대 아니다.' 라고 기술하고 있다. 실무에서는 원가를 공정가치로 인정하는 경우는 거의 없다.

3.2 채무상품의 최초 측정

앞서 기술한 바와 같이, 최초 인식 시점에 금융상품(금융자산 및 금융부채)은 공정가치로 측정한다. 다만, AC금융자산에 대해 결제일 회계처리 방법을 적용하는 경우 해당 자산을 최초 인식 시점에 매매일의 공정가치로 인식한다.

지분상품의 경우와 마찬가지로 거래원가는 공정가치의 변동액을 당기손익에 반영하는 금융자산(FVPL지정금융자산) 이외에는 공정가치에 반영한다.

채무상품을 보유하고 있는 회사는 계약상 약속된 기간 이자와 만기일에 원금을 회수하게 된다(계약상 현금흐름(SPPI)요건). 채무상품이 발행되는 시점에 동 채무상품을 취득·보유하게 되는 회사는 해당 금융상품을 공정가치로 측정하는데 이때의 공정가치는 계약상 약속된 현금흐름, 즉 이자와 원금의 현재가치이며 채무상품을 발행하는 회사로서는 발행가액이다.

발행가격은 채무불이행위험과 같은 발행자의 신용위험 등과 거시적인 시장환경 요소에 의해서 결정된다. 효율적 자본시장을 가정한다면 발행가격은 발행 시점의 공정가치로 볼 수 있으므로 이를 토대로 다음과 같은 계산식에 따라 계약상 현금흐름과 발행가격(현재가치)을 일치시키는 채무상품의 유효이자율을 도출할 수 있다.

$$\text{발행가액} = \frac{\text{표시이자}}{(1+r)^1} + \frac{\text{표시이자}}{(1+r)} + \cdots + \frac{\text{표시이자}+\text{원금}}{(1+r)^n}$$

여기서 r은 유효이자, n은 만기까지의 기간

만약 채무상품의 발행회사가 유효이자와 같은 표시이자 지급을 약속하면 발행가액과 채무상품의 액면가는 같아지므로 액면으로 발행된다. 한편, 회사채 권면상 표시이자가 유효이자보다 크면 발행가액(현재가치)은 액면가액보다 커지므로 할증발행되고 반대의 경우에는 할인발행된다.[3)]

02

3) 해당 내용은 회계원리 등을 통해 학습했을 것이므로 구체적인 설명은 생략한다.

예제 2 채무상품의 최초 측정

12월말 결산법인인 ㈜대한은 20×1년 초에 사채(액면 ₩100,000, 표시이자율 10%, 이자는 매년 말 후급, 만기는 20×3년 말)를 취득하였다.

물음

시장이자율이 각각 8%, 10%, 12%일 경우 사채의 발행가격(공정가치)을 계산하시오.

해설

사채의 공정가치는 사채의 발행가격이다. 계약상 현금흐름과 발행가격(공정가치)을 일치시켜주는 유효이자율은 역산하여 산출한다. 편의상 유효이자율을 공정가치를 결정하는 시장이자율로 전제하여 사전적으로 제시하고 다음과 같이 최초 측정을 위한 발행가격(공정가치)을 측정한다.

(1) 미래현금흐름의 추정

	20×1. 1. 1	20×1.12.31	20×2.12.31	20×3.12.31
원금				₩100,000
이자		₩10,000	₩10,000	10,000

(2) 발행가격(공정가치)의 측정

	시장이자율 8%일 때		시장이자율 10%일 때		시장이자율 12%일 때	
원금	₩100,000×0.79383=	₩79,383	₩100,000×0.75131=	₩75,131	₩100,000×0.71178=	₩71,178
이자	₩10,000×2.57710=	25,771	₩10,000×2.48685=	24,869	₩10,000×2.40183=	24,018
		₩105,154		₩100,000		₩95,196

3.3 금융자산의 공정가치와 거래가격이 다른 경우 최초 측정

유의적인 금융요소를 포함하지 않는(화폐의 시간가치를 고려하지 않는) 매출채권과 같이 실무적 간편법을 적용하여 거래가격으로 최초 측정하는 경우 이외에는 일반적으로 최초 인식 시점에 금융상품(금융자산과 금융부채)은 공정가치로 측정한다고 기술한 바 있다.

따라서 회사가 금융상품을 공정가치로 인식했다는 것은 공정가치로 거래했음을 의미한다(공정가치 = 거래가격). 그러나 공정가치와 다른 가격으로 거래하는 상황도 있다.

공정가치와 거래가격이 다른 상황으로 거래가격이 해당 금융상품 이외에 다른 추가적인 대가를 포함하고 있는 경우를 생각해볼 수 있다.

예를 들어, 회사가 상대 회사에 무이자로 현금을 대여해준 이유가 향후 상대 회사의 재화나 용역서비스를 더 좋은 조건에 이용할 수 있기 때문이라면 거래 대가에는 이와 같은 유리한 조건에 대한 대가가 포함되므로 대여금의 공정가치(공정한 이자율로 할인한 가치)와 거래가격은 다를 수 있다.

또 다른 예로 시장이자율보다 낮은 이자율 조건으로 거래하되 대가를 미리 수수료로 수취하는 경우가 있다. 이때 수수료는 공정가치(시장이자율)와 거래가격의 차이이므로 대여금은 공정가치로 표시해야 할 것이다.

추가적인 대가가 없음에도 공정가치와 거래가격이 다를 수도 있다. 이는 가치평가 기법을 적용하여 측정된 공정가치가 얼마나 신뢰성 있게 측정되었는지와 관련된다.[4)]

공정가치 서열체계 중 공정가치 측정의 신뢰도가 높은 수준1과 수준2로 측정된 공정가치는 거래가격보다 신뢰할 수 있다고 판단한다. 그러나 신뢰도가 낮은 수준3으로 측정된 공정가치는 거래가격보다 신뢰도가 낮다고 판단한다.

이에 수준1과 2로 측정되는 경우에는 공정가치를 신뢰할 수 있으므로 거래가격과의 차이는 거래일에 즉시 손익으로 처리하지만 수준3으로 측정된 경우에는 공정가치를 신뢰할 수 없기 때문에 미래기간에 이연하여 인식토록 함으로써 신뢰할 수 없는 공정가치와 거래가격의 차이로 인한 당기 손익의 왜곡을 방지한다.

---

4) 본 장의 보론(기업회계기준서 제1113호 공정가치 측정)을 참고한다.

[도표 4] 공정가치와 거래가격이 다른 경우 최초 인식시점의 측정

상황	최초 인식시점의 측정
제공하거나 수취한 대가 중 일부가 금융상품이 아닌 다른 것의 대가가 있는 경우	• 예를 들면 이자를 지급하지 아니하는 장기대여금이나 장기 수취채권의 공정가치는 비슷한 신용등급을 가진 비슷한 금융상품의 시장이자율로 할인한 미래 모든 현금수취액의 현재가치로 측정할 수 있음 • 추가로 지급한 금액이 어떤 형태로든 자산의 인식기준을 충족하지 못하면, 해당 금액은 비용으로 인식하거나 수익에서 차감
시장이자율보다 낮은 이자율 조건으로 거래가 이루어지는 경우	• 예를 들어 비슷한 대여금의 시장이자율이 8%일 때 5%의 이자율로 대여하고, 그 대가로 미리 수수료를 받는다면, 대여금은 수취하는 수수료를 차감한 후 순액(공정가치)으로 인식
최초 인식시점에 금융자산이나 금융부채의 공정가치가 거래가격과 다른 경우	• 공정가치가 같은 자산이나 부채에 대한 활성시장의 공시가격(수준1 투입변수)에 따라 입증되거나 관측 가능한 시장의 자료만을 사용하는 평가기법에 기초한다면 최초 인식시점에 공정가치와 거래가격 간의 차이는 손익으로 인식함 • 그 밖의 모든 경우에는 최초 인식시점의 공정가치와 거래가격 간의 차이를 이연하기 위해 공정가치에서 그러한 차이를 조정하여 회계처리함 • 최초 인식 후에는 시장참여자가 자산이나 부채의 가격을 결정하는 데에 고려하는 요소(시간 포함)의 변동에서 생기는 정도까지만 이연된 차이를 손익으로 인식함

제4절
금융상품의 후속 측정

4.1 지분상품의 후속 측정

지분상품을 보유하고 있는 회사는 해당 금융상품을 FVPL금융자산으로 분류하되, 공정가치 변동액을 기타포괄손익(OCI)에 반영하는 것을 선택하는 경우 FVOCI선택금융자산으로 분류한다.

[도표 5] 보유 중인 지분상품의 분류별 후속 측정

상황	후속 측정
FVPL금융자산	보고기간 말 장부금액과 공정가치의 차이는 당기손익으로 분류함. 단, 지분상품에 투자하는 경우 유효이자율법이 적용될 수 없음
FVOCI선택금융자산	FVOCI금융자산은 기타포괄손익(OCI)을 당기손익으로 재분류할 수 있으나 FVOCI선택금융자산은 기타포괄손익(OCI)을 당기손익으로 재분류할 수 없음

예제 3 지분상품의 최초 측정 및 후속 측정

다음은 12월말 결산법인인 ㈜대한의 지분상품 투자내역이다.

(1) ㈜대한은 20×1년 1월 1일 ㈜민국이 발행한 1주당 액면금액 ₩500인 보통주식 1,000주를 1주당 ₩1,000에 취득하였다.
(2) 동 주식의 20×1년 말 1주당 공정가치는 ₩1,300이다.
(3) ㈜민국은 20×2년 3월 15일에 10%의 현금배당을 결의하고 즉시 지급하였다.
(4) ㈜민국 주식의 20×2년 말 1주당 공정가치는 ₩800이다.

물 음

1. ㈜대한이 위의 투자주식을 FVPL금융자산으로 분류한 경우 20×1년부터 20×2년까지 각 일자별 회계처리를 하시오.
2. ㈜대한이 위의 투자주식을 FVOCI선택금융자산으로 분류한 경우 20×1년부터 20×2년까지 각 일자별 회계처리를 하시오.
3. 위 보통주식의 공정가치를 결정하기 위해 이용할 수 있는 더 최근의 정보가 불충분하거나, 가능한 공정가치 측정치의 범위가 넓고 그 범위에서 원가가 공정가치의 최선의 추정치를 나타낸다고 판단되는 경우 20×1년부터 20×2년까지 각 일자별 회계처리를 하시오.

해 설

1. FVPL금융자산으로 분류된 경우

20×1. 1. 1 : (차) FVPL금융자산 1,000,000 (대) 현금 1,000,000

20×1.12.31 : (차) FVPL금융자산 300,000 (대) FVPL금융자산평가이익 300,000

* 공정가치 ₩1,300×1,000주 − 장부금액 ₩1,000,000 = ₩300,000

20×2. 3.15 : (차) 현금 50,000 (대) 배당금수익 50,000

* ₩500×10%×1,000주 = ₩50,000

20×2.12.31 : (차) FVPL금융자산평가손실 500,000 (대) FVPL금융자산 500,000

* 공정가치 ₩800×1,000주 − 장부금액 ₩1,300,000 = (₩500,000)

2. FVOCI금융자산으로 분류된 경우

20×1. 1. 1 : (차) FVOCI금융자산 1,000,000 (대) 현금 1,000,000

20×1.12.31 : (차) FVOCI금융자산 300,000 (대) FVOCI금융자산평가이익 300,000

* 공정가치 ₩1,300×1,000주 − 장부금액 ₩1,000,000 = ₩300,000(기타포괄손익)

20×2. 3.15 : (차) 현금 50,000 (대) 배당금수익 50,000

* ₩500×10%×1,000주 = ₩50,000

20×2.12.31 : (차) FVOCI금융자산평가이익 300,000 (대) FVOCI금융자산 500,000
FVOCI금융자산평가손실 200,000

* 공정가치 ₩800×1,000주 − 장부금액 ₩1,300,000 = (₩500,000)(기타포괄손익)

3. 원가가 공정가치를 나타내는 최선의 추정치인 경우

20×1. 1. 1 : (차) FVOCI금융자산 1,000,000 (대) 현금 1,000,000

20×1.12.31 : (회계처리 없음)

20×2. 3.15 : (차) 현금 50,000 (대) 배당금수익 50,000

* ₩500×10%×1,000주 = ₩50,000

20×2.12.31 : (회계처리 없음)

4.2 채무상품의 후속 측정

채무상품을 보유하고 있는 회사의 금융자산(AC금융자산, FVOCI금융자산 및 FVPL지정금융자산)은 후속적으로 다음과 같이 측정한다.

[도표 6] 보유 중인 채무상품의 분류별 후속 측정

상황	후속 측정
AC금융자산	• 다음의 경우를 제외하고 채무상품에 투자한 경우 유효이자율로 할인한 공정가치로 최초 측정한 후 이자수익은 금융자산의 총 장부금액에 유효이자율을 적용(이하 유효이자율법이라 함)하여 계산 (1) 취득 시 신용이 손상되어 있는 금융자산 : 최초 인식 시점부터 손실충당금을 반영한 상각후원가에 신용조정 유효이자율 적용 (2) 후속적으로 신용이 손상된 금융자산 : 후속 보고기간에 손실충당금을 반영한 상각후원가에 유효이자율을 적용[5]
FVOCI금융자산	• 채무상품에 투자한 경우 유효이자율법으로 계산함(단, FVOCI선택금융자산은 지분상품이므로 유효이자율법이 적용될 수 없음) • 유효이자율법으로 조정된 장부금액과 공정가치의 차이는 기타포괄손익(OCI)으로 인식 • FVOCI금융자산은 기타포괄손익(OCI)을 당기손익으로 재분류할 수 있음[6]

5) 해당 금융자산의 신용위험이 개선되어 더는 신용이 손상된 것으로 볼 수 없고, 그 개선이 후속적으로 신용이 손상된 금융자산과 관련하여 발생한 사건과 객관적으로 관련된다면(예 차입자의 신용등급 개선) 후속 보고기간에 손실충당금을 반영하지 않은 총 장부금액에 유효이자율을 적용하여 이자수익을 계산한다. 손상된 자산과 관련된 내용은 제3장 금융자산의 손상과 제거에서 관련된 내용을 학습한 후 이해할 것을 권한다.

6) 지분상품으로서 FVOCI선택금융자산으로 분류한 경우 기타포괄손익(OCI)을 당기손익으로 재분류할 수 없다(Recycling 금지).

FVPL지정금융자산	• 채무상품에 투자하는 경우 유효이자율법을 적용하는지에 대한 명확한 규정이 없음 • 보고기간말 장부금액과 공정가치의 차이는 당기손익으로 분류

예제 4 채무상품의 최초 측정 및 후속 측정

12월말 결산법인인 ㈜대한은 20×1년 초에 ㈜민국이 발행한 다음의 사채를 취득하였다.

• 액면금액 : ₩100,000	• 취득금액 : ₩84,018
• 표시이자율 : 8%, 매년 말 후급조건	• 취득 당시의 유효이자율 : 15%

각 시점별 공정가치 및 유효이자율은 다음과 같다.

• 20×1년 말 : ₩96,529(유효이자율 10%)	• 20×2년 말 : ₩100,000(유효이자율 8%)

사채의 만기는 20×3년 말이며 모든 회계처리에서 유동성대체는 생략한다.

물 음

1. 유효이자율법에 의한 상각표를 작성하시오.
2. ㈜대한이 취득한 금융상품을 (1) AC금융자산, (2) FVOCI금융자산으로 각각 분류한 경우 취득일과 20×1년 말, 20×2년 말의 회계처리를 제시하시오.
3. ㈜대한이 취득한 금융상품을 FVPL지정금융자산으로 분류한 경우 취득일과 20×1년 말, 20×2년 말의 회계처리를 제시하시오. (단, 유효이자율법은 적용하지 않고 매 연도말 장부가액과 공정가액의 차이를 회계처리한다)

해 설

1. 유효이자율법에 의한 상각표(20×3년 말 유효이자는 단수차이를 조정함)

시점	장부금액	유효이자(15%)	현금이자(8%)	상각액
20×1년 초	₩84,018			
20×1년 말	88,621	₩12,603	₩8,000	₩4,603
20×2년 말	93,914	13,293	8,000	5,293
20×3년 말	100,000	14,086	8,000	6,086

2. AC금융자산 및 FVOCI금융자산으로 분류한 경우 일자별 회계처리

	AC금융자산으로 분류			FVOCI금융자산으로 분류		
① 20×1년 초	AC금융자산	84,018		FVOCI금융자산	84,018	
	현금		84,018	현금		84,018
② 20×1년 말	현금	8,000		현금	8,000	
	AC금융자산	4,603		FVOCI금융자산	4,603	
	이자수익		12,603	이자수익		12,603
				FVOCI금융자산	7,908	
				FVOCI금융자산평가이익		7,908
③ 20×2년 말	현금	8,000		현금	8,000	
	AC금융자산	5,293		FVOCI금융자산	5,293	
	이자수익		13,293	이자수익		13,293
				FVOCI금융자산평가이익	1,822	
				FVOCI금융자산		1,822

3. FVPL지정금융자산으로 분류한 경우 일자별 회계처리

① 20×1년 초	FVPL지정금융자산	84,018	현금	84,018
② 20×1년 말	현금	8,000	이자수익	8,000
	FVPL지정금융자산	12,511	FVPL지정금융자산평가이익	12,511
③ 20×2년 말	현금	8,000	이자수익	8,000
	FVPL지정금융자산	3,471	FVPL지정금융자산평가이익	3,471

02

제5절
금융자산의 재분류

5.1 사업모형의 변경과 금융자산의 재분류

금융자산의 재분류는 금융자산을 관리하는 기업의 사업모형이 변경되는 경우에만 영향을 받는 모든 금융자산을 재분류한다.[7)]

사업모형의 변경은 매우 드물 것으로 예상하며, 외부나 내부의 변화에 따라 기업의 고위 경영진이 결정해야 하고 기업의 영업에 유의적이고 외부 당사자에게 제시할 수 있어야 한다.

따라서 사업모형의 변경은 사업계열의 취득, 처분, 종결과 같이 영업에 유의적인 활동을 시작하거나 중단하는 경우에만 생길 것이다. 사업모형의 목적 변경은 재분류일 이전에 유효해야 한다. 다음은 사업모형의 변경이 아니다.

(1) 특정 금융자산과 관련된 의도의 변경(시장 상황이 유의적으로 변경되는 경우도 포함)
(2) 금융자산에 대한 특정 시장의 일시적 소멸
(3) 기업 내 서로 다른 사업모형을 갖고 있는 부문 간 금융자산의 이전

금융자산을 재분류하는 경우 그 재분류를 재분류일부터 전진적으로 적용한다. 재분류 전에 인식한 손익(손상차손(환입) 포함)이나 이자는 다시 작성하지 않는다.[8)]

재분류일은 사업모형의 변경 후 첫 번째 보고기간의 첫 번째 날이 된다. 예를 들어 12월 결산 기업이 8월 중에 사업모형을 변경하기로 했다면 재분류일은 다음 연도 1월 1일이 된다.

---

7) 파생상품과 관련된 위험회피회계 적용조건의 변경이나 신용파생 상품을 통해 금융상품의 신용위험을 관리할 목적으로 해당 금융상품의 전부 또는 일부를 FVPL로 지정하는 경우는 사업모형의 변경에 해당하지 않는다.

8) 손상이 반영된 금융자산의 재분류는 제3장 손상에서 구체적으로 설명한다.

5.2 재분류 대상 금융자산 및 재분류 시 회계처리

앞서 제시한 금융자산의 분류에 따르면 지분상품과 같이 애초에 계약상 현금흐름(SPPI)요건을 충족하지 못하는 금융자산은 FVPL금융자산으로 분류하며, FVOCI선택금융자산으로 최초 시점에 선택·분류하는 경우에는 다시 FVPL금융자산으로 재분류하거나 공정가치의 변동을 손익으로 반영하는 것이 불가능하다고 기술한 바 있다. 따라서 지분상품인 FVPL금융자산의 경우에는 재분류 대상이 될 수 없다.

금융자산의 재분류 시점의 장부가액 및 공정가액과의 차이 조정과 관련된 세부적인 방법은 다음과 같이 정리할 수 있다.

02

[표 7] 금융자산의 분류변경 시 장부가액 및 공정가치와의 차이조정 방법[10]

재분류 전	재분류 후	재분류 시점의 장부가액	재분류 시점 장부가액과 공정가액 차이 조정 등
AC금융자산	FVPL금융자산	재분류일의 공정가치	• 장부금액(상각후원가)과 공정가치의 차이는 당기손익으로 인식
	FVOCI금융자산	재분류일의 공정가치	• 장부금액(상각후원가)과 공정가치의 차이는 기타포괄손익으로 인식 • 최초 AC금융자산의 유효이자율과 기대신용손실 측정치(손상)는 조정하지 않음
FVOCI금융자산	FVPL금융자산	재분류일의 공정가치	• 재분류 전 장부금액이 공정가치로 표시되므로 공정가치와의 차이는 없음 • 인식했던 기타포괄손익누계액은 자본에서 당기손익으로 재분류
	AC금융자산	최초 인식시점부터 AC로 측정했었던 것처럼 재분류일에 금융자산을 측정 (최초 인식시점의 공정가치)	• 재분류 전에 인식한 기타포괄손익누계액은 자본에서 제거하고 재분류일의 금융자산의 공정가치에서 조정 • 최초 AC금융자산의 유효이자율과 기대신용손실 측정치(손상)는 조정하지 않음

9) 재분류 시 기대신용손실 측정치(손상)에 관한 구체적인 내용 및 손상이 반영된 금융자산의 재분류에 대해서는 3장 1절의 금융자산의 손상을 참고한다.

FVPL금융자산	FVOCI금융자산	재분류일의 공정가치	• 재분류 전 장부금액이 공정가치로 표시되므로 공정가치와의 차이는 없음 • 유효이자율은 재분류일의 금융자산 공정가치에 기초하여 산정
	AC금융자산	재분류일의 공정가치	• 재분류 전 장부금액이 공정가치로 표시되므로 공정가치와의 차이는 없음 • 유효이자율은 재분류일의 금융자산 공정가치에 기초하여 산정

계약상 현금흐름 특성이 있는 AC 측정 범주와 FVOCI 측정 범주에서는 최초 인식 시점에 유효이자율을 산정, 이를 유지하며 같은 방식으로 손상 요구사항을 적용한다. 이와 같이 AC 측정 범주와 FVOCI 측정 범주 간 금융자산 재분류의 경우 이자수익의 적용과 손상 적용은 다음과 같이 요약할 수 있다.[10)]

(1) 이자수익의 인식은 변경하지 않으며 계속 같은 유효이자율을 사용
(2) 기대신용손실의 측정은 변경하지 아니함

반면 재분류일에 공정가치로 표시되어 있는 FVPL금융자산을 다른 측정 범주로 재분류하는 경우의 유효이자율은 재분류일의 금융자산 공정가치에 기초하여 산정한다.

▶ 예제 5 AC금융자산에서 다른 범주의 금융자산으로 재분류

20×1년 초에 ㈜대한은 ㈜민국이 발행한 액면 ₩1,000,000의 사채(이자는 매년 말 후급, 표시이자율 8%, 만기는 20×3년 말)를 ₩950,258에 취득하였다. 취득 당시의 유효이자율은 10%였다. 20×1년 말과 20×3년 초의 공정가치는 각각 ₩932,394과 ₩972,973이며 분류변경일 현재 회사채의 공정가치는 20×1년 말 회사채의 공정가치와 20×2년 초 회사채의 공정가치와 동일하다고 가정한다. ㈜대한과 ㈜민국은 12월말 결산법인이다.

취득 시점에 ㈜대한은 동 금융상품을 AC금융자산으로 분류하였다.

물 음

1. 유효이자율법에 의한 상각표를 작성하시오.
2. ㈜대한은 20×1년 12월에 FVPL금융자산으로 재분류하기로 하였다. 20×1년과 20×2년 재분류시점의 회계처리를 하시오.

---

10) 3장 1절의 금융자산의 손상과 관련된 내용을 학습한 후에 이해할 것을 권한다.

3. (물음 2)와 독립적이다. ㈜대한은 20×2년 12월에 FVOCI금융자산으로 재분류하기로 하였다. 20×1년, 20×2년 및 20×3년 재분류일시점의 회계처리를 모두 하시오.

해 설

1. 유효이자율법에 의한 상각표(20×3년 말 유효이자는 단수차이를 조정함)

시점	장부금액	유효이자(10%)	현금이자(8%)	환입액
20×1년 초	₩950,258			
20×1년 말	965,284	₩95,026	₩80,000	₩15,026
20×2년 말	981,812	96,528	80,000	16,528
20×3년 말	1,000,000	98,188	80,000	18,188

02

2. AC금융자산 ➠ FVPL금융자산으로 재분류

20×1. 1. 1	(차) AC금융자산	950,258	(대) 현금	950,258

20×1.12.31(재분류일의 회계처리)

(차) 현금	80,000	(대) 이자수익	95,026
AC금융자산	15,026		

20×2. 1. 1(재분류일의 회계처리)

(차) FVPL금융자산	932,394	(대) AC금융자산	965,284
FVPL금융자산평가손실*	32,890		

* 재분류시점의 공정가치로 대체하고 장부금액과의 차액은 당기손익으로 처리한다.
₩932,394 − ₩965,284 = ₩32,890

20×2.12.31	(차) 현금	80,000	(대) 이자수익*	80,000

* ₩1,000,000×8% = ₩80,000

(차) FVPL금융자산	40,579	(대) FVPL금융자산평가이익*	40,579

* ₩972,973 − ₩932,394 = ₩40,579

3. AC금융자산 ➠ FVOCI금융자산으로 재분류

20×1. 1. 1	(차) AC금융자산	950,258	(대) 현금	950,258
20×1.12.31	(차) 현금	80,000	(대) 이자수익	95,026
	AC금융자산	15,026		
20×2.12.31	(차) 현금	80,000	(대) 이자수익	96,528
	AC금융자산	16,528		

20×3. 1. 1(재분류일의 회계처리)

(차)	FVOCI금융자산	972,973	(대) AC금융자산	981,812
	FVOCI금융자산평가손실	8,839		

* 재분류일의 공정가치를 FVOCI금융자산의 원가(장부금액)로 하고 상각후원가와 공정가치의 차액을 기타포괄손익으로 인식한다.

▶ 예제 6 FVOCI금융자산에서 다른 범주의 금융자산으로 재분류

20×1년 초에 ㈜대한은 ㈜민국이 발행한 액면 ₩1,000,000의 사채(이자는 매년 말 후급, 표시이자율 8%, 만기는 20×3년 말)를 ₩950,258에 취득하였다. 취득 당시의 유효이자율은 10%였다. 20×1년 말과 20×2년 말의 공정가치는 각각 ₩932,394과 ₩972,973이며 분류변경일 현재 회사채의 공정가치는 20×1년 말 회사채의 공정가치와 20×2년 초 회사채의 공정가치와 동일하다고 가정한다. ㈜대한과 ㈜민국은 12월말 결산법인이다.

취득 시점에 ㈜대한은 동 금융상품을 FVOCI금융자산으로 분류하였다.

물 음

1. ㈜대한은 20×1년 12월에 FVPL금융자산으로 재분류하기로 하였다. 20×1년과 20×2년의 회계처리를 제시하시오.
2. (물음 1)과 독립적이다. ㈜대한은 20×1년 12월에 AC금융자산으로 재분류하기로 하였다. 20×1년과 20×2년의 회계처리를 제시하시오.

해 설

1. FVOCI금융자산 ➠ FVPL금융자산으로 재분류

20×1. 1. 1	(차)	FVOCI금융자산	950,258	(대) 현금	950,258
20×1.12.31	(차)	현금	80,000	(대) 이자수익	95,026
		FVOCI금융자산	15,026		
	(차)	FVOCI금융자산평가손실*	32,890	(대) FVOCI금융자산	32,890

* 공정가치와 장부금액과의 차액은 기타포괄손익(OCI)으로 처리한다.
₩932,394 − ₩965,284 = ₩32,890

20×2. 1. 1(재분류일의 회계처리)

	(차)	FVPL금융자산	932,394	(대) FVOCI금융자산	932,394
		FVPL금융자산평가손실	32,890	FVOCI금융자산평가손실	32,890

* 재분류시점에 FVOCI금융자산을 FVPL금융자산 계정으로 재분류하며 기타포괄손익(OCI)으로 반영되어 있는 금액은 당기손익으로 재분류한다.

20×2.12.31	(차)	현금	80,000	(대) 이자수익*	80,000

* ₩1,000,000×8% = ₩80,000

	(차)	FVPL금융자산	40,579	(대) FVPL금융자산평가이익*	40,579

* ₩972,973 − ₩932,394 = ₩40,579

2. FVOCI금융자산 ➡ AC금융자산으로 재분류

20×1. 1. 1	(차)	FVOCI금융자산	950,258	(대) 현금	950,258
20×1.12.31	(차)	현금	80,000	(대) 이자수익	95,026
		FVOCI금융자산	15,026		
	(차)	FVOCI금융자산평가손실*	32,890	(대) FVOCI금융자산	32,890

* 공정가치와 장부금액과의 차액은 기타포괄손익(OCI)으로 처리한다.
₩932,394 − ₩965,284 = ₩32,890

20×2. 1. 1(재분류일의 회계처리)

	(차)	AC금융자산	965,284	(대) FVOCI금융자산	932,394
				FVOCI금융자산평가손실	32,890

* 재분류 전에 인식한 기타포괄손익누계액은 자본(OCI)에서 제거하고 재분류일의 금융자산의 공정가치에서 조정한다.

20×2.12.31	(차)	현금	80,000	(대) 이자수익*	96,528
		AC금융자산	16,528		

* ₩965,284×10% = ₩96,528
기존의 유효이자율로 이자수익을 인식한다.

▶ 예제 7 FVPL금융자산에서 다른 범주의 금융자산으로 재분류

20×1년 초에 ㈜대한은 ㈜민국이 발행한 액면 ₩1,000,000의 사채(이자는 매년 말 후급, 표시이자율 8%, 만기는 20×3년 말)를 ₩950,258에 취득하였다. 취득 당시의 유효이자율은 10%였다. 20×1년 말과 20×2년 말의 공정가치는 각각 ₩932,394과 ₩972,973이며 분류변경일 현재 회사채의 공정가치는 20×1년 말 회사채의 공정가치와 20×2년 초 회사채의 공정가치와 동일하다고 가정한다. ㈜대한과 ㈜민국은 12월 말 결산법인다.

취득 시점에 ㈜대한은 동 금융상품을 FVPL금융자산으로 분류하였다.

물음

1. ㈜대한은 20×1년 12월에 FVOCI금융자산으로 재분류하기로 하였다. 20×1년과 20×2년의 회계처리를 제시하시오. 단, 재분류일의 유효이자율은 12%이다.
2. (물음 1)과 독립적이다. ㈜대한은 20×1년 12월에 AC금융자산으로 재분류하기로 하였다. 20×1년과 20×2년의 회계처리를 제시하시오. 단, 재분류일의 유효이자율은 12%이다.

해설

1. FVPL금융자산 ➠ FVOCI금융자산으로 재분류

일자	차변	금액	대변	금액
20×1. 1. 1	(차) FVPL금융자산	950,258	(대) 현금	950,258
20×1.12.31	(차) 현금	80,000	(대) 이자수익	80,000
	(차) FVPL금융자산평가손실*	17,864	(대) FVPL금융자산	17,864

* 장부금액과의 차액은 당기손익으로 처리한다.
₩932,394 − ₩950,258 = ₩17,864

20×2. 1. 1(재분류일의 회계처리)

일자	차변	금액	대변	금액
	(차) FVOCI금융자산	932,394	(대) FVPL금융자산	932,394
20×2.12.31	(차) 현금	80,000	(대) 이자수익*	111,887
	FVOCI금융자산	31,887		

* ₩932,394×12% = ₩111,887
새로운 유효이자율로 이자수익을 인식한다.

일자	차변	금액	대변	금액
	(차) FVOCI금융자산	8,692	(대) FVOCI금융자산평가이익*	8,692

* ₩972,973 − ₩964,281 = ₩8,692

2. FVPL금융자산 ➠ AC금융자산으로 재분류

20×1. 1. 1	(차) FVPL금융자산	950,258	(대) 현금	950,258
20×1.12.31	(차) 현금	80,000	(대) 이자수익	80,000
	(차) FVPL금융자산평가손실*	17,864	(대) FVPL금융자산	17,864

* 장부금액과의 차액은 당기손익으로 처리한다.
₩932,394 − ₩950,258 = ₩17,864

20×2. 1. 1(재분류일의 회계처리)

	(차) AC금융자산	932,394	(대) FVPL금융자산	932,394
20×2.12.31	(차) 현금	80,000	(대) 이자수익*	111,887
	AC금융자산	31,887		

* ₩932,394 × 12% = ₩111,887
새로운 유효이자율로 이자수익을 인식한다.

보론
기준서 제1113호 공정가치 측정

국제회계기준은 기존의 회계기준 보다 폭 넓은 공정가치 측정을 요구한다. 특히 금융항목 뿐 아니라 비금융항목도 공정가치로 측정할 것을 요구하는 경우가 많다.

보론에서는 기준서 제1113호 공정가치 측정에서 제시하고 있는 주요 용어를 소개하고 공정가치를 적용하는 상황 및 가치평가 시 사용하는 투입변수 수준을 분류한 공정가치서열체계를 소개한다.

1. 주요 용어의 정의

[공정가치] 측정일에 시장참여자 사이의 정상거래에서 자산을 매도할 때 받거나 부채를 이전할 때 지급하게 될 가격으로 정의한다.

공정가치 측정은 특정 자산이나 부채에 대한 것이다. 따라서 공정가치를 측정할 때에는 시장참여자가 측정일에 자산이나 부채의 가격을 결정할 때 고려하는 그 자산이나 부채의 특성을 고려한다. 예를 들면, 그러한 특성에는 다음 사항이 포함된다.

(1) 자산의 상태와 위치
(2) 자산의 매도나 사용에 제약이 있는 경우에 그러한 사항

[정상거래] 측정일 전의 일정 기간에 해당 자산이나 부채와 관련되는 거래를 위하여 통상적이고 관습적인 마케팅활동을 할 수 있도록 시장에 노출되는 것을 가정한 거래, 즉 강제된 거래(예 강제 청산이나 재무적 어려움에 따른 매각)가 아니다.

[시장참여자] 다음의 특성을 모두 가진 주된(또는 가장 유리한) 시장의 매입자와 매도자이다.

(1) 서로 독립적이다. 즉, 기업회계기준서 제1024호에서 정의하는 특수관계자가 아니다. 그러나 특수관계자 거래가 시장 조건에 따라 이루어졌다는 증거가 있다면 그러한 거래의 가격을 공정가치 측정을 위한 투입변수로 사용할 수 있다.
(2) 합리적인 판단력이 있다. 구할 수 있는 모든 정보(통상적이고 관습적인 실사로 얻을 수 있는 정보 포함)를 사용하여 자산이나 부채 및 거래를 합리적으로 이해한다.
(3) 자산이나 부채에 대한 거래를 체결할 수 있다.
(4) 자산이나 부채에 대한 거래를 체결할 의사가 있다. 즉 거래할 동기가 있으나 거래하도록 강제되거나 강요받지는 않는다.

[가격] 앞서 기술한 바와 같이 공정가치를 정의할 때 사용되는 용어이다. 가격은 직접 관측할 수도 있고 다른 가치평가기법을 사용하여 추정할 수도 있다.

2. 공정가치의 적용

[비금융자산에 대한 공정가치의 적용] 비금융자산의 공정가치를 측정하는 경우에는 시장참여자 자신이 그 자산을 최고·최선으로 사용하거나 최고·최선으로 사용할 다른 시장참여자에게 그 자산을 매도함으로써 경제적 효익을 창출할 수 있는 시장참여자의 능력을 고려한다.

이때 비금융자산의 최고·최선의 사용을 고려하는 것은 물리적으로 가능하고 법적으로 허용될 수 있으며 재무적으로 실행할 수 있는 자산의 사용을 고려하는 것이다.

[부채와 자기지분상품에 대한 공정가치의 적용] 부채와 지분상품의 공정가치는 다음과 같이 측정한다.

상황	공정가치 적용
다른 상대방이 자산으로 보유하고 있는 동일한 항목에 대한 활성시장의 공시가격을 구할 수 있다.	공시가격
활성시장의 공시가격을 구할 수 없다.	다른 상대방이 자산으로 보유하고 있는 동일한 항목에 대해 비활성시장에서 공시되는 가격 등 그 밖의 관측할 수 있는 투입변수를 사용
위 외의 경우	이익접근법 내지는 시장접근법과 같은 가치평가기법을 적용

3. 가치평가기법의 사용

관측가능한 투입변수의 사용을 최대화 하고 관측가능하지 않은 투입변수의 사용을 최소화 한다.

대표적인 가치평가기법으로는 시장접근법, 원가접근법 및 이익접근법이 있다.

공정가치 측정 및 공시의 일관성과 비교가능성을 증진하기 위해 가치평가기법에의 투입변수를 다음과 같이 3가지 수준으로 분류한다. 높은 수준의 투입변수로 결정되는 공정가치는 더 신뢰할 수 있는 측정치로 볼 수 있다.

수준(서열)	내용
수준 1 투입변수	측정일에 동일한 자산이나 부채에 대해 접근할 수 있는 활성시장의(조정하지 않은) 공시가격
수준 2 투입변수	수준 1의 공시가격 외에 자산이나 부채에 대해 직접적으로나 간접적으로 관측할 수 있는 투입변수
수준 3 투입변수	자산이나 부채에 대한 관측할 수 없는 투입변수

연습문제

문제 1

기업회계기준서 제1109호 금융상품 중 금융상품의 분류, 측정 및 재분류와 관련된 다음 기술에 대해 틀린 내용을 약술하시오.

(1) 재화나 용역을 매입 또는 매도하는 확정계약에 따라 취득하는 자산과 부담하는 부채는 계약일에 재무제표에 금융자산 또는 금융부채를 인식한다.

(2) 금융자산의 분류와 관련된 기준서의 내용에 따라 금융자산을 특정 범주로 분류한 기업이 해당 범주에 속하는 금융자산에 대해서 매입 시에는 매매일에 인식하고 매도시에는 결제일에 제거하는 회계처리를 할 수 있다.

(3) 사업모형과 관련하여 하나의 기업은 금융상품을 관리하는 둘 이상의 사업모형을 가질 수 없다.

(4) 금융자산을 분류하는 과정은 첫째, 사업모형을 고려하고 둘째, 현금흐름의 특성을 판단하는 것이다.

(5) FVOCI선택금융자산에서 기타포괄손익(OCI)으로 표시하는 금액은 당기손익을 포함한 자본 내에서 이전할 수 있다.

(6) 금융상품 이외에 추가적인 대가가 없음에도 최초 인식 시점에 금융자산이나 금융부채의 공정가치가 거래가격과 다른 경우에 그 차액은 항상 손익으로 인식한다.

(7) 금융자산을 재분류할 때 재분류를 최초 인식일부터 소급하여 적용한다. 따라서 재분류 전에 인식한 손익이나 이자도 소급하여 재계산한다.

(8) 모든 금융상품은 재분류와 관련된 사업모형이 변경된 후 첫 번째 보고 기간의 첫 번째 날부터 재분류와 관련된 회계처리를 할 수 있다.

(9) FVPL금융자산을 다른 측정 범주로 재분류하는 경우, 다른 측정 범주로 분류된 금융상품에 적용되는 유효이자율은 해당 금융상품을 다른 측정 범주로 최초부터 분류·인식했다면 적용했을 유효이자율을 사용한다.

해설

(1) 금융자산이나 금융부채는 계약의 당사자가 되는 때 재무상태표에 인식한다. 따라서 계약이 확정되지 않으면 금융상품은 인식되지 않는 것이 원칙이다. 위의 경우 계약일에는 계약자산 또는 계약부채를 인식하되 당사자 중 어느 한쪽이 계약을 이행할 때 금융자산 또는 금융부채를 인식한다.

(2) 매매일 또는 결제일 회계처리는 같은 방식으로 분류한 금융자산의 매입이나 매도 모두에 일관되게 적용한다. 따라서 매입 시와 매도 시에는 일관되게 모두 매매일 또는 모두 결제일 기준으로 회계처리 한다.

(3) 하나의 기업은 금융상품을 관리하는 둘 이상의 사업모형을 가질 수 있다. 따라서 분류가 보고 실체 수준에서 결정될 필요는 없다.

(4) 금융자산을 분류하는 과정은 첫째, 현금흐름의 특성을 판단하고 둘째, 사업모형을 고려한다. 구체적으로, 기업은 ① 계약상 현금흐름을 수취하기 위해 자산을 보유하는 것이 목적인 사업모형인지 또는 ② 계약상 현금흐름의 수취와 금융자산의 매도 둘 다를 위해 자산을 보유하는 것이 목적인 사업모형인지를 평가하여 최초 인식한 금융자산을 분류한다.

(5) FVOCI선택금융자산으로 분류하는 경우 상품별(주식별)로 한다. 이때 기타포괄손익(OCI)으로 표시하는 금액은 후속적으로 당기손익으로 이전되지 않는다(Recycling 금지). 이는 손익의 변동을 기타포괄손익으로 표시하기로 최초 시점에 선택한 기업이 이후에 유리한 공정가치의 변동을 손익으로 표시하고자 하는 유인을 통제하기 위함이다.

(6) 높은 서열체계로 측정된 공정가치를 신뢰할 수 있다면 거래가격과의 차이는 거래일에 즉시 손익으로 처리하지만, 공정가치를 신뢰할 수 없는 경우에는 거래가격과의 차이를 미래기간에 이연하여 인식하도록 함으로써 신뢰할 수 없는 공정가치와 거래가격의 차이로 인한 당기손익의 왜곡을 방지한다.

(7) 금융자산을 재분류하는 경우 그 재분류를 재분류일부터 전진적으로 적용한다. 재분류 전에 인식한 손익(손상차손(환입) 포함)이나 이자는 다시 작성하지 않는다.

(8) 지분상품과 같이 애초에 계약상 현금흐름(SPPI)요건을 충족하지 못하는 금융자산은 FVPL금융자산으로 분류하며, FVOCI선택금융자산으로 최초 시점에 선택·분류하는 경우에는 다시 FVPL금융자산으로 재분류하거나 공정가치의 변동을 손익으로 반영하는 것이 불가능하다. 따라서 지분상품인 FVPL금융자산은 재분류 대상이 될 수 없다.

(9) 계약상 현금흐름 특성을 가지는 AC금융자산 측정 범주와 FVOCI금융자산 측정 범주에서는 최초 인식 시점에 유효이자율을 산정하며 이를 유지하지만, 재분류일에 공정가치로 표시된 FVPL금융자산을 다른 측정 범주로 재분류하는 경우 유효이자율은 재분류일의 금융자산 공정가치에 기초하여 산정한다.

문제 2 금융(지분)상품의 최초 측정 및 후속 측정

(2020년 세무사 1차)

㈜대한은 ㈜민국의 주식을 취득하고, 이를 FVOCI선택금융자산으로 분류하였다. 동 주식 거래와 관련된 자료는 다음과 같다.

구분	20×1년 기중	20×1년 기말	20×2년 기말
회계처리	최초 측정	후속 측정	후속 측정
공정가치	₩100,000	₩110,000	₩98,000
거래원가	₩500	없음	없음

20×2년 3월 말에 ㈜대한은 ㈜민국으로부터 ₩4,500의 배당금을 수령하였다. ㈜대한은 동 금융상품 이외에 다른 금융상품은 없다고 가정하고 다음의 물음에 답하시오.

【물음 1】 20×1년 기중에 최초 취득한 FVOCI선택금융자산과 관련된 회계처리를 하시오.

【물음 2】 20×1년 말 후속 측정 시 FVOCI선택금융자산과 관련된 회계처리를 하시오.

【물음 3】 20×2년 FVOCI선택금융자산과 관련된 회계처리를 하시오.

【물음 4】 FVOCI금융자산과 FVOCI선택금융자산의 공정가치 변동분에 대한 후속적인 재분류 회계처리에 있어서 차이점을 약술하시오.

해설

【물음 1】

(차)	FVOCI 금융자산	100,500*	(대)	현금	100,500

* 금융상품의 최초 취득원가는 취득 시점의 공정가치로 측정하되 거래원가는 취득원가에 가산한다.
₩100,000(최초 측정시점의 공정가치) + ₩500(거래원가) = ₩100,500

【물음 2】

(차)	FVOCI 금융자산	9,500*	(대)	FVOCI선택금융자산평가이익	9,500

* FVOCI선택금융자산의 후속 측정 시 공정가치 변동액은 기타포괄손익(OCI)에 반영한다.
₩110,000(20×1년말 공정가치) − ₩100,500(최초 취득원가) = ₩9,500

【물음 3】

(차)	현금	4,500*	(대)	배당금수익	4,500

(차)	FVOCI선택금융자산평가이익	9,500	(대)	FVOCI금융자산	12,000
	FVOCI선택금융자산평가손실	2,500			

* 배당금은 수취 시점에 배당금 수익으로 회계처리하며, FVOCI선택금융자산의 공정가치 변동분은 기타포괄손익에 반영한다. 따라서 당기손익에 미치는 효과는 ₩4,500이다.

【물음 4】

FVOCI금융자산의 경우 공정가치 변동분을 후속적으로 당기손익으로 재분류할 수 있으나 FVOCI선택금융자산의 경우에는 당기손익으로의 재분류가 금지된다.

문제 3 금융(채무)상품의 최초측정 및 후속측정

(2020년 회계사 1차)

12월말 결산법인인 ㈜대한은 20×1년 1월 1일에 ㈜민국이 발행한 회사채[액면금액 ₩1,000,000, 만기 3년, 표시이자율 연 6%(매년 12월 31일에 이자 지급), 만기 일시상환, 회사채 발행시점의 유효이자율 연 10%]를 취득하여 FVOCI금융자산으로 분류하였다. 다음은 20×1년 및 20×2년 12월 31일 현재 ㈜대한이 ㈜민국으로부터 취득한 회사채의 공정가치이다.

시점	20×1년 12월 31일	20×2년 12월 31일
공정가치	₩912,540	₩935,478

㈜대한이 취득한 금융상품은 취득 시 손상되어 있지 않으며 후속 측정 시점에 손상이 발생하였다는 객관적인 증거는 없다고 가정한다.

<현가계수표>

기간 \ 할인율	단일금액 ₩1의 현재가치		정상연금 ₩1의 현재가치	
	6%	10%	6%	10%
1	0.9434	0.9091	0.9434	0.9091
2	0.8900	0.8264	1.8334	1.7355
3	0.8396	0.7513	2.6730	2.4868

【물음 1】 위 FVOCI 금융자산의 최초 측정 시점의 취득가액은 얼마인가?

【물음 2】 ㈜대한의 20×1년 말 회계처리를 하시오.

【물음 3】 ㈜대한의 20×2년 말 회계처리를 하고 20×2년 말 재무상태표에 표시되는 기타포괄손익누계액은 얼마인지 제시하시오(이익인지 손실인지 명기할 것).

해설

【물음 1】

최초 취득가액

= ₩1,000,000 × 0.7513(3기간, 10% ₩1의 현가계수) + ₩60,000 × 2.4868(3기간, 10% 연금 현가계수)

= ₩900,508

유효이자율법에 의한 상각표(20×3년 말 유효이자는 단수차이를 조정함)

시점	장부금액	유효이자(10%)	현금이자(6%)	상각액
20×1년 초	₩900,508			
20×1년 말	930,558	₩90,050	₩60,000	₩30,050
20×2년 말	963,613	93,055	60,000	33,055
20×3년 말	1,000,000	96,361	60,000	36,387

【물음 2】

20×1년 말 회계처리

(차)	현금	60,000	(대)	이자수익	90,050
	FVOCI금융자산	30,050		FVOCI금융자산	18,018
	FVOCI금융자산평가손실	18,018*			

* FVOCI금융자산의 후속 측정 시 공정가치 변동액은 기타포괄손익(OCI)에 반영한다.
₩930,558(20×1년 말 장부가액) − ₩912,540(20×1년 말 공정가치)
= ₩18,018

【물음 3】

20×2년 말 회계처리

(차)	현금	60,000	(대)	이자수익	93,055
	FVOCI금융자산	33,055		FVOCI금융자산	10,117
	FVOCI금융자산평가손실	10,117*			

* ₩912,540(20×1년 말 공정가치) + ₩33,055(20×2년 상각액) − ₩935,478(20×2년 말 공정가치)
= ₩10,117

FVOCI금융자산평가손실 누계액 : ₩28,135*

* ₩963,613(20×2년 말 장부가액) − ₩935,478(20×2년 말 공정가치)
= ₩18,018(20×1년 말 FVOCI금융자산평가손실) + ₩10,117(20×2년 말 FVOCI금융자산평가손실)
= ₩28,135

문제 4 금융(채무)상품의 최초 측정 및 후속 측정 (2021 회계사 1차)

12월말 결산법인인 ㈜대한은 ㈜민국이 20×1년 1월 1일에 발행한 액면금액 ₩100,000[만기 3년(일시상환), 표시이자율 연 10%, 매년 말 이자지급]의 회사채를 동 일자에 취득하였다. 취득 시점의 유효이자율은 12%이다. 동 금융자산의 20×1년 12월 31일 현재 이자를 수령한 후 공정가치는 ₩93,417이다. ㈜대한이 취득한 금융상품은 취득 시 손상되어 있지 않으며 후속 측정 시점에 손상이 발생하였다는 객관적인 증거는 없다고 가정한다.

<현가계수표>

할인율 / 기간	단일금액 ₩1의 현재가치		정상연금 ₩1의 현재가치	
	10%	12%	10%	12%
1	0.9091	0.8929	0.9091	0.8929
2	0.8264	0.7972	1.7355	1.6901
3	0.7513	0.7118	2.4868	2.4019

【물음 1】 유효이자율이 12%일 때 위 사채를 AC금융자산으로 분류했을 경우와 FVOCI금융자산으로 분류했을 경우 최초 취득가액은 각각 얼마인가?

【물음 2】 동 사채를 AC금융자산으로 분류했을 경우와 FVOCI금융자산으로 분류했을 경우 20×1년 회계처리를 하시오.

02

해설

【물음 1】

금융자산의 최초 측정액 공정가치이다. 따라서 AC금융자산으로 분류한 경우와 FVOCI금융자산으로 분류한 경우의 취득가액은 같다.

= ₩100,000×0.7118(3기간, 12% ₩1의 현가계수) + ₩10,000×2.4019(3기간, 12% 연금 현가계수)

= ₩95,199(원미만 절사)

회계처리(계정과목명 외 회계처리는 동일)

(차)	AC금융자산	95,199	(대)	현금	95,199
(차)	FVOCI금융자산	95,199	(대)	현금	95,199

【물음 2】

채무상품에 투자한 경우, 취득 시 신용이 손상되었거나 후속적으로 신용이 손상되어 있지 않다면 유효이자율법에 따라 이자수익을 인식한다. 따라서 AC금융자산으로 분류한 경우와 FVOCI금융자산으로 분류한 경우의 이자수익은 같다. 단, FVOCI금융자산의 경우 공정가치 변동분을 기타포괄손익(OCI)에 반영한다.

20×1년 유효이자율법에 따른 이자수익 : ₩95,199×12% = ₩11,423(원미만 절사)

회계처리

<AC금융자산의 경우>

(차)	현금	10,000	(대)	이자수익	11,423
	AC금융자산	1,423			

<FVOCI금융자산의 경우>

(차)	현금	10,000	(대)	이자수익	11,423
	FVOCI 금융자산	1,423			
(차)	FVOCI금융자산평가손실	3,205*	(대)	FVOCI금융자산	3,205

* ₩95,199(20×1년 최초 취득가액) + ₩1,423(20×1년 상각액) − ₩93,417(20×1년 말 공정가치)

참고로 금융상품의 제거 시점에 공정가액으로 처분(제거)하는 경우 AC금융자산 및 FVOCI금융자산의 처분 관련 손익효과도 같다.

문제 5 금융자산의 공정가치와 거래가격이 다른 경우 최초 측정

12월 말 결산법인인 ㈜대한은 20×1년 1월 1일에 관계기업인 ㈜민국에 현금 ₩10,000,000을 대여하고 만기 20×5년 12월 31일, 액면 ₩10,000,000인 무이자부어음을 받았다. 당해 금융상품과 유사한 금융상품의 시장이자율은 연10%이다. ㈜대한은 이러한 거래의 대가로 재고자산(금)을 공정가치의 85%로 취득할 수 있는 권리를 획득하였다. 총 취득할 수 있는 금의 양은 30온스이며, ㈜대한은 20×1년 10월 1일에 10온스의 금을 외상으로 취득하였다. 취득 당시 금의 온스당 가격은 ₩1,200,000이다. 단, 5기간, 10% ₩1원의 현가계수는 0.62092이다.

02

【물음 1】 20×1년 1월 1일의 회계처리를 하시오.

【물음 2】 20×1년 10월 1일의 회계처리를 하시오.

해설

【물음 1】

20×1년 1월 1일

(차)	장기대여금*1	6,209,200	(대)	현금	10,000,000
	재고자산할인매입권*2	3,790,800			

*1 장기대여금(어음)의 공정가치 : ₩10,000,000 × (5기간, 10% ₩1의 현가계수)
= ₩10,000,000 × 0.62092 = ₩6,209,200
∴ 금융자산의 공정가치(₩6,209,200)과 거래가격(₩10,000,000)의 차이는 금융상품이 아닌 다른 것(재고자산할인매입)의 대가이다.

*2 거래의 실질에 따라 추후 재고자산을 낮은 금액으로 매입할 수 있는 권리(자산)로 인식한다.

【물음 2】

20×1년 10월 1일

(차)	매입(재고자산)	11,463,600	(대)	재고자산할인매입권*1	1,263,600
				매입채무*2	10,200,000

*1 재고자산할인매입권계정은 매입량에 비례하여 제거, 재고자산 취득원가에 반영한다.
₩3,790,800 × 10온스/30온스 = ₩1,263,600

*2 10온스 × ₩1,200,000 × 85% = ₩10,200,000

문제 6 금융상품의 재분류

(2021 회계사 1차)

12월말 결산법인인 ㈜대한은 ㈜민국이 20×1년 1월 1일에 발행한 액면금액 ₩50,000(만기 5년(일시상환), 표시이자율 연 10%, 매년 말 이자지급)인 회사채를 동 일자에 액면금액으로 취득하고, AC금융자산으로 분류하였다. 동 회사채의 이자를 수령한 후 20×3년 초와 20×3년 말의 공정가치는 각각 ₩45,000과 ₩46,000이다. ㈜대한은 동 금융자산에 대해 20×2년 중 사업모형을 변경하고 다른 범주의 금융자산으로 재분류하기로 하였다. 분류변경일 현재 회사채의 공정가치는 20×2년 말 회사채의 공정가치와 20×3년 초 회사채의 공정가치와 동일하다고 가정하며 최초 취득 시와 후속 측정 시 신용 손상은 없다.

다음의 각 물음은 독립적이다.

【물음 1】 AC금융자산에서 FVPL금융자산으로 재분류한 경우 재분류일은 언제인지 약술하고 재분류일과 20×3년 말 ㈜대한의 회계처리를 하시오.

【물음 2】 AC금융자산에서 FVOCI금융자산으로 재분류한 경우 재분류일에 ㈜대한의 회계처리를 하시오.

【물음 3】 위 자료에서 ㈜대한이 ㈜민국으로부터 취득한 금융자산을 FVOCI금융자산으로 최초 취득시점에 분류하였고 20×2년 중 FVOCI금융자산에서 FVPL금융자산으로 재분류한 경우 ㈜대한의 회계처리를 하시오.

【물음 4】 위 자료에서 ㈜대한이 ㈜민국으로부터 취득한 금융자산을 FVOCI금융자산으로 최초 취득시점에 분류하였고 20×2년 중 FVOCI금융자산에서 AC금융자산으로 재분류한 경우 ㈜대한의 회계처리를 하시오.

【물음 5】 ㈜대한이 취득한 회사채를 AC금융자산으로 분류하기 위해서 갖추어야 할 조건 2가지를 쓰시오.

【물음 6】 ㈜대한이 취득한 회사채를 FVOCI금융자산으로 분류하기 위해서 갖추어야 할 조건 2가지를 쓰시오.

해설

【물음 1】

재분류일은 사업모형의 변경 후 첫 번째 보고 기간의 첫 번째 날이다. 따라서 ㈜대한의 재분류와 관련된 회계처리 일자는 20×3년 1월 1일이다.

20×3. 1. 1(재분류일)

(차)	FVPL금융자산	45,000	(대)	AC금융자산	50,000
	FVPL금융자산평가손실	5,000			

20×3.12.31

(차)	현금	5,000	(대)	이자수익	5,000
	FVPL금융자산	1,000		FVPL금융자산평가이익	1,000

【물음 2】

20×3. 1. 1(재분류일)

(차)	FVOCI금융자산	45,000	(대)	AC금융자산	50,000
	FVOCI금융자산평가손실	5,000			

20×3.12.31

(차)	현금	5,000	(대)	이자수익	5,000
	FVOCI 금융자산	1,000		FVOCI금융자산평가손실	1,000

【물음 3】

20×3. 1. 1(재분류일)

(차)	FVPL금융자산	45,000	(대)	FVOCI금융자산	45,000
	FVPL금융자산평가손실	5,000		FVOCI금융자산평가손실	5,000

20×3.12.31

(차)	현금	5,000	(대)	이자수익	5,000
	FVPL금융자산	1,000		FVPL금융자산평가이익	1,000

【물음 4】

20×3. 1. 1(재분류일)

(차)	AC금융자산	50,000	(대)	FVOCI금융자산	45,000
				FVOCI금융자산평가손실	5,000

20×3.12.31

(차)	현금	5,000	(대)	이자수익	5,000

【물음 5】

① 계약상 현금흐름을 수취하기 위해 보유하는 것이 목적인 사업모형 하에서 금융자산을 보유한다.

② 금융자산의 계약 조건에 따라 특정일에 원리금 지급만으로 구성된 현금흐름이 발생한다.

【물음 6】

① 계약상 현금흐름의 수취와 금융자산의 매도 둘 다 목적인 사업모형 하에서 금융자산을 보유한다.

② 금융자산 계약조건에 따라 특정일에 원리금 지급만으로 구성된 현금흐름이 발생한다.

제3장

금융자산(2)

: 금융자산의 손상과 제거

ACCOUNTING FOR
FINANCIAL INSTRUMENTS AND
INSURANCE CONTRACTS

제1절 금융자산의 손상

1.1 금융자산의 손상 인식과 관련된 일반적인 사항

1. 손상 인식요건 및 최초 인식 시점의 회계처리

손상 요구사항의 목적은 최초 인식 후에 신용위험이 유의적으로 증가한 모든 금융상품에 대해 미래 전망 정보를 포함하는 합리적이고 뒷받침될 수 있는 모든 정보를 고려하여 개별평가나 집합평가로 전체기간 기대신용손실을 인식하는 것이다.

종전 기준서(제1039호)에서는 자산에 손상이 있었다는 객관적인 증거가 관측되는 경우 손상을 인식(발생손실모형)했었다.

그러나 일반적으로 금융자산의 신용이 실제로 손상되기 전이나 채무불이행이 실제로 발생하기 전에 신용위험이 유의적으로 증가할 것이다.

이에 현 기준서(1109호)는 미래에 손상이 발생할 것으로 예상되는 경우와 같이 미래 정보까지 고려하여 회수하지 못할 금액을 추정·반영하도록 하고 있다(기대손실모형).

손상을 인식하는 금융자산은 다음과 같이 계약상 현금흐름(SPPI)요건을 충족하는 금융자산이다.

(1) AC금융자산
(2) FVOCI금융자산으로 분류되는 채무상품
(3) 대여금, 수취채권, 계약자산, 리스채권 등

현 기준서(1109호)는 미래에 손상이 발생될 것으로 예상되는 경우와 같이 미래 정보까지 고려하여 회수하지 못할 금액을 추정·반영하도록 하고 있으므로 계약상 현금흐름(SPPI)요건을 충족해야 금액에 대한 추정이 가능할 것이다.

따라서 SPPI조건을 충족하지 못하는 FVPL금융상품(지분상품)이나 FVOCI선택금융자산(지분상품)은 손상과 관련된 회계처리 대상이 아니다.

분류된 금융자산 중 AC금융자산은 기대신용손실을 손실충당금으로 인식한다.

FVOCI금융자산의 손실충당금은 기타포괄손익에서 인식하고 재무상태표에서 금융자산의 장부금액을 줄이지 않는다. 손실충당금으로 반영하는 경우 기말 장부가액이 해당 시점의 공정가치를 적절히 표시하지 못하게 되기 때문이다.

이외에 리스채권, 계약자산, 대출약정 및 금융보증계약의 경우에도 기대신용손실을 손실충당금으로 인식한다.

2. 기대신용손실의 측정기간

신용위험의 변동에 따라 기대신용손실을 측정하는 기간은 다음과 같다.

[도표 1] 신용위험의 변동과 기대신용손실 측정기간

신용위험	유의적으로 증가하지 않음	유의적으로 증가	손상됨
기대신용손실 측정기간	12개월	전체기간	

최초 인식 후에 금융상품의 신용위험이 유의적으로 증가하지 아니한 경우에는 보고기간 말에 12개월 기대신용손실에 해당하는 금액으로 손실충당금을 측정한다.

전체기간 기대신용손실을 인식하여야 하는지는 보고기간 말에 금융자산의 신용이 손상되었다는 증거나 실제 채무불이행 발생에 기초하는 것이 아니라, 최초 인식 후에 채무불이행 발생 가능성이나 그 발생 위험의 유의적인 증가에 기초하여 평가한다.

① 취득 시 신용이 손상되어 있거나 ② 항상 전체기간 기대신용손실에 해당하는 금액으로 손상을 측정하거나 ③ 최초 인식 후에 금융상품의 신용위험이 유의적으로 증가하는 경우, 매 보고기간 말에 전체기간 기대신용손실에 해당하는 금액으로 손실충당금을 측정한다.

전기에 전체기간 기대신용손실에 해당하는 금액으로 금융상품에 대한 손실충당금을 측정하였으나 당기에는 최초 인식 후에 신용위험에 있어서 유의적인 증가가 없다고 판단되면 당기 말에 12개월 기대신용손실에 해당하는 금액으로 손실충당금을 측정한다.

1.2 신용위험의 유의적인 증가와 변동에 관한 판단

1. 신용손상 여부에 관한 판단 사례

최초 인식 후에 금융상품의 신용위험이 유의적으로 증가하였는지를 매 보고기간 말에 평가한다.

신용위험의 유의적인 증가를 평가할 때 기대신용손실액의 변동이 아니라 금융상품의 기대 존속기간에 걸친 채무불이행 발생 위험의 변동을 사용한다.

이러한 평가를 하기 위해, 보고기간 말의 금융상품에 대한 채무불이행 발생 위험을 최초 인식일의 채무불이행 발생 위험과 비교하고, 최초 인식 후에 신용위험의 유의적인 증가를 나타내는 정보로써 과도한 원가나 노력 없이 이용할 수 있고 합리적이고 뒷받침될 수 있는 정보를 고려한다.

다음은 신용이 손상된 사례이다.[1] 다음의 사례가 관측되는 경우 신용위험이 유의하게 증가하였거나 신용이 손상되었다고 판단한다.

> 금융자산의 추정미래현금흐름에 악영향을 미치는 하나 이상의 사건이 생긴 경우에 해당 금융자산의 신용이 손상된 것이다. 금융자산의 신용이 손상된 증거는 다음의 사건에 대한 관측 가능한 정보를 포함한다.
>
> (1) 발행자나 차입자의 유의적인 재무적 어려움
> (2) 채무불이행이나 연체 같은 계약 위반
> (3) 차입자의 재무적 어려움에 관련된 경제적이나 계약상 이유로 당초 차입조건의 불가피한 완화
> (4) 차입자의 파산 가능성이 높아지거나 그 밖의 재무구조조정 가능성이 높아짐
> (5) 재무적 어려움으로 해당 금융자산에 대한 활성시장의 소멸
> (6) 이미 발생한 신용손실을 반영하여 크게 할인한 가격으로 금융자산을 매입하거나 창출하는 경우

1) 기준서 제1109호 금융자산, 부록 A

> 신용손상을 일으킨 단일 사건을 특정하여 식별하는 것이 불가능할 수 있으며, 오히려 여러 사건의 결합된 효과가 신용손상을 초래할 수도 있다.

위 (2)에서 채무불이행 발생 위험을 판단하기 위한 채무불이행을 정의할 때, 관련되는 금융상품의 내부 신용위험 관리 목적으로 사용하는 정의와 일관된 채무불이행의 정의를 적용하고, 적절하다면 질적 지표(예 재무약정)를 고려한다.

채무불이행은 금융자산이 연체된 후 90일보다 늦게 발생하지 않는다고 간주한다. 다만 채무불이행이 연체된 후 90일보다 늦게 발생한다는 것을 입증하는 합리적이고 뒷받침될 수 있는 정보가 있다면 위의 간주규정을 반증할 수 있다.

특정 금융상품에 다른 채무불이행의 정의가 더 적절하다는 것을 입증하는 이용할 수 있는 정보가 있는 경우를 제외하고는, 채무불이행의 정의는 모든 금융상품에 일관되게 적용한다. 따라서 명백한 반증이 없다면 연체 이후 90일이 경과하면 채무불이행이 있다고 간주한다.

또한 위 (2)에서 연체 여부를 판단할 때, 통상적으로(또는 실무적으로) 계약상 지급의 연체 일수가 30일을 초과하는 경우 최초 인식 후에 금융상품의 신용위험이 유의적으로 증가했다고 볼 수 있다.

다만 계약상 지급의 연체 일수가 30일을 초과하였더라도 최초 인식 후에 신용위험이 유의적으로 증가하지 아니하였다는 것을 제시하는 합리적이고 뒷받침될 수 있는 정보를 갖고 있고, 해당 정보를 과도한 원가나 노력 없이 이용할 수 있다면 신용위험이 증가하지 않았다고 본다.

신용위험은 일반적으로 금융상품이 연체되기 전이나 그 밖의 후행하는 차입자 특유의 요인(예 계약조건의 변경이나 재조정)이 관측되기 전에 유의적으로 증가한다. 따라서 연체 정보보다 미래 전망적이고 합리적이며 뒷받침될 수 있는 정보를 과도한 원가나 노력 없이 이용할 수 있을 때 그러한 정보를 사용하여 신용위험의 변동을 평가해야 한다.

2. 전체기간 기대신용손실 인식

최초 인식 후에 신용위험이 유의적으로 증가한 모든 금융상품에 대하여 전체기간 기대신용손실을 인식한다.

이러한 목적을 충족하기 위해, 최초 인식 후에 신용위험이 유의적으로 증가한 것으로 판단되는 금융자산들을 공통의 신용위험 특성에 기초하여 묶을 수 없는 경우에는 해당 금융자산들 중

신용위험이 유의적으로 증가한 것으로 보이는 일부에 대해서만 전체기간 기대신용손실을 인식해야 한다.

집합기준으로 신용위험이 변동되었는지를 평가하기 위한 금융상품 묶음은 시간이 지나면서 금융상품 집합이나 개별 금융상품에 대한 새로운 정보를 이용할 수 있게 됨에 따라 변동할 수 있다.

위의 내용에도 불구하고, 다음 항목은 항상 전체기간 기대신용손실에 해당하는 금액으로 손실충당금을 측정한다.

(1) 다음 중 하나를 충족하는, 기업회계기준서 제1115호(고객과의 계약에서 생기는 수익)의 적용범위에 포함되는 거래에서 생기는 매출채권이나 계약자산
   (가) 기업회계기준서 제1115호에 따른 유의적인 금융요소를 포함하고 있지 않은 경우(또는 기업회계기준서 제1115호 문단 63의 실무적 간편법을 적용하는 경우)
   (나) 기업회계기준서 제1115호에 따라 유의적인 금융요소가 있으나, 전체기간 기대신용손실에 해당하는 금액으로 손실충당금을 측정하는 것을 회계정책으로 선택한 경우. 해당 회계정책은 모든 해당 매출채권이나 계약자산에 적용해야 하지만 매출채권과 계약자산에 각각 구분하여 적용할 수 있다.

(2) 기업회계기준서 제1116호(리스)의 적용범위에 포함되는 거래에서 생기는 리스채권으로서, 전체기간 기대신용손실에 해당하는 금액으로 손실충당금을 측정하는 것을 회계정책으로 선택한 경우. 해당 회계정책은 모든 리스채권에 적용해야 하지만 금융리스채권과 운용리스채권에 각각 구분하여 적용할 수 있다.

1.3 기대신용손실의 측정

1. 기대신용손실 측정 방법

기대신용손실은 금융상품의 기대존속기간에 걸친 신용손실(모든 현금 부족액의 현재가치)의 확률가중추정치이다.

현금 부족액은 계약상 수취하기로 한 현금흐름과 수취할 것으로 기대하는 현금흐름의 차이로 측정한다.

기대신용손실은 지급액과 지급 시기를 고려하기 때문에, 전부 지급받을 것으로 예상하더라도

그 예상 시기가 계약상 지급 시점보다 늦다면 신용손실이 발생한다.

먼저 금융자산의 신용손실은 다음 (1)과 (2)의 차이의 현재가치로 측정한다.

(1) 계약상 수취하기로 한 현금흐름
(2) 수취할 것으로 예상하는 현금흐름

금융상품의 기대신용손실은 상황별 신용손실의 확률가중 추정치이며 다음 사항을 반영하도록 측정한다.

(1) 일정 범위의 발생 가능한 결과를 평가하여 산정한 금액으로서 편의가 없고 확률로 가중한 금액
(2) 화폐의 시간가치
(3) 보고기간 말에 과거사건, 현재 상황과 미래 경제적 상황의 예측에 대한 정보로서 합리적이고 뒷받침될 수 있으며 과도한 원가나 노력 없이 이용할 수 있는 정보

2. 확률 가중

기대신용손실을 추정하는 목적은 최악의 시나리오나 최선의 시나리오를 추정하는 것이 아니다.

그 대신에 기대신용손실의 추정은 발생 가능성이 가장 큰 결과가 신용손실이 없는 것이라고 하더라도 신용손실이 발생할 가능성과 신용손실이 발생하지 아니할 가능성을 항상 반영해야 한다.

기대신용손실을 측정할 때 가능한 시나리오를 모두 고려할 필요는 없다. 그러나 신용손실의 발생 가능성이 매우 낮더라도 신용손실이 발생할 가능성과 발생하지 아니할 가능성을 반영하여 신용손실이 발생할 위험이나 확률을 고려한다.

따라서 가능한 결과의 범위를 평가하여 편의가 없고 확률가중한 금액을 산정하고 이를 반영하여 기대신용손실을 추정한다.

12개월 기대신용손실은 전체기간 기대신용손실의 일부이며, 보고기간 말 후 12개월(또는 금융자산의 기대존속기간이 12개월보다 짧은 경우, 보다 짧은 그 기간) 내에 채무불이행이 발생한다면 초래될 전체기간 현금 부족액을 채무불이행 발생확률로 가중한 것을 의미한다.

전체기간 기대신용손실의 경우에 기대존속기간에 걸쳐 금융상품의 채무불이행 발생 위험을 추정해야 한다.

3. 화폐의 시간가치

기대신용손실은 최초 인식시점에 산정한 유효이자율이나 이에 근사한 이자율로 보고기간 말을 기준으로 할인하며, 예상되는 채무불이행 발생일이나 그 밖의 날짜를 기준으로 할인하지 않는다.

한편, 취득 시 신용이 손상되어 있는 금융자산에 대한 기대신용손실은 최초 인식시점에 산정한 신용조정 유효이자율로 할인한다.

보고기간 말에 신용이 손상된 금융자산(취득 시 신용이 손상되어 있는 금융자산은 제외)의 기대신용손실은 ① 해당 자산의 총 장부금액과 ② 추정미래현금흐름을 최초 유효이자율로 할인한 현재가치의 차이로 측정한다.

기대신용손실을 측정할 때 고려하는 가장 긴 기간은 신용위험에 노출되는 최장 계약기간(연장옵션 포함)이다.

03

AC금융자산으로 분류되어 취득 시점에 신용이 손상되어 있는 금융자산은 최초 인식시점부터 손실충당금을 반영한 상각후원가에 신용조정 유효이자율을 적용한다.

한편 취득 시점에 손상되어 있지 않으나 후속적으로 신용이 손상된 금융자산은 후속 보고기간에 손실충당금을 반영한 상각후원가에 유효이자율을 적용한다.

측정된 조정금액은 손상차손(환입)으로 포괄손익계산서 상 당기손익으로 인식한다.

1.4 실무적 간편법

확률가중 추정치를 산출하는 원칙과 일관된다면, 기대신용손실을 측정할 때 실무적 간편법을 사용할 수 있다. 적절하다면 매출채권의 과거 신용손실 경험을 금융자산의 12개월 기대신용손실이나 전체기간 기대신용손실을 추정하는 데 사용한다.

실무적 간편법의 예로 충당금 설정률표는 매출채권의 연체 일수에 따라 고정된 충당률을 설정하여 기대신용손실을 추정하는 방법이다.

충당금 설정률표에서는 매출채권의 연체 일수에 따라 고정된 충당률(예 연체가 없는 경우에 1%, 연체 일수가 30일 미만이면 2%, 30일 초과 90일 미만이면 3%, 90일과 180일 사이이면 20% 등)을 설정한다.

그리고 고객층의 다양성에 따라 달라지지만, 과거 신용손실 경험상 서로 다른 고객 부분이 유의적으로 서로 다른 손실양상을 보이는 경우 부문별로 적절하게 묶는다.[2)]

▶ 예제 1 실무적 간편법 : 충당금 설정률표[3)]

12월말 결산법인인 ㈜대한은 20×1년말 현재 ₩30,000,000에 해당하는 매출채권 포트폴리오를 갖고 있다. 매출채권은 유의적인 금융요소가 없으며 항상 전체기간 기대신용손실에 해당하는 금액으로 측정한다. 회사는 매출채권 포트폴리오의 기대신용손실을 산정하기 위해 충당금 설정률표를 이용한다. 충당금 설정률표는 과거에 매출채권의 기대존속기간에 관측된 채무불이행률에 기초하며 미래전망적인 추정을 위해 조정되며 매 보고기간 말에 과거에 관측된 채무불이행률을 갱신하며 미래전망 추정치의 변동을 분석한다. 다음은 20×1년 말 현재 추정된 연체일자 구간별 채무불이행률이다.

구분	총 장부금액	채무불이행률(%)
연체되지 않음	₩15,000,000	0.3
1 ~ 30일 연체	7,500,000	1.6
31 ~ 60일 연체	4,000,000	3.6
61 ~ 90일 연체	2,500,000	6.6
90일 초과 연체	1,000,000	10.6
합계	₩30,000,000	

물음

20×1년 말 현재 ㈜대한의 매출채권 포트폴리오와 관련하여 기대신용손실충당금액을 계산하시오.

해설

20×1년 말 현재 매출채권 ₩30,000,000의 연체구간별 매출채권 잔액의 구성을 토대로 위 충당금 설정률표를 이용하여 다음과 같이 기대신용손실충당금액을 측정한다.

구분	총 장부금액	전체기간 기대신용손실충당금 (총 장부금액×채무불이행률)
연체되지 않음	₩15,000,000	₩45,000
1 ~ 30일 연체	7,500,000	120,000

2) 자산을 묶는 데 사용할 수 있는 기준의 예로서 지역적 위치, 상품형태, 고객등급, 담보나 거래신용보험, 고객형태(도매상이나 소매상)를 들 수 있다.

3) 기준서 1109호 금융상품 IE74~IE77 수정

31 ~ 60일 연체	4,000,000	144,000
61 ~ 90일 연체	2,500,000	165,000
90일 초과 연체	1,000,000	106,000
합계	₩30,000,000	₩580,000

1.5 보고기간 말에 손상 요구 사항의 적용 과정

보고기간 말에 손상요구 사항의 적용과정을 도해하면 다음 그림과 같다.

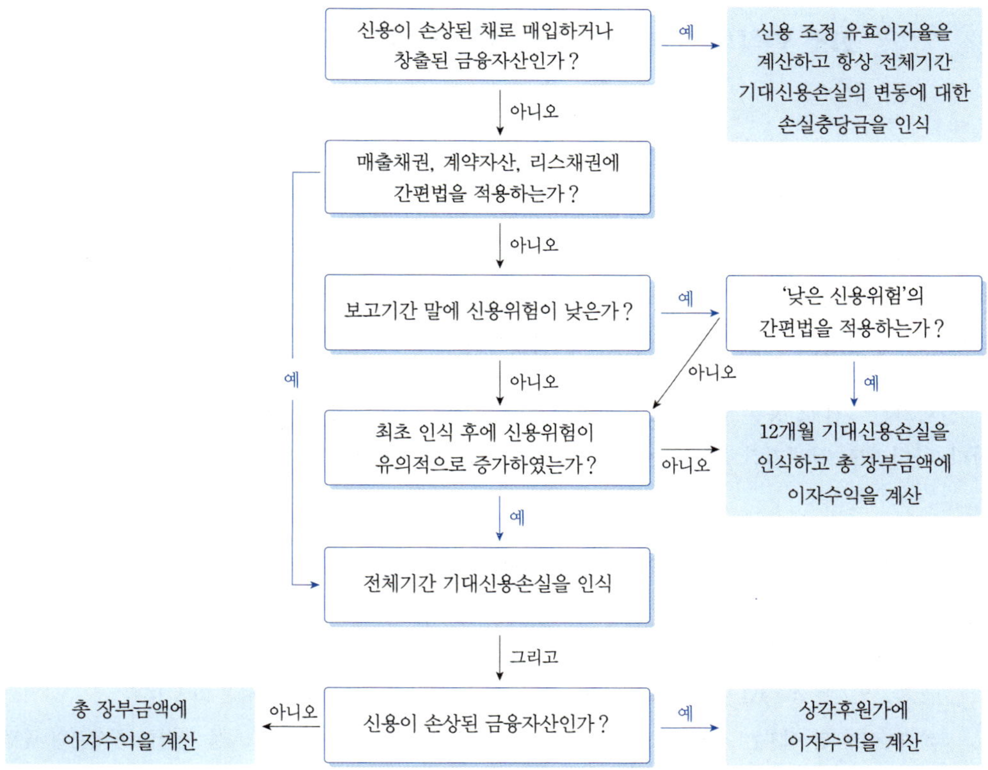

신용위험이 유의적이지 않아서 기대신용손실의 측정기간을 12개월로 하는 경우는 매출채권, 계약자산 및 리스채권에 간편법을 적용하지 않는 경우로서 ① 보고기간 말에 신용위험이 낮으며

낮은 신용위험의 간편법을 적용하는 경우 또는 ② 보고기간 말에 신용위험이 낮지는 않지만 최초 인식 후에 신용위험의 유의적인 증가가 없다고 판단되는 경우이다.

전체기간의 기대신용손실을 인식하는 경우는 ① 신용이 손상된 채로 매입하거나 창출된 금융자산인 경우 또는 ② 매출채권, 계약자산 및 리스채권에 간편법을 적용하는 경우이다. 여기에서 매출채권, 계약자산 및 리스채권에 간편법을 적용하여 전체기간 기대신용손실을 인식하고 신용이 손상된 경우에는 상각후원가에 이자수익을 계산한다.

금융자산의 최초 인식 후에 신용위험이 유의적으로 증가하여 전체기간의 기대신용손실을 인식(신용이 손상된 채로 매입하거나 창출된 경우를 제외)한 결과 신용이 손상된 금융자산이 된 경우에도 상각후원가에 이자수익을 계산한다.

1.6 최초 인식한 손상차손(환입)의 후속 회계처리

보고기간 말에 이 기준서에 따라 인식해야 하는 금액으로 손실충당금을 조정하기 위한 기대신용손실액(또는 환입액)은 손상차손(환입)으로 당기손익에 인식한다.

취득 시 신용이 손상되어 있는 금융자산은 보고기간 말에 최초 인식 이후 전체기간 기대신용손실의 누적변동분만을 손실충당금으로 인식하며 매 보고기간 말에 전체기간 기대신용손실의 변동액을 손상차손(환입)으로 당기손익에 인식한다.

전체기간 기대신용손실이 최초 인식시점의 추정현금흐름에 포함되었던 기대신용손실액보다 작다 하더라도 전체기간 기대신용손실의 유리한 변동을 손상환입으로 인식한다.

예제 2 AC금융자산과 FVOCI금융자산의 손상관련 회계처리 비교

(1) 20×1년 초에 ㈜대한은 ㈜민국이 발행한 회사채 액면 ₩1,000,000(이자는 매년 말 후급, 표시이자율 8%, 만기는 20×4년 말)을 ₩936,598에 취득하였다. 취득 당시의 유효이자율은 10%이다.

(2) 20×1년 말 이자는 정상적으로 수령하였고 동 시점의 현행 시장이자율 11%를 반영한 회사채의 공정가치는 ₩926,687이다.

(3) 20×2년 말에 표시이자는 정상적으로 수령하였다. 한편, 20×2년 말에 ㈜민국은 신용위험에 직면하였으며 이에 따라 기대미래현금흐름은 20×4년 말에 ₩600,000밖에 회수할 수 없을 것으로 추정하였다.

한편, 동 시점에 유사 회사채에 적용되는 현행 시장이자율은 12%이며 이를 반영한 회사채의 공정가치는 ₩478,314이다. 한편 취득 당시 유효이자율 10%를 반영한 회사채의 현재가치는 ₩495,870이다.

(4) 20×3년분 표시이자는 수령하지 못하였다. 그러나 20×3년 말에 ㈜민국의 신용등급 상승에 따라 기대미래현금흐름은 20×4년 말에 ₩800,000이 회수가능할 것으로 추정하였다. 동 시점의 현행 시장이자율은 12%이며 이를 반영한 회사채의 공정가치는 ₩714,288이다. 한편 취득 당시 유효이자율 10%를 반영한 회사채의 현재가치는 ₩727,272이다.

(5) ㈜대한과 ㈜민국은 12월말 결산법인이다.

물 음

1. 최초 취득일의 유효이자율에 의한 상각표를 작성하시오.
2. 위의 채무상품이 AC금융자산일 경우와 FVOCI금융자산일 경우 20×3년 말까지 각 시점별 회계처리를 하시오.

해 설

1. 유효이자율법에 의한 상각표(20×4년 말 유효이자는 단수차이를 조정함)

시점	장부금액	유효이자(10%)	현금이자(8%)	환입액
20×1년 초	₩936,598			
20×1년 말	950,258	₩93,660	₩80,000	₩13,660
20×2년 말	965,284	95,026	80,000	15,026
20×3년 말	981,812	96,528	80,000	16,528
20×4년 말	1,000,000	98,188	80,000	18,188

2.

일자	AC금융자산			FVOCI금융자산(채무상품)		
20×1. 1. 1	AC금융자산	936,598		FVOCI금융자산	936,598	
	현금		936,598	현금		936,598
20×1.12.31	현금	80,000		현금	80,000	
	AC금융자산	13,660		FVOCI금융자산	13,660	
	이자수익*		93,660	이자수익		93,660
	* 유효이자를 이자수익으로 인식하고 결산기 말에는 별도평가가 없다.			FVOCI금융자산평가손실	23,571	
				FVOCI금융자산*		23,571
				* ₩926,687 − ₩950,258 = ₩23,571		

<table>
<tr><td rowspan="1">20×2.12.31</td><td>현금 80,000
AC금융자산 15,026
    이자수익 95,026
AC금융자산손상차손* 469,414
    손실충당금 469,414
* ₩495,870 − ₩965,284 = ₩469,414</td><td>현금 80,000
FVOCI금융자산 15,026
    이자수익 95,026
FVOCI금융자산평가손실*1 463,399
    FVOCI금융자산 463,399
FVOCI금융자산손상차손 469,414
    FVOCI금융자산평가손실*2 469,414
*1 ₩478,314 − (₩926,687 + ₩15,026)
= ₩463,399
*2 FVOCI금융자산의 손상은 기타포괄손익(OCI)에서 조정한다.</td></tr>
<tr><td>20×3.12.31</td><td>AC금융자산 49,587
    이자수익*1 49,587
AC금융자산 181,815
    손상차손환입*2 181,815
*1 ₩495,870×10% = ₩49,587
*2 Min [₩981,812, ₩727,272]
− ₩545,457(= ₩495,870 + ₩49,587)
= ₩181,815</td><td>FVOCI금융자산 49,587
    이자수익*1 49,587
FVOCI금융자산 186,387
    FVOCI금융자산평가손실 4,572
    손상차손환입*2 181,815
*1 ₩495,870×10% = ₩49,587
*2 Min [₩981,812, ₩727,272]
− ₩545,457(= ₩495,870 + ₩49,587)
= ₩181,815</td></tr>
</table>

1.7 손상을 인식한 금융자산의 재분류

금융자산이 손상된 상태에서 사업모형을 변경하는 경우 금융자산을 재분류한다.

제2장에서 재분류 전에 인식한 손익이나 이자는 다시 작성하지 않는다고 기술한 바 있다. 따라서 손상이 반영된 금융자산을 재분류하는 경우 기존에 인식한 손익은 수정하지 않지만 재무상태표 상 표시된 손실충당금은 재분류일에 금융자산 장부금액의 조정에 반영한다.

손상 측정 대상인 AC금융자산과 FVOCI금융자산에 대해서는 원칙적으로 같은 방식으로 손상 요구사항을 적용하므로 다른 범주로 재분류를 하더라도 기대신용손실의 측정은 변경하지 않는다.

그러나 기존에 기대신용손실에 따라 인식한 손상이 반영된 상황에서, 다른 범주로 재분류하는 경우 이미 반영된 손실충당금은 조정할 필요가 있다. AC 측정 범주와 FVOCI 측정 범주 간에 금융자산을 재분류하는 경우 기존에 인식한 손실충당금은 다음과 같이 반영한다.

[도표 2] 손상을 인식한 금융자산의 재분류 시 손실충당금의 조정

재분류 전 ➠ 재분류 후	손실충당금 조정
AC금융자산 ➠ FVOCI금융자산	손실충당금은 제거하고 같은 금액의 누적손상금액을 기타포괄손익에 반영
FVOCI금융자산 ➠ AC금융자산	재분류일부터 금융자산의 총장부금액에 대한 조정에 반영

03

예제 3 손상을 인식한 금융자산의 재분류

[예제 2]의 자료를 참고한다. ㈜대한은 20×2년 중 보유 중인 금융자산의 사업모형을 변경하기로 하였다. 20×2년 말과 20×3년 초의 공정가치는 동일하다고 가정하고 다음의 물음에 답하라.

물 음

1. 20×2년 말 손상차손을 반영한 후 ㈜대한은 20×3년 초 AC금융자산을 FVOCI금융자산으로 재분류하였다. 재분류 시점의 회계처리를 하시오.

2. 20×2년 말 손상차손을 반영한 후 ㈜대한은 20×3년 초 FVOCI금융자산을 AC금융자산으로 재분류하였다. 재분류 시점의 회계처리를 하시오.

해 설

일자	물음 1			물음 2		
20×3. 1. 1	FVOCI금융자산	478,314		AC금융자산	965,284	
	손실충당금	469,414		FVOCI금융자산		478,314
	FVOCI금융자산평가손실*	17,556		손실충당금		469,414
	AC금융자산		965,284	FVOCI금융자산평가손실*		17,556
	* 대차차액			* 재분류일 FVOCI금융자산평가손실잔액 ₩23,571 + ₩463,399 − ₩469,414 = ₩17,556		

제2절 금융자산의 제거

제거란 이미 인식한 금융자산이나 금융부채를 재무상태표에서 삭제하는 것을 뜻한다.

금융상품의 제거 여부를 판단함에 있어서는 지배회사의 모든 종속회사를 포함한 연결 관점에서 적용한다. 이하에서는 연결 관점에서 적용한다는 전제로 금융상품의 제거 여부와 관련된 내용을 중심으로 설명한다.

2.1 금융자산의 제거 여부의 판단

금융자산의 제거 여부와 제거 정도의 적정성을 평가하기 전에 금융자산(또는 비슷한 금융자산의 집합) 일부에 적용하여야 하는지 또는 전체에 적용하여야 하는지를 결정한다.

제거 대상이 다음 세 가지 조건 중 하나를 충족하는 경우에만 금융자산(또는 비슷한 금융자산의 집합) 일부를 제거한다.

(1) 제거 대상이 금융자산(또는 비슷한 금융자산의 집합)의 현금흐름에서 식별된 특정 부분만으로 구성된다.
(2) 제거 대상이 금융자산(또는 비슷한 금융자산의 집합)의 현금흐름에 완전히 비례하는 부분만으로 구성된다.
(3) 제거 대상이 금융자산(또는 비슷한 금융자산의 집합)의 현금흐름에서 식별된 특정 부분 중 완전히 비례하는 부분만으로 구성된다.

다음은 금융자산의 제거 여부와 제거 정도를 평가하는 방법의 순서도이다. [ ]는 현 기준서(1109호) 문단 번호이다.

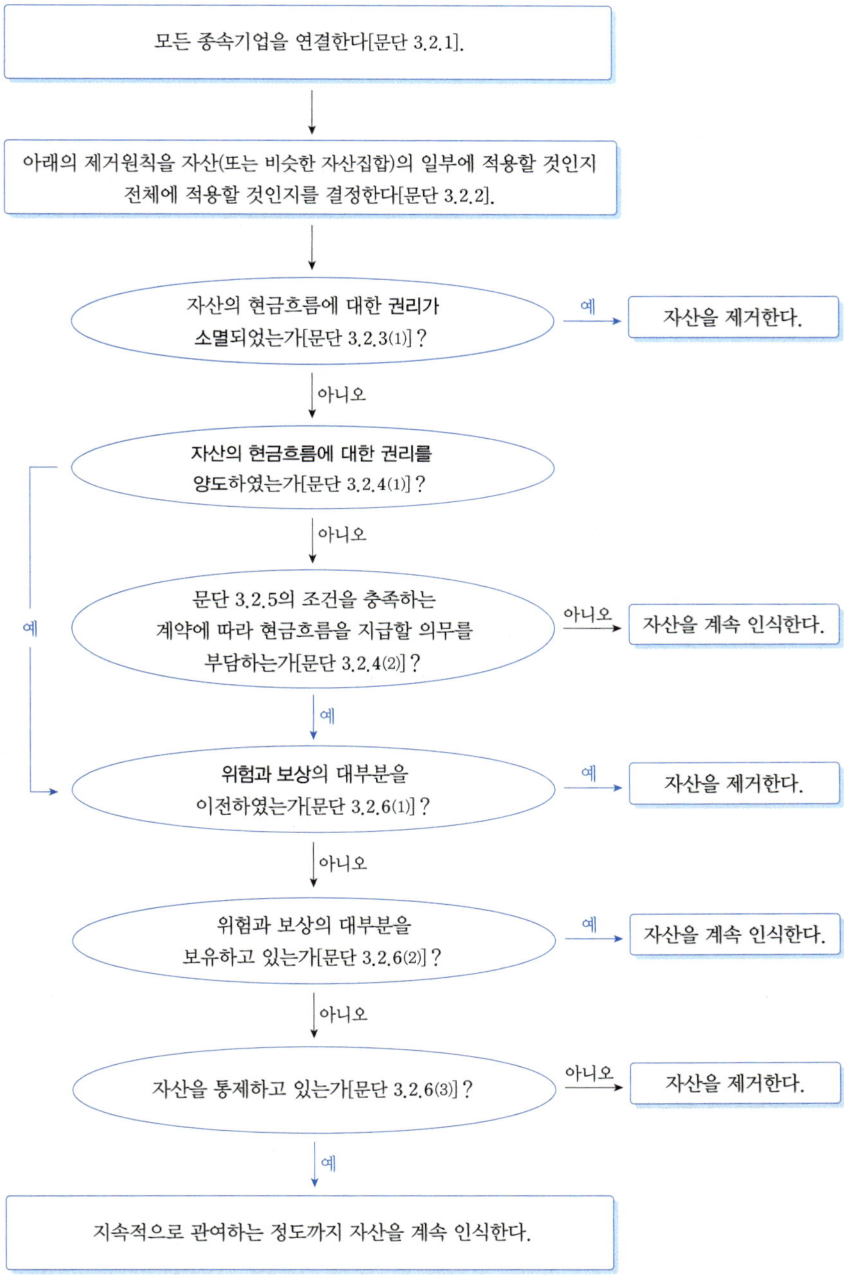

위의 순서도를 구체적으로 살펴보면 금융자산은 다음 중 하나에 해당하면 제거하는 것으로 정리할 수 있다.

(1) 금융자산의 현금흐름에 대한 계약상 권리가 소멸한 경우(계약상 권리 소멸 요건)
(2) 금융자산을 양도하며 그 양도가 금융자산의 소유에 따른 위험과 보상의 보유 정도를 평가한 결과 제거의 조건을 충족하는 경우(양도와 위험보상 이전 요건)

계약상 권리 소멸 요건을 충족하면 금융자산을 제거한다. 그러나 계약상 권리 소멸 조건을 충족하지 못하면 ① 양도 여부와 ② 위험보상 이전 요건을 평가하여 금융자산의 제거 여부를 판단한다.

이에 따라 우선 양도요건을 충족했는지 먼저 평가하는데, 금융자산의 양도는 다음 중 하나에 해당하는 경우이다.

(1) 금융자산의 현금흐름을 수취할 계약상 권리를 양도하는 경우
(2) 금융자산의 현금흐름을 수취할 계약상 권리를 보유하고 있으나, 해당 현금흐름을 아래의 조건을 충족하는 계약에 따라 하나 이상의 수취인에게 지급할 계약상 의무를 부담하는 경우(즉 사실상 현금흐름에 대한 아무런 권리가 없는 것이나 다름없다고 판단되는 경우)
(가) 최초 자산에서 최종 수취인에게 지급할 금액에 상응하는 금액을 회수하지 못한다면, 그 금액을 최종 수취인에게 지급할 의무가 없다.
(나) 현금흐름을 지급할 의무를 이행하기 위해 최종 수취인에게 담보물로 제공하는 경우를 제외하고는, 양도자는 양도계약의 조건 때문에 최초 자산을 매도하거나 담보물로 제공하지 못한다.
(다) 양도자는 최종 수취인을 대신해서 회수한 현금을 중요하게 지체하지 않고 최종 수취인에게 지급할 의무가 있다.

양도요건이 충족되었다고 판단되면, 다음으로 계약의 당사자에게 위험과 보상이 실질적으로 이전되었는지를 평가한다.

양도자가 소유에 따른 위험과 보상의 대부분을 이전하는 경우와 대부분을 보유하는 경우의 예는 다음과 같다.

[도표 3] 양도자의 소유에 따른 위험과 보상 이전 여부 사례

위험과 보상의 대부분 이전	위험과 보상의 대부분 보유
(1) 금융자산을 아무런 조건 없이 매도한 경우 (2) 양도자가 매도한 금융자산을 재매입시점의 공정가치로 재매입할 수 있는 권리를 보유하고 있는 경우	(1) 양도자가 매도 후에 미리 정한 가격으로 또는 매도가격에 양도자에게 금전을 대여하였더라면 그 대가로 받았을 이자수익을 더한 금액으로 양도자산을 재매입하는 거래의 경우

(3) 양도자가 매도한 금융자산에 대한 콜옵션을 보유하고 있거나 양수자가 해당 금융자산에 대한 풋옵션을 보유하고 있지만, 해당 콜옵션이나 풋옵션이 현재까지 깊은 외가격 상태이기 때문에 만기 이전에 해당 옵션이 내가격 상태가 될 가능성이 매우 낮은 경우	(2) 유가증권대여계약을 체결한 경우 (3) 시장위험 익스포저를 양도자에게 다시 이전하는 총수익스왑 체결과 함께 금융자산을 매도한 경우 (4) 양도자가 매도한 금융자산에 대한 콜옵션을 보유하고 있거나 양수자가 해당 금융자산에 대한 풋옵션을 보유하고 있으며, 해당 콜옵션이나 풋옵션이 현재까지 깊은 내가격(in the money) 상태이기 때문에 만기 이전에 해당 옵션이 외가격(out of the money) 상태가 될 가능성이 매우 낮은 경우 (5) 양도자가 발생 가능성이 높은 신용손실의 보상을 양수자에게 보증하면서 단기 수취채권을 매도한 경우

양도자는 금융자산의 소유에 따른 위험과 보상의 보유 정도를 평가 결과에 따라 다음과 같이 회계처리한다.

[도표 4] 양도한 금융자산의 소유에 따른 위험과 보상의 보유 정도와 회계처리

상황	회계처리
양도자가 금융자산의 소유에 따른 위험과 보상의 대부분을 보유	해당 금융자산을 계속 인식
양도자가 금융자산의 소유에 따른 위험과 보상의 대부분을 이전	해당 금융자산을 제거하고 양도하여 생기거나 갖게 된 권리와 의무는 각각 자산과 부채로 인식

양도요건이 충족되었음에도 양도자가 금융자산의 소유에 따른 위험과 보상의 대부분을 보유하지도 이전하지도 않는다면, 양도자가 해당 금융자산을 통제하는지를 판단한다.

양도자가 양도자산을 통제하고 있는지는 양수자가 그 자산을 매도할 수 있는 능력을 가지는지에 따라 결정한다.

양수자가 자산 전체를 독립된 제3자에게 매도할 수 있는 실질적 능력을 가지고 있으며 양도에 추가 제약을 할 필요 없이 그 능력을 일방적으로 행사할 수 있다면, 양도자는 양도자산에 대한 통제를 상실한 것이다. 이 경우 외에는 양도자가 양도자산을 통제하고 있는 것이다.

양수자에게 통제가 실질적으로 이전되었는지 평가하는 상황 및 그에 따른 통제 이전 여부에 관한 판단과 관련하여 기준서에서 제시하고 있는 사례와 통제 이전 여부에 따른 회계처리는 다

음과 같다.

[도표 5] 양수자에게 통제가 실질적으로 이전되었는지 평가하는 예

상황	통제 이전 여부
양수자가 양도자산을 매도할 수 있는 실질적인 능력을 보유함	양도자가 통제 이전
양수자가 양도자산 전체를 독립적인 제3자에게 매도할 수 있고, 양도할 때 추가 제약조건을 부가하지 않으면서 그러한 능력을 일방적으로 행사할 수 있음	
풋옵션이나 보증 때문에 양수자가 양도자산을 매도하는 데에 제약이 있음	양도자가 통제 보유

[도표 6] 양도한 금융자산의 통제 여부에 따른 회계처리

상황	회계처리
양도자가 금융자산을 통제하고 있지 않음	해당 금융자산을 제거하고 양도하여 생기거나 갖게 된 권리와 의무는 각각 자산과 부채로 인식
양도자가 금융자산을 통제	해당 금융자산에 지속적으로 관여하는 정도까지 그 금융자산을 계속 인식

2.2 금융자산 제거 시 회계처리

1. 금융자산 제거 시 회계처리 방법

제거 조건을 충족하는 양도에 대해서는 제거일에 측정되는 금융자산의 장부금액과 수취한 대가의 차액을 당기손익으로 인식한다.

양도자산이 양도하기 전 금융자산 전체 중 일부이고, 그 양도한 부분 전체가 제거 조건을 충족한다면, ① 양도하기 전 금융자산 전체의 장부금액은 계속 인식하는 부분과 제거하는 부분에 대해 양도일 현재 각 부분의 상대적 공정가치를 기준으로 배분한 후, ② 제거일에 측정되는 제거하는 부분에 배분된 금융자산의 장부금액과 제거한 부분에 대하여 수취한 대가의 차이를 당기손익으로 인식한다.

예제 4 금융자산 제거요건을 충족하는 경우의 회계처리

12월말 결산법인인 ㈜대한은 보유 중인 무이자 조건의 대여금 ₩100,000을 금융기관에 이전하고 ₩90,000을 수취하였다. 금융기관이 채무자로부터 회수하지 못하더라도 ㈜대한은 금융기관에 대신 변제하지 않는다.

물음

금융자산 양도일에 ㈜대한의 회계처리를 제시하시오.

해설

(차)	현금	90,000	(대)	금융자산(대여금)	100,000
	금융자산처분손실	10,000			

03

예제 5 금융자산의 전부 또는 일부 제거

12월말 결산법인인 ㈜대한은 20×1년 1월 1일에 ㈜민국에게 표시이자율 10%, 이자는 매년 말 후급, 만기는 20×4년 말인 조건으로 ₩100,000을 대여하였다. 20×1년 1월 1일 현재 대여금의 장부가액은 액면가액과 동일하다. 20×2년 1월 1일 현재 시장이자율은 8%이며 이를 반영한 대여금의 공정가치는 ₩105,154이다.

물음

1. ㈜대한은 20×2년 1월 1일에 동 대여금 전액을 공정가치에 ㈜민국에게 양도하였다. 금융자산의 제거 요건을 충족한다고 가정하고 양도일의 회계처리를 제시하시오.
2. ㈜대한은 20×2년 1월 1일에 동 대여금 중 이자에 대해서만 이자 수령액의 공정가치로 ㈜민국에게 양도하였다. 금융자산의 제거 요건을 충족한다고 가정하고 양도일의 회계처리를 제시하시오.

해설

20×2년 1월 1일 현재 공정가치를 원금과 이자 부분으로 구분

원금의 공정가치	₩100,000×현가요소(3기간, 8%)	= ₩100,000×0.79383 =	₩79,383
이자의 공정가치	₩10,000×연금의 현가요소(3기간, 8%)	= ₩10,000×2.57710 =	25,771
합계			₩105,154

1. (차) 현금	105,514	(대)	금융자산(대여금)	100,000
			금융자산처분이익	5,154
2. (차) 현금	25,771	(대)	금융자산(대여금)	24,424*
			금융자산처분이익	1,347

* 전체 대여금 중 이자부분의 장부가액(상대적 공정가치로 배분)
₩100,000 × ₩25,771/₩105,514 ≒ ₩24,424

양도자가 양도자산의 채무불이행에 따른 손실을 보증하는 등 소유에 따른 위험과 보상의 대부분을 보유하고 있어서 해당 양도자산을 제거하지 않는다면, 그 양도자산 전체를 계속 인식하며 수취한 대가는 금융부채로 인식한다.

양도자는 후속 기간에 양도자산에서 생기는 모든 수익과 금융부채에서 생기는 모든 비용을 인식한다.

예제 6 금융자산 제거요건을 충족하지 못하는 경우의 회계처리

12월말 결산법인인 ㈜대한은 보유 중인 무이자 조건의 대여금 ₩100,000을 금융기관에 이전하고 ₩90,000을 수취하였다. [예제 4]와 달리 금융자산을 이전 받은 금융기관이 원채무자로부터 대금을 회수하지 못하는 경우 ㈜대한이 전액을 대신 변제해준다는 조건(소구권 부여)이 있다.

물 음

금융자산 양도일에 ㈜대한의 회계처리를 제시하시오.

해 설

양도자산의 채무불이행에 따른 손실을 보증하는 등 소유에 따른 위험과 보상의 대부분을 보유하고 있기 때문에 양도자산을 제거하지 않으며 사실상 자산 담보 차입으로 보아 다음과 같이 회계처리한다.

(차) 현금	90,000	(대)	금융부채(차입금)	100,000
금융비용	10,000			

▶ 예제 7 받을 어음의 할인 시 회계처리

12월말 결산법인인 ㈜대한은 20×1년 4월 1일에 상품을 판매한 대가로 수취하여 보유하고 있는 액면 ₩3,000,000, 이자율 8%, 발행일 2008년 1월 2일인 이자부어음을 금융기관에 할인하였다. 금융기관에서 적용한 할인율은 12%이며 만기는 20×1년 12월 31일이다.

물음

1. 위 어음의 할인이 제거조건을 충족한다면 할인 시점의 회계처리를 하시오.
2. 위 어음의 할인이 제거조건을 충족하지 못한다면 할인 시점의 회계처리를 하시오.

해설

<할인액 계산>

(1) 만기금액 = 액면금액 + 만기까지의 이자액 : (= ₩3,000,000 + ₩3,000,000×8%)	₩3,240,000
(2) 할인액 : (1)×12%×9/12*	291,600
(3) 현금수취액[(1) − (2)]	2,948,400
(4) 할인시점에서의 어음의 가치(장부금액) : (= ₩3,000,000 + ₩3,000,000×8%×3/12)	3,060,000
(5) 매출채권처분손실	₩111,600

* 할인액은 만기금액을 기준으로 계산하며, 기간은 할인시점부터 만기까지의 기간으로 한다.

<회계처리>

1.	(차)	현금	2,948,400	(대)	매출채권	3,000,000
		매출채권처분손실	111,600		이자수익	60,000
2.	(차)	현금	2,948,400	(대)	(단기)차입금	3,000,000
		이자비용	111,600		이자수익	60,000

2. 제거되는 금융자산에 대해 관리용역을 제공하는 경우

금융자산 제거 조건을 충족하는 양도로서 금융자산을 양도하고 양도자가 양수자로부터 수수료를 대가로 해당 양도자산에 대한 관리용역을 제공하는 경우가 있다.

예를 들어, 이자나 원금 회수, 원채무자에 대한 관리, 저당권과 같이 금융자산에 담보된 권리의 실행을 통한 회수 대행 서비스 등이 여기에 해당한다.

이처럼 양도자가 금융자산을 양도한 이후 별개의 관리용역을 제공하는 계약을 체결하는 경우 관련된 계약은 현금 등을 수취하거나 인도할 계약상의 의무에 해당하므로 금융상품의 정의에 부합한다.

관리용역을 제공하는 양도자가 수수하는 대가(수수료)는 양도자가 제공하는 용역의 공정가치(서비스 의무의 공정가치)를 초과하는 대가를 받을 수도 있고 미달하는 대가를 받을 수도 있다. 상황별 구체적인 회계처리는 다음과 같다.

[도표 7] 제거 조건을 충족하는 금융자산에 대한 별도 관리용역을 제공하는 경우의 회계처리

상황	회계처리
금융자산 전체가 제거 조건을 충족하고 관리용역을 제공하는 계약을 체결하는 경우	관리용역을 제공하는 기업은 관리용역으로 받는 수수료와 제공하는 용역의 적절한 대가(용역의무의 공정가치)를 비교하여 상황별로 다음과 같이 회계처리한다. ① 관리용역 수수료 < 용역제공의 적절한 대가 (용역의무의 공정가치) <회계처리> 관리용역 부채를 공정가치로 인식 ② 관리용역 수수료 > 용역제공의 적절한 대가 (용역의무의 공정가치) <회계처리> 양도 전 금융자산 전체의 장부금액은 계속 인식하는 부분과 제거하는 부분에 대해 양도일 현재 각 부분의 상대적 공정가치를 기준으로 배분한다. 이 경우 용역 제공 권리에 따른 자산을 인식한다.

양도자산이 양도하기 전 금융자산 전체 중 일부이고(예를 들어 채무상품의 현금흐름 중 이자 부분의 양도) 그 양도한 부분 전체가 제거 조건을 충족한다면 양도하기 전 금융자산 전체의 장부금액은 계속 인식하는 부분과 제거하는 부분에 대해 양도일 현재 각 부분의 상대적 공정가치를 기준으로 배분하되 관리용역자산은 계속 인식하는 부분으로 처리한다.

배분을 위해 양도하기 전 금융자산 전체의 장부금액을 계속 인식하는 부분과 제거하는 부분에 배분할 때, 계속 인식하는 부분의 공정가치를 측정해야 한다.

이때 계속 인식하는 부분과 비슷한 부분을 매도한 경험이 있거나 해당 부분에 대한 그 밖의 시장 거래가 있는 경우에 최근 거래가격이 공정가치에 대한 최선의 추정치가 된다.

계속 인식하는 부분의 공정가치를 추정하기 위한 공시가격이나 최근 시장거래가 없는 경우에 양도하기 전 금융자산 전체의 공정가치와 제거하는 부분에 대하여 양수자에게서 수취한 대가의 차이가 계속 인식하는 부분의 공정가치에 대한 최선의 추정치가 된다.

양도요건을 충족하는 금융자산에 대해서는 제거되는 부분에 대한 대가(새로 획득한 모든 자산에서 새로 부담하게 된 모든 부채를 차감한 금액 포함)와 장부금액(제거일에 측정)의 차액을 당기손익으로 인식한다.

양도의 결과로 금융자산 전체를 제거하지만 새로운 금융자산을 획득하거나 새로운 금융부채나 관리용역부채를 부담한다면, 그 새로운 금융자산, 금융부채, 관리용역 부채를 공정가치로 인식한다. 구체적인 서례는 [**연습문제 6**]을 참고한다.

3. 양도자산에 대한 지속적 관여

금융자산을 양도하는 양도자가 양도자산의 소유에 따른 위험과 보상의 대부분을 보유하지도 이전하지도 않고, 양도자가 양도자산을 통제하고 있는 경우가 있다.

기준서에서는 양도자산을 통제를 지속적 관여로 표현하고 있으며 지속적 관여 정도는 양도자산의 가치 변동에 양도자가 노출되는 정도를 의미한다. 지속적으로 관여하고 있는 정도까지는 그 양도자산을 계속 인식한다.

구체적으로, 앞서 제시한 순서도에서 보증으로 인해 소유에 따른 위험과 보상의 대부분을 보유하고 있지 않지만 자산을 통제하고 있지 않다고 판정되는 경우 양도자산의 가치 변동에 양도자가 노출되는 정도(관여하는 정도)까지는 다음의 금액을 자산으로 계속 인식한다.

Min [① 양도자산의 장부금액
　　 ② 수취한 대가 중 상환을 요구받을 수 있는 최대금액(보증금액)

한편, 양도자가 지속적으로 관여하는 정도까지 자산을 계속 인식함에도 양도대가를 받은 것은 실질적인 자산담보차입이므로 관련 부채를 인식한다.

관련 부채는 최초 인식시점의 보증금액에 보증의 공정가치(일반적으로 보증의 대가로 수취한 금액)를 더한 금액으로 측정하되 한도는 양도한 자산의 장부금액이다.

양도자는 양도자산에서 생기는 수익을 지속적으로 관여하는 정도까지 계속 인식하며, 관련 부채에서 생기는 모든 비용을 인식한다.

이와 같이 양도자산을 계속 인식하는 경우에 그 양도자산과 관련 부채는 상계하지 아니한다. 이와 마찬가지로 양도자산에서 생기는 모든 수익은 관련 부채에서 생기는 어떤 비용과도 상계하지 아니한다.

▶ 예제 8 양도자가 금융자산의 일부에 지속적으로 관여하는 경우[4)]

12월말 결산법인인 ㈜대한은 대여금 ₩10,000(이자는 연 10%)에 대하여 ₩9,115을 받고 ㈜민국에게 원금 회수액 중 ₩9,000원(90%분)과 ₩9,000의 이자(10%)에 대한 권리를 부여하는 계약을 체결하였다. ㈜대한은 원금 회수액 중 전체 대여금의 10%인 ₩1,000과 ₩1,000의 이자(10%)에 대한 권리는 여전히 보유한다. 정상적으로 회수되면 ㈜대한과 ㈜민국은 1 : 9의 비율로 회수액을 배분하지만 채무불이행이 생기면 ㈜대한은 자신이 보유하고 있는 ₩1,000에서 차감하여 손실을 반영하기로 하였다. 양도일에 해당 대여금의 공정가치는 ₩10,100이다.

물 음

㈜대한은 소유에 따른 유의적인 위험과 보상의 일부(90%)는 이전하였지만, 일부(10%)는 보유하고 있으며 이에 대한 통제는 상실하지 아니하였다고 가정한다. 양도일에 ㈜대한의 회계처리를 제시하시오.

해 설

(차)	현금	9,115	(대)	대여금	9,000
	지속적관여자산	1,000*1		지속적관여부채	1,025*2
				금융자산처분이익	90

*1 Min (① 양도한 자산의 장부금액, ② 수취한 대가 중 상환을 요구받을 수 있는 최대금액)
= (① ₩9,000, ② ₩1,000) = ₩1,000

*2 보증금액 + 보증으로 받은 대가(보증의 공정가치)
= ₩1,000 + ₩25 [금융자산 공정가치 ₩9,090(= ₩10,100 × 90%)을 초과하여 받은 대가 ₩25(= ₩9,115 − ₩9,090)]

4) 제1109호 금융상품 B3.2.17 사례 수정

▶ 예제 9 금융자산의 제거여부에 따른 회계처리

20×1년 1월 1일 현재 ㈜대한은 장부금액 ₩100,000인 대여금(만기 20×3년 12월 31일, 표시이자율 10%, 이자지급 매년 말)을 보유하고 있다. ㈜대한은 같은 날 위 대여금을 ₩95,000(공정가치)의 현금을 수취하고 ㈜민국에게 양도하였다. ㈜대한과 ㈜민국은 12월말 결산법인다.

물 음

1. 양도가 제거조건을 충족시키는 경우 회계처리를 하시오.
2. 양도가 대여금의 소유에 따른 위험과 보상의 대부분을 보유하고 있는 경우 회계처리를 하시오.
3. ㈜대한이 채무자의 채무불이행에 대해 ₩20,000까지 지급보증을 약정한 경우 회계처리를 하시오. 지급보증에 대한 공정가치는 ₩3,000이며 ㈜대한은 이 금액을 별도로 수취하였다.

해 설

1. 제거조건을 충족시키므로 금융자산을 장부에서 제거하고 제거손익을 인식한다.

(차)	현금	95,000	(대)	장기대여금	100,000
	금융자산제거손실	5,000			

2. 대여금의 소유에 따른 위험과 보상의 대부분을 보유하고 있으므로 제거조건을 충족시키지 못하고 통제를 통한 지속적 관여도 아니므로 자산을 계속 인식하고 수취한 대가를 금융부채로 인식한다.

(차)	현금	95,000	(대)	차입금	100,000
	이자비용	5,000			

3. 보증의 형태로 지속적 관여가 이루어지는 경우(관련 위험이 완전히 이전되지 않았음)이므로 지속적 관여 정도까지 자산을 인식한다.

(차)	현금	98,000	(대)	장기대여금	100,000
	금융자산제거손실	5,000		지속적관여부채	23,000*2
	지속적관여자산	20,000*1			

*1 지속관여자산 : Min (① 양도한 자산의 장부금액, ② 수취한 대가중 상환을 요구받을 수 있는 최대금액)
= Min (① ₩100,000, ② ₩20,000) = ₩20,000

*2 지속관여부채 : 보증금액 + 보증으로 받은 대가(보증의 공정가치) = ₩20,000 + ₩3,000 = ₩23,000

제3절 금융자산의 계약상 현금흐름의 변경

3.1 계약상 현금흐름 변경과 신용위험의 변동

계약상 현금흐름의 재협상이나 변경 때문에 기존의 금융자산이 제거될 수도 있고, 제거되지 않을 수도 있다.

현금흐름의 변경은 채무자와의 합의를 전제로 하므로 채무자의 신용악화 등의 사유로 변경될 수 있기 때문에 계약상 현금흐름 변경일(이하 변경일이라 함)을 기준으로 신용위험이 변동될 수 있다.

기준서에 따르면, 계약상 현금흐름의 변경에 따라 기존의 금융자산이 제거되고, 후속적으로 변경된 금융자산은 새로운 금융자산으로 보기 때문에 금융자산의 손상 요구사항을 적용할 때 변경일을 해당 금융자산의 최초 인식일로 본다.

이는 전체기간 기대신용손실의 인식요건을 충족할 때까지는 일단 손실충당금을 12개월 기대신용손실 상당액으로 측정하는 것을 의미한다.

그러나 금융자산의 계약상 현금흐름이 재협상되거나 변경되지만 제거되지 않는다고 해서 자동적으로 해당 금융자산의 신용위험이 낮다고 보는 것은 아니다. 과도한 원가나 노력 없이 이용할 수 있는 합리적이고 뒷받침될 수 있는 모든 정보에 기초하여 최초 인식 후에 신용위험이 유의적으로 증가하였는지를 평가해야 한다.

금융자산의 계약상 현금흐름이 재협상되거나 변경되지만 그 금융자산이 제거되지 않는다면 금융상품의 신용위험이 유의적으로 증가하였는지를 다음의 (1)과 (2)를 비교하여 평가한다.

(1) 보고기간 말의 채무불이행 발생 위험(변경된 계약조건에 기초함)
(2) 최초 인식시점의 채무불이행 발생 위험(변경되기 전 최초 계약조건에 기초함)

한편, 계약상 현금흐름의 재협상이나 변경으로 최초의 금융자산이 제거되는 일부 흔하지 않은 상황에서, 최초 인식시점에 변경된 금융자산의 신용이 손상되었다는 증거가 있어 신용이 손상된 채로 창출된 금융자산으로 인식해야 할 수 있다. 부실자산(distressed asset)의 실질적인 변경으로 인해 최초의 금융자산을 제거해야 하는 상황이 이에 해당한다.

3.2 계약상 현금흐름 변경에 따른 회계처리

금융자산을 보유하고 있는 동안 계약상 현금흐름이 실질적으로 변경되어 기존에 장부상 반영되어 있는 금융자산을 제거할지를 판단해야 하는 경우가 있다.

예를 들어, 채무자의 재무적 곤경으로 인해 계약상 약속된 일자에 이자 또는 원금을 상환하지 못해서 원금 감면, 만기 연장, 이자율 조정 등 당초 약속된 현금흐름이 실질적으로 변경되었다고 판단되면 변경 전 계약에 따라 장부상 반영되어 있는 금융자산은 제거하고 새로운 조건의 금융자산을 인식해야 할 수 있다.

해당 금융자산의 총 장부금액은 재협상되거나 변경된 계약상 현금흐름을 해당 금융자산의 최초 유효이자율(또는 취득 시 신용이 손상되어 있는 금융자산의 경우에는 신용조정 유효이자율)로 할인한 현재가치로 재계산한다.

발생한 원가나 수수료는 변경된 금융자산의 장부금액에 반영하여 해당 금융자산의 남은 존속기간에 상각한다.

계약상 현금흐름의 재협상이나 변경 때문에 해당 금융상품을 제거한다면 기존의 금융자산은 제거되고, 후속적으로 변경된 금융자산을 인식하는 경우 변경된 금융자산을 새로운 금융자산으로 본다.

이때 새로운 금융자산은 새로운 조건에 따라 변경된 현금흐름을 변경일의 시장이자율로 할인한 공정가치로 측정하여 기존의 금융자산과의 차이를 당기손익으로 인식한다.

금융자산의 계약상 현금흐름이 재협상되거나 변경되었음에도 그 금융자산이 제거되지 아니하는 경우에는 해당 금융자산의 총 장부금액을 재계산하고 변경손익을 당기손익으로 인식한다.

이와 같은 상황은 채무자 입장에서 금융부채의 계약상 현금흐름의 변경 및 그에 따른 금융부채의 제거 여부를 판단하는 경우에도 나타나며 회계처리도 유사하다. 금융상품의 계약상 현금흐름의 변경과 구체적인 회계처리 사례는 제4장 금융부채에서 다룬다.

▶ 예제 10 계약상 현금흐름의 변경과 신용위험의 변동[5)]

대한은행은 20×1년 초에 만기 일시 상환을 요구하는 5년 만기 대출계약을 실행하였다. 매년 5%의 이자를 받으며 계약상 액면금액은 ₩100,000이고 대출 실행 시점의 시장이자율은 5%이다. 대한은행은 동 대출채권을 AC금융자산으로 분류하였다. 다음은 20×1~20×3년까지 각 보고기간 말에 대출채권과 관련된 내용이다.

- 20×1년 말 현재, 대한 은행은 대출채권의 손상 요구사항을 검토한 결과, 12개월 기대신용손실 상당액으로 측정하였으며 손실충당금은 ₩2,000이다.
- 20×2년 말 현재, 채무자의 신용위험이 유의적으로 증가한 것으로 판단하였다. 이에 따라 전체기간 기대신용손실 상당액으로 측정하였으며 손실충당금은 ₩3,000이다.
- 20×3년 말에 대한은행은 20×3년 이자를 정상적으로 수취하였지만 차입자의 재무적 어려움에 따라 계약조건을 변경하기로 합의하였으며 매년 이자는 1%로 낮추고 만기는 1년 연장하기로 하였다. 대한은행은 이러한 변경에도 해당 대출채권이 제거요건을 충족하지 않는 것으로 판단하였다. 변경된 계약상 현금흐름을 해당 대출채권의 최초 유효이자율인 5%로 할인한 현재가치는 ₩89,107이다.
- 20×3년 말 현재, 대한은행은 20×3년 말에 최초 인식시점의 신용위험에 비해 신용위험이 여전히 유의적으로 증가한 것으로 판단하였으며 전체기간 기대신용손실로 측정한 손실충당금은 ₩10,000이다.

물 음

대한은행은 12월말 결산법인이다. 20×1년 초부터 20×3년 말까지 회계처리를 하시오.

---

5) 기준서 제1109호 금융상품 IE62~IE73 수정

해 설

일자	회계처리					
20×1. 1. 1	(차)	AC금융자산	100,000	(대)	현금	100,000
20×1.12.31	(차)	현금	5,000	(대)	이자수익	5,000
		손상차손	2,000		손실충당금	2,000
20×2.12.31	(차)	현금	5,000	(대)	이자수익	5,000
		손상차손	1,000		손실충당금	1,000
20×3.12.31	(차)	현금	5,000	(대)	이자수익	5,000
		금융자산조정손실*	10,893		AC금융자산	10,893
		손상차손	7,000		손실충당금	7,000

* 제거조건을 충족하지 않으므로 조건 변경에 따른 조정손실로 처리한다.

03

연습문제

문제 1

기업회계기준서 제1109호 금융상품 중 금융상품의 손상 및 제거와 관련된 다음 기술에 대해 틀린 내용을 약술하시오.

(1) 자산에 손상이 있었다는 객관적인 증거가 관측되는 경우 손상을 인식한다.

(2) 금융자산의 공정가치 변동을 기타포괄손익(OCI)에 반영하는 모든 금융자산은 손상 여부를 검토한다.

(3) 전체기간 기대신용손실을 인식하여야 하는지는 보고기간 말에 금융자산의 신용이 손상되었다는 증거나 실제 채무불이행 발생에 기초하여 평가한다.

(4) 집합기준으로 신용위험이 변동되었는지를 평가하기 위한 금융상품 묶음은 동일성을 유지하면서 신용위험의 유의적 변동 여부를 평가한다.

(5) 기대신용손실은 예상되는 채무불이행 발생일이나 그 밖의 날짜를 기준으로 할인하여 산정한다.

(6) AC금융자산과 FVOCI금융자산을 다른 범주로 재분류 하는 경우 기대신용손실의 측정은 달라진다.

(7) 금융자산을 기타포괄손익－공정가치(FVOCI) 측정 범주에서 당기손익－공정가치(FVPL) 측정 범주로 재분류하는 경우 계속 공정가치로 측정하며, 재분류 전에 인식한 기타포괄손익누계액은 자본에서 당기손익으로 재분류하지 않는다.

(8) 양도자가 매도한 금융자산을 재매입시점의 공정가치로 재매입할 수 있는 권리를 보유하고 있는 것은 양도자가 소유에 따른 위험과 보상의 대부분을 보유하는 경우의 예이다.

(9) 양도요건이 충족되었음에도 양도자가 금융자산의 소유에 따른 위험과 보상의 대부분을 보유하지도 이전하지도 않는다면, 양도자가 해당 금융자산을 통제하는지를 판단한다. 이때 양도자가 금융자산을 일부라도 통제하고 있다면 금융자산 전부를 계속 인식한다.

해설

(1) 종전 기준서(제1039호)에서는 자산에 손상이 있었다는 객관적인 증거가 관측되는 경우 손상을 인식(발생손실모형)했으나, 현 기준서(1109호)는 미래에 손상이 발생될 것으로 예상되는 경우와 같이 미래 정보까지 고려하여 회수하지 못할 금액을 추정·반영하도록 하고 있다(기대손실모형).

(2) SPPI요건을 충족하지 못하는 FVOCI선택금융자산(지분상품)의 경우 공정가치의 변동을 포괄손익(OCI)에 반영하며 제거 시에도 포괄손익(OCI)을 당기손익으로 재분류할 수 없다. 아울러 손상과 관련된 회계처리 대상도 아니다.

(3) 전체기간 기대신용손실을 인식하여야 하는지는 보고기간 말에 금융자산의 신용이 손상되었다는 증거나 실제 채무불이행 발생에 기초하는 것이 아니라, 최초 인식 후에 채무불이행 발생 가능성이나 그 발생 위험의 유의적인 증가에 기초하여 평가한다.

(4) 집합기준으로 신용위험이 변동되었는지를 평가하기 위한 금융상품 묶음은 시간이 지나면서 금융상품 집합이나 개별 금융상품에 대한 새로운 정보를 이용할 수 있게 됨에 따라 변동할 수 있다.

(5) 기대신용손실은 최초 인식시점에 산정한 유효이자율이나 이에 근사한 이자율로 보고기간 말을 기준으로 할인하며, 예상되는 채무불이행 발생일이나 그 밖의 날짜를 기준으로 할인하지 않는다.

(6) AC금융자산과 FVOCI금융자산에 대해서는 원칙적으로 같은 방식으로 손상 요구사항을 적용하므로 다른 범주로 재분류를 하더라도 기대신용손실의 측정은 변경하지 않는다.

(7) 금융자산을 기타포괄손익-공정가치(FVOCI) 측정 범주에서 당기손익-공정가치(FVPL) 측정 범주로 재분류하는 경우에 계속 공정가치로 측정한다. 재분류 전에 인식한 기타포괄손익누계액은 재분류일에 재분류조정으로 자본에서 당기손익으로 재분류한다.

(8) 양도자가 매도한 금융자산을 재매입시점의 공정가치로 재매입할 수 있는 권리를 보유하고 있는 것은 양도자가 소유에 따른 위험과 보상의 대부분을 이전하는 경우의 예이다.

(9) 양도요건이 충족되었음에도 양도자가 금융자산의 소유에 따른 위험과 보상의 대부분을 보유하지도 이전하지도 않는다면, 양도자가 해당 금융자산을 통제하는지를 판단한다. 이 경우 양도자가 금융자산을 통제하고 있다면 지속적으로 관여하는 정도까지는 그 금융상품을 계속 인식한다.

문제 2 금융상품의 손상

(2019년 회계사 1차)

12월 말 결산법인인 ㈜대한은 ㈜민국이 발행한 회사채(발행일 20×1년 1월 1일, 액면금액 ₩3,000,000으로 매년 12월 31일에 연 8% 이자지급, 20×4년 12월 31일에 일시 상환)를 20×1년 1월 1일에 회사채의 발행가액으로 취득하였다(취득 시 신용이 손상되어 있지 않음). ㈜대한은 취득한 회사채를 AC금융자산으로 분류하였으며, 회사채 발행시점의 유효이자율은 연 10%이다.

<현가계수표>

기간 \ 할인율	단일금액 ₩1의 현재가치		정상연금 ₩1의 현재가치	
	8%	10%	8%	10%
1	0.9259	0.9091	0.9259	0.9091
2	0.8573	0.8264	1.7832	1.7355
3	0.7938	0.7513	2.5770	2.4868
4	0.7350	0.6830	3.3120	3.1698

【물음 1】 ㈜대한은 ㈜민국으로부터 20×1년도 이자 ₩240,000은 정상적으로 수취하였으나 20×1년 말에 AC금융자산의 신용이 손상되었다고 판단하였다. ㈜대한은 채무불이행확률을 고려하여 20×2년부터 20×4년까지 다음과 같은 현금흐름을 추정하였다. AC금융자산의 20×1년도 손상차손은 얼마인가?

- 매년 말 수취할 이자 : ₩150,000
- 만기에 수취할 원금 : ₩2,000,000

【물음 2】 ㈜대한은 ㈜민국으로부터 20×2년도 이자 ₩150,000을 수취하였으며, 20×2년 말에 AC금융자산의 채무불이행확률을 합리적으로 판단하여 20×3년부터 20×4년까지 다음과 같은 현금흐름을 추정하였다. AC금융자산의 20×2년도 손상차손 환입은 얼마인가?

- 매년 말 수취할 이자 : ₩210,000
- 만기에 수취할 원금 : ₩2,000,000

해설

최초 인식시점의 AC금융자산의 취득가액

= ₩3,000,000 × 0.6830(4기간, 10% ₩1의 현가계수) + ₩240,000 × 3.1698(4기간, 10% 연금현가계수)

= ₩2,809,752

<유효이자율법에 의한 상각표> (20×4년 말 유효이자는 단수차이를 조정함)

시점	장부금액	유효이자(10%)	현금이자(8%)	상각액
20×1년 초	₩2,809,752			
20×1년 말	2,850,727	₩280,975	₩240,000	₩40,975
20×2년 말	2,895,800	285,073	240,000	45,073
20×3년 말	2,945,380	289,580	240,000	49,850
20×4년 말	3,000,000	294,620	240,000	54,620

【물음 1】

20×1년 기간 이자 및 손상 관련 회계처리

(차)	현금	240,000	(대)	이자수익	280,975
	AC금융자산	40,975			
(차)	금융자산손상차손	975,107*	(대)	손실충당금	975,107

* 20×1년 손상차손 = 20×1년 말 현재 장부가치 − 20×1년 말 현재 예상 현금흐름의 현재가치
= ₩2,850,727[①] − ₩1,875,620[②] = ₩975,107

① 20×1년 말 장부가액 = ₩2,850,727

② 20×1년 말 예상 현금흐름의 현재가치
= ₩2,000,000 × 0.7513(3기간, 10% ₩1의 현가계수) + ₩150,000 × 2.4868(3기간, 10% 연금현가계수)
= ₩1,875,620

【물음 2】

20×2년 기간 이자 및 손상 관련 회계처리

(차)	현금	150,000	(대)	이자수익	187,562*1
	AC금융자산	37,562			

*1 20×2년 유효이자 = ₩1,875,620 × 10%

(차) 손실충당금 104,073 (대) 금융자산손상환입 104,073*2

*2 20×2년 환입액 = Min (₩2,895,800, ₩1,913,182①) − ₩2,017,255② = (−)₩104,073

① 20×2년 말 장부가액(20×1년 말 장부가액 + 20×2년 유효이자 상각액)

= ₩1,875,620 + (₩1,875,620 × 10% − ₩150,000) = ₩1,913,182

② 20×2년 말 예상 현금흐름의 현재가치

= ₩2,000,000 × 0.8264(2기간, 10% ₩1의 현가계수) + ₩210,000 × 1.7355(2기간, 10% 연금현가계수)

= ₩2,017,255

문제 3 금융상품의 손상

(2020년 회계사 1차)

12월 말 결산법인인 ㈜대한은 ㈜민국이 다음의 조건으로 발행한 회사채를 20×1년 1월 1일에 발행가액으로 현금취득(취득 시 신용이 손상되어 있지 않음)하고 FVOCI금융자산으로 분류하였다.

- 사채발행일 : 20×1년 1월 1일
- 액면금액 : ₩1,000,000
- 만기일 : 20×3년 12월 31일(만기 일시상환)
- 표시이자율 : 연 10%(매년 12월 31일에 지급)
- 사채발행시점의 유효이자율 : 연 12%

20×1년 말 ㈜대한은 동 금융자산의 이자를 정상적으로 수취하였으나, ㈜민국의 신용이 손상되어 만기일에 원금은 회수가능 하지만 20×2년부터는 연 6%(표시이자율)의 이자만 매년 말 수령할 것으로 추정하였다. 20×1년 말 현재 동 금융자산의 공정가치는 ₩800,000이다.

<현가계수표>

할인율 / 기간	단일금액 ₩1의 현재가치			정상연금 ₩1의 현재가치		
	6%	10%	12%	6%	10%	12%
1	0.9434	0.9091	0.8929	0.9434	0.9091	0.8929
2	0.8900	0.8264	0.7972	1.8334	1.7355	1.6901
3	0.8396	0.7513	0.7118	2.6730	2.4868	2.4019

【물음 1】 20×1년도 이자수익 인식과 관련된 회계처리를 하시오.

【물음 2】 20×1년도 공정가치 평가 및 손상차손 관련 회계처리를 하시오.

【물음 3】 20×1년도 당기손익에 미치는 영향은 얼마인가? (단, 이익인지 손실인지 명기할 것)

【물음 4】 20×1년도 기타포괄손익에 미치는 영향은 얼마인가? (단, 이익인지 손실인지 명기할 것)

03

해설

【물음 1】

최초 인식시점의 FVOCI금융자산의 취득가액
= ₩1,000,000 × 0.7118(3기간, 12% ₩1의 현가계수) + ₩100,000 × 2.4019(3기간, 12% 연금현가계수)
= ₩951,990

이자수익 회계처리

(차)	현금	100,000	(대)	이자수익	114,239*
	FVOCI금융자산	14,239			

* 20×2년 유효이자 = ₩951,990 × 12%

【물음 2】

공정가치 평가 회계처리

(차)	FVOCI금융자산평가손실	166,229*	(대)	FVOCI금융자산	166,229

* ₩800,000 − (₩951,990 + ₩14,239)

손상차손 회계처리(손상차손을 기타포괄손실(OCI)에서 조정한다)

(차)	금융자산손상차손	67,623*	(대)	FVOCI금융자산평가손실	67,623

* 20×1년 손상 = 20×1년 말 현재 장부가치 − 20×1년 말 현재 예상 현금흐름의 현재가치
= ₩966,229① − ₩898,606② = ₩67,623

① 20×1년 말 장부가액
= ₩951,990 + (₩951,990 × 12% − ₩100,000) = ₩966,229

② 20×1년 말 예상 현금흐름의 현재가치
= ₩1,000,000 × 0.7972(2기간, 12% ₩1의 현가계수) + ₩60,000 × 1.6901(2기간, 12% 연금현가계수)
= ₩898,606

【물음 3】

20×1년 당기손익 효과 : ₩114,239(이자수익) − ₩67,623(손상차손) = ₩46,616 (이익)

【물음 4】

20×1년 기타포괄손익 효과 : ₩98,606(손실)

문제 4 금융상품의 후속 측정, 손상 및 재분류 (2021년 세무사 1차)

12월 말 결산법인인 ㈜대한은 20×1년 1월 1일에 ㈜민국이 동 일자에 발행한 회사채(액면금액 ₩1,000,000, 만기 3년, 표시이자율 연 8%, 매년 말 이자지급)를 ₩950,252에 취득하였다. 취득 당시의 유효이자율은 연 10%이며, ㈜대한은 동 회사채를 FVOCI금융자산으로 분류하였다. 20×1년 말 동 회사채의 신용위험은 유의적으로 증가하지 않았으며, 12개월 기대신용손실은 ₩10,000이다. ㈜대한은 20×1년 말과 20×2년 말에 표시이자를 정상적으로 수령하였다. 동 회사채의 각 연도 말의 공정가치는 다음과 같으며, 재분류일의 공정가치는 20×1년 말의 공정가치와 동일하다(단, 계산금액은 소수점 이하 첫째 자리에서 반올림한다).

구분	20×1.12.31	20×2.12.31
공정가치	₩932,408	₩981,828

【물음 1】 ㈜대한의 20×1년 말 회계처리를 하시오.

【물음 2】 ㈜대한의 20×2년 말 회계처리를 하시오. 단, 20×2년 말 동 회사채의 신용위험은 유의적으로 증가하였으며, 12개월 기대신용손실은 ₩20,000이고 전체기간 기대신용손실은 ₩30,000이다.

※ 아래의 물음은 【물음 1】, 【물음 2】와 독립적이다.

【물음 3】 ㈜대한이 20×1년 중 사업모형을 변경하여 동 회사채를 FVPL금융자산으로 재분류하였을 때 재분류 관련 회계처리 일자는 언제인가? 재분류일의 회계처리를 하시오.

【물음 4】 【물음 3】에 따라 재분류 회계처리를 한 후 ㈜대한의 20×2년 말 회계처리를 하시오.

해설

<유효이자율법에 의한 상각표> (20×3년 말 유효이자는 단수차이를 조정함)

시점	장부금액	유효이자(10%)	현금이자(8%)	상각액
20×1년 초	₩950,252			
20×1년 말	965,277	₩95,025	₩80,000	₩15,025
20×2년 말	981,805	96,528	80,000	16,528
20×3년 말	1,000,000	98,195	80,000	18,195

【물음 1】

20×1년 이자, 공정가치 평가 및 손상 관련 회계처리

(차)	현금	80,000	(대)	이자수익	95,025[*1]
	FVOCI금융자산	15,025			
(차)	FVOCI금융자산평가손실	32,869	(대)	FVOCI금융자산	32,869[*2]
(차)	손상차손	10,000	(대)	FVOCI금융자산평가손실	10,000[*3]

*1 20×1년 유효이자 = ₩950,252×10%

*2 ₩950,252 + ₩15,025 − ₩932,408

*3 FVOCI금융자산의 손상은 기타포괄손익(OCI)에서 조정한다.

【물음 2】

20×2년 이자, 공정가치 평가 및 손상 관련 회계처리

(차)	현금	80,000	(대)	이자수익	96,528[*1]
	FVOCI금융자산	16,528			
(차)	FVOCI금융자산	32,892[*2]	(대)	FVOCI금융자산평가손실	22,869
				FVOCI금융자산평가이익	10,023
(차)	손상차손	20,000[*3]	(대)	FVOCI금융자산평가이익	20,000

*1 20×2년 유효이자 = (₩950,252 + ₩15,025)×10%

*2 FVOCI금융자산평가이익 = 20×2년 말 공정가치 − 20×2년 말 장부가액
= ₩981,828 − (₩932,408 + ₩16,528) = ₩32,892

*3 전체기간 신용손실(₩30,000)을 적용하되, 전기에 인식한 손상차손을 제외한 추가 금액을 손상으로 반영한다. 손상차손은 기타포괄손익(OCI)에서 조정한다.

【물음 3】

재분류일은 20×2년 1월 1일이며 동 일자의 회계처리는 다음과 같다.

(차)	FVPL금융자산	932,408	(대)	FVOCI금융자산	932,408
	FVPL금융자산평가손실	22,869		FVOCI금융자산평가손실	22,869

【물음 4】

(차)	현금	80,000	(대)	이자수익	80,000
	FVPL금융자산	49,420		FVPL금융자산평가이익	49,420

문제 5 금융자산의 제거

(2018년 세무사 1차)

12월 말 결산법인인 ㈜대한은 20×1년 1월 1일에 ㈜민국에 상품을 판매한 대가로 이자부 약속어음(액면가액 ₩160,000, 5개월 만기, 표시이자 연 9%)을 받고, 이 어음을 2개월간 보유한 후 20×1년 3월 31일에 은행에서 할인하여 ₩161,518을 수령하였다. 동 어음할인 거래는 금융자산의 제거요건을 충족한다.

【물음 1】 위 어음 거래에 적용된 연간 할인율은 얼마인가?

【물음 2】 20×1년 3월 31일 어음 할인 시점의 회계처리를 하시오.

【물음 3】 만약 위 어음할인거래가 제거요건을 충족하지 않는다면 20×1년 3월 31일의 회계처리를 하시오.

해설

【물음 1】

5개월 만기 보유 시 표시이자 : ₩160,000×0.09×5/12 = ₩6,000

(₩160,000 + ₩6,000)×(1 + 할인율×3/12) = ₩161,518

할인율 ≒ 10.8%

【물음 2】

(차)	현금	161,518	(대)	매출채권	160,000
	매출채권 처분손실	882		미수이자	2,400*

* 미수이자 : 160,000×9%×2/12 = 2,400

【물음 3】

(차)	현금	161,518	(대)	단기차입금	160,000
	금융비용	882		미수이자	2,400

문제 6 금융자산의 양도 – 관리용역의 제공

12월 말 결산법인인 ㈜대한은 20×1년 초 현재 ㈜민국에 대해 장부금액 ₩100,000인 대여금(만기 20×2년 12월 31일, 표시이자율 10%, 이자 지급 매년 말)을 보유하고 있다. 20×1년 초에 ㈜대한은 ㈜만세에게 동 대여금을 ₩95,000(공정가치)에 양도하기로 하였다. 당해 양도는 제거조건을 충족한다. ㈜대한은 원금과 이자 회수에 대한 관리용역을 제공하기로 하였는데, 이러한 관리용역 제공 의무의 공정가치는 ₩3,000이다.

【물음 1】 관리용역의 대가를 수수하지 않고 양도한 경우 회계처리를 하시오.

【물음 2】 관리용역의 대가로 수취할 금액의 현재가치가 ₩2,000이고 ㈜대한은 이 금액을 차감한 현금을 수취하였다. 양도 시점에 회계처리를 하시오.

【물음 3】 관리용역의 대가로 수취할 금액의 현재가치(공정가치)가 ₩4,000이고 ㈜대한은 이 금액을 차감한 현금을 수취하였다. 양도 시점에 회계처리를 하시오.

해설

【물음 1】

이때에는 양도금액에 관리용역수수료가 포함된 것으로 간주하여 회계처리한다. 관리용역부채는 선수용역수익 성격의 부채이므로 시간의 경과에 따라 당기손익으로 인식한다.

(차)	현금	95,000	(대)	장기대여금	100,000
	금융자산처분손실	8,000		관리용역부채	3,000

【물음 2】

관리용역대가가 관리용역의 적절한 대가(관리용역수수료의 공정가치)에 미달하므로 관리용역부채를 공정가치로 인식한다.

(차)	현금	93,000	(대)	장기대여금	100,000
	금융자산처분손실	10,000		관리용역부채	3,000

03

【물음 3】

관리용역대가가 관리용역의 적절한 대가(관리용역수수료의 공정가치)를 초과하므로 대여금 ₩100,000을 관리용역대가의 공정가치와 대여금의 상대적 공정가치에 비례하여 계속인식부분과 제거부분으로 배분한다.

(차)	현금	91,000	(대)	장기대여금	100,000
	관리용역자산	4,210*		관리용역부채	3,000
	금융자산처분손실	7,790			

* ₩100,000 × ₩4,000/(₩91,000 + ₩4,000) ≒ ₩4,210
제거되는 장기 대여금에서 계속 인식하는 자산(관리용역자산)을 차감하면 ₩95,790이 제거되는 셈이다.

문제 7 금융자산의 계약상 현금흐름의 변경

(2019년 회계사 1차)

12월 말 결산법인인 ㈜대한은 20×1년 1월 1일에 ㈜민국의 회사채를 발행가액으로 취득하였으며 회사채의 발행조건은 다음과 같다(취득 시 신용이 손상되어 있지 않음). ㈜대한은 사업모형 및 회사채의 현금흐름 특성을 고려하여 취득한 회사채를 AC금융자산으로 분류하였다.

- 회사채발행일 : 20×1년 1월 1일
- 만기일 : 20×3년 12월 31일(만기 일시상환)
- 액면금액 : ₩1,000,000
- 이자지급 : 매년 12월 31일에 연 7% 지급
- 회사채발행시점의 유효이자율 : 연 10%

20×3년 1월 1일에 ㈜대한과 ㈜민국은 다음과 같은 조건으로 재협상하여 계약상 현금흐름을 변경하였으며, 20×3년 1월 1일의 현행이자율은 연 13%이다. ㈜대한은 재협상을 통한 계약상 현금흐름의 변경이 금융자산의 제거조건을 충족하진 않는 것으로 판단하였다.

- 만기일 : 20×5년 12월 31일로 연장(일시상환)
- 이자지급 : 20×3년부터 매년 12월 31일에 연 5% 지급

<현가계수표>

기간 \ 할인율	단일금액 ₩1의 현재가치		정상연금 ₩1의 현재가치	
	10%	13%	10%	13%
1	0.9091	0.8850	0.9091	0.8850
2	0.8264	0.7831	1.7355	1.6681
3	0.7513	0.6931	2.4868	2.3612

【물음 1】 20×1년 및 20×2년 말 회계처리를 하시오.

【물음 2】 20×3년 1월 1일의 회계처리를 하시오.

03

【물음 3】 금융자산의 계약상 현금흐름의 변경이 기대 신용위험의 변동에 기인한 것일 수 있다. 계약상 현금흐름의 변경으로 인해 기존의 금융자산이 제거되는 경우 기대 신용손실의 추정기간과 관련된 기준서의 내용을 간략히 기술하시오.

해설

최초 인식시점의 AC금융자산의 취득가액

= ₩1,000,000×0.7513(기간 3, 10% ₩1의 현가계수) + ₩70,000×2.4868(기간 3, 10% 연금현가계수)

= ₩925,376

<유효이자율법에 의한 상각표> (20×3년 말 유효이자는 단수차이를 조정함)

시점	장부금액	유효이자(10%)	현금이자(7%)	상각액
20×1년 초	₩925,376			
20×1년 말	947,914	₩92,538	₩70,000	₩22,538
20×2년 말	972,705	94,791	70,000	24,791
20×3년 말	1,000,000	97,295	70,000	27,295

【물음 1】

20×1년 말 회계처리

(차) AC금융자산	22,538	(대)	이자수익	92,538
현금	70,000			

20×2년 말 회계처리

(차) AC금융자산	24,791	(대)	이자수익	94,791
현금	70,000			

【물음 2】

(차) 변경손실	97,065*	(대)	AC금융자산	97,065

* 변경손실

= 20×3년 초 AC금융자산의 장부가액 − 20×3년 초 새로운 현금흐름에 따른 AC금융자산의 장부가액

= ₩972,705 − ₩875,640①

① 20×3년 초 새로운 현금흐름에 따른 AC금융자산의 장부가액(당초 유효이자율 적용)

= ₩1,000,000×0.7513(3기간, 10% ₩1의 현가계수) + ₩50,000×2.4868(3기간, 10% 연금현가계수)

【물음 3】

계약상 현금흐름의 변경에 따라 기존의 금융자산이 제거되고, 후속적으로 변경된 금융자산은 새로운 금융자산으로 보기 때문에 금융자산의 손상 요구사항을 적용할 때 변경일을 해당 금융자산의 최초 인식일로 본다. 이는 전체기간 기대신용손실의 인식요건을 충족할 때까지는 일단 손실충당금을 12개월 기대신용손실 상당액으로 측정하는 것을 의미한다.

제4장
금융부채

ACCOUNTING FOR
FINANCIAL INSTRUMENTS AND
INSURANCE CONTRACTS

제1절
금융부채의 분류와 최초 측정

1.1 금융부채 분류

본 장에서는 앞서 설명한 금융부채의 정의 및 지분상품과의 구분에 대한 이해를 전제로 금융부채의 분류, 측정 및 제거와 관련된 내용을 다룬다.

금융자산의 범주별 분류 과정과 비교할 때, 금융부채의 분류는 기준서에서 별도로 측정 방법을 제시하고 있는 경우를 제외하면 비교적 간단하다.

구체적으로 당기손익－공정가치측정 금융부채(이하 FVPL금융부채라 함) 및 별도의 측정 방법을 제시하고 있는 금융부채를 제외한 금융부채는 원칙적으로 상각후원가로 측정(이하 AC금융부채라 함)되도록 분류한다.

FVPL(지정)금융부채나 AC금융부채는 각각 FVPL(지정)금융자산 및 AC금융자산의 최초 측정 및 후속 측정 과정에서 상호 유사한 회계처리를 한다.

기준서에서 FVPL(지정)금융부채 또는 AC금융부채 이외에 별도로 측정하는 금융부채의 측정과 관련된 사항들을 다음과 같이 규정하고 있다.

[도표 1] 별도의 최초 측정 기준을 적용하는 금융부채

사례	최초 인식 시점의 분류와 측정
금융자산의 양도가 제거 조건을 충족하지 못하거나 보증으로 인해 지속적 관여 접근법이 적용되는 경우에 생기는 금융부채	노출되는 부분에 대해 금융부채를 인식(구체적인 내용은 [도표 2]참조)

<table>
<tr><td>금융보증계약</td><td rowspan="2">거래 유형별로 다음과 같이 측정한 금액을 금융부채의 최초 인식 시점의 공정가치로 본다.
• 금융보증계약 : 보증에 대한 대가
• 시장이자율보다 낮은 이자율로 대출하기로 한 약정 : 시장이자율을 공정가치로 보고 잠재적인 경제적 효익의 상실분(시장이자율과 약정이자율 차이)을 금융부채로 측정</td></tr>
<tr><td>시장이자율보다 낮은 이자율로 대출하기로 한 약정</td></tr>
<tr><td>기업회계기준서 제1103호(사업결합)에서 취득자가 인식하는 조건부 대가에 따른 부채[1)]</td><td>해당 기준서에 따라 측정</td></tr>
</table>

FVPL금융부채 및 AC부채를 제외한 금융부채 최초 측정과 후속 측정 관련 사례는 제2절의 금융부채의 후속 측정 부분에서 자세히 설명한다.

1.2 FVPL지정금융부채

파생상품이 내재된 복합계약 전체를 FVPL로 측정하거나 금융부채를 FVPL측정 항목으로 지정하는 것이 다음 중 하나 이상을 충족하여 정보를 더 목적 적합하게 하는 경우 금융부채를 최초 인식 시점에 FVPL측정 항목으로 지정할 수 있다. 다만, 한번 지정하면 이를 취소할 수 없다.[2)]

(1) FVPL측정 항목으로 지정하면, 서로 다른 기준에 따라 자산이나 부채를 측정하거나 그에 따른 손익을 인식하여 생길 수 있는 인식이나 측정의 불일치(회계불일치)를 제거하거나 유의적으로 줄임

(2) 문서화된 위험관리전략이나 투자전략에 따라, 금융상품 집합(금융부채, 금융자산과 금융부채의 조합으로 구성된 집합)을 공정가치 기준으로 관리하고 그 성과를 평가하며 그 정보를 이사회, 대표이사 등 주요 경영진에게 그러한 공정가치 기준에 근거하여 내부적으로 제공

---

1) 고급회계에서 다룬다.

2) FVPL지정금융자산의 내용과 유사하므로 해당 내용(2장)을 참고한다.

예제 1 AC금융부채의 최초 인식

12월말 결산법인인 ㈜대한은 20×1년 초에 회사채(액면 ₩100,000, 표시이자율 10%, 이자는 매년 말 후급, 만기는 20×3년 말)를 발행하였다. 회사는 회사채를 AC금융부채로 분류하였다.

물 음

시장이자율이 각각 8%, 10%, 12%일 경우 발행금액을 계산하시오.

해 설

회사채의 발행금액은 당해 사채로 인한 미래현금흐름을 발행시점의 시장이자율로 할인한 현재가치와 일치한다.

(1) 미래현금흐름의 추정

	20×1. 1. 1	20×1.12.31	20×2.12.31	20×3.12.31
원금				₩100,000
이자		₩10,000	₩10,000	10,000

(2) 발행금액의 계산

	유효이자율 8%일 때		유효이자율 10%일 때		유효이자율 12%일 때	
원금	₩100,000×0.79383 =	₩79,383	₩100,000×0.75131 =	₩75,131	₩100,000×0.71178 =	₩71,178
이자	₩10,000×2.57710 =	25,771	₩10,000×2.48685 =	24,869	₩10,000×2.40183 =	24,018
		₩105,154		₩100,000		₩95,196

예제 2 FVPL지정금융부채(FVPL지정금융자산)의 회계처리

㈜대한과 ㈜민국의 결산일은 12월 31일이다. 20×1년 7월 1일 ㈜대한은 액면금액 ₩10,000, 표시이자율 10%, 만기 20×4년 6월 30일(3년), 이자지급일 매년 6월 30일인 회사채를 ₩9,700에 발행하고, 발행비용 ₩180을 차감한 현금을 수취하였다. 발행비용을 감안한 유효이자율은 12%이다. ㈜대한은 해당 회사채를 발행하면서 FVPL지정금융부채로 분류하였다. 한편, ㈜민국은 위 회사채를 20×1년 7월 1일에 전액 인수하면서 거래비용으로 ₩120을 지급하고 FVPL지정금융자산으로 분류하였다. 20×1년 12월 31일 해당 회사채의 공정가치(이자 제외)는 ₩9,750이다.

물 음

20×1년도에 ㈜대한과 ㈜민국의 회계처리를 모두 제시하시오.

해 설

㈜대한			㈜민국		
(1) 20×1년 7월 1일					
현금	9,520		FVPL지정금융자산	9,700	
거래수수료	180		거래수수료	120	
FVPL지정금융부채		9,700	현금		9,820
(2) 20×1년 12월 31일					
이자비용	500		미수수익	500	
미지급비용		500	이자수익		500
FVPL지정금융부채평가손실	50		FVPL지정금융자산	50	
FVPL지정금융부채		50	FVPL지정금융자산평가이익		50

제2절 금융부채의 후속측정

2.1 AC금융부채의 후속측정

최초 인식 시점에 금융부채는 공정가치로 측정하는 것이 원칙이다. 후속적으로 공정가치 변동을 반영하는 별도 규정 내지는 기준서에 별도로 후속 측정을 규정하고 있는 경우를 제외하고 최초 인식시점에 공정가치로 측정한 금융부채는 상각후원가(AC)로 측정한다.

AC금융부채는 유효이자율법을 적용하여 이자비용을 인식하며 공정가치의 변동은 반영하지 않는다.

예제 3 AC금융부채의 최초 및 후속측정

12월말 결산법인인 ㈜대한은 20×1년 초에 회사채(액면 ₩100,000, 표시이자율 10%, 이자는 매년 말 후급, 만기는 20×3년 말)를 발행하였다.

물음

1. 회사채발행 당시의 유효이자율이 12%인 경우와 8%인 경우에 유효이자율법에 따른 상각표를 작성하시오. 단, 유동성대체는 하지 않는다.
2. 회사채발행 당시의 유효이자율이 12%인 경우와 8%인 경우에 발행시점부터 상환시점까지 필요한 회계처리를 제시하시오. 단, 유동성대체는 하지 않는다.
3. 회사채발행 실제발행일은 20×1년 4월 초이며 실제 발행시점의 유효이자율이 12%이다. 발행시점부터 20×1년 말까지 필요한 회계처리를 제시하시오. 단, 유동성대체는 하지 않는다.

04

해 설

1. 유효이자율법에 의한 상각표

(1) 유효이자율이 12%인 경우(20×3년 말 유효이자는 단수차이를 조정함)

시점	장부금액	유효이자(12%)	현금이자(10%)	상각액
20×1년 초	₩95,196			
20×1년 말	96,620	₩11,424	₩10,000	₩1,424
20×2년 말	98,214	11,594	10,000	1,594
20×3년 말	100,000	11,786	10,000	1,786

(2) 유효이자율이 8%인 경우(20×3년 말 유효이자는 단수차이를 조정함)

시점	장부금액	유효이자(8%)	현금이자(10%)	환입액
20×1년 초	₩105,154			
20×1년 말	103,566	₩8,412	₩10,000	₩(−)1,588
20×2년 말	101,851	8,285	10,000	(−)1,715
20×3년 말	100,000	8,149	10,000	(−)1,851

2. 할인발행(유효이자율 12%) 및 할증발행(유효이자율 8%)시 회계처리

시점	유효이자율 = 12%			유효이자율 = 8%		
20×1. 1. 1	현금	95,196		현금	105,154	
	사채할인발행차금	4,804		사채		100,000
	사채		100,000	사채할증발행차금		5,154
20×1.12.31	이자비용	11,424		이자비용	8,412	
	현금		10,000	사채할증발행차금	1,588	
	사채할인발행차금		1,424	현금		10,000
20×2.12.31	이자비용	11,594		이자비용	8,285	
	현금		10,000	사채할증발행차금	1,715	
	사채할인발행차금		1,594	현금		10,000
20×3.12.31	이자비용	11,786		이자비용	8,149	
	현금		10,000	사채할증발행차금	1,851	
	사채할인발행차금		1,786	현금		10,000

3. 실제 발행일이 20×1년 4월 초인 경우 발행금액의 계산

(1) ① 1. 1의 발행금액 : 액면현가(₩100,000×0.71178) ₩71,178
이자현가(₩10,000×2.40183) 24,018 ₩95,196
② 가산 : 1. 1~4. 1까지 유효이자 발생액(₩95,196×12%×3/12) 2,856
③ 4. 1 사채발행금액(이자를 포함한 현금수취액) ₩98,052
④ 차감 : 미지급이자(₩1,000,000×10%×3/12) (2,500)
⑤ 4. 1 순수사채발행금액 ₩95,552

(2) 일자별 회계처리

20×1. 4. 1 :	(차)	현금	98,052*	(대)	사채	100,000
		사채할인발행차금	4,448		미지급이자	2,500

* 실제발행일의 현금수취분 : ₩95,196 + ₩2,856 = ₩98,052

20×1.12.31 :	(차)	이자비용	8,568*	(대)	현금	10,000
		미지급이자	2,500		사채할인발행차금	1,068

* 이자비용 : ₩11,424×9/12 = ₩8,568

위 예제 3의 (물음 3)은 이자 지급일 사이에서의 회사채를 발행하는 경우이다. 풀이과정을 구체적으로 설명하면 다음과 같다.

우선, 실제 발행일에 현금으로 수취하는 금액은 실제 발행시점의 유효이자율을 이용하여 권면상 발행일자 시점의 발행가액을 계산한 후 동 금액에 이자 기산일로부터 실제 발행일까지의 발생이자(유효이자)를 가산하여 계산한다.

현금 수취액에서 이자 기산일부터 실제 발행일까지 발생한 액면이자(표시이자)를 차감한 금액이 사채의 순수 발행금액이다.

실제 발행일의 회계처리 시 기간 경과 분(회사채 권면 상 발행일과 실제 발행일 사이의 기간) 이자 중 향후 현금으로 지급할 액면이자(표시이자)는 반드시 미지급이자로 별도로 구분하여 반영해야 한다.

2.2 AC금융부채 이외의 금융부채의 후속측정

기준서는 AC금융부채 이외의 별도로 측정하는 금융부채 및 공정가치로 측정하는 금융부채에 대한 최초 및 후속 측정과 관련된 회계처리 방법에 대해 다음과 같이 규정하고 있다.

[도표 2] AC금융부채 이외의 별도의 최초 측정 및 후속 측정 기준을 적용하는 금융부채

<table>
<tr><th>사례</th><th>최초 측정 및 후속 측정</th></tr>
<tr><td>금융자산의 양도가 제거조건을 충족하지 못한 경우의 금융부채</td><td>• (최초 측정) 양도자가 양도자산의 채무불이행에 따른 손실을 보증하는 등 소유에 따른 위험과 보상 대부분을 보유하고 있어서 양도자산을 제거하지 않는다면, 그 양도자산 전체를 계속 인식하며 수취한 대가는 금융부채로 인식함
• (후속 측정) 양도자는 후속 기간에 양도자산에서 생기는 모든 수익과 금융부채에서 생기는 모든 비용을 인식함</td></tr>
<tr><td>지속적 관여접근법이 적용되는 경우의 금융부채(보증관련)</td><td>• (최초 측정) 양도자가 지속적으로 관여하는 정도까지 자산을 계속 인식함에도 양도대가를 받은 것은 실질적인 자산을 담보로 한 차입이므로 관련 부채를 인식함. 관련 부채는 최초 인식 시점에 보증금액에 보증의 공정가치(일반적으로 보증의 대가로 수취한 금액)를 더한 금액으로 측정하되 양도한 자산의 장부금액을 상한으로 함
• (후속 측정) 후속적으로 양도자는 양도자산에서 생기는 수익을 지속적으로 관여하는 정도까지 계속 인식하며, 관련 부채에서 생기는 모든 비용을 인식함</td></tr>
<tr><td>금융보증계약</td><td rowspan="2">• (최초 측정) 공정가치
• (후속 측정) 금융기관이 차입자에게 제3자의 보증을 요구하는 경우 금융보증계약의 발행자(보증용역을 제공하는 자)는 다음과 같이 측정함
Max [① 손실충당금
② 최초 인식액 − 기준서 1115호(고객과의 계약에서 생기는 수익)에 따라 인식한 이익누계액]
• 금융보증의무가 소멸되는 때 또는 기간의 경과에 따라 금융보증의무가 소멸됨에 따라 최초 인식한 금융보증부채를 수익으로 대체함. 단, 차입자의 신용위험의 변동에 따라 손실충당금이 변동할 것이므로 수익으로 대체되는 금액에 영향을 줌</td></tr>
<tr><td>시장이자율보다 낮은 이자율로 대출하기로 한 약정</td></tr>
</table>

기업회계기준서 제1103호(사업결합)에서 취득자가 인식하는 조건부 대가에 따른 금융부채	• (최초 측정 및 후속 측정) 해당 기준서에 따라 최초 측정한 후 후속적인 공정가치의 변동은 당기손익으로 인식함
FVPL금융부채, FVPL지정금융부채, 파생상품부채	• (최초 측정 및 후속 측정) 공정가치로 측정하며 후속적인 공정가치의 변동은 당기손익으로 인식함

금융자산의 양도가 제거조건을 충족하지 못한 경우 금융부채는 제2장 금융자산의 제거조건을 충족하지 못하는 경우 자산의 담보부 차입과 유사하게 회계처리한다고 설명한 바 있다.

이 경우 양도자산은 사실상 제거조건을 충족하지 못하므로 제거하지 않고 계속 인식하며 사실상 담보부 차입에 해당하는 금융부채와 관련된 비용도 인식하게 되는 것이다.

금융자산을 양도하는 양도자가 양도자산의 소유에 따른 위험과 보상 대부분을 보유하지도 이전하지도 않고, 양도자가 양도자산을 통제하는 경우가 있다.

기준서는 이러한 양도자산의 통제를 지속적 관여로 표현하고 있으며 지속적 관여 정도는 양도자산의 가치변동에 양도자가 노출되는 정도라고 기술하고 있다.

지속적으로 관여하고 있는 정도까지는 그 양도자산을 계속 인식한다. 양도자산의 가치변동에 양도자가 노출되는 정도(관여하는 정도)까지는 양도자산의 장부금액과 수취한 대가 중 상환을 요구받을 수 있는 최대금액 중 적은 금액을 자산으로 인식하도록 규정하고 있음은 이미 설명한 바 있다.

이에 더하여 지속적으로 관여하는 정도까지 자산을 인식함에도 현금을 수취한 부분은 담보차입과 유사하게 금융부채를 인식하는 것이다. 금융자산의 양도가 제거조건을 충족하지 못한 경우와 유사하게 관련 자산 및 부채에서 생기는 수익과 비용을 인식한다.

금융보증계약(financial guarantee contracts)이란 당초 계약조건 내지는 변경된 계약조건에 따라 계약상 현금흐름은 지급하지 못하여 해당 계약을 보유하고 있는 자가 손실을 보는 경우, 이를 보상하기 위해 계약을 제공한 자가 특정 손실을 보상해야 하는 계약이다.

이 경우 계약을 제공하는 자(계약상 현금흐름을 지급해야 하는 채무자)는 제3자의 보증서비스를 계약을 보유하고 있는 자(계약상 현금흐름을 수취하는 채권자)에게 제공한다.

최초 시점에 보증 관련 금융부채는 보증 서비스의 공정가치로 인식하되, 해당 채권에 대한 손실충당금 중 큰 금액으로 한다. 이후 후속 기간에는 최초 보증 관련 공정가치에서 보증 의무 이행으로 인한 수익을 인식한 부분만큼 차감한 금액과 손실충당금 잔액 중 큰 금액으로 표시한다.

시장이자율보다 낮은 이자율로 대출하기로 한 약정은 대출자에게는 그만큼 경제적 손실을 감수하는 불리한 계약이다. 대출자는 최초 인식 시점에 시장이자율과 약정 이자율의 차이를 경제적 효익의 상실분으로 볼 수 있을 것이다.

이와 관련하여 아무런 대가도 없이 잠재적으로 불리한 약정만으로 부채를 인식해야 하는지에 대한 논쟁이 있으나 기준서에서는 해당 약정에 따른 잠재적 경제적 효익의 상실분을 부채로 반영하기로 하였다. 후속 측정은 금융보증계약과 동일하게 회계처리한다.

예제 4 시장이자율보다 낮은 이자율로 대출하기로 한 약정

20×1년 1월 2일 민국은행은 ㈜대한에게 ₩1,000,000을 대출해 주기로 약정하였다. 대출약정에 대한 만기일은 20×3년 12월 31일이며 대출금의 표시이자율은 5%이다. 약정 당시 유사한 대출에 대한 유효이자율은 10%이다. ㈜대한은 동 대출약정을 만기일 내에 언제라도 행사하여 대출을 받을 수 있다. 민국은행과 ㈜대한은 12월말 결산법인이다.

물음

1. 대출약정 시 민국은행의 회계처리를 하시오.
2. 20×1년 12월 31일 현재 대출이 이루어지지 않았으며 시장이자율이 8%로 하락한 경우 민국은행의 회계처리를 하시오.

해설

1. 이자차액의 현재가치가 잠재적인 경제적 효익의 상실분이며 약정과 관련된 부채로 표시된다.

   이자차액의 현재가치 : ₩1,000,000×(10% − 5%)×연금의 현가요소(3기간, 10%)
   = ₩50,000×2.48685 = ₩124,343

(차)	대출약정손실	124,343	(대)	(대출약정)금융부채	124,343

2. Max (① 손실충당금, ② 최초 인식액 − 1115호에 따른 수익 대체액) = ₩86,777

   ① 민국은행의 20×1년 12월 31일 손실충당금(20×1년 12월 31일 재측정된 공정가치)
   ₩1,000,000×(8% − 5%)×연금의 현가요소(2기간, 8%) = ₩30,000×1.78326 = ₩53,498

   ② 민국은행의 20×1년 12월 31일 현재 장부금액(= 최초 인식액 − 1115호에 따른 수익 대체액)
   ₩124,343 − [₩50,000×현가요소(3기간, 10%)] = ₩124,343 − ₩50,000×0.75131 = ₩86,777

   ∴ 금융부채감소액 : ₩124,343 − ₩86,777 = ₩37,566

(차)	(대출약정)금융부채	37,566	(대)	(대출약정)금융부채환입*	37,566

* 수수료수익계정을 사용해도 무방하다.

FVPL금융부채의 공정가치 변동분은 후속적으로 당기손익으로 반영한다.

FVPL지정금융부채 손익의 경우 해당 금융부채의 신용위험 변동에 따른 금융부채의 공정가치 변동은 기타포괄손익(OCI)으로 표시하고 나머지 공정가치 변동은 당기손익으로 표시한다.

다만, FVPL지정금융부채의 신용위험 변동효과의 회계처리가 당기손익의 회계불일치를 일으키거나 확대하는 경우 해당 부채의 신용위험 변동효과를 포함한 모든 손익을 당기손익으로 표시한다.

보충설명

- FVPL지정금융부채에 있어서 신용위험의 변동을 당기손익이 아닌 기타포괄손익(OCI)에 반영하는 이유는 자기 신용위험의 변동으로 할인율이 상승하여 부채의 공정가치가 줄어들면 오히려 채무자에게 유리한 손익 표시 우려가 발생하기 때문이다.

제3절 금융부채의 제거

3.1 금융부채의 제거 요건

금융부채(또는 금융부채의 일부)는 소멸한 경우(계약상 의무가 이행, 취소, 만료된 경우)에만 재무상태표에서 제거한다.

구체적으로 금융부채(또는 그 일부)는 다음 중 하나에 해당하면 소멸한다.

(1) 채무자가 일반적으로 현금, 그 밖의 금융자산, 재화 또는 용역을 채권자에게 제공하여 부채(또는 그 일부)를 이행한 경우

(2) 채무자가 채권자에게서 또는 법적 절차에 따라 부채(또는 그 일부)에 대한 일차적 의무를 법적으로 유효하게 면제받은 경우

기존의 금융부채에 대해서 기존 차입자와 대여자가 실질적으로 다른 조건으로 채무상품을 교환한 경우에도 금융부채를 제거하며 최초의 금융부채를 제거하고 새로운 금융부채를 인식한다.

또한 기존 금융부채(또는 금융부채의 일부)의 조건이 실질적으로 변경된 경우(채무자의 재무적 어려움으로 인한 경우와 그렇지 아니한 경우를 포함)에도 최초의 금융부채를 제거하고 새로운 금융부채를 인식한다.

그러나 채무자가 의무를 인수하는 제3자에게 그 대가를 지급하고, 제3자가 해당 채무를 인수하였다는 사실을 채권자에게 통지한 경우에도, 위 조건(2)가 충족되지 않으면 채무자는 해당 채무를 제거하지 아니한다.

3.2 금융부채에 대한 법적 의무를 이행한 경우의 회계처리

소멸하거나 제3자에게 양도한 금융부채(또는 금융부채의 일부)의 장부금액과 지급한 대가(양도한 비현금자산이나 부담한 부채를 포함)의 차액은 당기손익으로 인식한다.

금융부채 일부를 재매입하는 경우 종전 금융부채의 장부금액은 계속 인식하는 부분과 제거하는 부분에 대해 재매입일 현재 각 부분의 상대적 공정가치를 기준으로 배분한다. 다음의 (1)과 (2)의 차액을 당기손익으로 인식한다.

(1) 제거하는 부분에 배분된 금융부채의 장부금액
(2) 제거하는 부분에 대하여 지급한 대가

▶ 예제 5 금융부채 제거 시 회계처리 : 회사채 중도 상환

12월 결산법인인 ㈜대한은 20×1년 초에 회사채(액면 ₩100,000, 표시이자율 10%, 이자는 매년 말 후급, 만기는 20×3년 말)를 ₩95,196에 할인발행하였다. 사채발행 당시의 유효이자율은 12%이며 유효이자율법을 적용한 20×1년 12월 31일의 장부금액은 ₩96,620이다. ㈜대한은 위 회사채를 20×2년 4월 1일에 발생이자를 포함하여 ₩102,000의 현금을 지급하고 매입·상환하였다. 회사는 회사채를 AC금융부채로 분류하였다.

물음

1. 회사채 상환에 따른 손익을 계산하시오.
2. 회사채 상환과 관련된 회계처리를 하시오.

해설

1. 사채상환손익의 계산

상환일의 장부금액		
직전 이자지급일의 장부금액(예제 3 참조)	₩96,620	
상환일까지의 유효이자(₩96,620×12%×3/12)	2,899	₩99,519
상환금액		(102,000)
사채상환이익(손실)		₩(2,481)

2. 회계처리

(차)	사채	100,000	(대)	사채할인발행차금	3,380
	이자비용	2,899		현금	102,000
	사채상환손실	2,481			

[주의] 사채를 부분상환한 경우에는 상환된 부분에 해당되는 장부금액과 발생이자만을 제거한다.

현금이나 다른 금융자산 이외에 비금융자산을 이전하면서 금융부채를 제3자에게 양도하는 경우가 있다.

예를 들어, AC금융부채를 상환하기 위해 기업이 보유하고 있는 유형자산이나 무형자산을 이전하는 경우 이전 시점의 비금융자산의 공정가치와 제거되는 금융부채의 제거일의 장부금액(직전 이자 지급일부터 제거일까지 발행차금을 상각한 후의 장부금액)을 비교하여 금융부채 제거에 따른 손익을 측정한다.

이때 이전되는 비금융자산의 장부금액(상각 대상 자산이라면 직전 회계연도종료일부터 이전일까지 감가상각비 또는 상각비를 계산한 후의 장부금액)과 공정가치의 차액은 비금융자산을 처분한 것으로 보아 당기손익에 반영한다.

▶ 예제 6 비금융자산에 의한 금융부채 제거

12월 결산법인인 ㈜대한은 20×1년 초에 회사채(액면 ₩100,000, 표시이자율 10%, 이자는 매년 말 후급, 만기는 20×3년 말)를 ₩95,196에 할인발행하였다. 회사채 발행 당시의 유효이자율은 12%이며, 유효이자율법을 적용한 20×1년 12월 31일의 장부금액은 ₩96,620이다. ㈜대한은 20×2년 10월 1일 특허권을 공정가치에 이전하여 회사채를 상환하는 데 동의하였다. 20×1년 12월 31일 특허권의 장부금액은 ₩110,000이며 정액법에 의해 매년 ₩10,000씩 상각하고 있다. 20×2년 10월 1일 특허권의 공정가치는 ₩120,000이며 특허권은 원가모형에 의해 직접법으로 회계처리하고 있다. 회사는 회사채를 AC금융부채로 분류하였다.

물 음

1. 회사채 상환에 따른 손익을 계산하시오.
2. 회사채 상환과 관련된 모든 회계처리를 하시오.

해설

1. 비금융자산을 인도하여 금융부채를 상환한 경우에는 상환일의 장부금액과 인도하는 비금융자산의 공정가치를 비교하여 상환손익을 계산한다. 따라서 상환금액은 특허권의 공정가치가 된다.

상환일의 장부금액		
직전 이자지급일의 장부금액	₩96,620	
상환일까지의 유효이자(₩96,620×12%×9/12)	8,696	₩105,316
상환금액(특허권의 공정가치)		(120,000)
사채상환이익(손실)		₩(14,684)

2. 이 경우에는 무형자산을 공정가치로 처분하고 동 금액으로 사채를 상환한 것으로 회계처리한다.

(차)	무형자산상각비	7,500*	(대)	특허권	110,000
	사채	100,000		무형자산처분이익	17,500
	이자비용	8,696		사채할인발행차금	3,380
	사채상환손실	14,684			

* ₩10,000×9/12 = ₩7,500

3.3 금융부채의 법적 의무를 면제받은 경우의 회계처리

앞서 기술한 금융부채의 제거 요건 중 두 번째는 채무자의 법적 의무 이행을 유효하게 면제받은 경우이다.

예를 들어 원채무자의 법적 의무가 제3자에게로 이전되는 경우가 이에 해당하는데, 채무자가 의무를 인수하는 제3자에게 그 소정의 대가를 지급하고 해당 채무에 대하여 채권자에게서 법적면제를 받는다면, 채무자는 해당 채무를 소멸시킨다.

한편, 채권자가 채무자의 현재 지급 의무를 법적으로 면제하였음에도 주채무의 인수자가 지급을 이행하지 못한다면 지급 의무를 면제받은 채무자가 대신 지급해야 하는 보증의무를 부담하는 경우가 있다.

이 경우 변제를 면제받은 채무자는 면제에 따른 금융부채를 제거하되 관련 보증의무를 다음과 같이 회계처리한다.

(1) 보증의무의 공정가치에 근거하여 새로운 금융부채를 인식한다.

(2) ① 지급한 대가와 ② 최초 금융부채의 장부금액에서 새로운 금융부채의 공정가치를 차감한 금액과의 차이를 손익으로 인식한다.

앞서 설명한 별도의 최초 측정 기준을 적용하는 금융부채에서 설명한 보증서비스 관련 금융부채를 인식하는 회계처리와 보증의무 제공에 따른 회계처리는 다르다.

별도의 최초측정 기준을 적용하는 금융부채에서 설명한 보증서비스에서는 대가를 받고 보증서비스를 제공하는 회사가 채무자를 대신하여 변제해야 할 것으로 예상되는 금액(손실충당금)에 상응하는 금융부채를 반영하는 것이 핵심이다. 보증서비스에 따른 금융부채는 보증 기간의 경과에 따라 적절하게 수익으로 대체한다.

이와 달리 의무를 인수하는 제3자에게 그 대가를 지급하고 해당 채무에 대하여 채권자에게서 유효하게 법적 면제를 받은 경우 금융부채를 제거한다.

다만, 변경된 주채무자를 위해 보증을 제공하는 경우에는 보증 관련 금융부채를 인식하며 금융부채 제거와 관련된 손익은 기존 금융부채의 장부가액에서 보증에 따른 금융부채를 차감한 금액과 주채무 이전에 따른 지급대가와의 차이로 측정한다.

한편, 채무자가 의무를 인수하는 제3자에게 그 대가를 지급하고 해당 채무에 대하여 채권자로부터 법적 면제를 받더라도 채무자가 그 채무에 대해 제3자에게 지급하기로 약정한다면, 채무자는 제3자에 대한 새로운 채무를 인식해야 한다.

예제 7 이전된 주채무에 대한 보증과 금융부채 제거

12월말 결산법인인 ㈜대한은 20×1년 12월 31일에 ㈜만세에 대한 차입금 ₩100,000(AC금융부채)을 ㈜민국에게 이전(주채무자가 ㈜대한에서 ㈜민국으로 변경)하기로 하였으며 ㈜민국이 ㈜만세에게 대금 지급 의무를 이행하지 못하는 경우 ㈜대한이 대신 변제하기로 하는 보증계약을 체결하였다. 주채무자 변경은 법적으로 유효하며 관련 보증의무의 공정가치는 ₩30,000이다. ㈜대한은 ㈜민국에게 주채무 이전의 대가로 ₩10,000을 지급하였다.

물 음

주채무자의 변경에 따른 ㈜대한의 회계처리를 제시하시오.

해설

(차)	차입금	100,000	(대)	금융부채(보증)	30,000
				현금	10,000
				채무면제이익*	60,000

* 차입금의 주채무자가 ㈜대한에서 ㈜민국으로 변경됨에 따라 ㈜대한의 차입금(금융부채)이 제거되면서 인식한 이익이다.

3.4 금융부채의 계약상 현금흐름이 변경된 경우의 회계처리

채권자와의 협의를 통해 금융부채를 조건이 다른 금융부채로 교환할 수도 있고 기존의 금융부채의 계약상 조건을 변경할 수도 있다.

실무적으로 전자를 차환이라고 하고 후자를 채무조정이라고 하는데 계약상의 현금흐름을 변경한다는 경제적 실질을 고려한다면 차이가 없다. 기준서에서도 이 두 가지를 구분하지 않고 동일하게 회계처리할 것을 요구한다.

기존 차입자와 대여자가 실질적으로 다른 조건으로 채무상품을 교환한 경우에 최초의 금융부채를 제거하고 새로운 금융부채를 인식한다.

채무조정의 경우에도 금융자산의 경우와 마찬가지로 기존의 금융부채의 조건이 실질적으로 변경될 수 있다.

조건이 실질적으로 변경된 경우의 예로, 새로운 조건에 따른 현금흐름의 현재가치와 최초 금융부채의 나머지 현금흐름의 현재가치의 차이가 적어도 10% 이상이라면, 계약조건이 실질적으로 달라진 것이다.

이때 새로운 조건에 따른 현금흐름에는 지급한 수수료에서 수취한 수수료를 차감한 수수료 순액이 포함되며, 현금흐름을 할인할 때는 최초의 유효이자율을 사용한다.

채무상품의 교환이나 계약조건의 변경을 금융부채의 소멸로 회계처리한다면, 발생한 원가나 수수료는 금융부채의 소멸에 따른 손익의 일부로 인식한다.

04

새로운 금융부채는 새로운 조건에 따라 변경된 현금흐름을 변경일의 시장이자율로 할인한 공정가치로 측정하며 기존의 금융부채와의 차이를 당기손익으로 인식한다.

조건이 실질적으로 변경되지 않아서 채무상품의 교환이나 계약조건의 변경을 금융부채의 소멸로 회계처리하지 않는다면, 발생한 원가나 수수료는 부채의 장부금액에서 조정하며 변경된 부채의 남은 기간에 상각한다.

이는 장부금액에 반영하는 원가가 수수료로 인해 유효이자율을 재계산하여 잔여기간에 걸쳐 이자비용에 반영하라는 의미이다.

[도표 3] 금융부채의 조건변경 회계처리를 위한 절차

절차		내용
채무변동비율의 계산		• 최초 금융부채의 잔여현금흐름의 현재가치 : (A) • 새로운 조건에 따른 현금흐름의 현재가치(최초 금융부채의 유효이자율을 사용) : (B) • 채무변동률[= {(A)−(B)}÷(A)]이 10% 이상인지 판단
회계처리	실질적 변경임(≥ 10%)	기존 금융부채를 제거함 • 기존 금융부채의 장부금액과 새로운 조건의 금융부채를 조건 변경시점의 시장이자율로 할인한 금액과의 차이를 당기손익에 반영
	실질적 변경이 아님(< 10%)	기존 금융부채를 재측정함 • 기존 금융부채의 장부금액과 새로운 조건의 금융부채를 최초 유효이자율로 할인한 금액과의 차이를 당기손익에 반영

예제 8 금융부채의 조건 변경(실질적 변경인 경우)

20×1년 1월 1일 ㈜대한은 다음과 같은 조건으로 ₩1,000,000을 차입하고 약속어음을 발행하였다.

- 액　　면 : ₩1,000,000
- 이 자 율 : 연 12%
- 이자지급일 : 매년 말일 후급
- 유효이자율 : 12%

20×3년 1월 1일 ㈜대한의 갑작스러운 재정 악화로 인해 채권자와 다음과 같은 채무조정에 합의하였다. 연체된 이자는 없으며 ㈜대한이 지급한 수수료는 ₩20,000이다.

> • 5년 후에 ₩800,000(액면 ₩200,000 감액), 매년 말 ₩48,000씩 5회 이자지급(6%)
> • 만　　기 : 20×7년 12월 31일
> • 현행시장이자율 : 10%

㈜대한은 12월말 결산법인이며 동 차입금을 AC금융부채로 분류하였다.

물음

1. 채무조정이 실질적 변경여부인지를 판단하시오.
2. ㈜대한의 20×3년 및 20×4년의 회계처리를 제시하시오.

해설

1. (1) 최초 금융부채의 장부금액 : ₩1,000,000

   (2) 새로운 조건에 따른 현금흐름의 현재가치 : ① + ② + ③ = ₩646,973
   ① ₩800,000 × 현가요소(5기간, 12%) = ₩800,000 × 0.56743 = ₩453,944
   ② ₩48,000 × 연금의 현가요소(5기간, 12%) = ₩48,000 × 3.60478 = ₩173,029
   ③ 수수료지급액 : ₩20,000

   (3) 채무변동률
   (₩1,000,000 − ₩646,973) ÷ ₩1,000,000 = 35.3%

   ∴ 실질적 변경에 해당한다.

2. (1) 새로운 조건에 따른 현금흐름을 새로운 유효이자율로 계산하여 공정가치를 계산한다.
   ① ₩800,000 × 현가요소(5기간, 10%) = ₩800,000 × 0.62092 = ₩496,736
   ② ₩48,000 × 연금현가요소(5기간, 10%) = ₩48,000 × 3.79079 = ₩181,958

   ∴ 공정가치 : ① + ② = ₩496,736 + ₩181,958 = ₩678,694

   (2) 채무조정이익(금융부채상환이익) 계산(발생한 원가와 수수료는 손익에 가산)
   ₩1,000,000 − ₩678,694 − ₩20,000 = ₩301,306

   (3) 20×3년 1월 1일

(차)	장기차입금(구)	1,000,000	(대)	장기차입금(신)	800,000
	현재가치할인차금	121,306		현금	20,000
				채무조정이익	301,306

(4) 상각표(20×4년 말 유효이자는 단수차이를 조정함)

시점	장부금액	유효이자(10%)	현금이자(6%)	상각액
20×3년 초	₩678,694			
20×3년 말	698,563	₩67,869	₩48,000	₩19,869
20×4년 말	720,419	69,856	48,000	21,856

(5) 20×3년 12월 31일

(차)	이자비용	67,869	(대)	현금	48,000
				현재가치할인차금	19,869

(6) 20×4년 12월 31일

(차)	이자비용	69,856	(대)	현금	48,000
				현재가치할인차금	21,856

예제 9 금융부채의 조건 변경(실질적 변경이 아닌 경우)

20×1년 1월 1일 ㈜대한은 다음과 같은 조건으로 ₩1,000,000을 차입하고 약속어음을 발행하였다.

- 액 면 : ₩1,000,000
- 이 자 율 : 연 12%
- 이자지급일 : 매년 말일 후급
- 유효이자율 : 12%

20×3년 1월 1일 ㈜대한의 갑작스런 재정악화로 인해 채권자와 다음과 같은 채무조정에 합의하였다.

- 액 면 : ₩1,000,000
- 만 기 : 20×7년 12월 31일
- 이 자 율 : 연 10%
- 현행시장이자율 : 10%

채무조정일 현재 ㈜대한은 20×2년 12월 31일에 지급했어야 할 이자 ₩120,000을 지급하지 못하고 있는데, 이 중 ₩20,000은 면제하고 나머지 ₩100,000은 20×3년 1월 1일에 지급하기로 합의하였다. ㈜대한은 12월말 결산법인이며 동 차입금을 AC금융부채로 분류하였다.

물음

1. 채무조정이 실질적 변경여부인지를 판단하시오.

2. ㈜대한의 20×3년 회계처리를 제시하시오.

해설

1. (1) 최초 부채의 잔여현금흐름의 현재가치 : ₩1,000,000 + ₩120,000 = ₩1,120,000

   (2) 새로운 조건에 따른 현금흐름의 현재가치 : ① + ② + ③ = ₩1,027,908
   ① 액면 : ₩1,000,000 × 현가요소(5기간, 12%) = ₩1,000,000 × 0.56743 = ₩567,430
   ② 이자 : ₩1,000,000 × 10% × 연금현가요소(5기간, 12%) = ₩100,000 × 3.60478 = ₩360,478
   ③ 미지급이자 : ₩100,000

   (3) 채무변동률
   (₩1,120,000 − ₩1,027,908) ÷ ₩1,120,000 = 8.2%

   ∴ 10% 미만이므로 실질적 변경에 해당되지 않는다.

2. 실질적 변경에 해당되지 않으므로 최초 부채의 연장으로 해석하여 새로운 조건의 부채를 공정가치로 재측정하지 않고 최초의 유효이자율인 12%를 적용하여 조정한다.

   (1) 채무조정이익
   ₩1,120,000 − ₩1,027,908 = ₩92,092

   (2) 20×3년 1월 1일

(차)	미지급이자	120,000	(대)	현금	100,000
	현재가치할인차금	72,092*		채무조정이익	92,092

   * [₩1,000,000 − (₩567,430 + ₩360,478)] = ₩72,092

   (3) 20×3년 12월 31일

(차)	이자비용	111,349*	(대)	현금	100,000
				현재가치할인차금	11,349

   * (₩1,000,000 − ₩72,092) × 12% = ₩111,349

연습문제

문제 1

기업회계기준서 제1109호 금융상품 중 금융부채와 관련된 다음 기술에 대해 틀린 내용을 약술하시오.

(1) 금융자산의 양도가 제거조건을 충족하지 못하거나 지속적 관여 접근법이 적용되는 경우 생기는 금융부채는 양도자산의 장부금액에 해당하는 가액으로 최초 측정한다.

(2) FVPL(지정)금융부채와 AC금융부채 간에는 관련 요건을 충족하는 경우 재분류가 가능하다.

(3) 최초 시점에 보증 관련 금융부채는 보증 서비스의 공정가치로 인식하되, 해당 채권에 대한 손실충당금과 비교하여 작은 금액으로 한다. 이후 후속 기간에는 최초 보증 관련 공정가치에서 보증 의무 이행으로 인한 수익을 인식한 부분만큼 차감한 금액과 손실충당금 잔액 중 큰 금액으로 표시한다.

(4) 아무런 대가도 없이 시장이자율보다 낮은 이자율로 대출하기로 한 약정만으로는 금융부채를 인식하지 않는다.

(5) FVPL금융부채와 FVPL지정금융부채의 경우 최초 측정 시점 이후의 공정가치 변동분은 모두 당기손익으로 표시한다.

(6) 채무자가 의무를 인수하는 제3자에게 그 대가를 지급하고, 제3자가 해당 채무를 인수하였다는 사실을 채권자에게 통지하였다면 채무자의 금융부채는 제거한다.

(7) 채권자가 채무자의 현재 지급 의무를 법적으로 면제하였음에도 주채무의 인수자가 지급을 이행하지 못한다면 지급 의무의 면제를 받은 채무자가 대신 지급해야 하는 보증의무를 부담하는 경우 금융부채를 제거할 수 없다.

(8) 조건이 실질적으로 변경된 경우의 예로, 새로운 조건에 따른 현금흐름의 현재가치와 최초 금융부채의 나머지 현금흐름의 현재가치의 차이가 적어도 10% 이상이라면, 계약조건이 실질적으로 달라진 것이다. 이때 새로운 조건에 따른 현금흐름에는 지급한 수수료에서 수취한 수수료를 차감한 수수료 순액이 포함되며, 현금흐름을 할인할 때는 변경 시점의 유효이자율을 사용한다.

(9) 금융부채(채무상품)를 교환하거나 계약조건을 변경함에도 불구하고 소멸되지 않는 경우 발생하는 원가나 수수료는 당기 비용으로 처리한다.

해설

(1) 금융자산의 양도가 제거 조건을 충족하지 못하거나 지속적 관여 접근법이 적용되는 경우에 생기는 금융부채는 양도자산의 장부금액과 상환을 요구받을 수 있는 최대금액 중 작은 금액으로 최초 측정한다.

(2) FVPL(지정)금융부채와 AC금융부채 간에는 재분류가 불가능하다.

(3) 최초 시점에 보증 관련 금융부채는 보증 서비스의 공정가치로 인식하되, 해당 채권에 대한 손실충당금 중 큰 금액으로 한다. 이후 후속 기간에는 최초 보증 관련 공정가치에서 보증 의무 이행으로 인한 수익을 인식한 부분만큼 차감한 금액과 손실충당금 잔액 중 큰 금액으로 표시한다.

(4) 시장이자율보다 낮은 이자율로 대출하기로 한 약정은 대출자에게는 그만큼 경제적 손실을 감수하는 불리한 계약이다. 최초 인식 시점에는 시장이자율과 약정 이자율의 차이를 경제적 효익의 상실분으로 볼 수 있을 것이다. 이에 대해 기준서에서는 대가 없이 이루어진 약정이라도 시장이자율보다 낮은 이자율로 대출하기로 했다면 금융부채로 회계처리하도록 규정하고 있다.

(5) FVPL금융부채의 공정가치 변동분은 후속적으로 당기손익으로 반영하나 FVPL지정금융부채의 손익의 경우 해당 금융부채의 신용위험 변동에 따른 금융부채의 공정가치 변동은 기타포괄손익으로 표시하고 나머지 공정가치 변동은 당기손익으로 표시한다. 다만 FVPL지정금융부채의 신용위험 변동효과의 회계처리가 당기손익의 회계불일치를 일으키거나 확대하는 경우 해당 부채의 신용위험 변동효과를 포함한 모든 손익을 당기손익으로 표시한다.

(6) 채무자가 의무를 인수하는 제3자에게 그 대가를 지급하고, 제3자가 해당 채무를 인수하였다는 사실을 채권자에게 통지한 경우에도, 채무자가 채권자에게서 또는 법적 절차에 따라 부채(또는 그 일부)에 대한 일차적 의무를 법적으로 유효하게 면제받아야만 금융부채를 제거할 수 있다.

(7) 채권자가 채무자의 현재 지급 의무를 법적으로 면제하였음에도 주채무의 인수자가 지급을 이행하지 못한다면 지급 의무의 면제를 받은 채무자가 대신 지급해야 하는 보증의무를 부담하는 경우 채무자는 면제에 따른 금융부채는 제거하되 관련 보증의무를 새로운 금융부채로 반영한다.

(8) 조건이 실질적으로 변경된 경우의 예로, 새로운 조건에 따른 현금흐름의 현재가치와 최초 금융부채의 나머지 현금흐름의 현재가치의 차이가 적어도 10% 이상이라면, 계약조건이 실질적으로 달라진 것이다. 이때 새로운 조건에 따른 현금흐름에는 지급한 수수료에서 수취한 수수료를 차감한 수수료 순액이 포함되며, 현금흐름을 할인할 때는 최초의 유효이자율을 사용한다.

(9) 채무상품의 교환이나 계약조건의 변경을 금융부채의 소멸로 회계처리하지 아니한다면(실질적인 변경이 아닌 경우), 발생한 원가나 수수료는 부채의 장부금액에서 조정한다.

문제 2 금융부채의 인식, 측정 및 제거

(2021년 세무사 1차)

12월 말 결산법인인 ㈜대한은 20×1년 1월 1일 액면금액 ₩1,000,000(표시이자율 연 5%, 매년 말 이자지급, 만기 3년)인 회사채를 발행하였으며, 회사채 발행비로 ₩46,993을 지출하였다. 회사채발행 당시 시장이자율은 연 8%이며, 20×1년 말 이자비용으로 ₩87,566을 인식하였다. ㈜대한은 동 회사채를 AC금융부채로 분류하였다.

<현가계수표>

기간 \ 할인율	단일금액 ₩1의 현재가치		정상연금 ₩1의 현재가치	
	5%	8%	5%	8%
3	0.8638	0.7938	2.7233	2.5771

【물음 1】 회사채 발행비를 고려했을 경우 20×1년 초 회사채의 장부금액은 얼마인가?

【물음 2】 회사채 발행비를 고려했을 경우 20×1년 초 사채의 발행 당시 유효이자율은 얼마인가?

【물음 3】 회사채의 액면금액 중 ₩600,000(60%)을 20×3년 4월 1일에 경과이자를 포함하여 ₩570,000에 조기상환한 경우 상환손익을 계산하시오.

해설

【물음 1】

20×1년 초 회사채의 장부금액

= ₩1,000,000×0.7938(3기간, 8% ₩1의 현가계수) + ₩50,000×2.5771(3기간, 8% 연금현가계수)
 − ₩46,993(회사채 발행비) = ₩875,662

【물음 2】

₩875,662(20×1년 초 회사채의 장부금액)×A(연간 유효이자율) = ₩87,566

사채발행비 반영한 유효이자율(A) = 10%

【물음 3】

20×3년 초 회사채의 장부금액

= (₩1,000,000 + ₩50,000) ÷ (1 + 0.1) = ₩954,545

조기상환 시 회사채 상환손익 : 3개월 분 유효이자를 고려한 60%의 장부가액과 상환금액의 차이

= ₩954,545 × (1 + 0.1 × 3/12) × 60% − ₩570,000 = ₩17,045(상환이익)

회계처리

(차)	AC금융부채	600,000	(대)	사채할인발행차금	12,955
				현금	570,000
				사채상환이익	17,045

문제 3 금융부채의 인식, 측정 및 제거

(2019년 세무사 1차)

12월 말 결산법인인 ㈜대한은 20×1년 1월 1일 액면금액 ₩1,000,000, 표시이자율 5%(매년 말 지급), 만기 3년인 회사채를 ₩875,645에 발행하고, AC금융부채로 분류하였다. 회사채 발행 시점의 유효이자율은 10%이었으며, 사채할인발행차금을 유효이자율법으로 상각한다.

【물음 1】 20×2년 포괄손익계산서 상 인식할 이자비용은 얼마인가?

【물음 2】 ㈜대한은 20×2년 1월 1일에 동 사채의 일부를 ₩637,000에 조기상환하여, 사채상환이익이 ₩2,184 발생하였다. 사채 상환비율은 얼마인가? (단, 사채상환비율은 상환한 회사채의 장부금액 ÷ 상환하기 전 회사채 장부금액)

【물음 3】 20×2년 포괄손익계산서 상 인식할 이자비용은 얼마인가?

해설

【물음 1】

20×2년 초 회사채의 장부금액 : 20×1년 총 이자비용 − 20×1년 표시이자
= ₩875,645×(1 + 0.1) − ₩1,000,000×0.05 = ₩913,210

20×2년 인식할 이자비용
= ₩913,210×10%(유효이자) = ₩91,321

【물음 2】

20×2년 초 상환한 회사채의 장부금액 : 회사채 상환금액 + 회사채 상환이익
= ₩637,000 + ₩2,184 = ₩639,184

∴ 회사채 상환비율 : ₩639,184 ÷ ₩913,210 ≒ 70%

【물음 3】

잔여 30%에 대한 20×2년 이자비용
= (₩913,210×30%)×10% = ₩27,396

문제 4 금융부채의 인식, 측정 및 제거

(2020년 세무사 1차)

12월 말 결산법인인 ㈜대한은 20×1년 1월 1일 ㈜민국에게 회사채(액면금액 ₩1,000,000, 만기 5년, 표시이자율 연 5%, 매년 말 이자지급)를 발행하고 AC금융부채로 분류하였다. 회사채 발행 시점의 유효이자율은 연 10%이고, 사채할인발행차금을 유효이자율법으로 상각하고 있다.

<현가계수표>

할인율 / 기간	단일금액 ₩1의 현재가치				정상연금 ₩1의 현재가치			
	3%	5%	8%	10%	3%	5%	8%	10%
2	0.9426	0.9070	0.8573	0.8264	1.9135	1.8594	1.7833	1.7355
5	0.8626	0.7835	0.6806	0.6209	4.5797	4.3295	3.9927	3.7908

【물음 1】 20×1년 초 회사채 발행시점의 장부가액은 얼마인가?

【물음 2】 20×4년 초(20×3년 말) 회사채의 장부금액은 얼마인가?

【물음 3】 20×4년 초 유효이자율이 연 8%로 하락함에 따라 ㈜만세에게 새로운 회사채(액면금액 ₩1,000,000, 만기 2년, 표시이자율 연 3%, 매년 말 이자지급)를 발행하여 수취한 현금으로 기존 회사채를 조기상환하였을 때 상환손익을 계산하시오.

해설

【물음 1】

20×1년 초 회사채의 발행시점의 장부금액

= ₩1,000,000×0.6209(5기간, 10% ₩1의 현가계수) + ₩50,000×3.7908(5기간, 10% 연금현가계수)

= ₩810,440

【물음 2】

<유효이자율법에 의한 상각표> (20×5년 말 유효이자는 단수차이를 조정함)

시점	장부금액	유효이자(10%)	현금이자(5%)	상각액
20×1년 초	₩810,440			
20×1년 말	841,484	₩81,044	₩50,000	₩31,044
20×2년 말	875,632	84,148	50,000	34,148
20×3년 말	913,195	87,563	50,000	37,563
20×4년 말	954,514	91,319	50,000	41,319
20×5년 말	1,000,000	95,451	50,000	45,486

20×4년 초(20×3년 말) 회사채의 장부금액 = ₩913,195

【물음 3】 차환 방식을 통한 금융부채의 제거

20×4년 초 신규 회사채의 발행금액
= ₩1,000,000×0.8573(2기간, 8% ₩1의 현가계수) + ₩30,000×1.7833(2기간, 8% 연금현가계수)
= ₩910,799

회계처리(할인발행차금을 고려한 금융부채 순액)

(차)	현금	910,799	(대)	(신)AC금융부채(순액)	910,799
	(구)AC금융부채(순액)	913,195		현금	910,799
				사채상환이익	2,396

문제 5 금융보증계약

20×1년 1월 1일 ㈜만세는 민국은행으로부터 ₩1,000,000을 차입하였다. 민국은행은 ㈜만세에게 원리금 회수를 위한 보증을 요구하였으며 이에 ㈜만세는 ㈜대한과 금융보증계약을 체결하였다. ㈜대한은 ㈜만세로부터 보증서비스에 대한 대가로 ₩30,000의 현금을 수수하였다. 보증기간은 3년이며 유사한 금융보증계약의 공정가치는 ₩30,000이다. ㈜대한은 동 금융부채를 FVPL금융부채로 지정하지 않았다. 회사는 모두 12월말 결산법인이다.

【물음 1】 금융보증계약을 체결한 시점에 ㈜대한의 회계처리를 하시오. 단, 보증계약 시점에 ㈜만세가 채무를 불이행할 가능성은 없다.

【물음 2】 20×1년 12월 31일 현재 ㈜만세가 채무를 이행하지 않을 가능성은 매우 희박하다. ㈜대한의 회계처리를 하시오.

【물음 3】 20×2년 12월 31일 현재 ㈜만세의 재무적 상황이 좋지 않아 민국은행의 ㈜만세에 대한 대출채권의 손실충당금은 ₩200,000으로 추정하였다. 필요한 회계처리를 하시오.

해설

【물음 1】

손상 가능성이 없으므로 보증과 관련된 최초 인식액은 보증관련 공정가치이다.

회계처리

(차) 현금	30,000	(대) 금융보증부채	30,000

【물음 2】

보증기간 동안 안분하여 수익으로 인식한다. 20×1년 12월 31일 현재 손상가능성이 없으므로 보증관련 부채에 미치는 영향은 없다.

20×1년 12월 31일 최초 인식액 – 1115호에 따른 수익 대체액 : ₩30,000 – (₩30,000÷3년) = ₩20,000

회계처리

(차) 금융보증부채	10,000	(대) 보증수익	10,000

【물음 3】

20×2년 12월 31일의 금융보증부채 : Max (① 손실충당금, ② 최초 인식액 – 1115호에 따른 수익 대체액)

① 손실충당금 : ₩200,000

② 최초 인식액 – 1115호에 따른 수익 대체액 : ₩10,000

∴ 금융보증부채로 표시할 금액 : ₩200,000

회계처리

(차) 금융보증손실	180,000	(대) 금융보증부채	180,000

문제 6 금융부채의 인식, 측정 및 제거 (2021년 회계사 1차)

다음은 12월 말 결산법인인 ㈜대한이 발행한 회사채에 관한 자료이다. ㈜대한은 회사채를 AC금융부채로 분류하였다.

<회사채 관련 자료>

액면금액	₩3,000,000
회사채 권면상 발행일	20×1년 1월 1일
회사채 실제 발행일	20×1년 3월 1일
표시이자율	연 6%(매년 12월 31일에 지급)
회사채 권면상 발행일의 유효이자율	연 6%
회사채 실제 발행일의 유효이자율	연 8%
상환만기일	20×3년 12월 31일(만기 일시상환)

<현가계수표>

할인율 / 기간	단일금액 ₩1의 현재가치			정상연금 ₩1의 현재가치		
	6%	7%	8%	6%	7%	8%
1	0.9434	0.9346	0.9259	0.9434	0.9346	0.9259
2	0.8900	0.8734	0.8573	1.8334	1.8080	1.7832
3	0.8396	0.8163	0.7938	2.6730	2.6243	2.5770

【물음 1】 ㈜대한은 위 자료에 따라 20×1년 3월 1일에 회사채를 발행하였다. 20×1년 3월 1일의 회사채 발행 시점의 회계처리를 하시오.

【물음 2】 ㈜대한은 20×3년 4월 1일에 회사채 액면금액 중 30%를 경과이자를 포함하여 현금 ₩915,000에 조기상환하였을 때 상환손익은 얼마인가?

【물음 3】 20×3년 말에 인식할 이자비용은 얼마인가?

해설

20×1년 초 회사채 권면상 발행일의 장부가액
= ₩3,000,000×0.7938(3기간, 8% ₩1의 현가계수) + ₩180,000×2.5770(3기간, 8% 연금현가계수)
= ₩2,845,260

<유효이자율법에 의한 상각표> (20×3년 말 유효이자는 단수차이를 조정함)

시점	장부금액	유효이자(8%)	현금이자(6%)	상각액
20×1년 초	₩2,845,260			
20×1년 말	2,892,880	₩227,620	₩180,000	₩47,620
20×2년 말	2,944,310	231,430	180,000	51,430
20×3년 말	3,000,000	235,544	180,000	55,690

【물음 1】

2×1년 3월 1일 수취하는 현금 : 2개월 분(20×1년 초~20×1년 3월 1일) 유효이자 상각분을 반영한 금융부채 장부가액에 기간 미지급 이자를 포함(≒ 20×1년 3월 1일 시점의 발행가액 + 기간 미지급이자)
= ₩2,845,260 + ₩47,620×2/12 + ₩3,000,000×6%×2/12 ≒ ₩2,883,197

회계처리

(차)	현금	2,883,197	(대)	AC금융부채	3,000,000
	사채할인발행차금	146,803		미지급이자	30,000

【물음 2】

금융부채 제거 시 상환손실 ₩14,042

회계처리 : 20×3년 초 ~ 20×3년 4월 1일 기간 이자 계산

(차)	이자비용	58,886*	(대)	미지급이자	45,000
				사채할인발행차금	13,886

* ₩2,944,310×8%×3/12

20×3년 4월 1일 30% 금융부채 제거 시 회계처리(할인발행차금을 고려한 금융부채 순액)

(차)	AC금융부채(순)	887,458*1	(대)	현금	915,000
	미지급이자	13,500*2			
	상환손실	14,042			

*1 (₩2,944,310 + ₩13,886)×30%

*2 ₩180,000×$\frac{3}{12}$×30%

【물음 3】

20×1년 말에 인식할 이자비용 ₩164,881

회계처리

(차)	이자비용	164,881*1	(대)	현금	126,000*2
				사채할인발행차금	38,881

*1 ₩2,944,310×70%×8%

*2 ₩180,000×70%

문제 7 금융부채의 조건변경

(2018년 회계사 1차)

12월 말 결산법인인 ㈜대한은 20×1년 1월 1일 다음과 같은 사채를 발행하고 AC금융부채로 분류하였다.

- 회사채 발행일 : 20×1년 1월 1일
- 만기일 : 20×3년 12월 31일(만기 일시상환)
- 액면금액 : ₩1,000,000
- 이자지급 : 매년 12월 31일에 연 8% 지급
- 회사채 발행시점의 유효이자율 : 연 10%

㈜대한은 20×2년 초 회사채의 만기일을 20×4년 12월 31일로 연장하고 표시이자율을 연 3%로 조건을 변경하였다. 20×2년 초 현재 유효이자율은 연 12%이다.

<현가계수표>

할인율 / 기간	단일금액 ₩1의 현재가치		정상연금 ₩1의 현재가치	
	10%	12%	10%	12%
1	0.9091	0.8928	0.9091	0.8928
2	0.8264	0.7972	1.7355	1.6900
3	0.7513	0.7118	2.4868	2.4018

【물음 1】 20×1년 초 회사채의 발행금액은 얼마인가?

【물음 2】 ㈜대한은 20×2년 초 회사채의 만기일을 20×4년 12월 31일로 연장하고 표시이자율을 연 3%로 조건을 변경하였다면 회사채의 조건변경이익은 얼마인가?

【물음 3】 ㈜대한의 20×2년 이자비용 인식과 관련된 회계처리를 하시오.

04

※ 아래【물음 4】와【물음 5】는 위 물음과 독립적이다.

【물음 4】 ㈜대한은 20×2년초 회사채의 만기일을 20×4년 12월 31일로 연장하고 표시이자율을 연 6%로 조건을 변경하였다면 회사채의 조건변경이익은 얼마인가?

【물음 5】 ㈜대한의 20×2년 이자비용은 얼마인가?

해설

【물음 1】

20×1년 초 회사채의 발행시점의 장부금액
= ₩1,000,000×0.7513(3기간, 10% ₩1의 현가계수) + ₩80,000×2.4868(3기간, 10% 연금현가계수)
= ₩950,244

【물음 2】

① 20×2년 초 조건 변경 시점의 회사채의 장부금액
= ₩950,244×(1 + 0.1) − ₩80,000 = ₩965,268

② 20×2년 초 조건 변경 시점의 새로운 조건에 따른 회사채의 현재가치 :
₩1,000,000×0.7513(3기간, 10% ₩1의 현가계수) + ₩30,000×2.4868(3기간, 10% 연금현가계수)
= ₩825,904

①과 ②의 차이(₩965,268 − ₩825,904 = ₩139,364)가 10%(965,268×10% = ₩96,527) 이상이므로 실질적 조건변경에 해당한다. 따라서 새로운 장부가액은 변경시점의 유효이자율로 재계산한다.

실질적 조건변경을 반영한 회사채의 장부금액
= ₩1,000,000×0.7118(3기간, 12% ₩1의 현가계수) + ₩30,000×2.4018(3기간, 12% 연금현가계수)
= ₩738,854

조건변경이익 = ₩181,414(= ₩965,268 − ₩783,854)

회계처리(할인발행차금을 고려한 금융부채 순액)

(차)	(구)AC금융부채(순액)	965,268	(대)	(신)AC금융부채(순액)	783,854
				채무조정이익	181,414

【물음 3】

20×2년 이자비용 : ₩783,854×12% = ₩94,062

회계처리

(차)	이자비용	94,062	(대)	현금	30,000
				사채할인발행차금	64,062

【물음 4】

① 20×2년 초 조건 변경 시점의 회사채의 장부금액
= ₩950,244×(1 + 0.1) − ₩80,000 = ₩965,268

② 20×2년 초 조건 변경 시점의 새로운 조건에 따른 회사채의 현재가치 :
₩1,000,000×0.7513(3기간, 10% ₩1의 현가계수) + ₩60,000×2.4868(3기간, 10% 연금현가계수)
= ₩900,508

①과 ②의 차이(₩965,268 − ₩900,508 = ₩64,760)가 10%(965,268×10% = ₩96,527) 미만이므로 실질적 조건 변경에 해당하지 않는다.

회계처리

(차)	사채할인발행차금	64,760	(대)	채무조정이익	64,760

【물음 5】

20×2년 이자비용 : ₩900,508×10% = ₩90,051

회계처리

(차)	이자비용	90,051	(대)	현금	60,000
				사채할인발행차금	30,051

04

제5장
복합금융상품

ACCOUNTING FOR
FINANCIAL INSTRUMENTS AND
INSURANCE CONTRACTS

제1절 복합금융상품의 기본개념과 회계처리[1)]

1.1 복합금융상품의 정의와 종류

복합금융상품(compound financial instruments)이란 금융상품의 발행자 입장에서 부채요소와 자본요소를 함께 가지고 있는 비파생금융상품을 말한다. 복합금융상품의 대표적 예로 전환사채와 신주인수권부사채를 들 수 있다.

전환사채(convertible bond ; CB)는 만기 이전에 보통주로 전환할 수 있는 권리가 부여된 사채로, 전환권이 없는 일반사채(부채요소)와 발행회사의 보통주로 전환할 수 있는 권리인 전환권(자본요소)으로 구성되어 있는 복합금융상품이다.

전환사채 투자자들은 확정된 이자를 받을 수 있을 뿐만 아니라 발행회사의 주식가치가 크게 상승하는 경우에는 전환권을 행사함으로써 높은 이익을 얻을 수 있기 때문에 전환사채에 투자하려고 한다. 또한 전환사채 발행회사는 전환권이 없는 사채에 비해 현금이자부담을 줄일 수 있는 장점이 있다.

신주인수권부사채(bond with warranty ; BW)는 보유자에게 발행회사의 신주를 인수할 수 있는 권리를 부여한 사채로서, 신주인수권이 없는 일반사채(부채요소)와 발행회사의 보통주를 인수할 수 있는 권리인 신주인수권(자본요소)으로 구성되어 있는 복합금융상품이다.

신주인수권부사채가 전환사채와 다른 점은 만기에 사채액면금액의 회수여부에 달려 있다. 신주인수권부사채는 신주인수권의 행사여부에 관계없이 만기에 사채액면금액을 회수하게 된다. 반면, 전환사채는 중도에 보통주로 전환이 이루어지면 사채액면금액을 회수할 수 있는 권리가 소

1) 본 장에서 소개하는 복합금융상품의 회계처리와 공시는 발행자에게 해당되는 것으로 복합금융상품의 보유자는 별도의 회계처리방법에 의해 표시해야 한다.

멸된다. 물론 전환사채의 경우에도 전환권을 행사하지 않으면 만기에 사채액면금액을 회수하게 된다.

전환사채의 전환권과 신주인수권부사채의 신주인수권은 발행회사의 지분상품에 해당한다. 전환권(신주인수권)은 확정수량의 발행자의 보통주로 전환할 수 있는 권리(보통주를 취득할 수 있는 권리)를 정해진 기간 동안 보유자에게 부여하는 콜옵션의 성격을 갖고 있다.

따라서 발행자의 관점에서 이러한 금융상품은 금융부채(현금 등 금융자산을 인도하는 계약)의 요소와 지분상품(확정 수량의 발행자의 보통주로 전환할 수 있는 권리를 정해진 기간 동안 보유자에게 부여하는 콜옵션)의 요소로 구성된다.

보충설명 상환우선주

- 복합금융상품의 또 다른 예로 특정한 조건으로 발행되는 상환우선주(redeemed preferred stock)가 있다. 본래 우선주는 법적으로 자본으로 분류되어야 한다. 그러나 계약상 발행자가 의무적으로 상환해야 하거나 보유자가 상환을 청구할 수 있는 권리를 보유하는 상환우선주는 경제적 실질면에서 부채에 더 가까우므로 금융부채로 분류한다.
- 그런데 만약 이 상환우선주가 상환 전까지의 배당이 발행자의 재량에 의해 이루어지는 비누적적 우선주인 경우에는 상환금액의 현재가치에 해당하는 부채요소와 발행자의 재량에 의한 배당금 지급에 해당하는 자본요소가 함께 포함되어 있으므로 복합금융상품으로 분류한다.
- 물론 일정 금액의 배당금을 반드시 지급해야 하는 계약상의 의무가 있는 상환우선주라면 그 특성이 모두 부채이므로 금융부채로만 분류되고 복합금융상품으로는 분류되지 않는다.

1.2 복합금융상품의 기본적 회계처리

1. 부채요소와 자본요소의 분리여부

복합금융상품과 관련된 중요한 회계이슈는 금융부채의 요소와 지분상품의 요소를 분리하여 인식해야 하는가, 분리하지 않고 인식하느냐 하는 문제이다.

복합금융상품은 부채요소와 자본요소로 구성되어 있는 복합상품이므로 발행자는 부채요소와 자본요소로 구분하여 재무상태표에 표시한다. 즉, 발행자는 ① 금융부채를 발생시키는 요소와 ② 지분상품을 발생시키는 요소(발행자의 지분상품으로 전환할 수 있는 옵션을 보유자에게 부여하는 요소)를 별도로 분리하여 인식한다.

예를 들어, 보유자가 확정수량의 발행자의 보통주로 전환할 수 있는 사채 또는 이와 유사한 금융상품은 복합금융상품이다. 발행자의 관점에서 이러한 금융상품은 금융부채(현금 등 금융자산을 인도하는 계약)의 요소와 지분상품(확정수량의 발행자의 보통주로 전환할 수 있는 권리를 정해진 기간 동안 보유자에게 부여하는 콜옵션)의 요소로 구성된다.

보충설명 부채요소와 자본요소를 분리하여 인식하는 이유

- 이와 같이 부채요소와 자본요소를 분리하여 인식하는 이유는 복합금융상품의 발행이 금융부채와 지분상품을 각각 동시에 발행하는 것과 경제적 실질이 동일하기 때문이다.
- 즉, 이러한 금융상품을 발행하는 거래는 조기상환규정이 있는 채무상품과 주식을 매입할 수 있는 주식매입권을 동시에 발행하는 거래 또는 분리형 주식매입권이 있는 채무상품을 발행하는 거래와 실질적으로 동일한 경제적 효과가 있다.

2. 복합금융상품의 회계처리

복합금융상품의 최초 장부금액을 부채요소와 자본요소에 배분하는 경우 자본요소에는 복합금융상품 전체의 공정가치에서 부채요소의 공정가치를 차감한 잔액을 배분한다.

> 복합금융상품의 자본요소 배분금액 = 복합금융상품 전체의 공정가치 − 부채요소의 공정가치

복합금융상품의 자본요소(예 보통주 전환권)가 아닌 파생상품의 특성(예 콜옵션)에 해당하는 가치는 부채요소의 장부금액에 포함한다.

최초인식 시점에서 부채요소와 자본요소에 배분된 금액의 합계는 항상 복합금융상품 전체의 공정가치와 동일해야 한다. 따라서 복합금융상품의 구성요소를 분리하여 인식하는 최초인식 시점에는 어떠한 손익도 발생하지 않는다.

전환사채 보유자가 전환권을 행사할 가능성이 변동하는 경우에도(특히, 특정 보유자의 입장에서 전환권의 행사가 경제적으로 유리해지는 경우에도) 전환상품의 부채요소와 자본요소의 분류를 수정하지 않는다.

예를 들어 전환으로 인해 보유자에게 발생하는 세무효과의 차이 등으로 인하여 보유자는 예상대로 행동하지 않을 수 있다. 또한 전환의 가능성은 때에 따라 변동한다. 발행자가 미래에 원리금을 지급할 계약상 의무는 전환, 금융상품 만기의 도래 또는 그 밖의 거래를 통하여 소멸되기 전까지는 미결제된 상태로 유지된다. 이는 다른 복합금융상품, 특히 신주인수권부사채에도 그대로 적용된다.

05

제2절
전환사채

2.1 전환사채의 최초인식과 회계처리

1. 전환사채의 발행금액과 전환권의 가치 결정

전환사채의 최초인식시 회계처리를 하려면 먼저 전환사채의 발행금액을 결정하는 방법에 대해 알아두어야 한다. 왜냐하면 전환사채는 복합금융상품이므로 전환사채 발행자는 당기손익인식항목으로 지정하지 않는 한 부채요소와 자본요소로 구분하여 표시해야 하는데[2], 이를 구분하기 위해서는 전환사채 전체의 공정가치(전환사채의 발행금액)를 알아야 하기 때문이다.

앞서 언급한 바와 같이 전환사채의 자본요소에 배분할 금액은 전환사채 전체의 공정가치에서 부채요소의 공정가치를 차감하여 계산한다.

[도표 1] 전환사채의 자본요소에 배분할 금액

발행시 대가 (복합상품 전체의 공정가치) − 금융부채요소의 장부금액 (공정가치) = 지분상품요소의 장부금액

2) 발행자의 관점에서 전환사채는 금융부채의 요소와 지분상품의 요소로 구성된다. 따라서 전환권은 내재파생상품이며, 내재파생상품을 포함하는 계약은 K-IFRS 제1109호 '금융상품'에 따라 당기손익인식금융부채/자산으로 지정할 수 있다.

일반사채의 발행금액은 미래현금흐름을 시장이자율로 할인한 금액으로 결정된다. 이러한 논리는 전환사채를 발행할 경우에도 동일하게 적용된다.

다음의 사례를 통해 전환사채의 발행금액과 전환권의 가치를 계산하는 방법에 대해 살펴보자.

사 례 전환사채의 발행금액과 전환권의 가치

- 발행일 : 20×1년 1월 1일
- 만기일 : 20×3년 12월 31일(3년)
- 액면금액 : ₩1,000,000
- 표시이자율 : 연 6%
- 이자지급일 : 매년 12월 31일
- 전환청구기간 : 20×3년 12월 30일까지
- 전환조건 : 전환사채 액면금액 ₩1,000당 액면금액 ₩500인 보통주 1주로 전환

위 사례의 전환사채의 발행금액을 결정하려면 전환사채의 유효이자율을 알아야 한다.[3] 만약 전환사채의 유효이자율이 연 6%라고 가정하면 전환사채의 발행금액은 다음과 같이 ₩1,000,000으로 결정된다.

전환사채의 발행금액(= 전환사채 미래현금흐름의 현재가치 합계) :

이자지급액의 현재가치 :	₩1,000,000 × 6% × 2.67301[= PA(3, 6%)]	₩160,380
만기금액(액면)의 현재가치 :	₩1,000,000 × 0.83962[= PV(3, 6%)]	839,620
합계		₩1,000,000

그렇다면 전환권의 가치는 얼마일까? 전환권의 가치를 알기 위해 위의 전환사채를 전환권을 부여하지 않고 일반사채로 발행한다고 가정해 보자. 보통주로 전환할 수 있는 전환권은 보통주로 전환하는 것이 유리한 경우 전환하면 경제적 이득을 얻을 수 있는 권리이기 때문에 유리한 권리임에 틀림이 없을 것이다. 즉, 전환권은 양(+)의 경제적 효익을 갖는 권리이다.

---

3) 전환사채는 공정가치로 발행된다. 활성시장이 있는 경우 전환사채의 공정가치는 시장에서 거래되는 공시가격이며, 공시가격이 없는 경우에는 가치평가기법(주로 현금흐름할인법)을 이용해 추정한다. 그런데 전환사채의 전환권은 해당 전환사채의 공정가치에 영향을 미치므로 전환사채의 유효이자율을 결정하기가 쉽지 않다. 실무에서 전환사채는 거의 액면발행으로 이루어지기 때문에 액면이자율이 전환사채의 유효이자율(거래원가가 없는 경우)이 된다. 만약 전환사채가 액면으로 발행되지 않는 경우에는 발행금액과 미래현금흐름의 현재가치를 일치시키는 이자율이 전환사채의 유효이자율이며, 이때에는 유효이자율을 사후적으로 추정하게 된다. 본 장에서는 설명의 편의상 전환사채의 발행금액은 전환사채의 미래현금흐름(원금과 이자, 상환할증금 등)을 전환사채의 유효이자율(전환권의 가치가 유효이자율에 반영된다고 가정함)로 할인하여 결정된다고 가정한다.

05

따라서 전환권을 부여하지 않고 일반사채로 발행한다면 일반사채의 유효이자율은 전환사채의 유효이자율에 비해 높을 것이다. 이는 전환권을 부여하지 않고 일반사채로 발행할 경우 발행금액이 전환사채의 발행금액보다 적다는 것을 의미한다. 즉, 전환권을 부여하는 전환사채를 발행할 경우에는 일반사채를 발행할 때보다 많은 현금을 받고 발행할 수 있다는 것을 뜻한다.

따라서 전환권의 가치는 동일한 사채를 전환권을 부여했을 때의 발행금액에서 전환권을 부여하지 않은 일반사채의 발행금액을 차감한 금액과 일치할 것이다. 물론 일반사채의 발행금액은 일반사채의 미래현금흐름을 일반사채의 유효이자율(이는 전환사채의 유효이자율에 비해 높을 것임)로 할인한 금액이 될 것이다.

결론적으로 전환권의 가치는 다음과 같이 전환사채의 발행금액에서 전환권이 없는 일반사채의 발행금액을 차감하여 계산한다.

전환권의 가치(자본요소에 배분할 금액) = ① − ②

① 전환사채의 발행금액 = 전환사채의 미래현금흐름을 전환사채의 유효이자율로 할인한 금액

② 동일조건의 일반사채 발행금액 = 미래현금흐름을 일반사채의 유효이자율로 할인한 금액

만약, 사례에 제시된 전환사채를 전환권을 부여하지 않은 일반사채로 발행할 경우의 유효이자율이 연 10%라면, 전환권의 가치는 다음과 같이 계산될 것이다.

전환권의 가치 : ① − ② = ₩1,000,000 − ₩900,521 = ₩99,479

① 전환사채의 발행금액 : ₩1,000,000(위 참조)

② 일반사채의 발행금액

이자지급액의 현재가치 :	₩1,000,000×6%×2.48685[=PA(3, 10%)]	₩149,211
만기금액(액면)의 현재가치 :	₩1,000,000×0.75131[=PV(3, 10%)]	751,310
합계		₩900,521

한편, 전환권의 가치는 전환권대가라는 계정으로 자본(기타자본요소)란에 표시하고 동일한 금액을 '전환권조정'계정으로 차변에 기록하여 해당 전환사채에서 차감하는 형식으로 보고한다. 전환권조정계정은 사채할인발행차금과 동일한 성격을 갖는 계정으로 이해하면 된다.[4]

---

4) 한편, K-IFRS 1032에서는 ㈎ 사채발행차금, ㈏ 전환권조정, ㈐ 사채상환할증금이라는 별도의 계정과목을 반드시 사용하도록 규정하고 있지 않으므로, 이는 전환사채의 장부금액에 모두 반영이 될 수도 있다.

2. 상환할증금과 보장수익률

전환권을 부여한 전환사채의 유효이자율은 일반사채의 유효이자율보다 낮을 것이므로 투자자는 투자수익의 차이를 전환권을 행사하여 보통주로 전환함으로써 보상받으려 할 것이다.

그러나 투자자가 보통주로 전환하는 것이 경제적으로 손해라고 판단되면 전환권을 행사하지 않을 것이다. 이런 경우 투자자는 일반사채의 유효이자율과 전환사채의 유효이자율의 차이만큼 경제적 손실을 입게 된다.

따라서 주식으로의 전환이 확실한 이득이라고 판단되지 않는 한 전환사채의 유효이자율과 일반사채의 유효이자율 간 차이가 거의 없을 것이다. 이는 일반사채의 발행금액과 전환사채의 발행금액이 차이가 거의 없다는 것을 뜻한다.

사채를 발행하는 회사는 다른 조건이 일정할 경우, 효과적인 자금조달을 위해 보다 높은 금액으로 발행하려고 할 것이다. 그러므로 전환사채를 발행하는 회사는 보통주로의 전환이 매력이 없다고 생각하는 투자자에게 전환권을 행사하지 않는 경우 일정한 보상을 해준다면 발행금액을 높일 수 있을 것이다.

이와 같이 전환사채의 전환청구가 가능한 기간 내에 전환권을 행사하지 않은 경우, 발행회사가 일정한 수익률(이를 보장수익률이라 함)을 보장하기 위해 만기에 액면금액뿐만 아니라 일정률의 이자상당액을 추가로 지급하기로 하는 경우, 그 추가지급액을 상환할증금이라 한다. 05

따라서 전환사채의 소유자가 권리행사를 하여 보통주를 교부받으면 지급할 필요가 없으나 권리행사를 하지 않으면 만기 또는 만기 이전(풋옵션에 의한 조기상환의 경우)에 추가로 지급해야 할 일종의 충당부채의 성격을 가지고 있다. 이렇게 상환할증금을 지급하는 조건으로 전환사채를 발행하는 이유는 발행회사가 사채기간 중에 부담하는 현금이자를 감소시키기 위해서이다.

보충설명 전환권대가 계산시 상환할증금의 고려 여부

- 전환사채 발행시에는 보유자가 권리행사기간에 권리를 행사할지의 여부가 불확실하며 권리행사 여부는 전환사채투자로부터 기대되는 수익률과 권리행사로 취득하는 주식의 기대수익률을 비교하여 결정할 것이다. 이 경우 전환권대가의 계산에 있어서 상환할증금의 포함여부에 대하여 두 가지 방안이 있다. 첫째는 보유자가 권리행사를 한다고 가정하고 상환할증금을 제외하는 방법(액면상환)이고, 둘째는 이와 반대로 보유자가 권리행사를 하지 않는다고 가정하여 상환할증금을 포함하는 방법(할증상환)이다.
- 전환사채 발행자는 사채발행시 상환할증금 지급가능성을 감안하여 사채의 발행금액을 결정하기 때문에 전환사채의 소유자가 일단 권리행사를 하지 않아 상환할증금을 지급하는 것으로 가정하여 전환권의 대가를 계산한다. 또한 상환할증금을 포함하여 매년 이자비용을 계산하고 상환할증금을 전환사채의 가산계정으로 계상한 후, 전환사채 소유자가 전환권을 행사하면 제거한다.

보충설명 상환할증금의 표시방법

- 상환할증금은 원금상환방법으로 '상환기일에 액면금액의 106.4928%를 일시상환'식으로 표시되는 것이 일반적이다.
- 만약, 사례의 전환사채를 전환권을 행사하지 않아 만기상환할 경우 액면금액의 106.4928%를 일시상환한다고 가정하면 상환할증금으로 ₩64,928(= ₩1,000,000×6.4928%)을 지급한다는 뜻이다.
- 이렇게 상환할증금은 만기의 액면금액을 기준으로 표시되는 것이지 발행금액으로 표시되는 것이 아니라는 점에 주의해야 한다.

사례의 전환사채를 만기까지 전환권을 행사하지 않는 경우, 만기에 액면금액의 106.4928%로 상환한다는 것은 투자자에게 얼마만큼의 수익률을 보장하는 것일까? 이는 다음과 같은 식을 만족시키는 이자율(보장수익률)일 것이며, 계산에 의하면 r은 연 8%가 된다. 즉, 전환권을 행사하지 않을 경우에는 연 8%의 수익률을 보장해 주는 것이다.

$$₩1,000,000 = \frac{₩60,000}{(1+r)} + \frac{₩60,000}{(1+r)^2} + \frac{₩60,000}{(1+r)^3} + \frac{₩1,000,000}{(1+r)^3} + \frac{₩64,928}{(1+r)^3}$$

위 식에서 알 수 있듯이 보장수익률이란 전환사채와 관련된 미래현금흐름(원금, 표시이자, 상환할증금)의 현재가치와 액면금액을 일치시키는 할인율을 말한다. 즉, 보장수익률은 전환사채 발행자가 투자자에게 지급을 보장하는 최소한의 수익률을 의미한다.

앞서 설명한 상환할증금은 보장수익률을 먼저 결정하고, 미래현금흐름(원금, 표시이자, 상환할증금)을 보장수익률로 할인한 현재가치와 액면금액이 일치하도록 하는 계산식으로부터 구해진다. 즉, 상환할증금을 계산하는 식을 나타내면 다음과 같다.

$$\text{액면금액} = \sum_{n=1}^{N} \frac{\text{표시이자}}{(1+r)^n} + \frac{\text{액면금액}}{(1+r)^N} + \frac{\text{상환할증금}}{(1+r)^N}$$

r : 보장수익률　　N : 이자기간

사례의 경우 보장수익률이 연 8%라고 가정하여 상환할증금을 계산한 것이다. 즉, 액면금액이 ₩1,000,000인 3년 만기 전환사채의 표시이자율이 연 6%이고 보장수익률이 연 8%라고 가정할 경우, 상환할증금을 X라 하면 다음의 산식이 성립할 것이다.

$$₩1,000,000 = ₩60,000 \times 2.57710[= PA(3,\ 8\%)] + (₩1,000,000 + X) \times 0.79383[= PV(3,\ 8\%)]$$

위의 산식에서 상환할증금을 계산하면 ₩64,928이 된다. 사례의 보장수익률이 연 8%라는 것은 전환사채의 만기까지 보통주로 전환하지 않으면 매기 액면금액의 연 8%의 이자를 보장하여 만기에 일시에 지급한다는 뜻이다.

이는 매기 6%의 표시이자인 ₩60,000은 매년 말에 지급하고, 매년 표시이자와 보장수익률에 의한 이자 차액인 ₩20,000[= ₩1,000,000 × (8% − 6%)]은 만기(3년)까지 보류하였다가 전환되지 않으면 발생이자를 포함하여 지급한다는 것이다. 즉, 상환할증금 ₩64,928은 다음 식에 의해 계산할 수도 있다.

$$₩1,000,000 \times (8\% - 6\%) \times [(1 + 0.08)^2 + (1+0.08)^1 + 1] = ₩64,928$$

한편, 상환할증금을 지급하기로 한 경우 전환권대가는 어떻게 계산되는지를 알아보도록 하자. 상환할증금은 만기에 지급하는 금액이므로 현재가치 계산시 이를 포함하면 된다.

사례의 전환사채를 상환할증금(₩64,928)을 지급하기로 하고 발행한 경우 전환권대가는 다음과 같이 계산된다. 단, 전환권이 없는 일반사채의 유효이자율이 연 10%라고 가정한다.

전환권의 가치(상환할증금 지급조건) : ① − ② = ₩1,000,000 − ₩949,302 = ₩50,698

① 전환사채의 발행금액 : ₩1,000,000(위 참조)

② 일반사채의 발행금액

이자지급액의 현재가치 : ₩1,000,000 × 6% × 2.48685[= PA(3, 10%)]	₩149,211
만기금액(액면 + 상환할증금)의 현재가치 : ₩1,064,928 × 0.75131[= PV(3, 10%)]	800,091
합계	₩949,302

3. 복합금융상품의 발행과 관련된 거래원가

전환사채를 발행할 때 발생되는 거래원가(이는 다른 복합금융상품의 경우에도 동일하게 적용됨)는 전환사채가 당기손익인식항목으로 지정되지 않는 한 부채요소와 자본요소에 배분된 금액의 상대적 비율에 따라 배분하여 각각 감액시킨다.

따라서 자본요소에 배분되는 금액은 거래원가의 배분금액만큼 감소하게 된다. 전환사채의 부채요소에 배분되는 금액도 거래원가의 배분금액만큼 감소하게 되는데, 이에 따라 유효이자율을 수정해야 한다. 이는 사채발행비용을 처리하는 방법과 동일하다.

4. 발행시점의 회계처리와 표시

전환사채를 발행한 경우에는 발행금액과 전환사채 액면금액의 차액은 사채발행차금으로 처리한다. 그리고 전환권의 가치 해당액은 발행시점에 별도로 구분하여 기타자본요소로 인식하고, 동액만큼의 전환권조정계정을 설정하여 전환사채 액면금액에서 차감하는 형식으로 기재한다.

만약, 상환할증금이 있는 경우에는 상환할증금 전액을 부채로 인식하면서 동 금액만큼을 전환권조정에 가산한다.

사례의 전환사채를 상환할증금을 지급하기로 하고 발행한 경우 발행시점의 회계처리를 나타내면 다음과 같다.

전환사채 발행시점(20×1년 1월 1일)

(차)	현금	1,000,000	(대)	전환사채	1,000,000
	전환권조정	115,626		사채상환할증금	64,928
				전환권대가	50,698

위의 회계처리에 있어서 전환권조정은 사채상환할증금과 전환권 가치의 합계로 표시된다.

전환권조정계정은 사채할인발행차금과 유사한 성격의 계정으로서 전환사채의 액면금액에서 차감하는 형식으로 표시하고, 만기까지의 기간 동안 유효이자율법에 의해 상각하여 이자비용으로 대체한다. 그리고 사채상환할증금은 전환사채에 가산하는 형식으로 보고한다.

사례의 전환사채를 상환할증금을 지급하기로 하고 발행한 경우 발행시점에서의 부분재무상태표를 작성하면 다음과 같이 표시된다.

부분재무상태표(20×1년 1월 1일)

부채		
전환사채	₩1,000,000	
사채상환할증금	64,928	
전환권조정	(115,626)	₩949,302
자본		
전환권대가		50,698

회계처리 결과 현금수취액 ₩1,000,000 중 전환권대가 ₩50,698만큼이 자본(기타자본요소)으로 구분하여 표시하고, 전환사채의 장부금액은 사채상환할증금을 가산하고 전환권조정을 차감하여 ₩949,302(발행 당시 일반사채의 공정가치)으로 표시한다.

위의 금액 중 전환사채 액면금액이나 사채상환할증금 및 전환권대가 금액은 발행시점에 확정된 금액이기 때문에 전환청구나 만기상환 이외에는 변동되지 않는다. 그러나 기간이 경과함에 따라 전환권조정계정을 상각하면 전환사채의 장부금액은 점차 증가하게 된다. 이는 사채할인발행차금을 상각하면 사채의 장부금액이 증가하는 것과 동일한 논리이다.

2.2 전환사채의 후속측정

1. 이자비용의 인식과 전환권조정 상각

전환사채 발행일 이후 전환권을 행사하기 전에는 회계기간 중에 일반사채와 마찬가지로 이자비용의 인식과 표시이자 지급 및 전환권조정상각에 관한 회계처리를 해야 한다. 물론, 발행금액이 액면금액과 다를 경우에는 사채발행차금을 상각하는 회계처리가 이루어져야 한다.

상환할증금을 지급하기로 하고 전환사채를 발행한 경우 만기까지 발행회사가 부담할 총이자비용은 다음과 같은 금액으로 구성된다.

① 표시이자
② 전환권조정(전환권가치 + 사채상환할증금)
③ 사채할인발행차금

위의 총이자부담액을 만기까지의 기간에 유효이자율법을 적용하여 이자비용으로 인식하고 현금이자와 유효이자의 차액은 전환권조정상각액으로 처리한다.

사례의 전환사채를 상환할증금을 지급하기로 하고 발행한 경우 유효이자율법에 의한 상각표를 작성하고 20×1년 말과 20×2년 말의 회계처리를 표시하면 다음과 같다.

<전환권조정계정상각표>

시점	① 장부금액	② 이자비용(10%)	③ 현금이자(6%)	④ 전환권조정상각
20×1년 초	₩949,302			
20×1년 말	984,232	₩94,930	₩60,000	₩34,930
20×2년 말	1,022,655	98,423	60,000	38,423
20×3년 말	1,064,928	102,273*	60,000	42,273

* 단수차이를 조정함

① 20×1년 12월 31일

(차)	이자비용	94,930	(대) 현금	60,000
			전환권조정	34,930

② 20×2년 12월 31일

(차)	이자비용	98,423	(대) 현금	60,000
			전환권조정	38,423

위의 상각표에서 주의할 점은 이자비용을 인식할 때 기초의 전환사채 장부금액에 전환권이 없는 일반사채의 유효이자율(10%)을 사용한다는 점이다. 이는 발행시점의 장부금액을 계산할 때 일반사채의 유효이자율로 할인했기 때문이다.

2. 전환권대가

전환사채의 발행시점에서 자본요소로 배분한 전환권대가는 그 가치가 변동되더라도 재측정하지 않는다.

즉, 최초에 전환권대가로 배분된 금액은 수정하지 않고 계속 기타자본요소(자본조정)로 표시한다.

다만, 보유자가 전환권을 행사할 때에는 납입자본(주식발행초과금)으로 재분류한다. 만약, 전환사채 보유자가 전환권을 행사하지 않아서 만기에 액면금액을 상환한 경우에는 계속 기타자본요소로 보고하거나 기타자본잉여금으로 재분류한다.

그러나 중도에 전환사채를 상환한 경우에는 전환사채를 제거하듯이 전환권대가도 제거하여 상환손익에 대한 별도의 회계처리를 해야 한다.

2.3 전환사채 전환시 발행자의 회계처리

1. 전환시 발행주식수

전환청구가 있을 경우에는 주식을 발행하여 교부해야 하는데, 이때 발행할 주식수는 다음과 같이 계산한다.

전환청구로 인한 발행주식수 = 전환청구된 사채액면금액 ÷ 전환가격

위의 식에서 전환가격이란 사채를 발행할 때 사채액면 얼마당 보통주 1주를 교부한다는 조건이 명시되어 있는데, 그 금액을 말한다.

사례에서 '전환사채 액면금액 ₩1,000당 액면가 ₩500인 보통주 1주로 전환'한다는 것은 전환사채 액면금액 ₩1,000당 보통주 1주를 발행교부하는 조건이므로 전환가격은 ₩1,000이다. 따라서 전환으로 총 1,000주(= ₩1,000,000÷₩1,000)를 발행한다는 뜻이다.

2. 전환시 회계처리방법

전환사채권을 보통주로 전환할 것을 요구하는 전환청구권은 투자자가 행사할 수도 있고 행사하지 아니할 수도 있는 옵션의 일종이다. 전환권이 행사될 경우에는 사채권을 회수하고 주식을 발행해야 하기 때문에 주식발행에 대한 회계처리를 해야 한다.

주식의 발행가액을 어떻게 결정하느냐에 따라 ① 장부가치법, ② 발행가액법, ③ 공정가치법 등이 있는데, K-IFRS에 명확한 규정은 없지만 실무에서 가장 많이 사용하는 방법은 장부가치법이다.

05

장부가치법(장부금액법)은 전환시점의 전환사채의 장부금액을 전환으로 발행하는 보통주의 발행가액으로 결정하는 방법이다.

보충설명 전환시 장부가치법의 이론적 근거

- 장부가치법의 이론적 근거는 전환사채의 발행과 전환을 동일 사건의 연속된 두 요소로 간주하는 데 있다.
- 장부가치법은 전환을 단지 전환사채 발행시 약정하였던 조건이 이행된 것으로 보기 때문에 전환시 전환손익을 인식하지 않아야 한다는 것이다.
- 뿐만 아니라 전환사채의 전환은 기업실체와 주주 간의 자본거래에 해당하기 때문에 전환으로 인한 어떠한 손익도 인식해서는 안 된다는 것이다. 이는 주식을 발행하거나 자기주식을 취득할 때 당기손익을 인식하지 않는 논거와 동일한 맥락이다.

(1) 만기시점에 전환되는 경우

만기시점에서 전환사채가 전환되는 경우 발행자는 부채를 제거하고 자본으로 인식한다.

최초 인식시점의 자본요소는 자본의 다른 항목으로 대체될 수 있지만 계속하여 자본으로 유지된다. 따라서 전환권대가는 자본의 다른 항목인 주식발행초과금으로 대체될 수 있다.

만기시점에서 전환사채의 전환에 따라 인식할 손익은 없다.

(2) 만기 이전 또는 이자지급일 사이에 전환되는 경우

만기 이전 또는 이자지급일 사이에 전환되는 경우는 만기에 전환되는 경우와 다르게 처리되어야 하는 이유를 찾기는 어려우며, 이러한 경우의 회계처리는 일반기업회계기준을 참조할 수 있다.

일반기업회계기준에서는, 전환권 행사시 주식의 발행가액은 전환권을 행사한 부분에 해당하는 전환사채의 장부금액과 전환권대가의 합계금액으로 하고, 전환사채의 장부금액은 액면금액에서 다음을 가감한 금액을 말하고 있다.

(가) 사채발행차금
(나) 전환권조정
(다) 사채상환할증금(상환할증금 지급조건이 있는 경우)
(라) 최종이자지급일로부터 전환권행사일까지의 발생이자(전환권이 회계기간 중에 행사된 경우)

만약 전환사채의 일부만 전환이 이루어진 경우에는 장부금액을 비례적으로 할당하여 계산한다.

사례의 전환사채(상환할증금 지급조건) 중 80%가 전환청구(20×3년 1월 1일)에 의해 보통주로 전환되었다고 가정하면, 전환사채를 비롯한 모든 관련 계정을 80%만큼 감소시켜 준다.

이런 경우 장부가치법에 의한 회계처리방법은 다음과 같다. 이해를 돕기 위해 부채요소와 자본요소로 분리하여 제시한다.

(차)	전환사채	800,000	(대)	전환권조정	33,818
	사채상환할증금	51,942		자본금	400,000
				주식발행초과금	418,124
(차)	전환권대가	40,558	(대)	주식발행초과금	40,558

* 전환사채, 전환권조정, 사채상환할증금, 전환권대가는 총장부금액의 80%에 해당하는 금액이며, 주식발행초과금 ₩418,124은 차변합계로 일치시키기 위한 차액으로 계산된 금액이다.

그런데 회계기간 중에 전환이 이루어진 경우에는 회계처리가 복잡해진다. 예컨대 사례의 전환사채(상환할증금 지급조건) 전액이 20×3년 7월 1일 전환청구가 이루어져 보통주로 전환되었다고 가정하자. 이런 경우 장부가치법을 그대로 적용하면 20×3년 6월 30일까지 전환권조정계정을 상각한 후 전환사채의 장부금액을 구하여 다음과 같이 회계처리해야 한다.

(차)	이자비용	51,137	(대)	미지급이자	30,000
				전환권조정	21,137
(차)	전환사채	1,000,000	(대)	전환권조정	21,136
	사채상환할증금	64,928		자본금	500,000
				주식발행초과금	543,792
(차)	전환권대가	50,698	(대)	주식발행초과금	50,698

* 첫 번째는 6월 30일까지 전환권조정을 상각하는 회계처리이고, 두 번째는 부채요소가 자본요소로 전환되는 회계처리이며, 세 번째는 자본요소간 대체가 이루어지는 회계처리이다. 만약, 일부만 전환이 이루어진 경우에는 전환이 이루어진 만큼만 비례적으로 배분하여 제거해 주면 된다.

2.4 전환사채의 조기상환(재매입)

전환사채의 보유자가 전환권을 행사하는 것이 아니라 최초의 전환권이 변동되지 않은 상태에서 조기상환이나 재매입을 통하여 만기 전에 전환사채가 소멸되는 경우를 말한다.

이 경우 조기상환이나 재매입을 위하여 지급한 대가와 거래원가를 조기상환(재매입)시점의 부채요소와 자본요소에 배분한다. 지급한 대가와 거래원가를 각 요소별로 배분하는 방법은 전환사채가 발행되는 시점에 발행금액을 각 요소별로 배분한 방법과 일관되어야 한다.

대가를 배분한 결과로 발생되는 손익(차액)은 관련 요소에 적용되는 회계원칙에 따라 다음과 같이 회계처리한다.

① 부채요소에 관련된 손익은 당기손익으로 인식한다.
② 자본요소와 관련된 차액은 자본으로 인식한다.

이를 정리하면 다음과 같다.

전환사채 중도상환시 상환손익(부채요소)과 상환차액(자본요소) 결정방법

① 조기상환으로 지급한 금액(= 상환대가 + 거래원가)	×××
② 부채요소의 공정가치(= 조기상환일의 동일조건 일반사채의 유효이자율로 할인한 현재가치)	(×××)
③ 자본요소에 대한 대가로 지급한 금액(= ① − ②)	×××

④ 부채요소 상환손익(당기손익) = ② − 상환일의 부채요소의 장부금액

⑤ 자본요소 상환차액(기타자본요소로 조정) = ③ − 상환일의 자본요소의 장부금액

사례의 전환사채(상환할증금을 지급하기로 하고 발행한 경우) 전체를 20×3년 1월 1일 ₩1,040,000에 조기상환하였는데, 거래원가가 ₩20,000만큼 발생하여 현금을 추가로 지급했다고 가정하자. 상환일 당시 동일조건 일반사채의 유효이자율은 8%라고 가정한다.

이때의 상환손익과 해야 할 회계처리를 나타내면 다음과 같다.

① 조기상환으로 지급한 금액 : ₩1,040,000 + ₩20,000		₩1,060,000
② 부채요소의 공정가치		
만기지급액의 현재가치 : ₩1,064,928 ÷ (1 + 0.08)	₩986,044	
이자지급액의 현재가치 : ₩60,000 ÷ (1 + 0.08)	55,556	1,041,600
③ 자본요소에 대한 대가로 지급한 금액(= ① − ②)		₩18,400

④ 부채요소 상환손익(당기손익) = ₩1,041,600 − ₩1,022,655 = ₩18,945(손실)

⑤ 자본요소 상환차액(기타자본요소로 조정) = ₩50,698 − ₩18,400 = ₩32,298(기타자본요소)

(차)	전환사채	1,000,000	(대)	전환권조정	42,273
	사채상환할증금	64,928		현금	1,041,600
	사채상환손실	18,945			
(차)	전환권대가	18,400	(대)	현금	18,400

위의 회계처리로 전환사채부분(부채요소)은 모두 제거되고 기타자본요소에 전환권대가로 ₩32,298이 남게 된다.

여기서 주의해야 할 점은 상환일의 전환사채의 장부금액을 구하는 일이다. 일반사채의 조기상환에서 설명했듯이 상환일이 최종이자지급일 또는 결산일과 다를 경우에는 최종이자지급일 또는 결산일(둘 중 늦은 날)부터 상환일까지 전환권조정(사채발행차금)을 상각한 후에 장부금액을 계산해야 한다는 점이다.

한편, 전환권이 행사되지 않아 전환사채를 만기상환하는 경우에는 장부에 전환사채 액면금액과 상환할증금(지급하기로 한 경우)만 남아 있게 된다. 이때에는 상환으로 인한 손익이 발생하지 않는다.

2.5 전환사채의 유도전환

전환사채 보유자가 전환권을 행사하지 않는 경우에는 부채요소가 재무상태표에 그대로 남게 된다. 이런 경우 전환사채 발행자는 이자비용을 절감하고 부채비율을 개선할 목적으로 전환사채 보유자에게 보다 더 유리한 조건으로 전환할 수 있도록 전환조건을 변경하는 경우가 있다.

이렇게 전환사채 발행자가 전환사채의 전환을 유도하는 것을 유도전환(induced conversion)이라 한다.

발행자는 전환사채의 조기전환을 유도하기 위해 좀더 유리한 전환비율을 제시하거나 특정 시점 이전의 전환에 대해서는 추가적인 대가를 지급하는 방법 등으로 전환사채의 조건을 변경할 수 있다.

05

이런 경우에 발행자는 조건이 변경되는 시점에, 변경된 조건하에서 전환으로 인해 보유자가 수취하게 되는 대가의 공정가치와 원래의 조건하에서 전환으로 인해 보유자가 수취하였을 대가의 공정가치의 차이를 전환조건변경손실(당기손익)로 인식한다.

<전환조건변경의 회계처리방법>

① 전환조건변경손실(= ② − ③) : 당기손익으로 처리
② 변경된 조건하에서 전환으로 인하여 보유자가 수취하게 되는 대가의 공정가치
③ 원래의 조건하에서 전환으로 인하여 보유자가 수취하였을 대가의 공정가치

사례의 전환사채(상환할증금을 지급하기로 하고 발행한 경우)를 유도하기 위해 발행회사는 20×2년 1월 1일 향후 6개월 이내에 전환하는 경우 전환사채 액면금액 ₩1,000당 액면금액 ₩500인 보통주 1.20주를 교부하기로 했다고 가정하자. 20×2년 1월 1일 보통주의 시장가격이 주당 ₩1,000인 경우 회계처리는 다음과 같다.

① 전환조건변경손실(= ② − ③) : ₩1,200,000 − ₩1,000,000 = ₩200,000

② 변경된 조건하에서 전환으로 인해 보유자가 수취하게 되는 대가의 공정가치 :
(₩1,000,000÷₩1,000)×1.20주×₩1,000 = ₩1,200,000

③ 원래의 조건하에서 전환으로 인해 보유자가 수취하였을 대가의 공정가치 :
(₩1,000,000÷₩1,000)×1주×₩1,000 = ₩1,000,000

20×2년 1월 1일의 회계처리

(차) 전환조건변경손실	200,000	(대) 전환권대가	200,000

만약, 전환을 유도하기 위해 권면액 ₩1,000당 현금을 ₩300씩 추가로 지급한다고 가정하면 전환조건변경손실은 ₩300,000[=(₩1,000,000÷₩1,000)×₩300]이 된다. 이때 대변계정은 전환권대가가 아닌 금융부채로 처리한다.

2.6 의무전환사채

전환사채는 만기 또는 만기 이전에 반드시 전환하는 조건으로 발행할 수도 있다. 이를 의무전환사채라 한다.

이런 경우에는 만기까지 지급하게 되는 이자부분만 금융부채로 기록하고 나머지 모두를 전환권대가로 기록한다. 왜냐하면 이런 경우는 투자자가 주식발행 대금을 선급한 것으로 볼 수 있기 때문이다.

만약, 사례의 전환사채(동일조건 일반사채의 유효이자율 연 10%)를 반드시 전환하는 조건으로 발행하였다면 발행회사는 다음과 같은 회계처리를 해야 한다.

(차) 현금	1,000,000	(대) 전환사채미지급이자	149,211
		전환권대가	850,789

* 부채요소 : ₩1,000,000×6%×2.48685[= PA(3, 10%)] = ₩149,211
자본요소 : ₩1,000,000 − ₩149,211 = ₩850,789

그리고 매년 이자를 지급할 때마다 전환사채미지급이자(금융부채)를 유효이자율법에 의해 환입하여 만기에는 ₩0이 되게 한다. 이를 나타내면 다음과 같다.

<전환조건변경의 회계처리방법>

시점	(1) 장부금액	(2) 이자비용(10%)	(3) 현금이자(6%)	(4) 환입액
20×1년 초	₩149,211			
20×1년 말	104,132	₩14,921	₩60,000	₩45,079
20×2년 말	54,545	10,413	60,000	49,587
20×3년 말	0	5,455	60,000	54,545

20×1년 12월 31일의 회계처리

(차)	이자비용	14,921	(대)	현금	60,000
	전환사채미지급이자	45,079			

만약, 중도에 전환이 이루어지면 전환사채이자는 더 이상 지급할 필요가 없으므로 제거시켜 주식발행초과금을 증가시켜 준다. 예컨대 위의 전환사채가 20×3년 1월 1일 모두 전환을 청구하여 보통주를 발행해 주었다면 다음과 같은 회계처리를 해야 한다.

(차)	전환권대가	850,789	(대)	자본금	500,000
	전환사채미지급이자	54,545		주식발행초과금	405,334

05

제3절 상환우선주

상환우선주는 그 계약의 성격에 따라 금융부채로 분류하기도 하고 지분상품으로 분류하기도 한다. 또 특이한 조건의 상환우선주는 부채요소와 자본요소를 동시에 갖고 있는 경우도 있다.

우선주의 발행자가 확정되었거나 결정가능한 미래의 시점에 확정되었거나 결정가능한 금액을 의무적으로 보유자에게 상환하는 경우, 또는 우선주의 보유자가 특정일이나 그 이후에 확정되었거나 결정가능한 금액의 상환을 발행자에게 청구할 수 있는 권리를 보유하고 있는 경우에 이러한 우선주는 금융부채로 분류한다.

그러나 특정일에 상환해야 하지만 배당이 상환 전까지 발행자의 재량에 따라 지급되는 비누적적 우선주는 상환금액의 현재가치에 상당하는 부채요소를 가지고 있는 복합금융상품에 해당한다.

부채요소에 관련된 현재가치할인차금의 상각액은 당기손익으로 인식하고 이자비용으로 분류한다. 배당은 자본요소에 관련되므로 당기손익의 배분으로 인식한다.

의무적으로 상환해야 하는 것은 아니지만 보유자의 선택에 따라 상환을 청구할 수 있거나 의무적인 전환에 따라 인도할 보통주의 수량이 기초 변수(예 일반상품)의 변동에 따라 결정되는 금액이나 확정금액과 동일한 가치를 가지도록 결정되는 우선주의 경우에도 동일하게 회계처리한다.

그러나 지급되지 않은 배당이 상환금액에 가산되는 경우에는 금융상품 전체가 부채에 해당하고 배당은 이자비용으로 분류한다. 이러한 예로는 누적적 상환우선주를 들 수 있다.

▶ 예제 1 상환우선주의 회계처리

12월 결산법인인 ㈜대한은 20×1년 1월 1일 액면금액 ₩500인 우선주 100주를 20×3년 12월 31일에 주당 ₩800에 상환하기로 하고 발행하였다. 우선주의 약정배당률은 액면금액의 7%이며 이와 유사한 금융상품의 유효이자율은 10%이다. 배당금은 매년 말에 선언과 함께 지급한다.

물음

1. 위 우선주가 누적적 우선주일 때 발행금액을 계산하시오.
2. 위 우선주가 비누적적 우선주일 때 발행금액을 계산하시오.
3. (물음 1)과 (물음 2)의 경우 20×2년 12월 31일까지 행할 회계처리를 각각 하시오.

해설

1. 상환우선주가 누적적 우선주인 경우

누적적 상환우선주는 약정배당액을 매기 이자형태로 회수하고 상환금액이 원금인 금융부채와 동일하다. 따라서 미래현금흐름을 유사한 금융상품의 유효이자율로 할인한 금액으로 표시하고 매년 이자비용을 인식한다.

① 상환금액의 현재가치 : ₩80,000×PV(3, 10%) = ₩80,000×0.75131 = ₩60,105
② 누적배당액의 현재가치 : ₩50,000×7%×PA(3, 10%) = ₩3,500×2.48685 = ₩8,704
③ 발행금액 : ① + ② = ₩60,105 + ₩8,704 = ₩68,809

<누적적 상환우선주 현재가치할인차금상각표>

시점	(1) 장부금액	(2) 이자비용(10%)	(3) 현금이자	(4) 상각액
20×1년 초	₩68,809			
20×1년 말	72,190	₩6,881	₩3,500	₩3,381
20×2년 말	75,909	7,219	3,500	3,719
20×3년 말	80,000	7,591	3,500	4,091

2. 상환우선주가 비누적적 우선주인 경우

비누적적 상환우선주는 배당금이 발행회사의 재량에 달려 있으므로 상환금액의 현재가치를 금융부채로 표시한다. 배당금은 이익잉여금의 처분으로 회계처리한다.

• 상환금액의 현재가치 : ₩80,000×PV(3, 10%) = ₩80,000×0.75131 = ₩60,105

<비누적적 상환우선주 현재가치할인차금상각표>

시점	(1) 장부금액	(2) 이자비용(10%)	(3) 현금이자	(4) 상각액
20×1년 초	₩60,105			
20×1년 말	66,116	₩6,011	₩0	₩6,011
20×2년 말	72,728	6,612	0	6,612
20×3년 말	80,000	7,272	0	7,272

3. 상환우선주의 회계처리

(1) 누적적 상환우선주			(2) 비누적적 상환우선주		
① 20×1년 1월 1일					
현금	68,809		현금	60,105	
현재가치할인차금	11,191		현재가치할인차금	19,895	
상환우선주(금융부채)		80,000	상환우선주(금융부채)		80,000
② 20×1년 12월 31일					
이자비용	6,881		이자비용	6,011	
현금		3,500	현재가치할인차금		6,011
현재가치할인차금		3,381	미처분이익잉여금	3,500	
			현금		3,500
③ 20×2년 12월 31일					
이자비용	7,219		이자비용	6,612	
현금		3,500	현재가치할인차금		6,612
현재가치할인차금		3,719	미처분이익잉여금	3,500	
			현금		3,500

보충설명 전환우선주

- **전환우선주는 복합금융상품은 아니며, 자본으로 분류되는 금융상품이다. 그러나 본 장에서 소개되는 상환우선주와의 비교를 위해 간략히 개념을 정리한다.**
- **전환우선주**(convertible preferred stock)는 보통주로 전환할 수 있는 권리를 부여한 우선주로서, 전환청구는 전환우선주 주주 또는 기업이 할 수 있다.
- 전환우선주 발행시점에는 발행가액 중에서 액면금액은 전환우선주자본금으로, 액면초과액은 주식발행초과금으로 회계처리한다. 이때 우선주의 주식발행초과금은 별도로 표시하지 않고 보통주의 주식발행초과금에 통합하여 표시하는 것이 일반적이다.
- 상법에서는 전환우선주를 보통주로 전환하는 경우에는 전환 전의 주식의 발행금액을 새로 발행하는 보통주의 발행금액으로 한다고 규정되어 있다. 따라서 전환시에는 전환우선주자본금을 보통주자본금으로 대체하면 된다.
- 만약 전환되는 전환우선주의 액면금액 총액이 발행하는 보통주의 액면금액 총액과 다른 경우에는 차액을 주식발행초과금의 가감으로 처리한다. 왜냐하면 발행시 전환우선주의 주식발행초과금을 별도로 구분하여 표시하지 않았기 때문이다. 이를 **장부금액법**이라 하는데, 전환우선주의 경우에는 전환 전 발행가액과 전환시의 장부금액이 같기 때문에 별다른 문제가 발생되지 않는다.[5] 장부금액법에서는 전환우선주의 전환으로

---

5) 특정 주식의 장부금액을 특정 주식의 액면금액으로 간주하는 주장도 있는데, 회계처리 결과는 같게 되지만 논리적 설득력이 부족하다.

어떠한 손익도 인식하지 않는다. 이는 K-IFRS에서 인정하는 방법이다.

- 대체적인 회계처리방법으로 발행되는 보통주의 공정가치를 보통주의 발행가액으로 결정하는 방법인 **공정가치법**이 있다. 이때 보통주의 공정가치가 우선주의 장부금액보다 적을 경우에는 동 차액만큼은 주식발행초과금으로 처리하며, 만약 반대의 경우라면 부(−)의 자본잉여금에 해당되기 때문에 주식발행초과금과 우선 상계하고 남은 잔액은 자본조정으로 처리한다. 이때에도 전환으로 인한 손익은 인식하지 않는다. 그러나 공정가치법은 일반적으로 인정되는 회계원칙이 아니다.

예제 2 전환우선주의 발행과 전환

㈜대한은 20×1년 초에 전환우선주 100주(액면금액 ₩5,000)를 주당 ₩8,000에 발행하였다. 전환비율은 전환우선주 1주당 보통주 1주이다. 20×1년 5월 1일에 동 전환우선주가 보통주 100주(액면금액 ₩5,000)로 전환되었다.

물음

1. ㈜대한이 행할 회계처리를 하시오.
2. 만약, 전환조건이 전환주식 1주당 보통주 1.2주로 전환되는 것이라면 회계처리는 어떻게 해야 하는가?

해설

1. 20×1. 1. 1 :	(차) 현금	800,000	(대)	전환우선주자본금	500,000
				주식발행초과금	300,000
20×1. 5. 1 :	(차) 전환우선주자본금	500,000	(대)	보통주자본금	500,000
2. 20×1. 5. 1 :	(차) 전환우선주자본금	500,000	(대)	보통주자본금	600,000
	주식발행초과금	100,000			

05

제4절
신종자본증권

신종자본증권은 회계상 채무상품과 지분상품의 특성을 모두 가지고 있는 유가증권이며, 만기가 매우 길거나 만기를 연장할 수 있는 옵션이 있어 영구채라고도 불린다.

본 절에서는 국내에서 실제로 발행되었던 신종자본증권의 회계처리 사례를 통해 K-IFRS 제1032호 금융상품 : 표시에서 규정한 금융부채와 지분상품의 분류 규정이 어떻게 적용되는지 신종자본증권 발행자의 입장에서 살펴본다.

사 례 국내 A사의 신종자본증권 발행조건

구분	주요 조건
만기	30년 revolving (발행자 선택에 따라 매 30년 revolving)
발행자 중도상환	발행자가 발행 5년 시점 및 이후 매 이자지급일에 중도상환가능(이하, 발행자 콜옵션)
보유자 매수청구	• 발행자가 발행 5년 경과시점에 중도상환하지 않는 경우 보유자(투자자)가 '독립된' 제3자인 SPC에게 발행증권의 매수청구 가능(이하, 투자자 풋옵션) • 발행자는 SPC에게 이에 대한 대가로 주식교부청구권을 부여하고 일정한 프리미엄을 지급 • 동 청구권은 보유자 풋옵션 행사에 따라 SPC가 발행증권을 매입한 시점 및 이후 매 이자지급일에 행사가능 • 동 청구권 행사시 발행자는 선택에 따라 원금 및 누적이자를 지급하거나 확정 수량의 주식을 교부(이에 따라 최초 발행증권은 소멸)
표면금리 (Coupon Rate)	• 고정금리 : 기준금리 + 발행시점 스프레드 • 기준금리 reset : 발행 후 5년마다 시장금리 반영하여 조정 • 표면금리 step-up : 발행 5년 후에 스프레드 500bp, 7년 후에 스프레드 200bp 상향 조정(2회)

이자지급 부대조건	• 이자 지급연기 가능(누적이자는 복리적용) • 단, 보통주 배당지급시 이자 지급연기 불가. 또한, 이자 지급 연기시 보통주 배당지급 불가
채권자 지위	발행사 파산시 기타 채권자들과 동순위

이하에서는 상기 사례에서 제시된 신종자본증권의 발행조건을 중심으로 K-IFRS 제1032호에 따라 금융부채 또는 지분상품 중 어떻게 분류해야 하며, 그 근거는 무엇인지 살펴보고자 한다.

4.1 신종자본증권의 분류

개별 증권의 부채·자본 분류는 계약조건의 실질과 기업회계기준서 제1032호 '금융상품 : 표시'의 금융부채 및 지분상품에 대한 정의를 포함한 관련 규정에 따라 계약상 상환의무를 부담하는지 여부 등을 판단하여 결정한다.

금융상품이 지분상품으로 분류되려면, 거래상대방에게 ① 현금 등 금융자산을 인도하기로 하거나 ② 발행자에게 잠재적으로 불리한 조건으로 거래상대방과 금융자산이나 금융부채를 교환하는 계약상 의무를 포함하지 않아야 하며, ③ 자기지분상품으로 결제되거나 결제될 수 있는 계약인 경우에도 변동가능한 수량의 자기지분상품을 인도할 계약상 의무가 없는 비파생상품이거나 ④ 확정 수량의 자기지분상품에 대하여 확정 금액의 현금 등 금융자산의 교환을 통해서만 결제될 파생상품이어야 한다.

1. 현금 등 금융자산을 인도할 계약상 의무의 존재 여부

현금 등 금융자산을 인도할 계약상 의무의 존재 여부는 ① '신종자본증권' 외에 기타 발행자가 부담하는 채무의 불이행으로 인하여 '신종자본증권'의 원금, 이자 또는 배당을 지급할 계약상 의무가 유발되는지 그리고 ② 주요 발행 조건이 관련 법규에 따라 유효하게 실행될 수 있는지를 함께 고려하여 판단하여야 한다.

이자 지급을 무한정 연기할 수 있으나 추후 지급시에는 누적적으로 복리계산하여 지급하는 조건, 이자 지급연기의 전제조건(예 보통주에 대한 배당 금지), 이자율 상향 조건이 존재하거나 계약조건에 따라 발행자가 만기를 연장하지 못하고 조기상환할 가능성이 매우 높다고 하더라도, 그 자체만으로 현금 등 금융자산을 인도할 계약상 의무가 존재하는 것은 아니다.

최종적으로 주주총회가 배당에 관한 의사결정을 한다고 하여도, 이는 기업과 독립적인 제3자의 의사결정이 아니라 주식회사 내부조직상의 기관에 의한 의사결정에 해당되는 것이므로 그러한 주주총회의 의사결정은 기업의 의사결정으로 보아야 한다.

2. 확정수량의 자기지분상품 인도

거래상대방이 발행자에게 '신종자본증권'과 교환하여 발행자 주식의 교부를 청구하는 경우 발행자가 특정 금액의 현금을 지급하거나 확정 수량의 발행자 주식을 교부하여야 하는 계약조건의 경제적 효과가 거래상대방이 '신종자본증권'과 교환하여 발행자에게 특정 금액의 지급을 요구하는 경우 발행자가 그 금액의 현금을 지급하거나 확정 수량의 발행자 주식을 교부하여야 하는 계약조건의 경제적 효과와 같다면, 궁극적으로 현금 등 금융상품을 인도할 계약상 의무가 존재하는지에 따라 일관되게 분류하여야 한다.

SPC가 주식교부를 청구하는 경우 주식가치가 현금상환금액을 실질적으로 보증하여 간접적 의무를 부과하게 되는지의 여부는 부채·자본을 분류하는 최초 인식시점에 주가 외에 주가 변동성 등을 고려하여 합리적으로 발생가능한 모든 시나리오에서 주식가치가 현금상환금액을 실질적으로 초과하는지를 판단하여 결정한다.

3. 금융부채의 예외규정 해당 여부

상기 사례에서 제시한 '신종자본증권'은 ① 풋가능 금융상품에 해당되지 않으며, ② 발행자가 청산되는 경우에만 거래상대방에게 지분비율에 따라 발행자 순자산을 인도해야 하는 의무를 발행자에게 부과하는 금융상품으로서 청산의 발생이 확실하고 그 청산을 발행자가 통제할 수 없거나(예 존속기간이 정해진 기업) 청산의 발생이 불확실하지만 그 청산을 해당 금융상품 보유자가 선택할 수 있는 경우에 해당되지 않으므로, 발행자의 청산을 가정할 때 '신종자본증권'과 기타 채무가 변제되는 상대적 순위는 부채·자본 분류에 영향을 미치지 않는다.

4. 신종자본증권의 분류

발행자가 원금이나 이자에 대해 현금 등 금융자산으로 상환할 계약상 의무를 부담하지 않으며, 발행자의 보통주를 교부하게 되는 경우에도 그 수량이 확정되어 있기 때문에 관련 규정인 기업회계기준서 제1032호(금융상품 : 표시)에 따라 금융부채가 아닌 자본의 정의를 충족하게 된다.

따라서 상기 사례의 '신종자본증권'은 계약조건의 실질과 관련 규정에 따라 분류하되, 현금 등 금융자산을 상환할 계약상 의무를 발행자가 부담하지 않는다고 보아 자본으로 분류하는 것이 타당하다.

4.2 기타 고려할 요소

1. 발행 후 5년 및 7년 경과시점에 가산금리가 상향조정('step-up') 됨에 따라 발행자가 '신종자본증권'을 중도상환할 가능성이 매우 높음에도 불구하고 자본으로 분류할 수 있는지 여부

가산금리의 상향조정으로 발행자가 중도상환할 가능성은 매우 높지만, 그 자체로 계약상 의무를 구성하게 되지는 않는다.

또한 중도상환은 발행자가 선택할 수 있는 사항으로서 그러한 발행자의 결정은 미래에 이루어질 사항이며, 분류를 검토하는 시점에 계약상 상환의무를 부담하고 있는 것은 아니므로 다른 계약상 의무가 없다면 자본으로 분류하는 것이 가능하다.

2. 신종자본증권을 일반적인 회사채에 옵션이 결합된 복합금융상품으로 볼 수 있는지 여부

채무상품으로 분류되는 금융상품에 만기연장옵션이 부가되어 있다면, 관련 규정인 K-IFRS 제1109호 '금융상품'에 따라 만기연장옵션을 별도로 분리하여야 하는 경우에 해당될 수 있다.

그러나 이에 앞서 발행자의 관점에서 금융부채인지 지분상품(자본)인지를 관련 규정인 K-IFRS 제1032호 금융상품 : 표시에 따라 구분하여야 하며, 그러한 경우 검토대상 '신종자본증권'의 발행 조건상 발행자가 현금 등 금융자산을 상환할 계약상 의무가 없기 때문에 부채요소와 자본요소가 모두 포함된 복합금융상품에 해당되지 않는다.

연습문제

문제 1

다음 기술 중 기업회계기준서 제1032호 금융상품 표시에 대해 설명하고 있는 문항에 대해 맞지 아니한 내용을 지적하고 그 이유를 적시하시오.

(1) 복합금융상품은 금융상품의 발행자 입장에서 부채요소와 자본요소를 함께 가지고 있는 비파생금융상품이지만, 발행자는 부채요소와 자본요소를 분리하지 않고 주된 요소로 통합하여 회계처리해야 한다.

(2) 상환우선주가 상환 전까지의 배당이 발행자의 재량에 의해 이루어지는 누적적우선주인 경우에는 복합금융상품으로 분류한다.

(3) 복합금융상품을 발행한 경우 복합금융상품 전체의 공정가치를 부채요소와 자본요소의 상대적 공정가치에 비례하여 배분한 금액을 각각의 장부금액으로 한다.

(4) 전환사채 발행기업은 반드시 부채요소와 자본요소로 구분해서 표시해야 한다.

(5) 전환사채는 표시이자율과 보장수익률이 일치할 경우에도 상환할증금이 발생한다.

(6) 전환사채와 관련하여 이자비용으로 인식할 총금액은 표시이자와 상환할증금을 가산한 금액으로 한다.

(7) 전환시 주식의 발행금액은 전환시점의 전환사채 장부금액으로 한다.

(8) 전환사채를 만기상환할 경우 상환액은 전체 액면금액에 관련 상환할증금을 가산한 금액으로 한다.

(9) 전환사채를 유도전환하기 위하여 추가로 투입되는 현금 등은 전환권대가로 처리한다.

⑽ 전환사채를 중도에 상환한 경우에는 상환대가(거래원가 포함)와 상환일의 전환사채 장부금액을 비교하여 상환손익을 인식한다.

해설

(1) 복합금융상품의 발행자는 부채요소와 자본요소를 분리하여 회계처리해야 한다.

(2) 비누적적우선주인 경우에 복합금융상품으로 분류한다.

(3) 복합금융상품의 최초 장부금액을 부채요소와 자본요소에 배분하는 경우 자본요소에는 복합금융상품 전체의 공정가치에서 부채요소에 대하여 별도로 결정한 금액을 차감한 잔액을 배분한다.

(4) 당기손익인식금융부채로 지정하는 경우에는 그렇지 않다.

(5) 상환할증금은 표시이자율과 보장수익률의 차이에서 발생하기 때문에, 표시이자율과 보장수익률이 일치하는 경우에는 상환할증금이 발생하지 않는다.

(6) 이자비용으로 인식할 총금액은 표시이자와 상환할증금 및 전환권대가, 할인발행차금을 가산한 금액이다.

(7) 주식의 발행금액은 전환시점의 부채의 장부금액에 전환권대가를 가산한 금액으로 한다.

(8) 전환된 부분에 대해서는 액면금액과 상환할증금을 지급할 필요가 없으며, 전환시점에 이미 제거되었으므로 권리미행사된 액면금액에 관련 상환할증금을 가산하여 상환한다.

(9) 전환사채를 유도전환하기 위하여 추가로 자본요소가 소요되는 경우에는 전환권대가로 처리하고, 현금 등을 지급하는 경우에는 전환권대가미지급금(금융부채)으로 처리한다.

(10) 지급한 대가와 거래원가의 합계에서 상환 당시 동일조건 일반사채의 공정가치를 차감한 잔액을 자본요소에 배분한다. 대가를 배분한 결과로 발생되는 손익은 관련 요소에 적용되는 회계원칙에 따라 회계처리한다. 즉, 부채요소에 관련된 손익은 당기손익으로 인식하고, 자본요소에 관련된 대가는 자본으로 인식한다.

문제 2 상환할증률과 만기상환금액의 계산 (2003년 회계사 1차 수정)

㈜한국은 만기 3년, 액면금액 ₩200,000의 전환사채를 20×3년 1월 1일에 액면발행하였다. 동 전환사채의 액면이자율은 연 6%이며, 이자지급일은 매년 12월 31일이다. 동 전환사채는 20×4년 1월 1일부터 주식으로 전환이 가능하며, 전환권을 행사하지 않는다면 만기에 일정 금액의 상환할증금이 추가로 지급된다. 이 사채의 만기보장수익률이 연 10%일 경우, 다음 물음에 답하시오.

【물음 1】 상환할증금을 구하시오.

【물음 2】 상환할증률(%)을 구하시오.

【물음 3】 전환권을 행사하지 않을 경우, 만기상환금액(표시이자 제외)을 구하시오.

해설

【물음 1】 상환할증금

상환할증금은 보장이자와 현금이자와의 차액을 보장수익률을 보장하는 금융상품에 투자하였을 경우의 만기금액이다.

- 상환할증금 : ₩8,000 + ₩8,000 × 1.1 + ₩8,000 × 1.1^2 = ₩26,480

【물음 2】 상환할증률

₩26,480/₩200,000 × 100 = 13.24%

또는 4% + 4% × 1.1 + 4% × 1.1^2 = 13.24%

【물음 3】 만기상환금액

₩200,000(액면금액) + ₩26,480(상환할증금) = ₩226,480

또는 ₩200,000 × 113.24%(만기지급률) = ₩226,480

문제 3 전환권대가의 계산

(2006년 회계사 1차 수정)

㈜동양은 20×4년 1월 1일 액면금액 ₩1,000,000의 전환사채(액면이자율 연 4%, 만기 3년)를 액면 발행하였다. 동 전환사채의 액면금액 ₩40,000당 액면 ₩5,000의 보통주 1주가 전환될 수 있으며, 전환청구는 발행일로부터 1년 경과한 후 가능하다. 시장이자율이 연 12%이며 보장수익률이 연 8%라고 할 때, 다음 물음에 답하시오. 단, 계산과정에서 소수점 이하는 반올림한다.

이자율	단일금액 (₩1)의 현재가치(기간 3)	정상연금 (₩1)의 현재가치(기간 3)	정상연금 (₩1)의 미래가치(기간 3)
8%	0.7938	2.5771	3.2464
12%	0.7118	2.4018	3.3744

【물음 1】 상환할증금을 구하시오.

【물음 2】 일반사채 발행금액을 구하시오.

【물음 3】 전환권대가를 구하시오.

【물음 4】 전환사채 발행시점의 회계처리를 하시오.

해설

【물음 1】 상환할증금

₩40,000 + ₩40,000 × 1.08 + ₩40,000 × 1.08^2 = ₩129,856

【물음 2】 일반사채 발행금액

₩1,129,856 × 0.7118 + ₩40,000 × 2.4018 = ₩900,304

【물음 3】 전환권 가치

₩1,000,000 − ₩900,304 = ₩99,696

【물음 4】 발행시점 회계처리

(차)			(대)		
(차)	현금	1,000,000	(대)	전환사채	1,000,000
	전환권조정	229,552		사채상환할증금	129,856
				전환권대가	99,696

문제 4 전환사채의 부채요소와 자본요소의 구분 (2011년 세무사 1차 수정)

㈜국세는 20×1년 1월 1일에 다음과 같은 조건의 전환사채를 액면발행하였다.

- 액면금액 : ₩1,000,000
- 만기 : 20×5년 12월 31일
- 이자 : 매년 12월 31일에 액면금액의 연 8%를 현금으로 지급
- 전환조건 : 전환사채 발행시점부터 1개월 경과 후 만기시점까지 전환청구 가능 전환가격은 사채 액면 ₩5,000당 보통주(주당액면 ₩5,000) 1주로 전환가능
- 전환사채를 전환하지 않고 만기까지 보유한 경우 전환사채 액면금액의 105%를 지급함
- 전환사채 발행시점의 유효이자율은 연 10%임

【물음 1】 일반사채의 발행금액과 전환권대가를 구하시오. 단, 현가계수는 아래의 표를 이용하며, 계산과정에서 소수점 이하는 반올림한다.

할인율 / 기간	기간 말 단일금액 ₩1의 현재가치		정상연금 ₩1의 현재가치	
	8%	10%	8%	10%
5	0.68058	0.62092	3.99271	3.79079

【물음 2】 동 전환사채 발행 직전 ㈜국세의 자산총액은 ₩10,000,000, 부채총액은 ₩6,000,000이었다. 동 전환사채 발행 직후 ㈜국세의 부채비율(부채÷자본)은 얼마인가? 단, 부채비율은 소수점 셋째 자리에서 반올림한다.

해설

【물음 1】 일반사채 발행금액과 전환권대가

- 일반사채 발행금액 : ₩1,050,000 × 0.62092 + ₩80,000 × 3.79079 = ₩955,229
- 전환권대가 : ₩1,000,000 − ₩955,229 = ₩44,771

【물음 2】 전환사채 발행 직후 부채비율

전환사채 발행시점에 전환권대가만큼은 자본에, 일반사채 부분은 부채에 표시되어 부채총액과 자본총액의 변동이 있게 된다.

- 부채비율 : (₩6,000,000 + ₩955,229)/(₩4,000,000 + ₩44,771) × 100 = 172%

05

문제 5 전환사채 장부금액과 이자비용

(2005년 회계사 1차 수정)

㈜한국은 20×5년 1월 1일에 3년 만기의 전환사채 ₩3,000,000을 액면발행하였다. 이 사채의 표시이자율은 4%이고, 이자는 매년 말 지급된다. 이 전환사채의 보장수익률은 6%이며, 발행 당시 유효이자율은 8%이다. 전환조건은 전환사채 발행금액 ₩10,000당 액면 ₩5,000짜리 보통주 1주를 교부하며, 전환기간은 발행 후 6개월 경과일로부터 만기일 3개월 전까지이다.(현가계수는 주어진 자료를 사용하고, 계산금액은 소수점 첫째 자리에서 반올림할 것)

할인율 / 기간	단일금액(기말 지급) 현가계수			정상연금 현가계수		
	4%	6%	8%	4%	6%	8%
1	0.96154	0.94340	0.92592	0.96154	0.94340	0.92592
2	0.92456	0.89000	0.85734	1.88610	1.83340	1.78326
3	0.88900	0.83962	0.79383	2.77510	2.67302	2.57710

【물음 1】 위 전환사채의 상환할증금을 구하시오.

【물음 2】 일반사채의 발행금액을 구하시오.

【물음 3】 전환사채 발행시의 전환권대가를 구하시오.

【물음 4】 전환사채 발행시점의 회계처리를 하시오.

【물음 5】 ㈜한국의 20×5년 12월 31일 포괄손익계산서에 표시될 이자비용과 재무상태표에 표시될 전환사채 장부금액은 얼마인가?

해설

【물음 1】 상환할증금

$$₩3,000,000 \times 0.02 \times (1 + 1.06^1 + 1.06^2) = ₩191,016$$

【물음 2】 일반사채 발행금액

$$₩3,191,016 \times 0.79383 + ₩120,000 \times 2.57710 = ₩2,842,376$$

【물음 3】 전환권대가

$$₩3,000,000 - ₩2,842,376 = ₩157,624$$

【물음 4】 발행시점 회계처리

(차)	현금	3,000,000	(대)	전환사채	3,000,000
	전환권조정	348,640		사채상환할증금	191,016
				전환권대가	157,624

【물음 5】 전환사채 이자비용과 장부금액

이자비용은 타인자본 사용에 대한 대가이므로 일반사채에 유효이자율을 곱한 금액이다.

- 1차연도 이자비용 : ₩2,842,376 × 8% = ₩227,390
- 1차연도 장부금액 : ₩2,842,376 + ₩227,390 − ₩120,000 = ₩2,949,766

05

문제 6 전환사채의 전환

(2012년 · 2013년 회계사 1차 수정)

㈜예림은 20×1년 1월 1일 다음과 같은 조건의 전환사채를 ₩970,000에 발행하였다.

- 액면금액 : ₩1,000,000
- 표시이자율 : 연 5%
- 전환사채 발행시점의 자본요소가 결합되지 않은 유사한 일반사채 시장이자율 : 연 10%
- 이자지급일 : 매년 12월 31일
- 만기상환일 : 20×4년 1월 1일
- 원금상환방법 : 상환기일에 액면금액의 105.96%를 일시상환

기간	10% 기간말 단일금액 ₩1의 현재가치	10% 정상연금 ₩1의 현재가치
1	0.9091	0.9091
2	0.8265	1.7356
3	0.7513	2.4869

전환사채 중 액면금액 ₩700,000이 20×2년 1월 1일에 보통주식(주당 액면금액 ₩5,000)으로 전환되었으며, 전환가격은 ₩10,000이다. 전환권대가는 전환권이 행사되어 주식을 발행할 때 행사된 부분만큼 주식발행초과금으로 대체하며, 전환간주일은 기초시점으로 가정한다. 단, 계산과정에서 소수점 이하는 반올림한다.

【물음 1】 전환사채 발행시점의 전환권대가를 구하시오.

【물음 2】 20×1년 말 전환사채 장부금액을 구하시오.

【물음 3】 20×2년 1월 1일 전환권 행사로 자본에 미치는 영향(① 자본총계, ② 자본금, ③ 주식발행초과금)을 구하시오.

【물음 4】 20×2년 12월 31일 전환사채와 전환권대가의 장부금액은 각각 얼마인가?

해설

【물음 1】 발행시점의 전환권대가

- 전환사채 발행금액 : ₩970,000
- 일반사채의 발행금액

₩1,059,600 × 0.7513 =	₩796,077
₩50,000 × 2.4869 =	124,345
합계	₩920,422

- 전환권의 가치 : ₩970,000 − ₩920,422 = ₩49,578

【물음 2】 20×1년 말 전환사채 장부금액

₩920,422 + ₩920,422 × 10% − ₩50,000 = ₩962,464

【물음 3】 전환권 행사로 자본에 미치는 영향

① 자본총계 : ₩962,464 × 70% = ₩673,725 증가

② 자본금 : (₩700,000/₩10,000) × ₩5,000 = ₩350,000 증가
(₩700,000/₩10,000) : 70주

③ 주식발행초과금 : ₩673,725 − ₩350,000 + ₩49,578 × 70% = ₩358,430
(₩673,725 : 자본총계 증가, ₩350,000 : 자본금 증가, ₩49,578 × 70% : 전환권대가 대체분)

【물음 4】 20×2년 말 전환사채와 전환권대가

(1) 20×2년 말의 전환사채 장부금액(상각후원가)

₩1,109,600(표시이자 ₩50,000 + 원금 ₩1,000,000 + 상환할증금 ₩59,600) × 0.9091 × 30% = ₩302,621

(2) 20×2년 말의 전환권대가

미전환분잔액인 ₩49,578 × 30% = ₩14,873

05

문제 7 전환사채 종합

(주)대한은 20×1년 1월 1일 다음과 같은 조건으로 액면금액 ₩1,000,000의 전환사채를 발행하였다.

- 발행금액 : ₩1,000,000
- 표시이자율 : 연 5%
- 이자지급방법 : 매년도 말에 후급
- 전환가격 : ₩20,000(보통주 액면금액 ₩5,000)(전환간주일은 전환일이 속하는 직전 회계연도 말)
- 전환청구기간 : 사채발행일 이후 3개월 경과일부터 상환기일 30일 전까지
- 상환기일(만기) : 20×5년 12월 31일
- 만기 보장수익률 : 8%
- 전환사채 발행 당시 회사의 일반사채에 적용되는 유효이자율은 12%이다.
  [PV(5, 12%) = 0.56743, PA(5, 12%) = 3.60478]

한편, 20×3년 초에 액면금액 ₩500,000의 전환사채가 전환청구되어 신주를 발행하였으며, 나머지 사채는 만기에 현금상환하였다.

【물음 1】 상환할증금을 구하시오.

【물음 2】 전환권의 가치를 구하시오.

【물음 3】 전환사채 발행시점의 부분재무상태표를 작성하시오.

【물음 4】 만기까지 전환청구가 없을 경우 이자비용으로 인식할 금액을 발생원인별(표시이자, 사채상환할증금, 전환권가치)로 구분하여 표시하시오.

【물음 5】 1차연도의 이자비용으로 처리할 금액을 계산하시오.

【물음 6】 20×3년 초에 전환사채를 주식으로 전환청구할 경우 다음의 각 금액을 구하시오.

① 발행교부할 주식수
② 주주지분 증가액
③ 자본잉여금 증가액
④ 주식발행초과금 증가액

【물음 7】 전환사채의 조기전환을 유도하기 위하여 2주의 주식을 추가로 교부하였다면 추가로 필요한 회계처리를 하시오. (동 시점의 주당 공정가치는 ₩10,000이다)

【물음 8】 나머지 금액을 만기에 상환할 경우 만기지급액을 계산하시오.

해설

【물음 1】 상환할증금

- 매기 이자차액 : ₩1,000,000 × (8% − 5%) = ₩30,000
- 상환할증금 : ₩30,000 + ₩30,000 × 1.08 + ₩30,000 × 1.08^2 + ₩30,000 × 1.08^3 + ₩30,000 × 1.08^4
  = ₩175,998

【물음 2】 전환권대가

① 전환사채 발행금액 : ₩1,000,000

② 미래현금흐름의 현재가치

₩1,175,998 × 0.56743	₩667,297
₩50,000 × 3.60478	180,239
계	₩847,536

③전환권의 가치(전환권대가) : ₩1,000,000 − ₩847,536 = ₩152,464

【물음 3】 전환사채 발행시점의 부분재무상태표

부채 :		
전환사채	₩1,000,000	
사채상환할증금	175,998	
전환권조정	(328,462)	₩847,536 ← 일반사채 발행금액이 부채로 인식됨
자본 :		
전환권대가		152,464 ← 전환권가치가 자본으로 인식됨

05

【물음 4】 만기까지 이자비용으로 처리될 금액

표시이자	₩250,000
사채상환할증금	175,998
전환권가치	152,464
총이자비용	₩578,462

【물음 5】 1차연도 이자비용

• 유효이자율법에 의한 상각표

시점	장부금액	유효이자(12%)	현금이자(5%)	상각액
20×1년 초	₩847,536			
20×1년 말	899,240	₩101,704	₩50,000	₩51,704
20×2년 말	957,149	107,909	50,000	57,909
20×3년 말	1,022,007	114,858	50,000	64,858
20×4년 말	1,094,648	122,641	50,000	72,641
20×5년 말	1,175,998	131,350*	50,000	81,350

* 단수차이를 조정함

• 이자비용 처리액 : ₩101,704

【물음 6】 전환청구시점

① 교부주식수 : 행사분 액면 ₩500,000 ÷ 전환가격 ₩20,000 = 25주

② 주주지분 증가액 : 전환청구일이 속하는 기초시점의 부채 장부금액 ₩957,149×50% = ₩478,575이 주주지분 증가액이다.

③ 자본잉여금 증가액 : ₩478,575 − ₩5,000×25주 = ₩353,575

④ 주식발행초과금 증가액 : ₩353,575 + 전환권대가 ₩152,464×50% = ₩429,807

• 회계처리(약식)

(차)	부채	478,575	(대) 보통주자본금	125,000
			주식발행초과금	353,575
(차)	전환권대가	76,232	(대) 주식발행초과금	76,232

【물음 7】 유도전환의 경우 회계처리

(차)	유도전환비용(I/S)	20,000	(대) 보통주자본금	10,000
			주식발행초과금	10,000

* 사채상환비용으로 보아 당기손익에 반영한다.

【물음 8】 만기지급액

권리 미행사분 액면 ₩500,000×1.175998=₩587,999

[참 고] 각 시점별로 정확한 회계처리를 표시하면 다음과 같다.

일자	차변	금액	대변	금액
• 20×1. 1. 1	(차) 현금	1,000,000	(대) 전환사채	1,000,000
	전환권조정	328,462	사채상환할증금	175,998
			전환권대가	152,464
• 20×1. 12. 31	(차) 이자비용	101,704	(대) 현금	50,000
			전환권조정	51,704
• 20×2. 12. 31	(차) 이자비용	107,909	(대) 현금	50,000
			전환권조정	57,909
• 20×3. 1. 1	(차) 전환사채	500,000	(대) 전환권조정*2	109,424
	사채상환할증금*1	87,999	보통주자본금*3	125,000
			주식발행초과금	353,575
	(차) 전환권대가*4	76,232	(대) 주식발행초과금	76,232

*1 ₩175,998×50% = ₩87,999

*2 (₩1,175,998 − ₩957,149)×50% = ₩109,424

*3 ₩5,000×₩500,000/₩20,000 = ₩125,000

*4 ₩152,464×50% = ₩76,232

일자	차변	금액	대변	금액
• 20×3. 12. 31	(차) 이자비용*	57,429	(대) 현금	25,000
			전환권조정	32,429

* ₩114,858×50%=₩57,429

일자	차변	금액	대변	금액
• 20×4. 12. 31	(차) 이자비용*	61,321	(대) 현금	25,000
			전환권조정	36,321

* ₩122,641×50%=₩61,321

일자	차변	금액	대변	금액
• 20×5. 12. 31	(차) 이자비용*	65,675	(대) 현금	25,000
			전환권조정	40,675

* ₩131,350×50%=₩65,675

일자	차변	금액	대변	금액
	(차) 전환사채	500,000	(대) 현금*	587,999
	사채상환할증금	87,999		

* ₩500,000×1.175998=₩587,999

제6장

파생금융상품과 위험회피회계

ACCOUNTING FOR
FINANCIAL INSTRUMENTS AND
INSURANCE CONTRACTS

제1절 파생금융상품의 기본개념

1.1 파생금융상품의 개요

금융상품은 발생원천에 따라 본원금융상품과 파생금융상품으로 구분할 수 있다.

본원금융상품(primary instrument)에는 현금과 수취채권, 지급채무, 지분상품이 해당된다. 그리고 파생금융상품(derivative instrument, 이하 파생상품)은 금융변수나 일반상품의 가격 등을 기초변수로 하여 그 기초변수의 변동에 따라 가치가 변동되는 금융상품으로서, 이에는 선도와 선물, 스왑, 옵션 등이 있다.

이들 파생상품이 기초변수로 사용하는 금융변수로는 이자율, 환율, 물가지수, 종합주가지수, 본원금융상품의 가격, 일반상품(commodity, 예컨대 콩, 밀, 구리, 금 등)의 가격, 신용등급 등이 있다.

보충설명

1. 선도거래 및 선물거래

- '선도거래(forward)'는 미래 일정 시점에 약정된 가격에 의하여 계약상의 특정 대상을 사거나 팔기로 계약 당사자간에 합의한 거래를 말한다.
- 반면에 '선물(futures)'은 수량·규격·품질 등이 표준화되어 있는 특정 대상에 대하여 현재 시점에서 결정된 가격으로 미래 일정 시점에 인도·인수할 것을 약정한 계약으로 조직화된 시장에서 정해진 방법으로 거래되는 것을 말한다.

• 선도거래와 선물거래를 비교하면 다음과 같다.

구분	선도거래	선물거래
계약의 형태	개별 계약	표준화된 계약
시장존재여부	존재하지 않음	거래시장이 존재
중도청산가능성	중도청산이 불가능	언제든지 청산가능

2. 스왑 및 옵션

• '스왑(swap)'은 특정기간 동안에 발생하는 일정한 현금흐름을 다른 현금흐름과 교환하는 연속된 선도거래를 말한다.

• 반면에 '옵션(option)'이란 계약 당사자간에 정하는 바에 따라 일정한 기간 내에 미리 정해진 가격으로 외화나 유가증권 등을 사거나 팔 수 있는 권리에 대한 계약을 말한다.

우리나라 기업들은 이런 파생상품을 특정 위험에 노출된 자산과 부채의 위험을 회피하기 위하여 투자하는 경우(위험회피목적)가 일반적이며, 시세차익목적으로 투자하는 경우(매매목적)도 있다.

본 장에서는 특정기업이 파생상품에 투자하였을 경우의 회계처리를 투자목적에 따라 어떻게 회계처리하여야 하는지를 정리하기로 한다.

1.2 파생상품의 정의

파생상품(derivatives)이란 다음 세 가지 요건을 모두 충족하는 금융상품 또는 기타 이와 유사한 계약을 말한다.

(1) 기초변수의 변동에 따라 가치가 변동한다.
(2) 최초 계약시 순투자금액이 필요하지 않거나 시장요소의 변동에 유사한 영향을 받을 것으로 기대되는 다른 유형의 계약보다 적은 순투자금액이 필요하다.
(3) 미래에 결제된다.

1. 기초변수의 변동에 따른 가치의 변동

기초변수란 해당파생상품의 결제금액을 결정하기 위한 변수로서 이자율, 금융상품가격, 일반상품가격, 환율, 가격 또는 비율의 지수, 신용등급이나 신용지수 또는 기타 변수를 말한다. 다만, 비금융변수의 경우에는 계약의 당사자에게 특정되지 아니하여야 한다.

기초변수의 예로는 다음과 같다.

파생상품	기초변수
US$10,000를 ₩1,000/$에 매입하기로 한 통화선도계약	환율(₩/$)
변동이자율을 지급하고 고정이자율을 수취하기로 한 이자율스왑계약	변동이자율
금 1,000OZ를 ₩3억에 구입하기로 한 금선도계약	금의 가격
CD금리선물 2계약	100－유통수익률
주가지수선물 3계약	KOSPI200 주가지수

일반적으로 파생상품의 결제금액은 계약단위의 수량에 기초변수 변동분을 적용하는 방식으로 결정되며, 지급규정이 있는 파생상품은 해당 지급규정에 따라 결제금액이 결정된다.

보충설명

- 파생상품의 정의에서 계약의 당사자에게 특정되지 아니한 비금융변수를 언급하고 있는데, 이러한 비금융변수에는 특정 지역의 지진손실지수와 특정 도시의 온도지수 등이 포함된다.
- 반면에 계약의 당사자에게 특정된 비금융변수에는 계약 당사자의 자산을 소멸시키거나 손상시키는 화재의 발생이나 미발생이 포함된다.

2. 최초 계약시점에 적은 순투자금액만을 필요

파생상품은 자산을 직접 보유하지 않고도 기초변수의 가격변동에 참여할 수 있는데, 파생상품의 중요한 특징은 최초 계약시에 순투자금액이 없거나 적은 순투자금액을 필요로 한다는 것이다.

예를 들어, 상품을 직접 구입하는 경우와 해당 상품에 대한 선물계약을 체결하는 경우에 있어 시장가격변동에 따른 손익은 거의 유사하나 전자는 최초 계약시에 취득원가 상당액만큼의 순투자금액이 필요한 데 반하여 후자의 경우는 최초의 순투자금액이 필요 없거나, 적은 순투자금액이 요구된다.

선도계약과 같이 대부분의 파생상품은 최초 계약시에 순투자금액을 필요로 하지 않는다. 반면에 옵션의 매입시에 소요되는 순투자금액(옵션프리미엄)은 옵션대상자산(예를 들면, KOSPI 200)을 보유하기 위한 투자금액 전액이 아니며 그 금액보다 적은 금액인 바, 이는 내재가치 및 시간가치에 대한 보상의 성질을 갖는 투자금액이다.

3. 미래에 결제

파생상품의 가장 큰 특징은 현재 시점에서 결제되는 것이 아니라 미래에 결제될 상품이라는 것이다.

이 경우 결제방법의 차이가 파생상품의 분류요건이 되지는 않기 때문에, 미래시점에 총액으로 결제될 수도 있고 차액으로 결제될 수도 있다.

보충설명

- 다음의 경우에는 위의 요건을 모두 충족한다 하더라도 파생상품으로 보지 않는다.
  (1) 거래소시장 또는 장외시장에서 매매계약 체결 후 해당 시장규정에 따라 일정기간 내에 결제가 이루어지는 정형화된 유가증권 거래
  (2) 거래일 이후 2영업일 이내에 결제가 이루어지는 현물환거래(미결제 현물환거래)
  (3) 정상 영업활동 과정에서 발생하는 자산(금융상품 또는 파생상품인 경우는 제외)의 매입 또는 매출계약
- 위와 같은 거래는 파생상품의 정의를 충족하지만, 계약기간이 짧기 때문에 파생금융상품으로 인식하지 아니한다.
- 한편, 다음의 경우에는 파생상품의 요건을 모두 충족하더라도 K-IFRS 제1109호 금융상품의 적용을 받지 않는다.
  (1) 생명보험계약, 손해보험계약 및 채무불이행시 대지급하기로 한 지급보증계약
  (2) 기초변수가 비금융변수인 경우로서 계약의 당사자에게 특정되는 경우
  (3) 임직원 등에게 부여한 주식선택권
- 지급보증계약이나 기초변수가 비금융변수인 경우로써 계약의 당사자에게 특정되는 경우에는 향후 결제금액이 기초변수의 변동에 따라 결정되는 것이 아니라 특정 개별사건에 의해 결정되므로 K-IFRS 제1109호를 적용하지 않는 것이다. 또한 주식선택권은 별도의 기준이 마련되어 있으므로 해당 기준서를 적용하기 위해서 파생상품 회계처리를 적용하지 않도록 하였다.

1.3 파생상품 관련 용어의 정의

1. 확정계약 및 예상거래

(1) 확정계약

확정계약(firm commitment)은 미래 특정 시기에 거래대상의 특정 수량을 특정 가격으로 교환하기로 하는 구속력 있는 약정을 말한다.

확정계약은 제3자 간에 이루어진 법적 강제력을 가지는 약정으로, 해당 약정에는 거래수량, 거래가격, 거래시기 및 거래불이행시의 불이익 등이 구체적으로 포함된다. 한편, 이러한 확정계약은 일반적으로 재무제표에 인식되지 않는다.

(2) 예상거래

예상거래(forecasted transaction)는 확정계약이 없기 때문에 이행해야 하는 구속력은 없으나, 향후 발생될 것으로 예상되는 거래를 말한다.

예상거래는 기존 자산·부채와 관련된 개별현금흐름(예를 들면, 변동이자부 차입금에 대한 미래이자지급) 또는 미래예상 매입·매출 등을 예로 들 수 있다.

06

2. 위험회피목적 및 매매목적

(1) 위험회피목적

위험회피목적은 위험회피대상항목의 공정가치 또는 미래현금흐름변동을 부분적 또는 전체적으로 상계하기 위해 하나 이상의 위험회피수단을 지정하는 것을 말한다.

(2) 매매목적

위험회피목적이 아닌 모든 파생상품의 거래목적을 매매목적이라 한다.

3. 위험회피대상항목 및 위험회피수단

(1) 위험회피대상항목

위험회피대상항목은 자산, 부채, 확정계약, 발생가능성이 매우 높은 예상거래 또는 해외사업장에 대한 순투자로써 공정가치나 미래현금흐름의 변동위험에 노출되어 있으며, 위험회피대상으로 지정된 경우를 말한다.

(2) 위험회피수단

위험회피수단은 해당 위험회피수단의 공정가치나 현금흐름의 변동이 위험회피대상으로 지정된 항목의 공정가치나 현금흐름의 변동을 상쇄할 것으로 기대하여 지정한 파생상품 또는 비파생금융자산(또는 비파생금융부채)을 말한다.

다만, 비파생금융자산 및 비파생금융부채는 환율변동위험을 회피하기 위한 경우에만 가능하다.

4. 위험회피효과

위험회피효과는 회피대상위험으로 인한 위험회피대상항목의 공정가치나 현금흐름의 변동이 위험회피수단의 공정가치나 현금흐름의 변동으로 상쇄되는 정도를 말한다.

제2절
파생상품의 일반적인 회계처리

파생상품 투자도 일반적인 금융자산 투자와 유사하기 때문에 각 시점별 회계처리는 원칙적으로 일반적인 금융자산의 회계처리와 동일하다.

2.1 최초 계약시점

파생상품은 계약당사자가 되는 시점에 해당 계약에 따라 발생된 권리와 의무(계약시점의 공정가치)를 자산·부채로 인식한다. 또한 파생상품 계약시점에서 발생하는 거래원가는 발생시점에 비용으로 인식한다.

이 경우 자산·부채로 재무제표에 인식하여야 할 금액은 계약금액이 아니라 공정가치를 의미하는 것이므로 동일한 계약과 관련된 자산과 부채를 동시에 총액으로 표시하지 않는다는 점에 주의하여야 한다.

보충설명 선도계약의 공정가치

- 선도계약의 예를 들면 ①"3개월 후에 사전에 약정된 환율인 ₩1,000/$에 $100(₩100,000)을 매수하기로 약정"한 경우 또는 ②"3개월 후에 금 10온스를 사전에 약정된 가격인 ₩100,000/온스(₩1,000,000)에 매각하기로 한 경우" 등을 들 수 있다.
- 이러한 선도계약의 경우에는 약정에 의하여 수수할 금액이 다음과 같이 고정되었다.
  (1) **수취할 금액** : ① 3개월 후에 $100,　　② 3개월 후에 ₩1,000,000
  (2) **지급할 금액** : ① 3개월 후에 ₩100,000, ② 3개월 후에 금 10온스

- 선도계약을 평가할 때에는 수취할 금액의 공정가치와 지급할 금액의 공정가치의 차액으로 공정가치를 산정한다. 이 경우 공정가치를 산정할 때에는 다음과 같은 항목을 추가적으로 고려하여야 한다.
  (1) 선도계약의 공정가치는 잔여만기가 동일한 선도가격을 기준으로 산정한다. 예를 들어, 통화선도계약인 경우에는 잔여만기가 동일한 통화선도환율을, 금선도계약인 경우에는 잔여만기가 동일한 선도가격을 기준으로 산정한다.
  (2) 위 (1)에 따른 공정가치는 해당 선도가격 변동액을 잔여만기에 대하여 적절한 이자율로 할인하여 산정한다.

2.2 후속 측정

파생금융상품은 후속 기간에도 계속해서 공정가치로 측정된다.

후속 기간에 파생상품을 공정가치로 측정함으로써 발생하는 평가손익은 파생상품의 투자목적(매매목적 또는 위험회피목적)에 따라 달리 회계처리한다.

매매목적 등으로 보유하고 있는 파생상품의 평가손익은 당기손익으로 인식하며, 위험회피수단으로 지정된 파생상품의 평가손익은 위험회피유형별(후술하는 공정가치위험회피 또는 현금흐름위험회피 등)로 정하는 바에 따라 처리한다.

파생상품의 투자목적에 따른 파생상품평가손익의 처리방법을 요약하면 다음과 같다.

[도표 1] 파생상품의 투자목적에 따른 파생상품평가손익의 처리방법

투자목적 / 평가손익	매매목적	위험회피목적	
		공정가치 위험회피	현금흐름 위험회피 및 해외사업장순투자위험회피
처리방법	당기손익 반영	당기손익 반영	자본에 이연(위험회피에 효과적) 당기손익 반영(효과적이지 못함)

2.3 만기청산 또는 중도청산

만기청산 또는 중도청산 시점에는 수수액과 결산기말에 자산과 부채로 인식하였던 금액을 정산하여 손익을 계산한다.

이 경우에도 정산손익은 매매목적인 경우에는 파생상품거래손익의 과목으로 당기손익에, 위험회피목적인 당해 위험회피유형(공정가치위험회피 또는 현금흐름위험회피 등)에 따라 처리한다.

2.4 거래수수료

파생금융상품 거래에 따라 지급한 수수료는 파생상품 투자목적에 관계없이 발생시점에 전액을 비용으로 인식하여야 한다.

제3절 투자목적별 파생상품 회계처리

본 절에서는 파생상품 중 선도계약을 중심으로 파생상품의 투자목적별 회계처리에 대해 살펴보자.

3.1 매매목적의 파생상품

매매목적으로 파생상품에 투자한 경우 당기손익인식금융자산에 해당된다. 따라서 계약당사자가 되는 시점에 계약에 따라 발생한 권리와 의무를 자산과 부채로 인식하고 보고기간말에는 공정가치로 평가하여 평가손익을 당기손익으로 처리한다.

이렇게 보고기간말에 공정가치로 평가하고 평가손익을 당기손익으로 처리하는 이유는 미래현금흐름이 단기간 내에 발생되기 때문에 평가손익을 당기손익에 반영해 주어야 회계정보의 미래현금흐름예측기능을 강화할 수 있기 때문이다.

예제 1 매매목적의 통화선도계약

12월 결산법인인 ㈜대한은 원화의 평가절하를 예상하고 다음과 같은 통화선도거래계약을 체결하였다.

- 통화선도거래계약 체결일 : 20×1. 10. 1
- 계약기간 : 5개월(20×1. 10. 1 ~ 20×2. 2. 28)

• 계약조건 : US$100를 약정통화선도환율 ₩1,200/$로 매입하기로 함
 – 환율에 대한 자료는 다음과 같다.

일자	현물환율(₩/$)	통화선도환율(₩/$)
20×1.10. 1	₩1,180	₩1,200(만기 5개월)
20×1.12.31	1,190	1,210(만기 2개월)
20×2. 2.28	1,150	

 – 현재가치 평가는 생략한다.

물 음

각 일자별로 회계처리를 하시오.

해 설

20×1.10. 1 : (회계처리 없음)

* 계약체결일에 통화선도거래의 공정가치는 '0'이므로 별도의 회계처리 없음
  미수액($100×₩1,200) – 미지급액(₩120,000) = 평가이익(손실) ₩0

20×1.12.31 : (차)	통화선도	1,000	(대) 통화선도평가이익	1,000

* 미수액($100×₩1,210) – 미지급액(₩120,000) = 평가이익(손실) ₩1,000

1) 매매목적으로 파생상품에 투자한 투자자는 당기손익인식금융자산에 투자한 것이므로 위의 통화선도계정은 당기손익인식금융자산으로 재무상태표에 표시될 것이다. 다만, 이해 편의상 통화선도계정을 사용하였다.
2) 이 경우에는 원화의 평가절하를 예상하여 파생상품에 투자한 경우에 해당한다. 투자의 결과를 보면 결산기말 현재는 원화가 평가절하되어 평가이익이 인식되고 있으나 선도계약결제시점에서는 예상한 결과와 반대로 원화가 평가절상되었으므로 손실이 발생되고 있음을 알 수 있다.
3) 선도계약의 공정가치를 산정할 경우에는 동일만기의 선도가격으로 평가한다.

20×2. 2.28 : (차)	현금*	115,000	(대) 현금	120,000
	통화선도거래손실	6,000	통화선도	1,000

* US$100×₩1,150 = ₩115,000

06

3.2 위험회피회계

1. 위험회피회계의 의의

위험회피대상항목과 위험회피수단 사이에 위험회피관계가 설정된 이후에는 이러한 위험회피활동이 재무제표에 적절히 반영되도록 해야 한다. 즉, 기업이 금융상품을 이용하여 위험회피거래를 할 경우 그 목적과 의도를 고려하고, 위험회피활동의 성과를 재무상태와 경영성과에 반영하여 정보이용자에게 제공할 필요가 있다.

위험회피회계는 이러한 정보제공을 위해 해당 위험회피대상항목 및 위험회피수단에 대하여 기존의 회계처리방법과는 다른 별도의 회계처리방법을 적용하도록 하는 것을 말하며, 특수한 목적의 회계이다.

특수한 목적의 회계가 필요한 이유는 위험회피활동으로 인하여 위험회피대상항목인 공정가치 또는 현금흐름의 변동위험이 상쇄되었음에도 불구하고 다른 K-IFRS 기준서를 적용하는 경우, 이러한 위험회피활동이 재무제표에 적절히 반영되지 못하는 경우가 생길 수 있기 때문이다.

위험회피회계는 이러한 문제점을 해결하기 위한 것이며, 특수한 목적이라는 점을 강조하기 위해 위험회피회계를 "파생상품 특별회계"라고도 한다.

2. 위험회피회계의 적용요건과 유형

위험회피회계는 특수한 목적의 회계이기 때문에 오용되거나 남용될 경우 오히려 재무상태와 경영성과를 오도할 수 있다. 따라서 K-IFRS 제1109호에서는 위험회피회계가 어떠한 경우에 어떻게 적용되어야 하는지 규정하고 있다.

(1) 위험회피회계의 적용요건

위험회피회계를 적용하기 위해서는 다음과 같은 요건을 모두 충족하여야 한다.

⑴ 위험회피관계는 적격한 위험회피수단과 적격한 위험회피대상항목으로만 구성된다.

⑵ 위험회피의 개시시점에 위험회피관계와 위험회피를 수행하는 위험관리의 목적과 전략을 공식적으로 지정하고 문서화한다. 이 문서에는 위험회피수단, 위험회피대상항목, 회피대상위험의 특성과 위험회피관계가 위험회피효과에 대한 요구사항을 충족하는지를 평가하는 방법(위험회피의 비효과적인 부분의 원인 분석과 위험회피비율의 결정 방법 포함)이 포함되어야 한다.

(3) 위험회피관계는 다음의 위험회피효과에 관한 요구사항을 모두 충족한다.
(가) 위험회피대상항목과 위험회피수단 사이에 경제적 관계가 있다.
(나) 신용위험의 효과가 위험회피대상항목과 위험회피수단의 경제적 관계로 인한 가치변동보다 지배적이지 않다.
(다) 위험회피관계의 위험회피비율은 기업이 실제로 위험을 회피하는 위험회피대상항목의 수량과 위험회피대상항목의 수량의 위험을 회피하기 위해 기업이 실제 사용하는 위험회피수단의 수량의 비율과 같다. 그러나 위험회피대상항목과 위험회피수단의 가중치의 불균형은 위험회피의 비효과적인 부분(인식 여부와 관계없이)을 만들어 내고 위험회피회계의 목적과 일치하지 않는 회계처리 결과를 가져올 수 있으므로 지정할 때 가중치의 불균형을 반영해서는 안 된다.

(2) 위험회피회계의 유형

위험회피유형은 공정가치 위험회피와 현금흐름 위험회피, 해외순투자 위험회피로 구분할 수 있다.

1) 공정가치 위험회피(Fair Value Hedges)

공정가치 위험회피는 특정 위험으로 인한 자산, 부채 및 확정계약의 공정가치변동을 상계하기 위하여 파생상품을 이용하는 것이다. 예를 들어, 확정계약에 따른 미래 가격변동위험을 회피하기 위하여 파생상품을 이용하는 경우가 있다.

공정가치 위험회피가 현금흐름 위험회피와 다른 점은 위험회피 대상항목이 현재 존재하고 있는 항목이며, 위험회피수단도 현재 존재하고 있는 파생상품을 이용한다는 점이다.

06

2) 현금흐름 위험회피(Cash Flow Hedges)

현금흐름 위험회피는 특정 위험으로 인한 예상거래의 미래현금흐름변동을 상계하기 위하여 파생상품을 이용하는 것이다. 예를 들어, 6개월 후에 특정 자산을 매입할 것이 거의 확실하나 당해 자산가치가 상승할 가능성이 있을 경우 당해 가격상승위험을 회피하기 위하여 파생상품을 이용하는 것을 그 예로 들 수 있다.

현금흐름 위험회피의 경우 예상거래는 아직 발생하지 않았고 거래가격은 해당 거래가 이루어진 시점의 시장가격으로 결정될 것이므로 거래발생 이전에는 자산·부채로 인식되지 않는 항목이라는 점에서 공정가치 위험회피와 구별할 수 있다.

3) 해외사업장순투자 위험회피(Hedges of a net investment in a foreign operation)

기업이 해외사업장으로부터 수취하거나 해외사업장에 지급할 화폐성항목 중에서 예측할 수 있는 미래에 결제할 계획이 없고 결제될 가능성이 낮은 항목은 실질적으로 그 해외사업장에 대한 순투자의 일부로 판단하여 현행환율법을 적용하여 환산한다.

한편, 이와 관련한 환율변동위험을 회피하기 위하여 파생상품이나 기타계약을 이용할 수 있는데 이를 해외사업장순투자 위험회피라 한다.

해외사업장 위험회피의 경우 위험회피대상항목이 해외사업장 순투자금액으로 현재 존재하고는 있으나, 단기간 내에 실현될 가능성이 낮으므로 공정가치위험회피와는 달리 적용할 필요성이 있어 별도의 위험회피회계를 적용하도록 규정하고 있다.

3.3 공정가치 위험회피

공정가치 위험회피는 현재 존재하고 있는 특정 자산이나 부채, 확정계약과 관련된 가격변동위험을 회피하기 위하여 파생상품에 투자하는 경우를 말한다.

공정가치 위험회피회계는 특정 위험으로 인한 위험회피대상항목의 공정가치변동이 위험회피수단인 파생상품의 공정가치 변동과 상쇄(hedging)되도록, 특정 위험으로 인한 위험회피대상항목의 평가손익을 파생상품 평가손익과 동일한 회계기간에 대칭적으로 인식하도록 하는 것을 말한다.

이러한 공정가치 위험회피회계가 필요한 이유는 위험회피대상항목의 인식 및 평가에 대한 회계처리는 기존의 회계처리와는 달라서 별도의 규정이 없다면 위험회피활동을 적절히 나타나지 못하기 때문이다.

1. 평가손익의 회계처리

공정가치 위험회피와 관련하여 평가손익처리의 기본원칙은 위험회피대상항목의 평가손익과 위험회피수단인 파생상품평가손익을 대칭적으로 인식함으로써 위험회피에 효과적임을 공시하는 것이다.

공정가치 위험회피회계를 적용할 경우에는 파생상품과 위험회피대상항목을 각각 평가하되, 평가손익은 다음과 같이 처리한다.

(1) 위험회피수단인 파생상품의 평가손익은 해당 회계연도에 당기손익으로 처리한다.

(2) 특정 위험으로 인한 위험회피대상항목의 평가손익은 전액을 해당 회계연도에 당기손익으로 처리한다.

- 이 경우 유의할 것은 모든 공정가치변동을 평가손익으로 인식하는 것이 아니라 위험회피대상이 되는 특정 위험으로 인한 공정가치변동만을 평가손익으로 인식한다.
- 한편, 기타포괄손익-공정가치측정 금융자산으로 분류한 채무상품처럼 평가손익을 기타포괄손익으로 인식하는 위험회피대상항목에 대하여 공정가치 위험회피회계를 적용하는 경우 특정 위험에 대한 평가손익은 당기손익으로 인식한다.

2. 외화수취채권(지급채무)에 대한 공정가치위험회피

일반적인 상거래에서 기능통화가 원화(₩)이고 거래통화가 외화($)인 경우, 수취채권(매출채권)과 지급채무(매입채무)의 금액은 거래통화인 외화금액으로는 고정되어 있다. 그러나 기능통화인 원화로 환산하는 과정에서 환율변동으로 인해 수취(지급)할 원화금액이 변동하게 되며, 손익(외화환산손익, 외환차손익)이 발생될 수 있다.

이러한 환율변동의 수취채권(지급채무)에 따른 원화 공정가치변동위험을 회피하기 위해 통화선도계약을 이용할 수 있다.

통화선도계약은 일정기간 후에 일정액의 외화와 원화를 주고 받거나, 일정액의 외화와 외화를 주고 받기로 한 계약을 말한다.

06

예제 2 공정가치 위험회피 - 통화선도계약

12월 결산법인인 ㈜대한은 20×1.11. 1 US$100 상품을 수출하고 대금은 5개월 후에 받기로 하였다.

한편, ㈜대한은 US$수출대금의 ₩에 대한 환율변동위험을 회피하기 위하여 다음과 같은 통화선도거래계약을 체결하였다.

- 통화선도거래계약 체결일 : 20×1.11. 1
- 계약기간 : 5개월(20×1.11. 1 ~ 20×2. 3.31)

• 계약조건 : US$100를 약정통화선도환율 ₩1,150/$로 매도하기로 함
– 환율에 대한 자료는 다음과 같다.

일자	현물환율(₩/$)	통화선도환율(₩/$)
20×1.11. 1	₩1,100	₩1,150(만기 5개월)
20×1.12.31	1,080	1,120(만기 3개월)
20×2. 3.31	1,000	

– 현재가치 평가는 생략한다.

물 음

각 일자별로 회계처리를 하시오.

해 설

일자	일반상거래채권	통화선도거래
20×1.11. 1	(차) 매출채권 110,000 (대) 매출 110,000* * $100×₩1,100 = ₩110,000	통화선도거래의 공정가치는 '₩0'이므로 별도의 회계처리 없음(비망기록) * 미수액(₩115,000)－미지급액($100×₩1,150) = 평가이익(손실) ₩0
20×1.12.31	(차) 외화환산손실 2,000 (대) 매출채권 2,000 * $100×(₩1,080 – ₩1,100) = ₩(2,000)	(차) 통화선도(F/P) 3,000 (대) 통화선도평가이익 3,000 * 미수액(₩115,000)－미지급액($100×₩1,120) = 평가이익(손실) ₩3,000
20×2. 3.31	(차) 현금 100,000 외환차손* 8,000 (대) 매출채권 108,000 * $100×(₩1,000 – ₩1,080) = ₩(8,000)	(차) 현금 115,000 (대) 현금* 100,000 통화선도 3,000 통화선도거래이익 12,000 * $100×₩1,000 = ₩100,000

1) 일반상거래채권은 화폐성자산·부채의 외화환산회계에 따라서 기말외화환산 및 만기수수시점에 외환차손익을 인식한다.
2) 본 예제에서 위험회피목적의 통화선도계약은 일반 상거래채권의 환율변동위험을 헤징하기 위한 것이므로 회계연도 말에 평가손익을 당기손익에 반영함으로써 헤징의 효과를 보여줄 수 있다.
3) 만기까지 일반 상거래채권의 경우 외화관련손실이 ₩10,000 발생하지만, 통화선도계약을 통하여 파생상품관련이익을 ₩15,000만큼 인식함으로써 원화가치변동위험을 효과적으로 회피하였다.

3. 확정계약에 대한 위험회피

확정계약(firm commitment)은 제3자간에 이루어진 법적 강제력을 가지는 약정을 말하며 해당 약정에는 거래수량, 거래가격, 거래시기 및 거래불이행시의 불이익 등이 구체적으로 포함된다. 한편, 이러한 확정계약은 일반적으로 재무제표에 인식되지 않는다.

확정계약을 위험회피대상항목으로 지정한 경우 확정계약은 공정가치로 평가하고 평가손익은 당기손익에 반영한다. 또한 위험회피수단인 파생상품도 공정가치로 평가하고 평가손익을 당기손익에 반영한다.

확정계약의 공정가치를 산정할 때에는 선도가격을 기준으로 측정한다. 그 이유는 확정계약이 현재 결제될 금액이 아니라 미래에 결제될 금액이기 때문이다.

자산을 취득하거나 부채를 인수하는 확정계약이 공정가치위험회피회계의 적용을 받는 경우 확정계약을 이행한 결과 인식하는 자산이나 부채의 최초장부금액은 재무상태표에 인식된 위험회피대상위험으로 인한 확정계약의 공정가치 누적변동분을 포함하도록 조정(확정계약으로 자산과 부채로 인식된 금액을 최초의 자산과 부채의 장부금액에 가감)한다.

보충설명

- 확정계약이 외화현금위험회피를 위한 위험회피대상항목으로 지정되는 경우에는 공정가치 위험회피회계와 현금흐름 위험회피회계를 기업이 임의적으로 선택하여 적용할 수 있다.

06

예제 3 공정가치 위험회피 - 확정계약

12월 결산법인인 ㈜대한은 기계장치 1대를 US$100에 6개월 후인 20×2. 3.31에 구입하기로 하는 확정계약을 20×1.10. 1에 체결하였다. 이러한 확정계약은 법적 강제력을 가지는 계약으로서 불이행시에는 그에 따른 위약금을 지불하기로 하는 내용을 포함하고 있다.

한편, ㈜대한은 US$의 ₩에 대한 계약체결시점부터 기계장치 구입시점까지의 환율변동에 따른 확정계약의 위험을 회피하기 위하여 다음과 같은 통화선도거래계약을 역시 동 일자에 체결하였다.

- 통화선도거래계약 체결일 : 20×1.10. 1
- 계약기간 : 6개월(20×1.10. 1 ~ 20×2. 3.31)

• 계약조건 : US$100를 약정통화선도율 ₩1,100/$에 매입하기로 함
 – 환율에 대한 자료는 다음과 같다.

일자	현물환율(₩/$)	통화선도환율(₩/$)
20×1.10. 1	₩1,000	₩1,100(만기 6개월)
20×1.12.31	1,110	1,140(만기 3개월)
20×2. 3.31	1,200	

 – 현재가치 평가는 생략한다.

물음

각 일자별로 회계처리를 하시오.

해설

시점	확정계약	통화선도계약
20×1.10. 1	회계처리 없음	회계처리 없음 * 미수액($100×₩1,100)－미지급액(₩110,000) = 평가이익(손실) ₩0
20×1.12.31	(차) 확정계약평가손실 4,000 (대) 확정계약 4,000 * (₩1,140 – ₩1,100)×$100 = ₩4,000	(차) 통화선도 4,000 (대) 통화선도평가이익 4,000 * 미수액($100×₩1,140)－미지급액(₩110,000) = 평가이익(손실) ₩4,000
20×2. 3.31	(차) 확정계약평가손실 6,000 (대) 확정계약 6,000 * (₩1,200 – ₩1,140)×$100 = ₩6,000 (차) 기계장치 110,000 확정계약 10,000 (대) 현금* 120,000 * ₩1,200×$100 = ₩120,000	(차) 현금* 120,000 (대) 현금 110,000 통화선도 4,000 통화선도거래이익 6,000 * $100×₩1,200 = ₩120,000

1) 이러한 확정계약은 미이행계약으로서 일반적으로 계약시점에 회계처리를 하지 않으나, 공정가치 위험회피대상항목이 되는 경우는 위험회피회계를 적용하는 것이며 확정계약의 공정가치변동분을 재무제표에 인식한다. 따라서 위험회피대상항목이 확정계약일 경우 확정계약평가손익도 당기손익에 인식하고 파생상품평가손익도 당기손익으로 인식한다.
2) 확정계약은 미래에 결제되므로, 확정계약을 평가할 때에는 동일 만기의 통화선도환율을 적용하여 계산한다.
3) 확정계약의 위험회피수단으로 동일 만기의 통화선도계약을 체결할 경우에는 확정가격으로 자산취득가격을 고

정시킬 수 있다. 즉, 위의 경우 기계장치의 취득가격은 통화선도계약환율인 $당 ₩1,100으로 계산된 ₩110,000으로 고정된다.

3.4 현금흐름 위험회피회계

현금흐름 위험회피는 현재는 존재하고 있지 아니하지만 미래에 발생할 것으로 예상되는 특정거래와 관련된 현금흐름 변동위험을 회피하기 위하여 파생상품에 투자하는 경우를 말한다.

현금흐름 위험회피회계도 공정가치 위험회피회계와 마찬가지로 위험회피대상항목의 현금흐름 변동이 위험회피수단인 파생상품의 공정가치변동과 상쇄(hedging)되도록 하는 데 그 목적이 있다.

현금흐름 위험회피회계는 특정 위험으로 인한 예상거래의 미래현금흐름 변동위험을 감소시키기 위하여 지정된 파생상품의 평가손익 중 위험회피에 효과적이지 못한 부분은 당기손익으로 인식하고, 위험회피에 효과적인 부분은 기타포괄손익으로 처리하여 자본에 누적시킨다.

기타포괄손익으로 처리하여 자본에 누적시킨 현금흐름 위험회피 파생상품평가손익은 예상거래의 종류에 따라 향후 예상거래가 당기손익에 영향을 미치는 회계연도에 당기손익으로 인식하거나, 예상거래 발생시점에 관련 자산·부채의 장부금액에 가감함으로써 위험회피에 효과적임을 설명할 수 있다.

이러한 현금흐름 위험회피회계가 필요한 이유는 위험회피대상항목이 현재 존재하지 아니하기 때문에 위험회피수단의 공정가치변동액을 위험회피대상항목이 발생하는 시점까지 이연시켜야 할 필요성이 있기 때문이다.

1. 파생상품평가손익의 회계처리

현금흐름 위험회피수단으로 지정한 파생상품의 평가손익은 다음 (1)과 (2) 중 작은 금액(위험회피에 효과적인 부분)을 기타포괄손익으로 처리하여 자본에 이연하고 나머지 금액(위험회피에 효과적이지 못한 부분)은 당기손익으로 처리한다.

(1) 위험회피 개시 이후 위험회피수단의 평가손익누계액
(2) 위험회피 개시 이후 위험회피대상항목의 미래예상현금흐름의 공정가치(현재가치) 변동누계액

위에서 위험회피에 효과적인지 여부를 판단할 때에는 당기 발생한 평가손익을 기준으로 판단하는 것이 아니라 위험회피 개시 이후 누적액을 기준으로 판단한다는 점을 주의하여야 한다.

보충설명

위험회피기간 : 20×1년 ~ 20×2년
각 기간별 공정가치 변동액
위험회피수단인 파생상품평가이익 : 20×1년 – ₩7,500 20×2년 – ₩7,000
예상현금흐름의 현재가치변동 : 20×1년 – ₩7,000 20×2년 – ₩7,500

- 위의 예에서 회계기간이 20×1년과 20×2년의 2개 연도에 걸쳐 있으나, 위의 2년을 하나의 회계기간으로 판단할 경우에는 누적파생상품평가이익은 ₩14,500으로써 누적예상현금흐름의 현재가치변동액인 ₩14,500과 정확히 일치하여 전액이 위험회피에 효과적이라고 판단할 수 있다.
- 반면에 각 회계기간별로 판단할 경우에는 20×1년에는 위험회피에 효과적인 부분은 Min[파생상품평가이익 ₩7,500, 예상현금흐름의 현재가치 ₩7,000] = ₩7,000으로 동 금액만 위험회피에 효과적이며, 20×2년에는 Min[파생상품평가이익 ₩7,000, 예상현금흐름의 현재가치 ₩7,500] = ₩7,000만이 위험회피에 효과적이라고 판단될 것이다.
- 이와 같이 각 회계기간 단위별로 위험회피에 효과적인지 여부를 판단할 경우에는 결산단위가 몇 번인지에 따라 위험회피에 효과적인 금액이 달라질 수 있기 때문에 항상 누적액을 기준으로 위험회피에 효과적인지 여부를 판단하도록 함으로써 결산횟수에 관계없이 위험회피에 효과적인 금액이 동일하도록 하였다.

이 경우 누적기준으로 자본에 이연시켜야 할 파생상품평가손익을 산정함으로써 당기 이전에 당기손익으로 인식하였던 파생상품평가손익을 당기에 기타포괄손익으로 이연처리할 경우에는 전기에 손익으로 인식한 금액은 당기손익으로 처리하면서 기타포괄손익에 반영한다.

보충설명

- 20×1년에 위험회피에 효과적인 부분인 ₩7,000은 기타포괄손익으로 자본에, 위험회피에 효과적이지 못한 나머지 ₩500은 당기손실 처리된다.

(차)	파생상품	7,500	(대)	파생상품평가이익(자본)	7,000
				파생상품평가이익(당기손익)	500

- 반면에 20×2년에 누적액을 기준으로 위험회피에 효과적인 금액을 판단할 경우에는 ₩14,500 전액이 기타포괄손익으로 이연처리되어야 하므로 전기에 이익으로 처리하였던 ₩500은 당기손실로 처리하면서 기타포괄손익에 추가로 반영한다.

(차)	파생상품	7,000	(대) 파생상품평가이익(자본)	7,500
	파생상품평가손실(당기손익)	500		

이렇게 자본으로 이연처리한 금액은 향후에 예상거래가 발생하는 시점에 다음과 같이 처리한다.

(1) 예상거래가 향후 금융자산이나 금융부채를 인식하는 경우에는 기타포괄손익누계액으로 자본에 이연처리한 금액은 예상거래가 당기손익에 영향을 미치는 회계기간(예 이자수익이나 이자비용이 인식되는 기간)에 당기손익으로 재분류조정된다. 그러나 기타포괄손익으로 인식된 손실 중 전부 또는 일부가 미래 회계기간에 회복되지 않을 것으로 예상된다면, 회복되지 않을 것으로 예상되는 그 금액을 당기손익으로 재분류한다.

(2) 예상거래가 향후 비금융자산이나 비금융부채를 인식하거나 비금융자산이나 비금융부채에 대한 예상거래가 공정가치위험회피회계를 적용하는 확정계약이 된다면, 다음 중 하나의 방법을 선택하여 그 방법에 따라 회계처리한다.
- 당해 비금융자산이나 비금융부채가 당기손익에 영향을 미치는 회계기간(예 감가상각비나 매출원가가 인식되는 기간)에 당기손익으로 재분류조정한다.
- 예상거래가 발생하는 시점에 관련 자산이나 부채의 최초 원가 또는 장부금액에 포함한다.

▶ 예제 4 현금흐름 위험회피 - 금선도거래

12월 결산법인인 ㈜대한은 제조공정에 사용하기 위한 금을 시장을 통하여 매입하고 있는데, 향후 예상매출을 고려했을 때 금 10온즈(OZ)를 20×2. 2.28에 매입할 것이 거의 확실하다.

한편, ㈜대한은 20×2. 2.28에 매입할 금의 시장가격변동에 따른 미래현금위험을 회피하기 위하여 다음과 같은 조건으로 장외시장에서 금선도계약을 체결하였다.

- 금선도거래계약 체결일 : 20×1. 9. 1
- 계약기간 : 6개월(20×1. 9. 1~20×2. 2.28)
- 계약조건 : 결제일에 금 10OZ의 선도거래 계약금액과 결제일 시장가격과의 차액을 현금으로 수수함(금선도계약가격 ₩310,000/OZ)
  - 금의 현물가격, 선도가격에 대한 자료는 다음과 같다.

일자	현물가격(₩/OZ)	선도가격(₩/OZ)
20×1. 9. 1	₩300,000	₩310,000(만기 6개월)
20×1.12.31	310,000	315,000(만기 2개월)
20×2. 2.28	330,000	−

  - 금선도거래는 위험회피에 효과적이며, 현재시점의 현물가격은 미래시점의 기대현물가격과 같다고 가정한다.
- 현재가치 평가는 생략한다.

물음

각 일자별로 회계처리를 하시오.

해설

20×1. 9. 1 : 회계처리 없음

* 금선도계약은 시장가격에 따라 이루어졌고 계약체결일에 별도의 현금수수액이 없었으므로 공정가치는 '0'이고, 따라서 계약체결일에 별도의 회계처리 없음(계약금액 등을 비망기록)

20×1.12.31 : (차) 금선도*1 50,000 (대) 금선도평가이익(자본)*2 50,000

*1 (₩315,000 − ₩310,000) × 10OZ = ₩50,000

*2 Min[₩50,000, (₩310,000 − ₩300,000) × 10OZ] = ₩50,000

누적파생상품평가손익과 누적기대현금흐름 변동액 중 적은 금액까지가 위험회피에 효과적인 금액이다.

20×2. 2.28 : (차) 금선도*1 150,000 (대) 금선도평가이익(자본)*2 150,000

*1 (₩330,000 − ₩310,000) × 10OZ − ₩50,000 = ₩150,000

*2 Min[(₩330,000 − ₩310,000) × 10OZ, (₩330,000 − ₩300,000) × 10OZ] − ₩50,000 = ₩150,000

누적파생상품평가손익과 누적기대현금흐름 변동액 중 적은 금액까지가 위험회피에 효과적인 금액이다.

금선도 결제 : (차) 현금 200,000 (대) 금선도 200,000

금매입 거래 : (차) 재고자산 3,100,000 (대) 현금 3,300,000

금선도평가이익(자본) 200,000

* 자본항목으로 처리하였던 ₩200,000은 금의 취득시점에 취득가액에 가감한다. 이에 따라 금의 취득원가는 공정가치는 ₩3,300,000일지라도 실제 취득금액인 ₩3,100,000으로 인식하게 된다.

만약, 금을 매입하여 당해 연도에 즉시 처분되어 매출원가로 반영된다면 누적파생상품평가손익은 예상거래가 발생하는 시점에 당기손익으로 직접 대체하여 다음과 같이 처리할 수도 있다.

금 매입 및 처분 거래

(차) 매출원가 3,300,000 (대) 현금 3,300,000

파생상품평가손익대체

(차) 금선도평가이익(자본) 200,000 (대) 금선도평가이익(당기손익) 200,000

3.5 해외사업장순투자 위험회피

해외사업장을 보유하고 있는 기업은 해외사업장의 기능통화와 기업의 기능통화 간의 차이에 의해 환율변동위험에 노출될 수 있다.

이러한 환위험을 회피하는 경우를 해외사업장순투자 위험회피라고 한다.

해외사업장순투자는 해외사업장의 순자산에 대한 보고기업의 지분금액을 의미하는 것으로, 연결재무제표 또는 지분법을 적용하는 별도재무제표에서만 가능하다.

해외사업장순투자 위험회피회계는 해외사업장의 기능통화와 지배기업의 기능통화의 차이에서 발생하는 외환차이에 대해서만 적용 가능하다. 이 경우 해외사업장의 순자산 장부금액과 같거나 작은 순자산 금액이 위험회피대상으로 지정될 수 있다.

해외사업장순투자 위험회피는 다음과 같이 현금흐름위험회피와 유사하게 회계처리한다.

(1) 위험회피수단의 손익 중 위험회피에 효과적인 부분 : 기타포괄손익으로 인식
(2) 위험회피수단의 손익 중 위험회피에 비효과적인 부분 : 당기손익으로 인식

위험회피에 효과적이어서 기타포괄손익으로 인식한 부분은 향후 해외사업장의 처분시점에 재분류조정으로 자본에서 당기손익으로 재분류한다.

제4절
내재파생상품

내재파생상품은 파생상품이 아닌 주계약을 포함하는 복합상품의 구성요소이며, 복합상품의 현금흐름 중 일부를 독립적인 파생상품의 경우와 유사하게 변동시키는 명시적 또는 암묵적 조건을 말한다.

내재파생상품은 내재파생상품이 포함되지 않았을 경우에 발생할 현금흐름의 전부나 일부를 이자율, 금융상품가격, 일반상품가격, 환율, 가격 또는 비율의 지수, 신용등급이나 신용지수 및 기타 변수에 따라 변경시킨다. 이때 당해 변수가 비금융변수인 경우는 계약의 당사자에게 특정되지 아니하여야 한다.

보충설명 독립적으로 양도할 수 있는 상품

- 특정 금융상품에 부가되어 있더라도, 계약상 당해 금융상품과는 독립적으로 양도할 수 있거나 당해 금융상품과는 다른 거래상대방이 있는 파생상품은 내재파생상품이 아니며, 별도의 금융상품이다.
- 분리형신주인수권부사채에 투자한 투자자의 입장에서 신주인수권은 독립적으로 양도가능한 상품이기 때문에 내재파생상품이 아니라 별도의 금융상품으로 보아야 한다.

다음을 모두 충족하는 경우에만 내재파생상품을 주계약과 분리하여 이 기준서에 따른 파생상품으로 회계처리한다.

(1) 내재파생상품의 경제적 특성 및 위험이 주계약의 경제적 특성 및 위험과 밀접하게 관련되어 있지 않다.
(2) 내재파생상품과 동일한 조건을 가진 별도의 금융상품 등이 파생상품의 정의를 충족한다.
(3) 복합상품의 공정가치 변동이 당기손익으로 인식되지 아니한다.

보충설명

- 전환사채나 비분리형신주인수권부사채의 투자자입장에서는 주계약인 채무상품과 전환권(신주인수권)은 밀접하게 관련되지 아니하므로 내재파생상품으로 볼 수 있다.
- 반면에 발행자의 입장에서는 전환권(신주인수권)이 지분상품의 요건을 충족하는 경우에는 지분상품으로 분류되며 내재파생상품으로 볼 수 없다.

연습문제

문제 1

다음 기술 중 기업회계기준서 제1109호 '금융상품'에 대해 설명하고 있는 문항에 대해 맞지 아니한 내용을 지적하고 그 이유를 적시하시오.

(1) 파생상품이 되기 위해서는 미래에 결제되어야 하며, 결제방법은 반드시 차액으로 결제되어야 한다.

(2) 투자목적의 파생상품은 공정가치로 측정하며, 파생상품의 평가손익은 기타포괄손익에 반영한다.

(3) 공정가치 위험회피 목적의 파생상품 중 위험회피대상이 FVOCI 지분상품인 경우에는 파생상품의 평가손익을 당기손익으로 인식한다.

(4) 현금흐름위험회피 목적의 파생상품 평가손익 중 위험회피에 효과적인 부분은 당기손익으로 인식하고, 비효과적인 부분은 기타포괄손익으로 인식한다.

(5) 확정계약에 대해 공정가치 위험회피회계를 적용하는 경우, 확정계약은 현물환율을 적용하여 공정가치를 측정한다.

(6) 현금흐름위험회피 목적의 파생상품에서 발생한 기타포괄손익은 관련 자산이나 부채가 당기손익에 영향을 미치는 기간에 이익잉여금으로 대체한다.

(7) 현금흐름위험회피회계를 적용하는 경우 파생상품의 평가손익 중 기타포괄손익으로 인식해야 할 금액은 당기기준으로 산정한다.

(8) 내재파생상품의 경제적 특성·위험이 주계약의 경제적 특성·위험과 밀접하게 관련되어 있는 경우, 내재파생상품을 주계약과 분리하여 회계처리한다.

(9) 해외사업장순투자 위험회피수단의 손익 중 위험회피에 효과적인 부분은 기타포괄손익으로 인식하며, 향후 해외사업장의 처분시점에도 재분류조정하지 않는다.

06

⑽ 복합계약의 공정가치 변동을 당기손익으로 인식하는 경우, 내재파생상품을 주계약과 분리하여 회계처리한다.

해설

(1) 파생상품이 되기 위해서는 미래에 결제되어야 하며, 결제방법은 총액이 될 수도 있고, 차액으로 결제될 수도 있다.

(2) 투자목적의 파생상품 평가손익은 당기손익에 반영한다.

(3) 위험회피대상이 FVOCI 지분상품인 경우에는 파생상품의 평가손익을 기타포괄손익으로 인식한다.

(4) 현금흐름위험회피 목적의 파생상품 평가손익 중 위험회피에 효과적인 부분은 기타포괄손익으로 인식하고, 비효과적인 부분은 당기손익으로 인식한다.

(5) 확정계약에 대해 공정가치 위험회피회계를 적용하는 경우, 확정계약은 선도환율을 적용하여 공정가치를 측정한다.

(6) 현금흐름위험회피 목적의 파생상품에서 발생한 기타포괄손익은 관련 자산이나 부채의 최초 원가에 포함하거나, 위험회피대상의 미래현금흐름이 당기손익에 영향을 미치는 기간에 당기손익으로 재분류조정한다.

(7) 현금흐름위험회피회계를 적용하는 파생상품의 평가손익 중 기타포괄손익으로 인식해야 할 금액은 누적기준으로 산정한다.

(8) 내재파생상품의 경제적 특성·위험이 주계약의 경제적 특성·위험과 밀접하게 관련되어 있지 않는 경우, 내재파생상품을 주계약과 분리하여 회계처리한다.

(9) 해외사업장순투자 위험회피수단의 손익 중 위험회피에 효과적인 부분은 향후 해외사업장의 처분시점에 재분류조정하여 자본에서 당기손익으로 재분류한다.

⑽ 복합계약의 공정가치 변동을 당기손익으로 인식하지 않는 경우, 내재파생상품을 주계약과 분리하여 회계처리한다. 즉, 당기손익-공정가치 측정 금융부채에 내재된 파생상품은 분리하지 아니한다.

문제 2 매매목적의 통화선도계약

(2002 세무사 1차 수정)

12월 결산법인인 ㈜패권은 매매목적으로 다음과 같은 통화선도거래계약을 체결하였다.

- 통화선도거래계약 체결일 : 20×1년 9월 1일
- 계약기간 : 6개월(20×1년 9월 1일부터 20×2년 2월 28일까지)
- 계약조건 : 미화 $100을 $1당 ₩1,200의 선도환율로 매도하기로 함
  - 환율에 대한 자료는 다음과 같다.

일자	현물환율(₩/$)	통화선도환율(₩/$)
20×1년 9월 1일	₩1,190	₩1,200(만기 6개월)
20×1년 12월 31일	1,185	1,190(만기 2개월)
20×2년 2월 28일	1,160	

㈜패권은 만기일에 미화를 실물인도하였다. 다음 물음에 답하시오.

【물음 1】 ㈜패권이 위 통화선도거래와 관련하여 기록해야 할 회계처리를 시점별로 하시오. 단, 현재가치평가는 생략하며, 소수점 아래 숫자는 반올림하시오.

【물음 2】 위 통화선도거래가 ㈜패권의 20×2년 당기순이익에 미치는 영향은 얼마인가? 단, 통화선도계약의 공정가치를 이용하여 구하시오.

해설

【물음 1】 각 시점별 회계처리

계약체결일 : 별도의 수수액도 없고 평가손익도 없으므로 비망기록한다.

결산기말 : (차) 통화선도	1,000	(대)	통화선도평가이익	1,000
만기정산 : (차) 현금	120,000	(대)	현금	116,000
			통화선도	1,000
			통화선도거래이익	3,000

【물음 2】 20×2년 당기순이익에 미치는 영향

당기순이익에 미치는 영향 : $ 100×(₩1,200 − ₩1,160) − $ 100×(₩1,200 − ₩1,190)
(자산 ₩4,000) (자산 ₩1,000)

= ₩3,000 이익

문제 3 환율변동위험에 대한 공정가치위험회피 (2016 회계사 1차 수정)

㈜한국은 20×1년 10월 1일에 제품을 $200에 수출하고 판매대금은 20×2년 3월 31일에 받기로 하였다. ㈜한국은 동 수출대금의 환율변동위험을 회피하기 위해 다음과 같은 통화선도계약을 체결하였다.

- 통화선도계약 체결일 : 20×1년 10월 1일
- 계약기간 : 20×1년 10월 1일 ~ 20×2년 3월 31일(만기 6개월)
- 계약조건 : 계약만기일에 $200을 ₩1,100/$(선도환율)에 매도하기로 함
  - 환율정보

일자	현물환율(₩/$)	통화선도환율(₩/$)
20×1년 10월 1일	₩1,070	₩1,100(만기 6개월)
20×1년 12월 31일	1,050	1,075(만기 3개월)
20×2년 3월 31일	1,090	

【물음 1】 위의 통화선도계약은 위험회피유형 중 어디에 해당하는지 서술하시오.

【물음 2】 외화매출채권 및 통화선도거래가 ㈜한국의 20×2년 당기순이익에 미치는 영향(순액)은 얼마인가? 단, 현재가치 평가 및 채권의 회수가능성에 대한 평가는 고려하지 않으며, 통화선도거래의 결제와 매출채권의 회수는 예정대로 이행되었음을 가정한다.

【물음 3】 ㈜한국이 위 외화매출채권 및 통화선도거래와 관련하여 각 시점별로 해야 할 회계처리를 하시오.

해설

【물음 1】 위험회피유형 구분

외화매출채권의 공정가치 변동위험을 회피하기 위하여 통화선도계약을 이용하고 있으므로 공정가치위험회피에 해당된다.

【물음 2】 20×2년 당기순이익에 미치는 영향

각 시점별 매출채권 및 통화선도계약의 공정가치변동액이 손익에 미치는 효과에 해당된다.

각 시점별 공정가치 측정

시점	매출채권	통화선도계약
20×1.10. 1	$200×₩1,070 = ₩214,000	₩220,000 − $200×₩1,100 = ₩0
20×1.12.31	$200×₩1,050 = ₩210,000	₩220,000 − $200×₩1,075 = ₩5,000
20×2. 3.31	$200×₩1,090 = ₩218,000	₩220,000 − $200×₩1,090 = ₩2,000

당기손익에 미치는 효과

매출채권 : ₩218,000 − ₩210,000 = ₩8,000 이익

통화선도계약 : 자산 ₩2,000 − 자산 ₩5,000 = ₩(3,000) 손실

【물음 3】 각 시점별 회계처리

시점	외화 매출채권	통화선도계약
20×1.10. 1	(차) 매출채권 214,000 (대) 매출 214,000	회계처리 없음
20×1.12.31	(차) 외화환산손실 4,000 (대) 매출채권 4,000	(차) 통화선도 5,000 (대) 통화선도평가이익 5,000
20×2. 3.31	(차) 현금 218,000 (대) 매출채권 210,000 외환차익 8,000	(차) 통화선도평가손실 100,000 (대) 현금 218,000 통화선도 5,000

문제 4 확정계약에 대한 공정가치위험회피 (2010 회계사 1차 수정)

12월 결산법인인 A회사는 기계 1대를 US$100에 6개월 후인 20×2. 3.31에 구입하기로 하는 확정계약을 20×1.10. 1에 체결하였다. 이러한 확정계약은 불이행시에는 위약금을 지불하기로 하는 내용을 포함하고 있다. 한편, A회사는 US$의 ₩에 대한 계약체결시점부터 기계구입시점까지의 통화선도환율변동에 따른 확정계약의 위험을 회피하기 위하여 다음과 같은 통화선도거래계약을 역시 동 일자에 체결하였다.

- 통화선도거래계약 체결일 : 20×1.10. 1
- 계약기간 : 6개월(20×1.10. 1 ~ 20×2. 3.31)
- 계약조건 : US$100을 수취하고 ₩110,000을 지급함(선도환율 : ₩1,100/$1)
  - 각 일자별 환율은 다음과 같다.

일자	현물환율(₩/$)	통화선도환율(₩/$)
20×1.10. 1	₩1,000	₩1,100(만기 6개월)
20×1.12.31	1,110	1,140(만기 3개월)
20×2. 3.31	1,200	

【물음 1】 20×2년 3월 31일에 기계취득시의 취득원가로 표시할 금액을 구하시오.

【물음 2】 A회사가 위의 확정계약 및 통화선도계약과 관련하여 각 시점별로 해야 할 회계처리를 하시오.

해설

【물음 1】 기계 취득원가

확정계약하의 공정가치 위험회피유형의 파생상품회계처리로서 만기가 동일하므로 환율변동위험을 완벽하게 회피할 수 있다. 한편, 확정계약과 관련된 평가손익을 전액 당기 손익에 반영함으로써 기계장치의 취득원가는 실제로 기계구입시의 환율로 지급하였지만 기계취득원가는 선도환율인 ₩110,000으로 고정된다.

【물음 2】 각 시점별 회계처리

<table>
<tr><th>시점</th><th>확정계약</th><th>통화선도계약</th></tr>
<tr><td>20×1.10. 1</td><td>회계처리 없음</td><td>회계처리 없음</td></tr>
<tr><td>20×1.12.31</td><td>(차) 확정계약평가손실 4,000
(대) 확정계약 4,000
* $100×(₩1,100 − ₩1,140)</td><td>(차) 통화선도 4,000
(대) 통화선도평가이익 4,000</td></tr>
<tr><td>20×2. 3.31</td><td>① (차) 확정계약평가손실 6,000
(대) 확정계약 6,000
* $100×(₩1,200 − ₩1,140)

② (차) 기계장치 110,000
확정계약 10,000
(대) 현금 120,000</td><td>(차) 현금 120,000
(대) 현금 110,000
통화선도 4,000
통화선도거래이익 6,000</td></tr>
</table>

06

문제 5 예상거래에 대한 현금흐름위험회피 (2011 회계사 1차 수정)

액정표시 기계장치를 제조하는 ㈜건지는 미국기업인 TH & Co.에 동 기계장치 10대(대당 판매가격 : US$100)를 20×2년 2월 28일에 수출할 가능성이 매우 높다. ㈜건지는 동 예상거래에서 발생할 수 있는 현금흐름 변동위험을 회피하기 위해 20×2년 2월 28일에 기계장치의 판매대금인 US$1,000를 ₩1,100/US$에 매도하는 통화선도계약을 20×1년 12월 1일 EC Bank와 체결하였다. 통화선도계약의 최초원가와 공정가치는 '₩0'이며, 통화선도계약은 법적 구속력을 갖는 해지불능계약이다. ㈜건지는 위 예상거래의 현금흐름변동에 대한 위험회피수단으로 통화선도계약을 지정하고 문서화하는 등 위험회피회계의 적용요건을 모두 충족한다. 통화선도계약에 대한 현재가치평가는 고려하지 않으며, 통화선도계약의 공정가치변동 중 위험회피에 비효과적인 부분은 없다.

일자	현물환율(₩/$)	선도환율(₩/$)
20×1.12. 1	₩1,076	₩1,100(만기 3개월)
20×1.12.31	1,040	1,080(만기 2개월)
20×2. 2.28	1,076	

【물음 1】 현금흐름위험회피회계에서 파생상품평가손익의 회계처리에 대해 간략히 설명하시오.

【물음 2】 ㈜건지가 위 거래에 대해 현금흐름위험회피회계를 적용하는 경우 통화선도계약이 ㈜건지의 20×1년도와 20×2년도의 포괄손익계산서상 당기순이익에 미치는 영향은 얼마인가? (단, 위의 예상거래가 ㈜건지의 당기순이익에 미치는 영향은 제외하며, 법인세 효과는 고려하지 않는다)

해설

【물음 1】 회계처리 설명

현금흐름위험회피회계를 적용할 경우에는 기대현금변동액의 범위 내에서 파생상품평가손익은 위험회피에 효과적인 것으로 보아 포괄손익으로, 동 금액을 초과하는 경우에는 당기손익으로 처리한다. 이 경우 위험회피여부는 항상 누적기준으로 판단함에 유의하여야 한다.

【물음 2】 당기순이익에 미치는 영향

(1) 20×1년 파생상품평가손익

(₩1,100 − ₩1,080) × $1,000 = ₩20,000

평가이익이 위험회피에 효과적이라고 문제에서 언급하였으므로 전액 기타포괄손익으로 처리한다.

(2) 20×2년에 당기손익 처리할 금액

누적파생상품평가이익(₩1,100 − ₩1,076) × $1,000 = ₩24,000을 당기손익으로 대체한다.

문제 6 공정가치위험회피와 현금흐름위험회피의 비교 (1) (2012 회계사 1차)

다음의 자료를 이용하여 문제에 답하시오.

기능통화가 원화인 ㈜갑은 20×1년 10월 1일에 외국으로부터 원재료 $2,000을 6개월 후에 매입하기로 하는 확정계약을 체결하였다. 이 확정계약은 법적 강제력을 갖는 계약으로서 불이행시 그에 따른 위약금을 지불해야 하는 내용을 포함하고 있다. 동 계약일에 ㈜갑은 환율변동위험을 회피하기 위하여 6개월 후 $2,000를 ₩1,150/$에 매입하기로 하는 통화선도계약을 체결하였다. 이 통화선도계약은 확정계약에 대한 효과적인 위험회피수단이며, 문서화 등 위험회피요건을 충족하였다. 환율에 대한 정보는 다음과 같다.

일자	현물환율(₩/$)	통화선도환율(₩/$)
20×1년 10월 1일	₩1,000	₩1,150(만기 6개월)
20×1년 12월 31일	1,080	1,100(만기 3개월)
20×2년 3월 31일	1,180	

【물음 1】 ㈜갑이 상기 확정계약에 대한 위험회피를 공정가치위험회피로 회계처리한다면, 동 확정계약과 통화선도계약이 ㈜갑의 20×1년말 현재 자산과 부채에 미치는 영향은 얼마인가? 단, ㈜갑이 통화선도환율을 적용하여 확정계약의 공정가치를 측정한다고 가정하며, 현재가치 계산은 생략한다.

【물음 2】 ㈜갑이 위의 확정계약 및 통화선도계약과 관련하여 20×1년에 해야 할 회계처리를 하시오.

해설

【물음 1】 20×1년 말 자산과 부채에 미치는 영향

통화선도계약 : 미수액($2,000×₩1,100) − 미지급액(₩2,300,000)
= 평가이익(손실) ➡ ₩(100,000)통화선도(부채)

확정계약 : $2,000×(₩1,150 − ₩1,100)
= 평가이익(손실) ₩100,000 ➡ 확정계약(자산)

【물음 2】 20×1년 회계처리

시점	확정계약	통화선도계약
20×1.10. 1	회계처리 없음	회계처리 없음
20×1.12.31	(차) 확정계약 100,000 (대) 확정계약평가이익 100,000	(차) 통화선도평가손실 100,000 (대) 통화선도 100,000

문제 7 공정가치위험회피와 현금흐름위험회피의 비교 (2)

(2012 회계사 1차 수정)

다음의 자료를 이용하여 문제에 답하시오.

기능통화가 원화인 ㈜갑은 20×1년 10월 1일에 외국으로부터 원재료 $2,000을 6개월 후에 매입하기로 하는 확정계약을 체결하였다. 이 확정계약은 법적 강제력을 갖는 계약으로서 불이행시 그에 따른 위약금을 지불해야 하는 내용을 포함하고 있다. 동 계약일에 ㈜갑은 환율변동위험을 회피하기 위하여 6개월 후 $2,000를 ₩1,150/$에 매입하기로 하는 통화선도계약을 체결하였다. 이 통화선도계약은 확정계약에 대한 효과적인 위험회피수단이며, 문서화 등 위험회피요건을 충족하였다. 환율에 대한 정보는 다음과 같다.

일자	현물환율(₩/$)	통화선도환율(₩/$)
20×1년 10월 1일	₩1,000	₩1,150(만기 6개월)
20×1년 12월 31일	1,080	1,100(만기 3개월)
20×2년 3월 31일	1,180	

㈜갑은 현금흐름위험회피회계를 적용하는 경우, 기타포괄손익으로 인식되는 위험회피수단의 평가손익을 위험회피대상인 예상거래에 따라 향후 인식하는 비금융자산의 최초 장부금액에 조정하는 정책을 채택하고 있다.

【물음 1】 ㈜갑이 상기 확정계약에 대한 위험회피를 현금흐름위험회피로 회계처리한다면, 20×2년 3월 31일 확정계약과 통화선도계약이 실행될 때 기타포괄손익누계액이 재고자산의 최초 장부금액에 미치는 영향은 얼마인가? 단, 통화선도계약에서 발생하는 손익은 전액 위험회피에 효과적이라고 가정하며, 현재가치 계산은 생략한다.

【물음 2】 ㈜갑이 20×2년 3월 31일 재고자산 취득과 관련하여 해야 할 회계처리를 하시오.

해설

【물음 1】 재고자산의 최초 장부금액에 미치는 영향

선도계약과 관련된 누적평가손익이 자산 최초 장부금액에 영향을 미친다.

누적평가이익(손실) : 수취액($2,000×₩1,180) − 지급액(₩2,300,000) = ₩60,000

따라서 자산장부금액을 ₩60,000만큼 감소시킨다.

【물음 2】 20×2년 3월 31일 회계처리

재고자산 취득 회계처리를 제시하면 다음과 같다.

(차)	재고자산	2,300,000	(대)	현금	2,360,000
	파생상품평가이익(자본)	60,000			

제7장

보험계약(1)

: 보험의 이해, 보험계약 인식 및 최초 측정

ACCOUNTING FOR FINANCIAL INSTRUMENTS AND INSURANCE CONTRACTS

제1절 보험의 이해

1.1 보험의 개념

보험은 우연한 사고로 인한 경제적 손실 등을 보전할 목적으로 다수의 사람들이 모여 합리적으로 계산된 금전을 갹출[1]하여 공동의 준비재산을 형성하고 사고를 당한 사람이 그로부터 약정된 재산적 급여를 받는 효율적 위험분산체계를 가진 경제제도이다.

보충설명 보험업법상의 '보험상품 정의'와 상법상의 '보험계약 의의' 비교

- 보험업법의 보험상품 정의 : 위험보장을 목적으로 우연한 사건 발생에 관하여 금전 및 그 밖의 급여를 지급할 것을 약정하고 대가를 수수(授受)하는 계약으로서 다음의 상품으로 구분
  - (1) 생명보험상품 : 위험보장을 목적으로 사람의 생존 또는 사망에 관하여 약정한 금전 및 그 밖의 급여를 지급할 것을 약속하고 대가를 수수하는 계약
  - (2) 손해보험상품 : 위험보장을 목적으로 우연한 사건((3) 질병·상해 및 간병은 제외)으로 발생하는 손해에 관하여 금전 및 그 밖의 급여를 지급할 것을 약속하고 대가를 수수하는 계약
  - (3) 제3보험상품 : 위험보장을 목적으로 사람의 질병·상해 또는 이에 따른 간병에 관하여 금전 및 그 밖의 급여를 지급할 것을 약속하고 대가를 수수하는 계약
- 상법의 보험계약 의의 : 당사자 일방이 약정한 보험료를 지급하고 재산 또는 생명이나 신체에 불확정한 사고가 발생할 경우에 상대방이 일정한 보험금이나 그 밖의 급여를 지급할 것을 약정함으로써 효력이 생기는 계약

07

1) 같은 목적을 위하여 여러 사람이 돈을 나누어 냄

1.2 보험용어의 이해

1. 보험계약의 이해관계자

보험계약의 이해관계자는 크게 보험자(보험회사), 보험계약자, 피보험자 및 보험수익자로 구분될 수 있다.

보험자(보험회사)는 보험업법에 따라 보험업 허가를 받은 자로 생명보험회사, 손해보험회사 등으로 구분된다.

보험계약자는 보험자(보험회사)와 보험계약을 체결하고 보험료를 납입하는 자이며 피보험자는 보험금 지급사유 또는 보험사고 발생의 대상(객체)이 되는 자이며 보험수익자는 보험금을 수령하는 자를 말한다.

2. 보험계약 요소 이해

보험료는 보험계약자가 보험자의 서비스에 대하여 지급하는 금전으로서 순보험료(보험금 등의 지급 재원)와 부가보험료(보험사업의 운영에 필요한 경비 등의 재원)로 구성된다.

보험금은 보험자가 보험계약자 등에게 보험사고가 발생하는 경우 지급하는 금전을 말하며, 생명보험의 경우 보험사고 발생시 보험자(보험회사)가 지급할 금액이 정액으로 확정되어 보상되므로 보험가입금액이 보험금과 동일하나 손해보험의 경우 보험가입금액은 최고 보상한도액으로 실제 손해액을 보상함에 따라 보험가입금액이 보험금보다 크거나 같다.

보험료납입기간은 보험계약자의 보험료를 납입하는 의무기간이며 보험기간은 보험계약상 위험이 보장되는 기간을 말한다.

책임준비금은 보험회사의 대부분의 부채항목으로 장래 보험금 지급을 위하여 보험회사가 부채항목으로 적립하는 준비금을 이른다.

3. 보험계약의 구분

보험계약은 주계약과 특별약관(특약)으로 구분되며 주계약은 독립적으로 판매할 수 있는 보험계약을 말하며, 특약은 주계약에 부가하여 보장을 추가하거나 보험계약자 등의 편의를 도모하기 위한 제도를 추가하는 보험을 말한다.

1.3 보험의 분류

보험은 법률상, 배당유무, 보험가입목적, 보험사고, 보험료적립금의 이자적립방법 등에 따라 다양하게 분류될 수 있다.

1. 법률상 분류

법률상 분류는 크게 상법과 보험업법의 분류로 구분되며 상법(보험편)의 경우 인보험 및 손해보험으로 나누며 보험업법에서는 생명보험, 손해보험 및 제3보험으로 구분하고 있다.

[도표 1] 상법과 보험업법상 보험의 분류 비교

상법(보험편)의 분류		보험업법의 분류	비고
인보험	생명보험	생명보험(생명 · 연금)	
	상해보험 및 질병보험	제3보험(상해 · 질병 · 간병)	생명보험회사/손해보험회사 공동영역
손해보험(화재, 운송, 해상, 책임, 자동차, 보증보험)		손해보험(화재, 해상보험, 자동차, 보증, 재보험, 책임, 기술, 권리, 도난 등)	

2. 배당유무에 따른 분류

보험상품의 배당유무에 따라 유배당보험과 무배당보험으로 구분되며 유배당보험은 사업의 결과, 발생한 이익의 일부(90%)를 보험계약자에게 배당하는 보험이며, 무배당보험은 사업의 결과, 발생한 이익을 보험계약자에게 배당하지 않고 주주의 몫으로 하는 보험을 말한다.

3. 보험가입 목적에 따른 분류

보험상품의 가입목적에 따라 보장성보험과 저축성보험으로 구분될 수 있으며 보장성보험은 기준연령 요건에서 생존시 지급되는 보험금의 합계액이 이미 납입한 보험료를 초과하지 아니하는 보험이며 저축성보험은 보장성보험을 제외한 보험으로서 생존시 지급되는 보험금의 합계액이 이미 납입한 보험료를 초과하는 보험을 말한다.

보장성보험 : 위험보장에 중점을 둔 보험 ➠ 총 납입보험료 ≥ 생존시 지급되는 보험금
저축성보험 : 목돈마련에 중점을 둔 보험 ➠ 총 납입보험료 < 생존시 지급되는 보험금

4. 보험사고에 따른 분류

보험사고에 따라 생존보험, 사망보험, 생사혼합보험으로 구분되며 생존보험은 피보험자의 생존을 보험사고로 하는 보험이며, 사망보험은 피보험자의 사망을 보험사고로 하는 보험이며 생사혼합보험은 사망과 생존 모두를 보험사고로 하는 보험을 말한다.

5. 보험료적립금의 적립이자율에 따른 분류

보험상품의 보험료적립금의 적립이자율에 따라 금리확정형보험, 금리연동형보험, 실적배당형보험으로 구분된다.

금리확정형보험은 보험료적립금 적용이자율이 고정된 보험이며, 금리연동형보험은 보험회사의 자산운용이익률, 시장금리 등에 따라 보험료적립금 적용이자율이 변동되는 보험이며 실적배당형보험은 펀드수익률을 적용하며 보험료적립금이 매일 변동되는 보험을 말한다.

[도표 2] 적립이자율에 따른 보험상품 비교

구분	금리확정형보험	금리연동형보험	실적배당형보험(변액보험)
보장이자율	확정금리 보장	시장금리에 연동하여 변동	실적배당
특징	장기운용 금리변화 둔감	장/단기운용 금리변화 중간	단기운용 금리변화 민감
계약자리스크	적음	중간	많음
회사리스크	많음	중간	적음

보충설명 변액보험 이해

1. 변액보험 정의

- 납입된 보험료 전부 또는 일부를 정액보험 등 일반계정(General Account)과 다른 별도의 특별계정(Separate Account)[2]에 산입하여 각각의 특별계정 자산운용 성과를 사망보험금이나 해약환급금에 반영하여 보험금액이 보험기간 중 변동되는 생명보험계약이다.
- 변액보험에서는 특별계정마다 독자적인 자산운용이 집행되어 그 결과가 직접 적립금에 반영됨으로 결과에 따라 정액보험을 웃도는 급부를 수익으로 얻을 수 있으나, 계약자가 원금도 받지 못하는 경우도 발생할 수 있다.

2. 변액보험 성격

- 변액보험은 납입보험료 중 일부인 적립보험료로 Fund를 구성하여 Fund의 운용실적에 따라 투자수익을 계약자에게 배분함으로써 보험금(사망보험금, 책임준비금 및 해약환급금)이 변동하는 투자형 보험상품이다.
- 즉 투자실적을 전액 계약자에게 환원하는 보험이므로 보험회사는 기존의 확정금리 또는 연동금리보장상품 판매로 인한 금리리스크의 부담을 해소할 수 있고 보험가입자에게 보다 넓은 상품선택의 기회를 제공함으로서 보험상품의 경쟁력을 높일 수 있다.
- 이에 따라 변액보험은 운용자산의 평가손익, 매각손익 등을 포함한 자산 운용실적을 직접 보험금에 반영하여야 함에 따라 정액보험의 일반계정과 분리하여 별도로 변액보험에 관한 특별계정을 설정·운용한다.

1.4 재보험의 이해

1. 재보험의 기능

재보험은 보험회사에 있어서 매우 중요한 기능을 담당한다. 보험회사의 부실화는 예상손실 이상의 보험사고 발생으로 재무구조가 악화되어 회사가 보험금의 지급불능 상태에 처하게 되는 경우가 대부분이다.

특히 대형보험계약 또는 누적위험으로 인한 대재해(지진, 태풍 등 자연재해)와 같은 보험사고에 대비하기 위하여 재보험을 통한 위험분산이 필요하다.

---

2) 특별계정이란 보험회사가 변액보험 등 특정보험계약의 손익을 구별하기 위하여 준비금에 상당하는 재산의 전부 또는 일부를 기타재산(일반계정)과 분리하여 별도로 운영하는 계정으로 계정간 업무장벽(Fire-Wall)을 설치하여 자산 및 손익을 엄격히 구분할 수 있다.

보험회사는 감내할 수 있는 한도까지 위험을 보유하고 초과위험을 재보험회사에게 전가함으로써 경영안정을 도모할 수 있고 대형보험계약에 대하여는 재보험회사와 위험을 분담하여 위험인수능력을 제고시킴으로써 보다 안정적으로 사업의 확장을 추구할 수 있다.

2. 재보험의 형태

통상 재보험은 원수보험회사[3]가 인수한 책임을 재보험회사에 전가하는 방법의 절차상 차이에 따라 임의재보험(Facultative Reinsurance)과 특약재보험(Treaty Reinsurance)으로 구분한다.

또한, 원수보험회사와 재보험회사의 책임분담 방식에 따라 비례적 재보험(Proportional Reinsurance)과 비비례적 재보험(Non-Proportional Reinsurance)으로 구분된다.

(1) 전가하는 방법 절차상에 따른 구분

임의재보험은 출재보험회사[4]가 재보험을 필요로 하는 개별 계약마다 재보험회사에게 임의로 재보험 청약을 하며, 재보험회사는 원수보험회사가 원수보험계약의 인수여부를 선택하는 것과 같이 개개의 재보험 청약에 대하여 인수여부를 결정하게 된다. 따라서 당사자가 재보험의 청약·인수에 대하여 상호 구속됨이 없이 완전히 임의로 이루어지게 된다.

특약재보험은 처음부터 재보험 당사자간에 대상계약, 재보험조건, 청산방법 등을 협정한 재보험 특약(Reinsurance Treaty)이 체결되고 이것에 따라 당사자 간에 재보험청약·인수가 의무적·자동적으로 처리되므로 이를 의무재보험(Obligatory Reinsurance) 또는 자동재보험(Automatic Reinsurance)이라고도 부르며, 이 특약에 따라 다수의 계약이 계속적·자동적으로 재보험 처리된다.

(2) 책임분담방법에 따른 구분

비례적 재보험은 원수보험회사의 보유액과 재보험회사가 인수한 재보험금액과의 비율에 따라 보험료를 배분하고, 보험금에 대해서도 그 금액의 대소를 불문하고 위의 분담비율로 양자의 부담액을 산출하는 방법이다.

---

3) 최초로 보험계약을 인수한 보험회사를 이른다.

4) 재보험을 구매하는 보험회사를 출재보험회사라 이르며 재보험 담보를 제공하는 보험회사를 재보험회사 또는 수재보험회사라 이르며 재보험회사 역시 수재한 책임의 일부 또는 전부를 다시 출재하여 리스크를 관리한다.

비비례적 재보험은 원수보험회사가 보험금의 일정액(이것을 보유손해액, Underlying Retention이라고 함)까지는 전액 부담하고 그것을 초과했을 경우, 그 초과액을 재보험회사가 부담하는 방식이다.

1.5 보험료의 구성 및 계산방식(단순 도해)

보험료는 크게 순보험료와 부가보험료로 구성되며 순보험료는 장래 사망보험금의 지급재원인 위험보험료와 만기·해약환급금의 지급재원인 저축보험료로 구분된다.

한편 부가보험료는 보험사업 운영에 필요한 예상경비로서 설계사 수당 등 신계약 체결시 발생하는 비용지급을 위한 계약체결비와 계약의 유지 및 관리를 위한 계약유지비로 구분된다.

보험료 산출을 위한 계산기초율은 예정위험률, 예정이자율, 예정사업비율로 구성되며 예정위험률은 실제위험률을 정확하게 예측하기 어려우므로 과거통계를 기초로 예정위험률을 설정하고 예정이자율은 보험료 납입시점과 보험금 지급시점 차이를 감안하여 일정 수익률을 설정하며 예정사업비율은 보험사업 운영경비를 미리 일정비율로 설정하여 보험료를 산출한다.

[도표 3] 보험료 구성 및 계산기초율

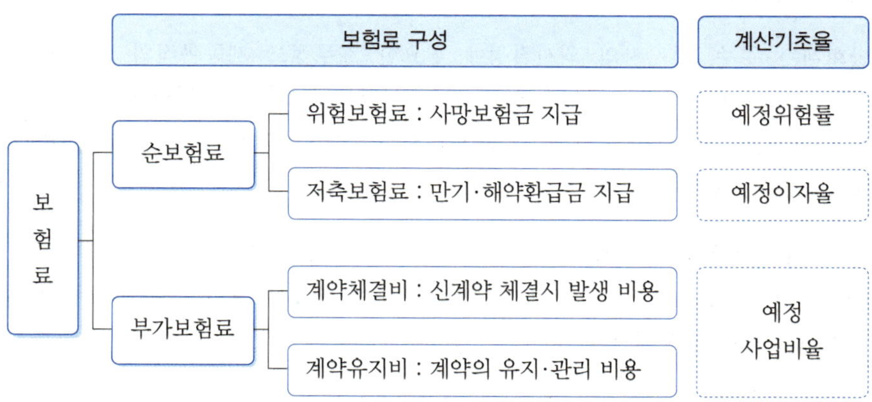

보험료 계산은 다음 산식과 같이 장래에 지급할 보험금액을 예정이자율로 할인한 금액(순보험료)에 사업비의 재원인 부가보험료를 합산하여 산정된다.

$$\text{보험료}\uparrow = \underbrace{\frac{\text{보험사고 발생 가능성(예정위험률}\uparrow\text{)} \times \text{보장금액} + \text{만기보험금}}{(1+\text{예정이자율}\downarrow)}}_{\text{(순보험료)}} + \underbrace{\text{사업부 (예정사업비율}\uparrow\text{)}}_{\text{(부가보험료)}}$$

보험료는 예정이자율의 하락, 예정위험률의 증가 또는 예정사업비율 증가에 따라 인상되게 된다.

예 시 보험료 산출

- 가정(1년 만기 정기보험)
  가입자 : 1,000명
  사망자 : 1명(연말 사망)
  사망보험금 : 1,100만원
  예정이율 : 10%

- 보험료 산출
  1,000명 × 보험료 × (1 + 10%) = 1,100만원

$$\Rightarrow \text{보험료} = \frac{1{,}100\text{만원} / 1{,}000\text{명}}{(1+10\%)} = 1\text{만원}$$

1.6 보험회계 개론

1. 보험회계의 구분

일반회계는 주주, 투자자의 의사결정에 필요한 재무정보 제공목적의 재무제표 작성기준(Generally Accepted Accounting Principle)으로 「주식회사등의외부감사에관한법률」에 근거를 두고 있으며 우리나라의 경우 국제회계기준위원회(IASB)에서 제정된 IFRS를 전면도입(Full Adoption)하여 K-IFRS를 적용하고 있다.

감독회계는 재무건전성 유지, 계약자 보호 등 감독목적에 활용하기 위한 재무제표 작성기준(Statutory Accounting Principle)으로 보험업법에 근거를 두고 있으며, 감독당국이 감독목적 회계 관련 규정 및 세칙의 제·개정을 담당하고 있다.

건전성회계는 보험회사의 재무건전성 지표인 지급여력비율 산출에 기초가 되는 재무상태표 작성을 위한 자산·부채평가기준(Prudential Accounting Principle)으로 보험회사의 자산과 부채를 완전 시가로 평가하도록 보험업법에 근거를 두고 있으며, 감독당국이 지급여력비율 산출 관련 규정 및 세칙의 제·개정을 담당하고 있다.

[도표 4] 우리나라 보험회계 체계

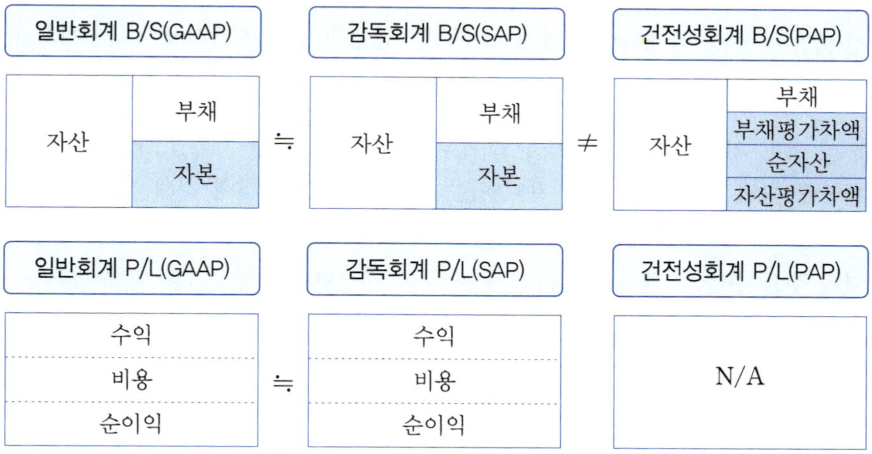

2. 보험회계의 발전[5)]

보험업법이 최초로 1962년 제정되어 시행됨에 따라 보험회사의 회계가 시작되었으며 그 이후 여러 차례의 보험업법 개정 및 신설을 통해 점차 발전적인 모습으로 변모해 왔다.

1980년, 보험회사 표준회계 규정 및 재무제표 준칙이 규정되어 보험회사 결산에 관한 일반적인 내용이 최초로 규정되었다.

1988년, 생명보험회사·손해보험회사의 회계규정이 분리되어 업종간 특성을 반영하게 되었으며 그 이후 준비금 적립방법, 계약자 배당 등 일부 내용에 있어서 생명보험회사 및 손해보험회사간 고유한 업무영역이 존속되어 발전되었다.

1997년 외환위기 이후 국제적 수준에 맞는 회계기준의 필요성이 대두되어 '보험업회계처리준칙'이 제정되었으며, 1998회계연도 이후 보험회사의 재무제표 작성이 이원화되어 정보이용자(감독당국, 투자자 등)에 따라 안정성 또는 수익성 위주라는 서로 다른 각각의 상황에 맞는 재무제표를 작성하여 제출하였다.

1998. 10월 정부와 IBRD 사이의 독립된 민간 회계기준 제정기구 설립 합의에 따라 한국회계기준원이 설립되었으며, 한국회계기준원은 회계기준을 국제회계기준에 합치시키라는 IMF와

5) 금융감독원 보험회계 해설서(2011) 참고

IBRD의 요구에 따라 28개 K-IFRS를 제정하여 적용하였다.

그러나 동 회계기준은 공정가치평가의 제한적 도입, 개별재무제표를 주재무제표로 운용, 독자적 규정(배열)체제 등 국내현실에 맞게 수정·반영함에 따라 국제사회에서 국제회계기준과 다른 기준을 사용하는 나라로 인식되었다.

2007년, IMF 외환위기 이후 다양한 회계투명성 제고 노력을 기울였으나, 여전히 국제사회에서는 한국에 대해 부정적으로 평가하고 있고 재무제표의 투명성에 대해 충분한 국제적 신뢰를 얻지 못하였으며 '코리아 디스카운트' 현상이 계속됨에 따라 이에 우리나라는 세계적인 회계기준 단일화 추세 반영, 회계투명성 제고 등을 위해 2011년부터 상장기업 및 보험회사 등 금융회사의 국제회계기준(IFRS) 도입을 추진하게 되었다.

한편, 국제회계기준위원회(IASB)는 보험계약 회계처리에 대한 일관성 있는 기준을 제공함으로써 보험자 및 국가간 재무제표의 비교가능성을 제고하는 한편 재무제표 이용자가 보험자의 재무상태, 재무성과 및 현금흐름에 미치는 영향을 쉽게 이해할 수 있도록 보험계약 국제회계기준(IFRS4) 제정작업을 추진하였다.

동 제정작업을 추진함에 있어 국제회계기준위원회(IASB)는 국가별로 다양한 보험회계 관행을 일시에 조정하기에는 어려움이 있어 2단계로 구분하여 보험계약 국제회계기준서 제정작업을 추진하여 2023년부터 보험회계 2단계 기준서인 K-IFRS 제1117호 보험계약이 적용되게 되었다.

3. 보험회사의 재무제표

K-IFRS 제1117호 보험계약 및 K-IFRS 제1109호 금융상품 등을 중심으로 다음과 같이 재무상태표와 손익계산서가 구성된다.

보험회사의 재무상태표

자 산	×××	부 채	×××
1. 현금및예치금	××	1. 보험계약부채	××
2. 당기손익－공정가치측정유가증권	××	2. 재보험계약부채	××
3. 기타포괄손익－공정가치측정유가증권	××	3. 투자계약부채	××
4. 상각후원가측정유가증권	××	4. 기타부채	××
5. 관계·종속기업투자주식	××	자 본	×××
6. 대출채권	××	1. 자본금	××
7. 부동산	××	2. 자본잉여금	××
8. 보험계약자산	××	3. 신종자본증권	××
9. 재보험계약자산	××	4. 이익잉여금	××
10. 유형자산	××	5. 자본조정	××
11. 무형자산	××	6. 기타포괄손익누계액	××
12. 기타자산	××		

보험회사의 손익계산서

1. 보험수익	×××	6. 투자수익	×××
• 예상보험금	××	• 보험금융수익	××
• 예상계약유지비	××	• 이자수익 등	××
• 보험취득현금흐름상각	××	7. 투자비용	×××
• 위험조정변동	××	• 보험금융비용	××
• 보험계약마진상각	××	• 이자비용 등	××
2. 보험서비스비용	×××	8. 금융투자결과	×××
• 발생보험금	××	9. 영업외손익	××
• 발생계약유지비	××	10. 법인세비용차감전순이익	×××
• 보험취득현금흐름상각	××	11. 법인세비용	××
3. 재보험수익	××	12. 당기순이익	×××
4. 재보험서비스비용	××	13. 기타포괄손익	××
5. 보험서비스결과	×××	14. 총포괄손익	×××

07

제2절 K-IFRS 제1117호 보험계약 개요

2.1 보험계약 기준서의 도입

K-IFRS 제1117호 보험계약은 발행된 보험계약의 인식, 측정, 표시 및 공시원칙을 정하며 이 기준서에 따라 출재보험계약 및 재량적 참가특성이 있는 투자계약[6]에도 이와 유사한 원칙을 적용한다.

이 기준서 목적은 기업이 보험계약을 충실히 반영하는 방식으로 관련 정보를 제공하기 위한 것으로 이러한 정보는 재무제표이용자가 이 기준서의 적용범위에 포함되는 보험계약이 기업의 재무상태, 재무성과 및 현금흐름에 미치는 영향을 평가하는 근거를 제공한다.

2.2 보험계약 기준서(K-IFRS 제1117호)의 주요 특징

보험계약 기준서에는 보험계약에 금융상품 특성과 서비스 계약 특성이 함께 있는 성격을 반영하며 많은 보험계약은 장기간에 걸쳐 상당한 변동성을 가진 현금흐름을 생성한다.

이에 따라 기업이 계약을 제3자에게 이전하는 것으로 측정하기보다는 일반적으로 보험계약자에게 서비스를 제공함으로써 시간의 경과에 따라 보험계약을 이행한다는 사실을 반영하는 방식으로 보험계약을 측정하도록 했다.

---

6) 재량적 참가특성이 있는 투자계약은 특정 투자자에게 계약발행자의 재량에 따르지 않는 금액 외에 추가로 투자성과 등을 수취할 수 있도록 계약상 권리를 제공하는 금융상품을 말한다.

이러한 특성에 관한 유용한 정보를 제공하기 위해 다음과 같은 접근방법을 개발했다.

(1) 미래현금흐름을 현행가치로 측정함과 동시에 계약에 따라 서비스가 제공되는 기간에 걸쳐 이익을 인식한다.
(2) 보험금융수익(비용)과 별도로 보험서비스결과(보험수익의 표시 포함)를 표시한다.
(3) 보고기간에 보험금융수익(비용)을 모두 당기손익으로 인식할지 또는 그 중 일부를 기타포괄손익으로 인식할지에 대한 회계정책을 포트폴리오별로 선택한다.

K-IFRS 제1117호 보험계약의 주요 원칙은 다음과 같다.

(1) 특정한 불확실한 미래사건(보험사건)이 계약상대방(보험계약자)에게 불리한 영향을 미치는 경우 보험계약자에게 보상하기로 함으로써, 보험계약자로부터 유의적인 보험위험을 인수하는 계약을 보험계약으로 식별한다.
(2) 특정 내재파생상품, 구별되는 투자요소 및 구별되는 이행의무는 보험계약과 분리한다.
(3) 계약들을 인식하고 측정할 집합으로 나눈다.
(4) 다음의 ㈎에 ㈏를 가감하여 보험계약집합을 인식하고 측정한다. ㈎의 가치가 부채라면 ㈏를 가산하고 ㈎의 가치가 자산이라면 ㈏를 차감한다.
  ㈎ 관측 가능한 시장 정보와 일관되게 이행현금흐름에 관한 이용 가능한 모든 정보를 포함하여 위험을 조정한 미래현금흐름의 현재가치(이행현금흐름)
  ㈏ 계약집합의 미실현이익을 나타내는 금액(보험계약마진)
(5) 보험보장 제공기간 동안 위험이 감소됨에 따라 보험계약집합의 이익을 인식한다. 계약집합이 손실부담계약이거나 손실부담계약이 되는 경우 즉시 손실을 인식한다.
(6) 보험수익, 보험서비스비용 및 보험금융수익(비용)을 별도로 표시한다.
(7) 이 기준서의 적용범위에 포함되는 계약이 기업의 재무상태, 재무성과 및 현금흐름에 미친 영향을 재무제표이용자가 평가할 수 있도록 정보를 공시한다. 이를 위하여 다음에 관한 질적 정보와 양적 정보를 공시한다.
  ㈎ 보험계약에 따라 재무제표에 인식한 금액
  ㈏ 이 기준서를 적용하면서 내린 유의적인 판단 및 그 판단의 변경
  ㈐ 이 기준서의 적용범위에 포함되는 계약에서 생긴 위험의 성격과 정도

(4)에서 ㈏는 보험보장 제공기간 동안 보험수익으로 대체되는 일종의 선수수익 성격의 부채이다. 따라서 ㈎의 결과가 자산인 경우 ㈏는 차감하여 측정되고 ㈎의 결과가 부채인 경우 ㈏는 가산하여 측정한다는 의미이다.

K-IFRS 제1117호 보험계약에 따른 측정 결과는 다음과 같다.

(1) 보험계약집합의 잔여 서비스 이행의무와 관련된 부채. 이 부채는 다음을 제외하고 K-IFRS 제1115호 고객과의 계약에서 생기는 수익과 대체로 일관되게 측정된다.
   (가) 이 부채의 측정치가 금융가정의 변동에 따라 업데이트된다.
   (나) 이 부채는 K-IFRS 제1115호의 적용범위에 포함되는 계약에서는 일반적이지 않은 투자요소를 보통 포함하고 있다.
(2) 보험계약집합에서 발생한 보험금과 관련된 부채. 이 부채는 K-IFRS 제1037호 충당부채, 우발부채 및 우발자산의 적용범위에 포함되는 계약에서는 일반적이지 않은 투자요소를 보통 포함하고 있다는 점을 제외하고 그 기준서와 대체로 일관되게 측정된다.

(1)은 보험계약집합의 향후 보험 서비스 이행에 관한 의무를 부채로 측정한다는 의미이고 (2)는 보험보장 사유가 발생한 경우 보험금 지급의무를 부채로 측정한다는 의미이다.

한편, 일부 보험계약을 간편법(보험료배분접근법)을 적용하여 측정할 수 있다. 간편법에 따르면 보장기간에 보험료를 배분함으로써 잔여 서비스와 관련된 부채를 측정할 수 있다.

제3절 보험계약 기준서의 적용 및 정의

3.1 보험계약 기준서의 적용

보험계약 기준서를 적용할 때, 권리와 의무가 계약으로 생기든 법 또는 규정으로 생기든 실질적인 권리와 의무를 고려한다. 계약은 둘 이상의 당사자 간에 강제할 수 있는 권리와 의무를 창출하는 약정이다.

기업은 다음 계약에 대해서는 보험계약 기준서를 적용한다.

(1) 기업이 발행한 보험계약과 재보험계약
(2) 출재보험계약
(3) 보험계약을 발행한 기업이 발행한 재량적 참가특성이 있는 투자계약

재보험은 보험회사가 인수한 보험계약에 대하여 보상책임의 일부 혹은 전부를 다른 보험회사에게 별개의 보험계약을 체결하여 전가하는 것을 이르며 이러한 재보험은 보험회사를 위한 보험으로 이해할 수 있다.

여기에서 보험계약상의 보상책임을 다른 보험회사에 전가하는 재보험계약을 출재보험계약이라 하며 반대로 다른 보험회사의 보상책임을 인수하는 것을 재보험계약('수재보험계약'이라고도 함)이라 한다.

재량적 참가특성이 있는 투자계약은 특정 투자자에게 계약발행자(보험회사)의 재량에 따르지 않는 급부금 외에 계약상 급부금 중 유의적인 부분을 차지할 것으로 예상되며 발행자의 재량에 의해 지급시기와 금액이 결정되는 급부금을 추가로 수취할 수 있도록 계약상 권리를 제공하는 금융상품이다.

07

보충설명 재량적 참가특성이 있는 투자계약에 대한 이해

- 이 기준서에서는 재량적 참가특성이 있는 투자계약이 보험계약의 정의를 충족하지는 못하지만 보험계약을 발행한 기업이 이러한 투자계약을 발행했을 때 다음과 같은 고려요소를 감안하여 금융상품이 아니라 보험계약으로 처리한다.

> (1) 재량적 참가특성이 있는 투자계약과 기초항목의 수익에 명시적으로 연계되어 있는 보험계약은 때때로 동일한 기초자산 풀에 연계되어 있다. 두 유형의 계약 모두에 같은 회계처리를 사용한다면 기업 내의 비교가능성이 제고되기 때문에 재무제표이용자를 위한 보다 유용한 정보를 산출하게 될 것이다.
> (2) 이러한 두 가지 유형의 계약은 종종 계약기간이 길고 반복적인 보험료가 있으며 보험계약 취득을 위한 현금흐름(설계사 수당 등 계약체결비용)이 큰 특성이 있는데 이러한 특성은 대부분의 다른 금융상품보다 보험계약에서 더 일반적이다.
> (3) 이 계약들을 다른 회계처리를 하는 구성요소로 분리하는 것이 어렵고 분리를 요구하는 경우 구성요소간 상호의존성이 무시되는 등의 문제가 발생할 것이다.

- 보험계약을 발행하지 않은 기업의 경우 재량적 참가특성이 있는 모든 투자계약에 대해 이 기준서를 적용한다면 그 원가가 효익보다 클 것이므로 보험계약을 발행한 기업이 발행한 재량적 참가특성이 있는 투자계약에 대해서만 이 기준서를 적용한다.

기업은 다음 계약에 대해서는 보험계약 기준서 또는 다른 기준서를 적용할 수 있다.

> (1) 금융보증계약 : 보험계약 또는 금융상품 기준서 중 선택
> (2) 고정수수료 서비스 계약 : 보험계약 또는 고객과의 계약에서 생기는 수익 기준서 중 선택
> (3) 사망시 상환을 면제하는 대출계약 : 보험계약 또는 금융상품 기준서 중 선택

금융보증계약이란 채무상품의 최초 계약조건이나 변경된 계약조건에 따라 지급기일에 특정 채무자가 지급하지 못해 보유자가 입은 손실을 보상하기 위해 발행자가 특정 금액을 지급하여야 하는 계약으로 보험계약 정의도 충족하므로 보험계약 기준서를 적용할 수 있다. 다만 각 금융보증계약별로 회계처리기준을 선택할 수 있으나, 선택한 경우에는 취소할 수 없다.

고정수수료 서비스 계약의 예로 자동차 사고시 긴급출동 견인서비스 계약 등을 들 수 있다. 다음의 특정조건을 모두 충족하는 계약의 경우 보험계약 정의도 충족하므로 보험계약 기준서를 적용할 수 있다. 다만 각 계약별로 회계처리기준을 선택할 수 있으나, 선택한 경우에는 취소할 수 없다.

> (1) 기업은 고객과 계약가격을 정할 때 개별 고객과 관련된 위험에 대한 평가를 반영하지 않는다.
> (2) 계약에 따라 고객에게 현금을 지급하기 보다는 서비스를 제공함으로써 보상한다.
> (3) 계약에 따라 이전되는 보험위험은 주로 서비스의 원가에 대한 불확실성에서 발생하기보다는 고객의 서비스 사용에서 발생한다.

사망시 상환을 면제해 주는 대출계약의 경우 보험계약의 정의도 충족하므로 보험계약 기준서를 적용할 수 있다. 다만 보험계약의 각 포트폴리오별로 회계처리기준을 선택할 수 있으나, 선택한 경우에는 취소할 수 없다.

3.2 보험계약의 용어 정의

K-IFRS 제1117호 보험계약에서 나오는 보험계약 관련 용어를 살펴보기로 한다.

(1) 보험계약 : 계약당사자 일방(계약발행자)이 특정한 미래의 불확실한 사건(보험사건)으로 계약상대방(보험계약자)에게 불리한 영향이 발생한 경우에 보험계약자에게 보상하기로 약정함으로써 보험계약자로부터 유의적 보험위험을 인수하는 계약

(2) 보험위험 : 계약의 보유자로부터 계약발행자에게 이전되는 위험으로서 금융위험 이외의 위험

(3) 보험사건 : 보험계약에 의해 보장되고 보험위험을 발생시키는 불확실한 미래사건

(4) 보험계약자 : 보험사건이 발생하는 경우 보험계약에 따라 보상을 받을 권리가 있는 당사자

(5) 재보험계약 : 다른 기업이 발행한 하나 이상의 보험계약(원수계약)에서 생기는 보험금에 대해 그 기업을 보상하기 위해 기업(재보험회사)이 발행한 보험계약

(6) 보험계약서비스 : 보험계약의 보험계약자에게 제공하는 다음의 서비스
- 보험사건에 대한 보장(보험보장)
- 직접참가특성이 없는 보험계약의 경우, 해당된다면, 보험계약자를 위한 투자수익의 창출(투자수익서비스)
- 직접참가특성이 있는 보험계약의 경우, 보험계약자를 대신하는 기초항목의 관리(투자관련서비스)

(7) 보장기간 : 보험계약서비스가 제공되는 기간. 이 기간은 보험계약의 경계 내에 있는 모든 보험료와 관련된 보험계약서비스를 포함함

(8) 직접참가특성이 있는 보험계약 : 최초 인식시점에 다음의 조건을 모두 충족하는 보험계약
- 계약 조건에 보험계약자가 명확하게 식별된 기초항목 집단(Pool)의 일정 몫에 참여한다는 것이 명시되어 있다.
- 기업은 보험계약자에게 기초항목에서 발생하는 공정가치 이익 중 상당한 몫에 해당하는 금액을 지급할 것으로 예상한다.
- 기업은 보험계약자에게 지급될 금액의 변동분 중 상당한 비율이 기초항목의 공정가치 변동에 따라 달라질 것으로 예상한다.

07

(9) 직접참가특성이 없는 보험계약 : 직접참가특성이 있는 보험계약이 아닌 보험계약

(10) 재량적 참가특성이 있는 투자계약 : 특정 투자자에게 계약발행자의 재량에 따르지 않는 금액 외에 다음의 금액을 추가로 수취할 수 있도록 계약상 권리를 제공하는 금융상품

- 계약상 총 급부금 중 유의적인 부분을 차지할 것으로 예상된다.
- 지급 시기와 금액은 계약상 발행자의 재량이다.
- 계약상 다음 중 하나 이상에 근거한다.
  (가) 특정 계약집단 또는 특정 계약형태에서 발생한 성과
  (나) 발행자가 보유하고 있는 특정 자산 집단에서 발생한 실현 또는 미실현 투자수익
  (다) 계약을 발행한 기업 또는 펀드의 당기손익

(11) 투자요소 : 보험사건의 발생여부에 관계없이 모든 상황에서 보험계약에 따라 기업이 보험계약자에게 상환해야 하는 금액

(12) 보험계약 포트폴리오 : 유사한 위험을 가지고 있고 함께 관리되는 보험계약

(13) 보험계약집합 : 보험계약 포트폴리오를 최초 인식시점에 최소한 다음과 같은 계약이 있다면 그러한 계약으로 나눔에 따라 생기는 보험계약 세트로, 1년 이내의 기간에 발행된 계약으로 구성

- 손실을 부담하는 계약집합
- 후속적으로 손실을 부담하게 될 유의적인 가능성이 없는 계약집합
- 위 두 계약집합이 아닌 집합

(14) 보험취득 현금흐름 : 보험계약집합이 속해 있는 보험계약 포트폴리오에 직접 귀속되는 보험계약집합의 판매, 인수심사 및 개시 관련 원가에서 생기는 현금흐름. 그러한 현금흐름에는 포트폴리오 내의 개별 계약이나 보험계약집합에 직접 귀속되지 않는 현금흐름도 포함됨

(15) 이행현금흐름 : 보험계약을 이행함에 따라 발생할 미래 현금유출액의 현재가치에서 미래현금유입액의 현재가치를 차감한 것에 대한 명시적이고 중립적인 확률가중추정치(즉, 기대가치)로서 비금융위험에 대한 위험조정을 포함함

(16) 경험조정 : 다음과 같은 예상과 실제의 차이

- 보험료 수취(그리고 보험취득 현금흐름, 보험료 세금과 같은 모든 관련 현금흐름)와 관련하여, 해당 기간에 예상되는 금액에 대한 해당 기간 초의 추정치와 해당 기간의 실제 현금흐름
- 보험서비스비용(보험 취득 비용은 제외)과 관련하여 해당 기간에 발생할 것으로 예상되는 금액에 대한 해당 기간 초의 추정치와 해당 기간에 실제 발생한 금액

(17) 발생사고부채 : 다음과 같은 기업의 의무

- 이미 발생한 보험사건에 대해 조사하고 정당한 보험금과 기타 발생한 보험 비용을 지급할 의무. 이러한 사건에는 발생하였으나 해당 보험금은 아직 보고되지 아니한 사건도 포함된다.
- 위에 포함되지 않은 것으로, 다음에 관련하여 지급할 의무
  (가) 이미 제공된 보험계약서비스
  (나) 보험계약서비스 제공과 관련이 없고 잔여보장부채에 포함되지 않는 투자요소 또는 그 밖의 금액

⒅ 잔여보장부채 : 다음과 같은 기업의 의무

- 아직 발생하지 않은 보험사건에 대하여 현재의 보험계약에 따라 조사하고 타당한 보험금을 지급할 의무(즉, 보험보장 중 만료되지 않은 부분과 관련이 있는 의무)
- 위에 포함되지 않은 현재의 보험계약으로, 다음과 관련하여 지급할 의무
  ㈎ 아직 제공되지 않은 보험계약서비스(즉, 보험계약서비스의 미래제공과 관련된 의무)
  ㈏ 보험계약서비스 제공과 관련이 없고 발생사고부채로 이전된 적이 없는 투자요소 또는 그 밖의 금액

⒆ 보험계약마진 : 보험계약집합에 대한 자산 또는 부채 장부금액의 구성요소로서, 집합 내 보험계약에 따라 보험계약서비스를 제공하면서 인식하게 될 미실현이익을 나타냄

⒇ 비금융위험에 대한 위험조정 : 보험계약을 이행할 때 비금융위험에서 생기는 현금흐름의 금액과 시기에 대한 불확실성을 부담하는 것에 대해 요구하는 보상

(21) 금융위험 : 하나 이상의 특정변수의 미래 발생 가능한 변동으로 인한 위험. 기초변수는 이자율, 금융상품가격, 일반상품가격, 환율, 가격 또는 비율의 지수, 신용등급 또는 신용지수나 그 밖의 변수를 말함

(22) 기초항목 : 보험계약자에게 지급할 금액 중 일부를 결정하는 항목. 기초항목은 예를 들면, 참조자산 포트폴리오, 기업의 순자산 또는 기업의 순자산 중 특정한 일부 집합 등 어떤 항목으로든 구성 가능함

1. 불확실한 미래사건

불확실성 또는 위험은 보험계약의 본질이다. 그러므로 보험계약의 개시 시점에 ⑴ 보험사건의 발생 가능성, ⑵ 보험사건의 발생 시기, ⑶ 보험사건이 발생할 경우 기업이 지급할 금액 중 하나 이상은 불확실하다.

2. 보험위험과 그 밖의 위험의 구별

보험계약의 정의에 따르면, 한 계약당사자가 다른 계약당사자로부터 유의적인 보험위험을 인수하여야 한다. 보험위험은 계약보유자(보험계약자)로부터 계약발행자(보험회사)에게 이전되는 위험으로서 '금융위험 이외의 위험'을 말한다.

유의적인 보험위험 없이 계약발행자(보험회사)를 금융위험에 노출시키는 계약은 보험계약이 아니다.

[도표 5] 보험위험과 그 밖의 위험간 구별 사례

사례	보험위험 여부
(1) 보험계약자에게 최저수익률을 보장(금융위험 발생)하는 동시에 보험계약자의 적립금을 유의적으로 초과할 수도 있는 사망급부금을 약정하는 생명보험계약	사망위험이 발생하므로 보험위험 있음
(2) 실효 또는 유지 위험(즉, 발행자가 계약의 가격을 결정할 때 예상한 것보다 더 일찍 또는 더 늦게 보험계약자가 계약을 취소할 위험)	보험금이 보험계약자에게 불리한 영향을 미치는 불확실한 미래사건에 달려있지 않으므로 보험위험 없음
(3) 비용위험(보험사건과 관련된 원가가 아니라 계약에 따른 서비스 제공과 관련된 관리원가가 증가할 위험)	비용 증가가 보험계약자에게 불리한 영향을 미치지 않기 때문에 보험위험 없음

3. 유의적 보험위험

유의적인 보험위험을 이전하는 계약만이 보험계약이며 각 계약별로 보험위험의 유의성을 평가한다. 이는 계약들을 포트폴리오로 관리하더라도 계약상 권리와 의무는 개별 계약들에서 발생하므로 개별 계약과 관련하여 보험위험의 유의성을 판단하여야 한다.

유의적 보험위험이라 함은 어떠한 하나의 시나리오에서라도 보험사건으로 인해 계약발행자가 유의적인 부가금[7)]을 지급하여야 할 때를 의미한다.

지급될 수 있는 추가적인 급부금이 있는 유의적인 시나리오가 있는지를 평가할 때 화폐의 시간가치를 고려하여야 하며, 만약 현재가치 기준으로 손실을 부담할 수 있는 상업적 실질이 있는 시나리오가 없다면 그 계약은 유의적인 보험위험을 이전하지 않아 보험계약의 정의를 충족하지 못한다.

보험 계약기간에 걸쳐 계약이 보험계약의 정의를 충족하는지를 지속적으로 관찰하는 것은 큰 부담이 될 것이라고 보아 계약의 개시시점에 계약이 보험계약인지를 한번만 판단한다.

---

7) 보험사건이 발생하지 않더라도 지급하여야 하는 금액을 초과하는 부분(보험사건 발생시 지급금 − 보험사건 미발생시 지급금)의 현재가치

3.3 보험계약의 예시와 보험계약이 아닌 계약의 예시

구분	예시
보험계약	(1) 도난 또는 손상에 대한 보험 (2) 생산물배상책임, 전문직배상책임, 민사책임 또는 소송비용에 대한 보험 (3) 생명보험 및 선납장례보험 (4) 생존조건연금 및 퇴직연금. 즉, 연금수령자나 퇴직연금자의 생존이라는 불확실한 미래사건에 대해 보상하는 계약 (5) 장애 및 의료비용에 대한 보험 (6) 채무보증, 신원보증, 이행보증 및 입찰보증 (7) 제품보증. 제조업자나 판매업자 또는 소매업자가 판매한 재화에 대하여 다른 당사자가 발행한 제품보증은 이 기준서의 적용범위에 해당한다. (8) 권원보험(보험계약이 발행될 당시 발견되지 않은 토지나 건물 소유권의 결함이 발견될 경우 이에 대해 보상하는 보험) (9) 여행자보험 (10) 계약당사자에게 특정되는 기후, 지질 또는 다른 물리적 변수의 변동에 기초하여 지급하여야 하는 계약 등
비보험계약	(1) 보험계약의 법률적 형식을 취하고 있으나 계약발행자에게 유의적 보험위험을 이전시키지 않는 투자계약 (2) 보험의 법적 형식을 취하나, 보험손실의 직접적인 결과로서 보험계약자가 계약발행자에게 미래 지급하는 금액을 조정하는 취소불가능하고 강제 가능한 구조를 통해 모든 유의적 보험위험을 보험계약자에게 전가하는 계약(예 일부 금융재보험계약) (3) 자가보험. 예로 기업이 지배기업, 종속기업 또는 연결실체 내 다른 종속기업에게 보험계약을 발행하는 경우, 다른 상대방과의 계약이 존재하지 않으므로 연결재무제표상 보험계약이 존재하지 않으나 발행자 또는 보유자의 개별재무제표나 별도재무제표에서는 보험계약이 존재 (4) 특정 불확실한 미래사건이 발생하면 급부금을 요구하지만, 급부금 지급의 계약상 전제조건으로 그 사건이 보험계약자에게 불리한 영향을 미칠 것을 요구하지 않는 계약(예 도박계약) (5) 일방의 당사자를 보험위험이 아닌 금융위험에 노출시키는 파생상품 (6) 채무자의 채무불이행으로 계약자가 손실을 입지 않더라도 급부금의 지급을 요구하는 신용 관련 보증 (7) 계약당사자에게 특정되지 않는 기후, 지질 또는 기타 물리적 변수에 따라 급부금을 지급하여야 하는 계약 등

07

제4절 보험계약의 분리와 통합

보험계약의 분리 : 보험계약에 포함되어 있는 내재파생상품 및 명백히 구분되는 투자요소 등에 대해서는 보험계약과 분리하여야 한다.

보험계약의 통합 : 기업이 발행한 개별 보험계약에 대해 보험계약 인식시점에 집합으로 통합하여 보험계약 기준서의 인식과 측정 관련 기준을 적용하여야 한다.

4.1 보험계약의 분리

보험계약은 별도의 계약이라면 다른 기준서의 적용범위에 포함되는 하나 이상의 구성요소를 포함할 수 있다. 예를 들어, 보험계약에는 투자요소 또는 보험계약서비스 이외의 서비스요소(혹은 둘 다)가 포함될 수 있다.

1. 내재파생상품

K-IFRS 제1109호 금융상품을 적용하여 분리할 내재파생상품이 있는지와 있다면 해당 파생상품을 어떻게 회계처리할 것인지를 결정한다.

내재파생상품이 주계약인 보험계약과 밀접하게 관련이 있는 경우, 해당 내재파생상품을 분리하여 얻는 효익은 원가보다 크지 않다고 판단하여 해당 보험계약 전체에 대하여 이 기준서를 적용한다.

2. 투자요소

투자요소가 명백히 구분되는 경우에만 투자요소를 주계약인 보험계약에서 분리하여 K-IFRS 제1109호 금융상품을 적용하여 회계처리한다.

한편, 투자요소가 명백히 구분되는 경우는 보험계약의 현금흐름이 투자요소의 현금흐름과 상호관련성이 높지 않은 경우로서 이러한 투자요소는 분리하여 금융상품 기준서가 적용된다.

그러나 보험계약과 상호관련성이 높은 현금흐름을 가지는 투자요소에 대해서는 분리하지 않고 보험계약 전체에 대해 회계처리하되, 보험수익 및 보험서비스비용에서는 동 투자요소를 제외한다.

보충설명 투자요소

- 이 기준서에서는 주계약인 보험계약으로부터 명백히 구분되는 투자요소를 분리하도록 요구한다. 투자요소는 다음 조건을 모두 충족하는 경우에만 명백히 구분된다.
  - (1) 투자요소와 보험요소가 밀접하게 상호 연관되지 않을 경우
  - (2) 보험계약을 발행하는 기업 또는 제3자가 동등한 조건을 가진 계약을 동일한 시장 또는 동일한 국가에서 분리하여 팔거나 팔 수 있을 경우
- 투자요소와 보험요소는 다음 (1) 또는 (2)를 충족하는 경우에만 밀접하게 상호 연관되어 있어 이 기준서를 적용한다.
  - (1) 다른 요소를 고려하지 않고 한 요소를 측정할 수 없는 경우
  - (2) 다른 요소가 없다면 한 요소로부터 보험계약자가 급부를 얻을 수 없는 경우(예 특정 요소의 실효나 만료가 다른 요소의 실효나 만료를 야기하는 경우)

07

3. 보험계약서비스 이외의 서비스요소

내재파생상품 및 명백히 구분되는 투자요소와 관련된 현금흐름을 분리한 후, 보험계약자에게 명백히 구분되는 재화나 보험계약서비스 이외의 서비스를 보험계약자에게 이전하겠다는 약정은 K-IFRS 제1115호 고객과의 계약에서 생기는 수익을 적용하여 주계약인 보험계약에서 분리한다.

보충설명 명백히 구분되는 재화 또는 보험계약서비스 이외의 서비스를 이전하는 약정

- 보험계약자가 재화나 보험계약서비스 이외의 서비스 그 자체에서 효익을 얻을 수 있거나 보험계약자가 쉽게 구할 수 있는 다른 자원과 함께하여 효익을 얻을 수 있다면, 보험계약자에게 약정한 재화나 서비스는 명백히 구분된다.

• 다음에 모두 해당되는 경우에 보험계약자에게 약정한 재화 또는 보험계약서비스 이외의 서비스는 명백히 구분되지 않아 이 기준서를 적용한다.
  (1) 재화나 서비스와 관련된 현금흐름이나 위험이 계약 내 보험요소와 관련된 현금흐름 및 위험과 밀접하게 상호 연관되어 있다.
  (2) 기업이 재화나 서비스를 보험요소와 통합하는 유의적인 서비스를 제공한다.

4. 보험계약요소

보험계약에서 내재파생상품 및 투자요소와 보험계약서비스 이외의 서비스요소를 분리한 후 주계약인 보험계약의 나머지 모든 구성요소에 K-IFRS 제1117호 보험계약을 적용한다.

예제 1 적립금(account balance)이 있는 생명보험계약에서 구성요소의 분리[8)]

㈜대한보험은 적립금이 있는 생명보험계약을 발행한다. 보험계약이 발행될 때 ㈜대한보험은 ₩1,000의 보험료를 받는다. 적립금은 보험계약자의 납입금액에 따라 증가하고, 특정 자산의 수익에 기초한 계산에 따라 증감하며, ㈜대한보험이 부과한 수수료에 의해 감소한다.

계약에서 다음을 지급하기로 약정한다.

(1) 피보험자가 보장기간 중 사망하는 경우, 사망보험금 ₩5,000과 적립금
(2) 계약이 해지되는 경우, 적립금(해약수수료는 없음)

㈜대한보험에는 보험금 청구 처리부서와 자산운용부서가 있으며 적립금의 조건과 동일하지만 보험보장을 제공하지 않는 투자상품이 다른 금융기관에 의해 판매되는 상황이다.

물 음

보험계약에서 적립금, 보험금 청구 및 자산관리 요소 등 비보험요소를 분리할지를 결정하시오.

해 설

• 적립금의 분리 : 조건이 동일한 투자상품이 존재한다는 사실은 구성요소가 명백히 구분될 수 있음을 나타낸다. 그러나 보험보장에 따른 사망보험금에 대한 권리가 적립금과 함께 실효되거나 만료된다면, 보험요소와 투자요소가 밀접하게 상호 연관되어 있으므로 양자는 명백하게 구분되지 않는다. 이에 적립금은 보험계약과 분리되지 못하고 이 기준서를 적용하여 회계처리될 것이다.

---

8) K-IFRS 제1117호 보험계약 사례 4 참조

- 보험금 청구 처리(claims processing) 요소의 분리 : 보험금 청구 처리 활동은 계약을 이행하기 위하여 ㈜대한보험이 수행해야 할 활동의 일부이며, ㈜대한보험은 그러한 활동의 수행으로 보험계약자에게 재화나 서비스를 이전하지는 않는다. 이에 보험계약에서 보험금 청구 처리 요소를 분리하지 않는다.
- 자산관리 요소의 분리 : 자산관리 활동은 계약을 이행하기 위하여 ㈜대한보험이 수행해야 할 활동의 일부이며, ㈜대한보험은 그러한 활동의 수행으로 보험계약자에게 보험계약서비스 이외의 재화나 서비스를 이전하지는 않는다. 이에 보험계약에서 자산관리 요소를 분리하지 않는다.

4.2 보험계약의 통합

기업은 보험계약의 포트폴리오를 식별한다. 포트폴리오는 유사한 위험에 노출되어 있고 함께 관리되는 계약으로 구성된다.

보험상품 계열 내의 계약은 유사한 위험을 가질 것으로 예상되기 때문에 함께 관리된다면 같은 포트폴리오에 포함될 것으로 예상된다. 다른 보험상품 계열(예 정기생명보험 대비 일시납 고정연금) 내에 있는 계약은 유사한 위험을 가질 것으로 예상되지 않기 때문에 다른 포트폴리오에 포함될 것으로 예상된다.

보충설명 개별계약 측정 및 보험계약의 통합 측정

- 기업의 권리와 의무는 보험계약자와의 개별 계약에서 발생한다는 사실을 반영하여 계약을 개별적으로 측정해야 할지를 고려하였으나, 개별계약으로 보험부채를 측정하는 방식이 종종 위험을 경감시키기 위하여 많은 유사한 계약을 발행하는 기업의 보험활동에 관하여 유용한 정보를 제공하지 않을 것이라고 판단하여 보험계약 기준서에서는 보험부채를 집합 수준에서 측정되어야 한다고 규정하고 있다.
- 포트폴리오를 광범위하게 세분함에 따라 부담해야 하는 운영상의 어려움을 정당화시킬 수 있을 만큼의 유용한 정보를 충분히 제공하지 못하면서도 과도하게 많은 수의 집합을 요구할 우려가 있어 재무성과표에서 이익과 잠재적 손실을 적절한 기간에 반영하는 것과 운영상의 어려움간에 균형을 맞추고 있다.
- 이러한 균형을 맞추기 위하여 유사한 위험에 노출되어 있고 함께 관리되는 계약으로 포트폴리오를 식별하고, 포트폴리오는 최소한 최초 인식시점에 손실부담계약집합, 손실을 부담할 유의적 가능성이 없는 계약집합 및 다른 모든 계약집합으로 구분된다.

1. 보험계약 포트폴리오의 최소 구분

발행한 보험계약의 포트폴리오는 최소한 다음과 같이 나눈다. 다만 해당되는 집합(a group of contracts)이 없는 경우는 제외한다.

(1) 최초 인식시점에 손실을 부담하는 계약집합
(2) 최초 인식시점에 후속적으로 손실을 부담하게 될 유의적인 가능성이 없는 계약집합
(3) 포트폴리오에 남아있는 계약집합

기업은 위에서 기술된 집합을 세분화할 수 있다. 기업의 내부정보가 수익성의 상이한 수준 또는 최초 인식 후 손실부담계약이 될 상이한 가능성을 구분하는 정보를 제공한다면, 최초 인식시점에 손실부담계약이 아닌 집합을 더 많은 집합으로 세분할 수 있다.

또한 계약이 손실을 부담하는 정도에 대해 보다 세밀한 수준으로 정보를 제공한다면, 최초 인식시점에 손실부담계약집합을 복수의 집합으로 세분할 수 있다.

그러나 시간의 경과에 따른 수익성의 변화가 발생하므로 수익성의 추세를 재무제표에 적시에 반영하기 위해 같은 집합 내에 발행시점의 차이가 1년 이내의 계약만 포함한다.

이와 같이 최초 인식시점에 계약의 집합을 정하고 결정한 계약집합에 K-IFRS 제1117호 보험계약의 인식 및 측정 요구사항을 적용하며 후속적으로는 집합의 구성을 재평가하지 않는다.

한편, 집합이나 포트폴리오보다 더 높은 통합 수준에서 추정한 이행현금흐름을 계약집합에 배분함으로써 적절한 이행현금흐름을 측정할 수 있다면 집합이나 포트폴리오보다 더 높은 통합 수준에서 이행현금흐름을 추정할 수 있다.

보충설명 포트폴리오에 관하여 기업의 판단에 미치는 사항

(1) 보험계약 포트폴리오 구분 안에서 보험계약집합의 구분
(2) 보험금융수익비용에 대하여 모두 당기손익으로 인식할지 또는 그 중 일부를 기타포괄손익으로 인식할지에 대한 회계정책을 포트폴리오별로 선택
(3) 계약의 경계를 결정함에 있어 위험 재평가능력의 판단을 위한 수준으로 포트폴리오를 이용
(4) 이행현금흐름 측정에 포트폴리오 수준에서 직접 귀속되는 사업비 결정

2. 보험계약집합 결정시 고려사항

보험계약집합 결정시 계약이 손실부담계약인지를 결정하기 위해 계약 세트를 기준으로 측정할 수 있으며 계약이 후속적으로 손실을 부담하게 될 유의적인 가능성이 없는지를 결정하기 위해 계약 세트로 평가할 수 있다.

계약 세트가 같은 집합에 모두 포함될 것이라고 결론 내리는 데 합리적이고 뒷받침될 수 있는 정보를 가지고 있지 않다면, 개별 계약을 검토하여 해당 계약이 어떤 집합에 포함될지를 결정한다.

보충설명 보험계약 포트폴리오와 보험계약집합의 이해

- 보험계약 포트폴리오 : 유사한 위험에 노출되어 있고 함께 관리되는 계약으로 구성[보험상품 종류별 : 종신(사망), 연금, 건강보험 등]
- 보험계약집합 : 보험계약의 재무보고 목적의 인식과 측정을 위한 회계단위 집합으로 포트폴리오를 손실부담계약, 손실부담의 유의적 위험이 없는 계약, 그 이외 계약을 최소집합으로 구분하되 같은 집합 내 발행시점 차이는 1년 이내로 구성

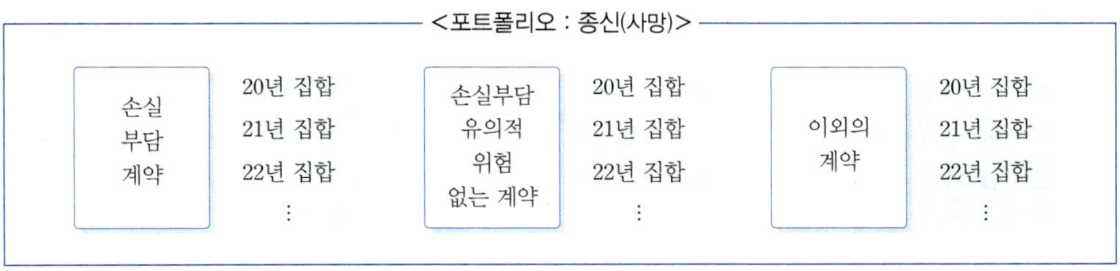

제5절
보험계약집합의 인식

5.1 보험계약집합의 최초 인식기준

기업은 다음 중 가장 이른 시점에 발행한 보험계약집합을 인식한다. 다만, 계약상 지급해야 하는 날이 없는 경우에는 보험계약자로부터 첫 번째 보험료를 받은 날을 지급해야 하는 날로 간주한다.

(1) 계약집합의 보장기간이 시작될 때
(2) 집합 내의 보험계약자가 첫 번째 보험료를 지급해야 할 때
(3) 손실부담계약집합의 경우, 집합이 손실부담계약집합이 되는 때

다만, 사실과 상황이 손실부담계약집합이 존재한다는 것을 나타내는 경우 위 (1)과 (2)에서 정하는 날짜 중 더 이른 날 전에 어느 계약이 손실부담계약인지 결정해야 한다.

5.2 최초 인식시점의 할인율 및 보장단위

보고기간에 보험계약집합을 인식할 때에는 최초 인식기준 세 가지 요건 중 하나를 개별적으로 충족하는 계약만 포함하며 최초 인식시점의 할인율과 해당 보고기간에 제공된 보장 단위에 대해 추정한다.

1. 최초 인식시점의 할인율

계약집합에 대한 최초 인식시점의 할인율을 결정하기 위해 계약집합 내 계약이 발행된 기간의 가중평균할인율을 사용할 수 있으나, 같은 집합 내에 발행시점이 차이가 1년을 초과할 수는 없으므로 가중평균할인율을 산출하기 위한 기간도 1년을 초과할 수 없다.

발행시점 차이가 1년 이내인 신규 계약이 집합에 추가될 때 최초 인식시점의 할인율 결정에 변동이 있을 수 있고 신규 계약이 집합에 추가되는 보고기간의 초부터 조정된 할인율을 적용한다.

2. 최초 인식시점의 보장단위

보험계약집합의 보험계약마진 금액은 해당 기간에 보험계약집합에서 제공한 보험계약 서비스를 반영하여 그 기간에 당기손익으로 인식해야 한다.

보험계약집합에서 제공하는 보험계약 서비스를 추정하기 위해서는 집합 내의 보장단위를 식별하여야 하며 집합 내의 보장단위의 수는 집합 내의 계약에서 제공되는 보험계약서비스의 수량으로 각 계약별로 계약에 따라 제공되는 급부[9]의 수량 및 기대되는 보장기간을 고려하여 추정된다.

한편, 보고기간 말에 보험계약마진을 당기에 제공된 보장단위와 미래에 제공될 것으로 기대되는 보장단위 각각에 동일하게 배분하여 당기에 제공된 보장단위에 배분된 금액을 당기손익으로 인식한다.

07

▶ 예제 2 최초 인식시점의 보장단위 추정

㈜만세보험이 1차연도에 발행한 손실부담의 유의적 위험이 없는 계약집합에 4개의 계약이 포함되었으며 동 계약집합의 총 보험계약마진은 ₩40이며 각 계약의 급부의 수량(예 보험가입금액 등)과 기대되는 보장기간은 다음과 같다.

구분	계약 1	계약 2	계약 3	계약 4
급부의 수량	₩20	₩30	₩15	₩25
기대되는 보장기간	5년	3년	4년	2년

9) 보험계약에 따라 보험사고 등에 관하여 지급되는 금전적 급부 등 보험계약서비스를 이른다.

물음

1. 급부의 수량(예 보험가입금액 등), 기대되는 보장기간을 감안하여 추정되는 보장단위의 수를 분석하시오.

2. 추정되는 보장단위 수를 토대로 하여 매년 배분되는 보험계약마진을 분석하시오.

해설

1. 매년의 보장단위의 수(총 보장단위 수 = ₩300)

구분	보장단위의 수				
	1년	2년	3년	4년	5년
계약 1	20	20	20	20	20
계약 2	30	30	30		
계약 3	15	15	15	15	
계약 4	25	25			
합계	90	90	65	35	20

2. 매년 배분되는 보험계약마진(CSM)

구분	1년	2년	3년	4년	5년
CSM = 40	12	12	8.7	4.7	2.6

(1) 1차연도 보험계약마진 배분액 = $40 \times (90 \div 300) = 12$

(2) 2차연도 보험계약마진 배분액 = $(40 - 12) \times (90 \div 210) = 12$

5.3 보험취득 현금흐름

기업이 새로운 보험계약을 판매, 인수, 개시하는 데 유의적인 원가가 발생하며 이러한 원가를 '보험취득 현금흐름'이라고 한다. 보험계약은 일반적으로 보험료나 해약 위약금 또는 그 모두를 통해 그러한 원가를 회수하도록 가격이 정해진다.

보험취득 현금흐름은 보험계약집합이 속해 있는 보험계약 포트폴리오에 직접 귀속되는 보험계약집합의 판매, 인수심사 및 개시 관련 원가에서 생기는 현금흐름이며 포트폴리오 내의 개별

계약이나 보험계약집합에 직접 귀속되지 않는 현금흐름도 포함한다.

1. 보험계약집합 인식 전에 지급한 보험취득 현금흐름

기업은 보험계약집합을 인식하기 전에 지급한 보험취득 현금흐름을 자산으로 인식한다. 이러한 자산은 각각의 관련 보험계약집합별로 인식할 때, 체계적이고 합리적인 방법을 사용하여 보험계약집합에 배분한다.

다만 최초 인식시점에 집합 내 각 계약의 보장기간이 1년을 초과하지 않는다면 보험취득 현금흐름을 발생시 비용으로 인식할 수 있다.

2. 보험취득 현금흐름의 배분

보험취득 현금흐름을 체계적이고 합리적인 방법을 사용하여 다음과 같이 구분하여 계약집합에 배분한다.

(1) 보험계약집합에 직접 귀속되는 보험취득 현금흐름. 이를 다음 항목들에 배분한다.
 (가) 해당 집합
 (나) 해당 집합에 포함된 보험계약의 갱신으로 발생할 것으로 기대되는 보험계약을 포함하게 될 집합
(2) 위 (1) 이외의 보험계약 포트폴리오에 직접 귀속되는 보험취득 현금흐름. 이를 그 포트폴리오 내의 계약집합에 배분한다.

07

3. 보험취득 현금흐름의 배분

사실과 상황이 보험취득 현금흐름 자산이 손상되었을 수 있다는 것을 나타낸다면, 매 보고기간 말에 보험취득 현금흐름 자산의 회수가능성을 평가한다. 손상차손을 식별한다면, 보험취득 현금흐름자산의 장부금액을 조정하고, 손상차손을 당기손익으로 인식한다.

손상차손을 당기손익으로 인식할 경우 관련 보험계약집합에 대한 예상 순현금흐름유입액을 초과하지 않도록 보험취득 현금흐름자산의 장부금액을 감소시킨다.

손상 조건이 더 이상 존재하지 않거나 개선된 정도까지, 이전에 인식한 손상차손의 일부 또

는 전부를 환입하여 당기손익으로 인식하고, 그 자산의 장부금액을 증가시킨다.

기업은 관련 보험계약집합의 측정에 보험취득 현금흐름이 포함되면, 보험 계약의 측정에 보험취득 현금흐름이 고려되므로 기존에 보험취득 현금흐름 자산은 제거한다.

4. 보험취득 현금흐름의 수익인식

보험취득 현금흐름을 비용으로 인식하고 보험취득 현금흐름을 회수하기 위한 보험료 부분에 해당하는 금액을 수익 금액으로 인식한다.

기업은 보장기간이 시작되는 시점에 계약상 보험계약자에 대한 어떠한 의무도 이행하지 않았으므로, 보장기간이 시작되는 시점에 보험수익을 인식하지 않고 보험수익은 보장기간에 걸쳐 보험계약상의 의무를 이행함에 따라 고객으로부터 수취한 대가를 수익으로 인식한다.

따라서 보험취득 현금흐름과 관련된 보험료도 별도로 식별하여 보장기간에 걸쳐 인식하며 동일한 기간 동안 보험취득 현금흐름을 비용으로 인식하는 것이다.

제6절 보험계약의 최초 측정

보험계약의 최초 측정시 보험계약별로 일반모형, 보험료배분접근법 및 변동수수료접근법으로 구분하여 적용된다.

6.1 보험계약 측정모형 구분[10)]

보험계약집합의 형태에 따라 다음의 세 가지 모형을 적용한다.

(1) 일반모형(General Model or Building Block Approach) : 직접참가특성이 없는 보험계약에 적용하는 모형

(2) 보험료배분접근법(Premium Allocation Approach) : 단기보험계약의 잔여보장부채를 측정하는 단순한 모형(선택 가능토록 허용)

(3) 변동수수료접근법(Variable Fee Approach) : 직접참가특성이 있는 보험계약에 적용하는 모형(다만, 재보험계약의 측정에는 사용될 수 없음)

10) 본 장에서 일반모형을 중심으로 설명하고 제9장에서 보험료배분접근법과 변동수수료접근법을 설명하고자 한다.

[도표 6] 보험계약 측정모형 결정프로세스

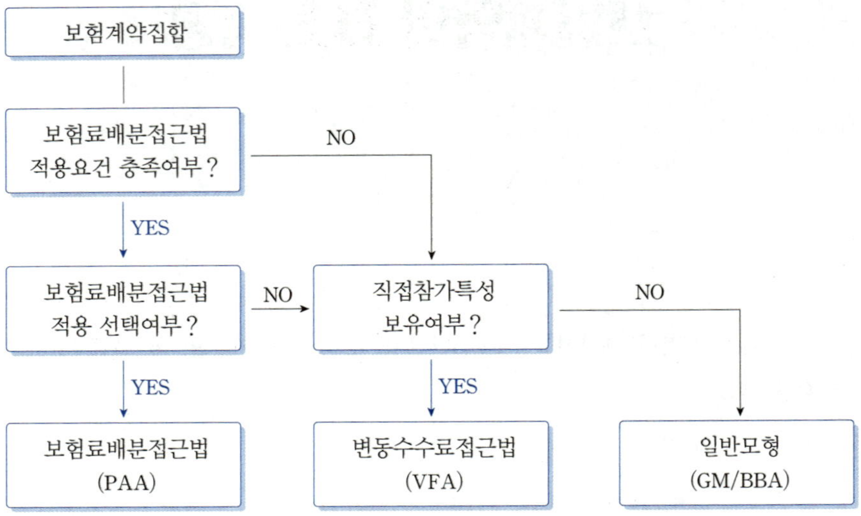

6.2 최초 인식시점의 측정

최초 인식시점에 보험계약집합은 이행현금흐름과 보험계약마진의 합계로 측정되며 이행현금흐름을 측정하는 경우 기업이 의무를 이행하지 않을 위험(불이행위험)은 이행현금흐름에 반영하지 않는다.

(1) 이행현금흐름
　(가) 미래현금흐름에 대한 추정치
　(나) 미래현금흐름과 관련된 금융위험과 화폐의 시간가치를 반영하기 위한 조정
　(다) 비금융위험에 대한 위험조정

(2) 보험계약마진

최초 인식시점에 보험계약마진은 보험계약집합에 대해 청구된 대가가 계약집합을 인식하기 전에 발생한 보험취득 현금흐름과 계약집합을 이행하는 데 예상되는 위험이 조정된 현금유출액의 기대 현재가치를 초과하는 금액을 반영한다.

이는 집합의 보장기간에 걸쳐 집합 내 계약이 약정한 서비스를 제공함에 따라 얻을 것으로 기대하는 이익을 나타내므로 기업이 그 초과분을 최초 인식시점에 이익으로 인식하는 것을 허용하지 않으며 대신에 보장기간에 걸쳐 서비스를 제공할 의무를 이행할 때 그 이익을 인식하도록 한다.

그러나 최초 인식시점에 계약집합이 손실부담계약이라면 보험계약마진은 인식되지 않는다.

[도표 7] 보험부채 측정(일반모형 : 4 Building Block Approach)

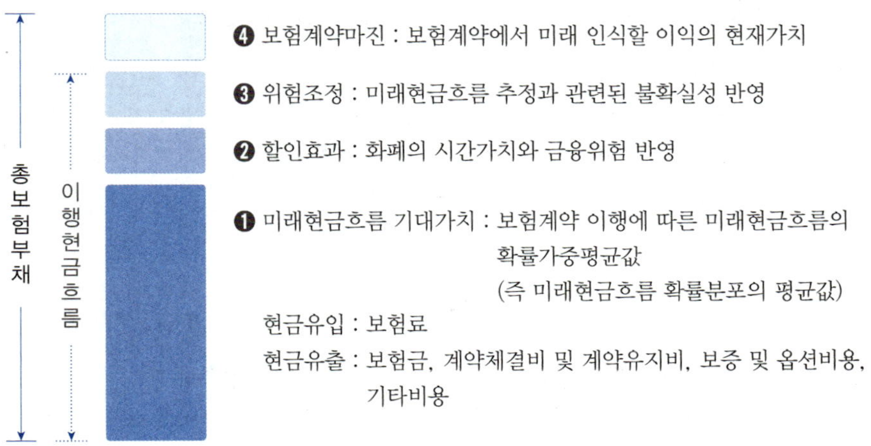

6.3 미래현금흐름 추정

보험계약집합 내 각 계약의 경계[11] 내에 있는 모든 미래현금흐름을 보험계약집합의 측정에 포함한다.

다만 보험계약집합 보다 더 높은 통합 수준에서 미래현금흐름을 추정한 다음, 이렇게 추정한 이행현금흐름을 개별 계약집합에 배분할 수 있다.

---

11) 계약의 경계는 보험회사가 보험부채를 계산하기 위해 판단하는 보험 계약과 관련된 현금흐름의 발생 기간을 의미한다. 실무에서는 더 복잡한 개념이나 내용 이해의 편의상 보험 만기까지의 기간 정도로 이해한다. 좀 더 자세한 내용은 본 장 6.3의 2. 계약의 경계 부분에서 다룬다.

1. 미래현금흐름 추정치

미래현금흐름 추정치는 다음과 같이 산출한다.

(1) 모든 정보의 중립적 포함을 통한 확률가중평균 추정 : 미래현금흐름의 금액, 시기 및 불확실성에 관하여 과도한 원가나 노력 없이 이용할 수 있는 합리적이고 뒷받침될 수 있는 모든 정보를 중립적으로 포함한다. 이를 위하여 가능한 결과값의 전체 범위에 대한 기댓값(즉, 확률가중평균)을 추정한다.

(2) 관측가능한 시장가격과 일관된 기업의 관점 반영 : 관련 시장 변수에 대한 추정치가 그러한 변수에 대한 관측가능한 시장가격과 일관된다면 기업의 관점을 반영한다.

(3) 현행추정치 : 미래에 대한 측정시점의 가정을 포함하여 그 시점에 존재하는 상황을 반영한다.

(4) 명시적 추정 : 다른 추정치와 별도로 비금융위험에 대한 조정을 추정한다. 또한 가장 적절한 측정 기법에서 현금흐름에 화폐의 시간가치 및 금융위험에 대한 조정을 포함하지 않는다면 화폐의 시간가치와 금융위험에 대한 조정을 별도로 추정한다.

(1) 모든 정보의 중립적 추정

미래현금흐름 추정목적은 보고일에 과도한 원가나 노력 없이 이용할 수 있는 합리적이고 뒷받침될 수 있는 모든 정보를 이용하여 발생 가능한 모든 결과의 기댓값 또는 확률가중평균을 산정하는 것이다.

보고일에 과도한 원가나 노력 없이 이용할 수 있는 합리적이고 뒷받침될 수 있는 정보는 보험금 청구정보, 보험계약 특성에 대하여 알려진 정보 및 기업 자신의 경험과 관련된 과거자료 등 과거 사건과 현재 상황에 대한 정보 및 미래 상황에 대한 예측을 포함한다. 기업 자체의 정보시스템에서 이용할 수 있는 정보는 과도한 원가나 노력 없이 이용할 수 있는 정보로 본다.

현금흐름 추정의 출발점은 발생가능한 결과의 전체 범위를 반영하는 다양한 시나리오들이다. 각 시나리오는 특정 결과에 대한 현금흐름의 금액 및 시기와 해당 결과의 추정 확률을 포함한다. 각 시나리오의 현금흐름은 기대현재가치를 산출하기 위하여 할인되고 해당 결과의 추정 확률로 가중평균된다.

발생 가능한 모든 결과를 고려할 때, 그 목적은 발생 가능한 모든 시나리오를 식별하는 것이 아니라, 과도한 원가나 노력 없이 이용할 수 있는 합리적이고 뒷받침될 수 있는 정보를 편의 없이 반영하는 것이다.

실무적으로, 그 추정 결과가 평균값을 산정할 때 과도한 원가나 노력 없이 이용할 수 있는 합리적이고 뒷받침될 수 있는 모든 정보를 고려하는 측정 목적과 일관된다면, 명시적인 시나리오를 개발하는 것은 불필요하다.

그러나 현금흐름이 함축적이거나 또는 명시적인, 일련의 상호 연관된 옵션들을 반영하는 경우에는 측정목적을 만족하기 위해 보다 정교한 확률론적 모형이 필요할 수 있다.

(2) 이용할 수 있는 시장 정보와 일관된 추정

기업은 가능한 한 조정 없이 사용할 수 있는 직접적인 투입변수로서 관측할 수 있는 현행 시장변수(예 이자율)를 이용해야 하며 변수가 시장가격에서 관측될 수 없거나 직접 도출될 수 없다면, 추정치는 현행 시장변수와 상충되어서는 안 된다.

시장변수는 시장에서 관측될 수 있거나 시장에서 직접 추출될 수 있는 변수(예 상장주식의 가격, 이자율)이며 비시장변수는 그 밖의 모든 변수(예 보험사고와 사망의 빈도와 심도)로 구분되며 일반적으로 시장변수(예 관측가능한 이자율)는 금융위험을 초래하며, 비시장변수(예 사망률)는 비금융위험을 초래한다.

시장변수의 추정치는 측정일의 관측가능한 시장가격과 일관되어야 한다. 관측가능한 투입변수를 최대한 사용하여야 하며, 시장가격은 가능한 미래결과에 대한 다양한 견해들의 조합이며 또한 시장참여자들의 위험선호를 반영한다.

비시장변수의 추정치는 과도한 원가나 노력 없이 이용할 수 있는 합리적이고 뒷받침될 수 있는 내부 및 외부의 모든 증거들을 반영하며, 예로 비시장 외부자료(예 국가 사망률 통계)는 상황에 따라 내부자료(예 내부적으로 개발된 사망률 통계)보다 더 많은 관련성을 가질 수도 있고, 더 적은 관련성을 가질 수도 있다. 07

(3) 보고시점에서의 현행추정 및 명시적 추정

현금흐름의 추정은 매 보고기간 말에 업데이트된 현행 정보에 기초하여야 기업의 계약상 의무와 권리에 대한 더 목적적합한 정보를 제공할 수 있다.

전기 보고기간 말의 추정치를 검토하고 갱신하여야 할 때, 갱신된 추정치가 보고기간 말의 상황을 충실하게 표현하는지 여부 및 추정치의 변경이 해당기간 동안의 상황 변화를 충실하게 표현하는지 여부를 고려하여야 한다.

예상현금흐름의 현행추정치는 지속적인 사망률의 변화, 피보험집단의 특성변화 등으로 가장 최근의 실제 경험치와 동일할 필요는 없으며 경험치 변화의 원인을 조사하고, 가장 최근의 경험, 그 이전의 경험과 기타 정보를 고려하여 현금흐름 및 확률에 대한 새로운 추정치를 개발하여야 한다.

현금흐름의 명시적 추정이 비금융위험에 대한 위험조정이나 화폐의 시간가치 및 금융위험을 반영하기 위한 조정을 현금흐름에 결합시키는 추정보다 보험계약자에 대한 기업의 의무에 대해 더 유용한 정보를 제공한다. 따라서 명시적 추정은 상황의 일부 변화를 식별하지 못할 가능성을 줄인다.

2. 계약의 경계

미래현금흐름 추정치에는 보유계약의 경계 내 모든 현금흐름을 포함해야 하며, 그 밖의 현금흐름은 제외한다.

계약의 경계를 평가할 때, 보험계약자에게 보험료를 납부하도록 강제할 수 있거나 보험계약자에게 보험계약서비스를 제공해야 할 실질적인 의무가 보고기간 동안 존재하는 실질적인 권리와 의무로부터 발생한다면 그 현금흐름은 보험계약의 경계 내에 있다.

앞의 문단에서의 보험계약서비스를 제공할 실질적인 의무는 다음 중 어느 하나의 경우에 종료된다.

(1) 기업에게 특정 보험계약자의 위험을 재평가할 실제 능력이 있어서, 그 결과 그러한 위험을 모두 반영한 가격이나 급부의 수준을 정할 수 있다.

(2) 다음 (가)와 (나)의 조건을 모두 충족한다.

(가) 기업에게 보험계약이 포함된 보험계약 포트폴리오의 위험을 재평가할 실제능력이 있어서, 그 결과 포트폴리오의 위험을 모두 반영한 가격이나 급부금의 수준을 정할 수 있다.

(나) 위험을 재평가하는 시점까지 보험료의 가격을 산정할 때 재평가일 이후의 기간과 관련된 위험은 고려하지 않는다.

보험계약의 경계를 벗어난 예상 보험료 또는 예상 보험금과 관련된 금액은 부채 또는 자산으로 인식하지 않는다. 이러한 금액은 미래의 보험계약과 관련이 있다.

3. 계약의 경계 내의 이행현금흐름 구분

보험계약집합의 측정치에는 집합 내 계약에서 기대되는 모든 현금흐름이 포함된다. 따라서 기업이 의무를 이행함에 따라 발생할 미래현금흐름을 식별하기 위해서는 장래 보험료와 그에 따른 급부금 및 보험금이 기존 보험계약과 장래 보험계약 중 어디에서 발생했는지를 구분하는 계약의 경계를 둘 필요가 있다.

기존 보험계약의 경우 장래 보험료와 그에 따른 급부금 및 보험금은 보험계약집합을 측정할 때 포함되는 반면 장래 보험계약의 경우 장래 보험료와 그에 따른 급부금 및 보험금은 현행 보험계약집합을 측정할 때 포함되지 않는다.

이행현금흐름에 포함되는 투자관리비에는 보험보장 급부를 증대시키는 투자활동을 위한 비용, 직접참가특성이 없는 계약에 대한 투자수익서비스 제공을 위한 비용 및 직접참가특성이 있는 계약에 대한 투자관련서비스 제공을 위한 비용을 포함된다.

[도표 8] 이행현금흐름 구분

이행현금흐름 포함	이행현금흐름 불포함
(1) 보험계약자로부터의 수령한 보험료 (2) 보험계약자에게 지급하는 금액 등 (3) 보험계약자에게 지급하는 금액으로 기초항목의 성과에 따라 변동되는 금액 (4) 파생상품(내재된 옵션 및 보증)으로 인하여 보험계약자에게 지급하는 금액 (5) 보험계약이 속한 포트폴리오에 귀속시킬 수 있는 보험취득 현금흐름의 배분 (6) 보험금처리원가(보유계약 사고의 조사, 처리 및 해결 관련 비용으로 법률 수수료, 손해사정수수료, 사고조사 및 보험금 지급 관련 내부원가 포함) (7) 보험료 청구 및 보험계약 변경처리원가 등 보험계약의 유지관리원가 (8) 보험계약에 귀속시킬 수 있는 거래 관련 세금 및 분담금 (9) 보유계약에서 보장하는 미래 보험금에 대한 구상으로 발생하는 잠재적 현금유입액과 과거 보험금에 대한 구상으로 발생하는 잠재적 현금유입액	(1) 투자수익 (2) 출재보험계약에서 발생하는 현금흐름(지급액 또는 수령액)(출재보험계약은 별도로 인식·측정·표시) (3) 미래 보험계약에서 발생할 수 있는 현금흐름 (4) 상품개발비, 교육훈련비와 같이 그 계약을 포함하는 보험계약 포트폴리오에 직접 귀속시킬 수 없는 원가와 관련된 현금흐름 (5) 보험계약을 이행하는 데 사용되었으나 비정상적으로 낭비된 인력이나 그 밖의 자원에서 발생하는 현금흐름 (6) 법인세 지급액 및 환급액 중 수탁자의 자격으로 보험회사가 수수하지 않거나 계약 조건에 따라 보험계약자에게 특정하여 청구하지 않는 부분 (7) 보고기업 내의 다른 구성요소(예 계약자펀드와 주주펀드) 간의 현금흐름 (8) 보험계약에서 분리되어 해당될 수 있는 다른 기준서를 사용하여 회계처리되는 요소에서 발생하는 현금흐름 등

(10) 보험계약을 이행하는 데 직접 귀속시킬 수 있는 고정간접비 또는 변동간접비(회계, 인사, 정보기술, 건물 감가상각, 임차, 유지관리 관련 원가 등)의 배분액
(11) 보험계약자를 위한 보험보장의 급부를 증대시키기 위해 투자활동을 수행한다면 그 투자활동의 수행에서 발생하는 비용 등

6.4 미래현금흐름 할인

금융위험이 현금흐름의 추정치에 포함되어 있지 않다면 현금흐름과 관련된 화폐의 시간가치와 금융위험이 반영되도록 미래현금흐름의 추정치를 조정한다.

보험계약집합 내 각 계약의 경계 내에 있는 미래현금흐름의 추정치에 적용되는 할인율은 다음과 같다.

(1) 화폐의 시간가치, 보험계약의 현금흐름의 특성 및 유동성 특성을 반영한다.
(2) 예를 들면, 시기, 통화 및 유동성 측면에서 보험계약의 현금흐름의 특성과 일관되는 현금흐름의 특성을 가진 금융상품에 대한 관측 가능한 현행 시장가격이 있다면 그러한 시장가격과 일관된다.
(3) 그러한 관측 가능한 시장가격에는 영향을 미치지만 보험계약의 미래현금흐름에는 영향을 미치지 않는 요인의 효과는 제외한다.

1. 할인율의 특성

할인율에는 화폐의 시간가치, 보험계약의 현금흐름의 특성 및 유동성 특성에서 발생하는 요소처럼 관련 요소만을 포함해야 한다. 이러한 할인율은 시장에서 직접 관측되지 않을 수 있다.

따라서 특성이 같은 상품의 관측 가능한 시장이자율을 이용할 수 없거나 비슷한 상품의 관측 가능한 시장이자율을 이용할 수 있지만 보험계약에서 상품을 구분하는 요소를 별도로 식별하지 않는 경우에 적정한 할인율을 추정한다.

2. 할인율 산출방법

상향식 접근법의 경우 보험회사는 기초항목의 성과에 연동되지 않는 보험계약 현금흐름의 경우 시장에서 관측되는 할인율이 적용되는 금융상품의 유동성 특성과 보험계약의 유동성 특성 간 차이를 무위험 수익률곡선에 반영하여 조정함으로써 할인율을 결정할 수 있다.

하향식 접근법의 경우 보험회사는 참조자산 포트폴리오[12]의 공정가치 측정에 내재된 현행 시장수익률을 반영한 수익률 곡선에 근거하여 보험계약에 대한 적정한 할인율을 결정할 수 있다.

또한 보험회사는 그 수익률 곡선에서 보험계약과 관련이 없는 요소를 제거하여 조정하여야 하지만, 보험계약과 참조자산 포트폴리오간 유동성 특성 차이를 그 수익률 곡선에서 조정할 필요는 없다.

[도표 9] 산출방법 비교

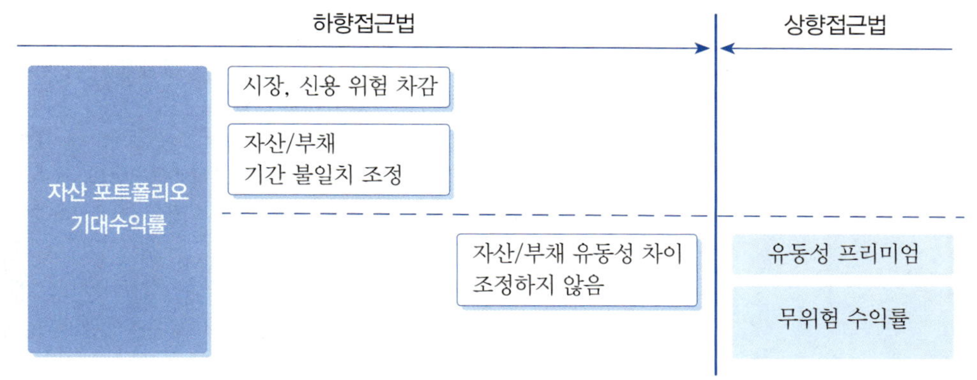

원칙적으로, 참조자산 포트폴리오 내 자산의 수익에 연동되지 않는 보험계약의 현금흐름의 경우, 현금흐름의 금액과 시기의 불확실성이 전혀 없는 비유동성 무위험 수익률 곡선은 단일해야 한다. 그러나 실무적으로 하향식접근법과 상향식접근법은 같은 통화라 하더라도 각각 다른 수익률 곡선을 산출할 수도 있다.

이는 각 접근법에 따라 조정사항을 추정하는 데에 내재적 한계가 있고, 하향식 접근법에서 서로 다른 유동성 특성이 조정되지 않을 가능성이 있기 때문이다. 기업이 선택한 접근법에 따른 할인율과 다른 접근법으로 결정될 할인율 간의 차이를 대사할 필요는 없다.

12) 참조자산 포트폴리오(Reference Asset Portfolio)는 보험계약집합에 대응하는 자산포트폴리오를 말하며 보험계약집합이 실제 시장에서 거래되지 않아 참조자산 포트폴리오를 이용하여 할인율을 산출한다.

3. 할인율 구분적용

이 기준서를 적용할 때 할인율을 구분하여 적용한다.

[도표 10] 적용 할인율의 구분

구분	적용 할인율
이행현금흐름 측정	현행할인율
직접참가특성 없는 보험계약의 보험계약마진에 적립이자 측정	기초항목 성과에 연동되지 않는 명목현금흐름에 대해 최초 인식시점에 결정된 할인율
직접참가특성 없는 보험계약의 보험계약마진 변동 측정	최초 인식시점에 결정된 할인율
유의적 금융요소가 있고 보험료배분접근법 적용시 잔여보장부채 측정	최초 인식시점에 결정된 할인율
보험금융수익(비용)을 당기손익과 기타포괄손익 구분시 당기손익 인식	(가) 금융위험과 관련된 가정의 변동이 보험계약자에 대한 지급액에 상당한 영향을 미치지 않는 보험계약집합의 경우 기초항목의 성과에 연동되지 않는 명목현금흐름에 대해 최초 인식시점에 결정된 할인율 (나) 금융위험과 관련된 가정의 변경이 보험계약자에 대한 지급액에 상당한 영향을 미치는 보험계약집합의 경우 계약집합의 잔여만기 동안 남아있는 수정된 기대금융수익(비용)을 단일률로 배분하는 할인율 (다) 보험료배분접근법을 적용하는 계약집합(발생사고부채)의 경우 기초항목의 성과에 연동되지 않는 명목현금흐름에 대해 보험금 발생일에 결정된 할인율

계약집합에 대한 최초 인식시점의 할인율 결정을 위해 계약집합 내 계약이 발행된 기간의 가중평균할인율을 사용할 수 있으나, 보험계약의 통합수준과 같이 1년을 초과할 수는 없다.

6.5 비금융위험에 대한 위험조정

위험조정은 비금융위험에서 생기는 현금흐름의 금액과 시기에 대한 불확실성을 부담하는 것에 대하여 기업이 요구하는 보상을 반영하도록 미래현금흐름의 현재가치 추정치를 조정하여 산출한다.

비금융위험에 대한 위험조정의 목적은 금융위험에서 발생하는 불확실성 이외에 보험계약에서 발생하는 현금흐름의 불확실성 효과를 측정하는 것이다.

결과적으로, 비금융위험에 대한 위험조정은 보험계약과 관련된 모든 비금융위험을 반영하여야 한다. 일반적인 운영위험과 같이 보험계약에서 발생하지 않는 위험은 반영하지 않는다.

1. 위험조정 대상

비금융위험에 대한 위험조정은 금융위험보다는 보험계약에서 발생하는 위험과 관련이 있다. 금융위험은 미래현금흐름 추정치나 현금흐름 조정에 사용되는 할인율에 반영된다.

비금융위험에 대한 위험조정의 대상이 되는 위험은 보험위험과 그 밖의 비금융위험(예 해약위험, 비용위험)이다.

여기서 해약위험은 보험계약의 가격을 결정할 때 예상한 것보다 더 일찍 또는 더 늦게 보험계약자가 계약을 취소할 위험이며 비용위험은 보험사건과 관련된 원가가 아니라 계약에 따른 서비스 제공과 관련된 관리원가가 예상과 달리 증가할 위험을 말한다.

2. 위험조정의 측정개념

보험계약의 비금융위험에 대한 위험조정은 다음 (1)과 (2)를 무차별하도록 기업이 요구할 보상으로 측정한다.

(1) 비금융위험에서 발생하는 가능한 결과의 범위를 지닌 부채의 이행
(2) 보험계약과 기대현재가치가 동일한 고정현금흐름을 발생시키는 부채의 이행

예로, 비금융위험에 대한 위험조정은 비금융위험 때문에 가능한 결과가 ₩90과 ₩110이 될 확률이 각각 50%인 부채의 이행과 ₩100으로 고정된 부채의 이행을 무차별하도록 기업이 요구할 보상으로 측정한다. 그 결과, 비금융위험에 대한 위험조정은 비금융위험에서 발생하는 현금흐름의 금액과 시기의 불확실성에 대하여 기업이 부과한 금액에 대한 정보를 재무제표이용자에게 전달한다.

07

3. 위험조정의 명시적 측정

비금융위험에 대한 위험조정은 명시적인 방법으로 측정에 포함되어야 한다. 비금융위험에 대한 위험조정은 개념상 미래현금흐름의 추정치 및 이러한 현금흐름을 조정하는 할인율과는 별도로 구분된다.

예를 들면, 미래현금흐름 추정치 또는 할인율을 산정할 때 비금융위험에 대한 위험조정을 암묵적으로 포함하여 비금융위험에 위험조정을 중복 계산해서는 안 된다.

4. 위험조정의 특성

비금융위험에 대한 위험조정을 산정하기 위하여 사용되는 추정기법을 특정하지 않는다. 그러나 비금융위험을 감수하기 위해 기업이 요구하는 보상을 반영하기 위하여 비금융위험에 대한 위험조정은 다음의 특성을 갖추어야 한다.

(1) 낮은 빈도와 높은 심도를 가진 위험은 높은 빈도와 낮은 심도를 가진 위험보다 비금융위험에 대한 위험조정이 더 클 것이다.

(2) 위험은 비슷하지만, 만기가 긴 계약이 만기가 짧은 계약보다 비금융위험에 대한 위험조정이 더 클 것이다.

(3) 더 넓은 확률분포를 가진 위험은 좁은 분포를 가진 위험보다 비금융위험에 대한 위험조정이 더 클 것이다.

(4) 현행 추정치와 그 추세에 대해 알려진 바가 적을수록 비금융위험에 대한 위험조정은 더 클 것이다.

(5) 최근에 생겨난 경험에서 현금흐름의 금액과 시기에 대한 불확실성이 감소(증가)한다면 비금융위험에 대한 위험조정은 감소(증가)할 것이다.

5. 위험조정의 추정기법 및 공시

비금융위험에 대한 위험조정을 위한 적절한 추정기법을 결정할 때, 판단을 적용한다. 이러한 판단을 적용할 때, 재무제표이용자가 다른 기업의 성과와 기업의 성과를 비교할 수 있도록 해당 기법이 간결하고 유용한 공시를 제공하는지도 고려하여야 한다.

비금융위험에 대한 위험조정은 시장참여자의 인식보다는 기업의 위험회피 정도에 대한 기업 자신의 인식에 의존함에 따라 기업들이 유사한 보험계약집합의 비금융위험에 대한 위험조정을 다르게 산정할 수 있다.

이에 위험회피에 대한 기업 특유의 평가가 기업별로 어떻게 다를 수 있는지 재무제표이용자가 이해할 수 있도록, 기업에게 비금융위험에 대한 위험조정에 상응하는 신뢰수준을 공시하여야 한다.

즉 비금융위험에 대한 위험조정을 산정하기 위해 신뢰수준기법 이외의 다른 기법을 사용하는 경우 사용된 기법과 그 기법의 결과에 상응하는 신뢰수준을 공시하여야 한다.

보충설명 위험조정의 실무 측정기법

- 신뢰수준기법(VaR, Value at Risk) : 실제 결과가 특정 구간 내에 있을 확률을 표현하는 방법.
  예) RA(Risk Adjustment) = VaR 75% − 평균(현금흐름 최선추정)
- CTE기법(Conditional tail expectation) : 특정구간을 초과하는 값들의 평균으로 VaR에 비해 극단적인 손실값 반영이 가능한 방법. 예) RA = CTE 75% − 평균(현금흐름 최선추정)
- 자본비용기법(Cost of capital) : 보험계약 이행을 위해 보험회사는 충분한 자본을 유지하여야 하며, 이 때 자본을 유지하는데 필요한 대가(자본비용)를 위험조정으로 측정.
  예) RA = 요구자본×자본비용 = [VaR 99.5% − 평균(현금흐름 최선추정)]×6%

07

6.6 보험계약마진

보험계약마진은 보험계약집합에 대한 자산 또는 부채의 구성요소로서, 미래에 보험계약서비스를 제공함에 따라 인식하게 될 미실현이익을 나타낸다. 보험계약마진은 보험계약의 집합을 최초로 인식할 때 측정한다.

<보험계약마진의 최초 측정>

- 보험계약마진 = (기대 미래현금유입액 현재가치 − 기대 미래현금유출액 현재가치 − 위험조정)
  위의 식에서 산출된 계약서비스마진이 “0”보다 클 경우에만 부채로 인식되며 “0”보다 작을 경우는 즉시 당기손실로 인식한다.

- 기대현금유출액의 현재가치가 ₩4,000이며 비금융위험에 대한 위험조정을 ₩1,000으로 가정하여 보험료(기대 미래현금유입액의 현재가치)가 ₩6,000인 경우와 ₩3,000인 경우 보험계약마진을 산출하여 보면,

(1) 보험료가 ₩6,000인 경우 : 보험계약마진 = ₩1,000(₩6,000 − ₩4,000 − ₩1,000)

(차)	잔여보장부채(BEL)	2,000	(대) 위험조정(RA)	1,000
			보험계약마진(CSM)	1,000

(2) 보험료가 ₩3,000인 경우 : 보험계약마진 = 0
손실부담계약으로 최초 측정시 당기손실 인식 = ₩2,000(₩3,000 − ₩4,000 − ₩1,000)

(차)	손실부담계약 비용	2,000	(대) 잔여보장부채(BEL)	1,000
			위험조정(RA)	1,000

보험계약마진의 최초 측정 장부금액에서 미래 이행현금흐름에 대한 추정의 변동, 보험금융수익(비용) 및 외환차이를 조정한 후 보고기간 말 보험계약마진 장부금액을 확정한 후 당기 및 미래 기간에 걸쳐 배분되며, 당기에 관련된 금액을 당기손익으로 인식한다.

미래 이행현금흐름에 대한 추정의 변동은 손실부담 보험계약집합의 경우를 제외하고는 보험부채의 총 장부금액의 변동 없이, 보험계약부채의 요소[BEL(Best Estimate Liability), RA(Risk Adjustment) 및 CSM(Contract Service Margin)] 간의 이전을 초래한다.

예제 3 보험계약의 최초 측정

㈜대한보험은 보험기간이 3년인 보험계약집합을 발행하며 보장기간은 보험계약의 발생시점부터 시작한다.

최초 인식시점에 다음을 산정한다.

(1) 최초 인식 직후 ₩1,000의 보험료를 수령하며 매년말 보험사고가 발생하여 1기말에는 ₩40, 2기말에는 ₩40, 3기말에는 ₩50의 보험금을 지급한다.
(2) 최초 인식 직후 보험계약 체결비용 등 보험취득 현금흐름인 ₩90이 발생하며, 신입사원 교육훈련비 등 보험계약집합에 직접 귀속시킬 수 없는 현금흐름인 ₩20이 1기 초에 발생하며, 매년말 보험계약집합 유지를 위한 계약유지비가 ₩20씩 발생한다.
(3) 3기말에 보험계약이 제거되며 투자요소인 만기환급금 ₩600을 지급한다.

이 예제에서는 모든 비용은 예상한 대로 발생하며 보장기간 중 실효되는 계약은 없으며 계약의 갱신은 기대되지 않고 비금융위험에 대한 위험조정 및 할인효과는 무시한다.

물음

1. 최초 인식시점의 보험계약집합의 예상현금흐름을 분석하시오.
2. 최초 인식시점의 보험계약집합을 측정하시오.
3. 최초 인식시점, 보험료 수취시 등 회계처리를 하시오.

해설

1. 최초 인식시점의 보험계약집합의 예상현금흐름 현황

구분	1Y 초	1Y 말	2Y 말	3Y 말
현금흐름 유입	**₩1,000**			
보험료	1,000			
현금흐름 유출	**₩110**	**₩60**	**₩60**	**₩670**
발생보험금		40	40	50
계약체결비	90			
교육훈련비	20			
계약유지비		20	20	20
만기환급금				600
순현금흐름	**₩890**	**₩(−)60**	**₩(−)60**	**₩(−)670**

2. 최초 인식시점의 보험계약집합의 측정

구분	최초 인식
미래 현금유입액의 현재가치 추정치	₩(1,000)
미래 현금유출액의 현재가치 추정치*	880
발생보험금	130
계약체결비(보험취득 현금흐름)	90
계약유지비	60
만기환급금	600
이행현금흐름	(120)
보험계약마진	120
최초 인식시점의 보험계약부채	−

* 미래 현금유출액의 현재가치 추정치 ₩880은 예상보험금 청구액 ₩130, 보험취득 현금흐름 ₩90, 계약유지비 ₩60 및 투자요소인 만기환급금 ₩600으로 구성된다. 여기서 이행현금흐름에 포함되지 않는 신입직원 교육훈련비 ₩20은 보험계약집합에 귀속시킬 수 없는 비용이다.

07

3. 최초 인식시점, 보험료 수취시 등 회계처리

(1) 최초 인식시

(차)	잔여보장부채(BEL)	120	(대) 잔여보장부채(CSM)	120

(2) 보험료 수취시

(차)	현금	1,000	(대) 잔여보장부채(BEL)	1,000

(3) 보험취득 현금흐름 등 발생시

(차)	잔여보장부채(BEL)*	90	(대) 현금	110
	기타보험서비스비용	20		

* 비망기록으로 관리하여 보험취득 현금흐름(₩90)을 향후 서비스제공기간(3년)에 걸쳐 상각하여 비용으로 처리

6.7 보험계약의 이전에 대한 최초 인식

기업이 사업을 구성하지 않는 보험계약 이전의 경우, 취득한 계약집합을 식별하기 위해 거래일에 계약을 맺은 것처럼 보험계약의 통합수준을 결정한다.

보험계약 이전으로 취득한 보험계약집합에 대하여 수취하거나 지불한 대가를 수취한 보험료의 대용치로 사용하여 최초 인식시점에 잔여보장부채의 보험계약마진이나 손실 요소를 결정한다.

발행된 보험계약집합이 손실부담계약이라면 보험계약마진은 없다. 그러한 경우 해당집합의 손실부담 금액은 기업이 발행하는 보험계약과 동일한 방식으로, 보험계약의 이전에 대해서도 당기손익에 비용으로 즉시 인식한다.

한편 그 초과분에 대하여 잔여보장부채의 손실요소를 설정하고 그 손실요소의 이행현금흐름의 후속적인 변동을 배분하여야 한다.

연습문제

문제 1

다음 K-IFRS 제1117호 보험계약에 대해 설명하고 있는 문항에 대해 맞지 아니한 내용을 지적하고 그 이유를 적시하시오.

(1) 기업이 발행한 재량적 참가특성이 있는 모든 투자계약에 대해서 보험계약 기준서를 적용한다.

(2) 금융보증계약은 보험계약 기준서만을 적용한다.

(3) 보험계약의 보험계약자에게 제공하는 서비스인 보험계약서비스는 보험사건에 대한 보장(보험보장)을 말한다.

(4) 발생사고부채는 이미 발생한 보험사건에 대해 조사하고 정당한 보험금을 지급할 의무이나 이러한 보험사건에는 발생하였으나 아직 보고되지 아니한 사건은 제외된다.

(5) 보험위험은 상업적 실질이 결여된 시나리오를 제외하고, 모든 시나리오에서 보험사건으로 인해 계약발행자가 유의적인 부가금을 지급하여야 할 때에만 유의적이다.

(6) 보험계약과 상호관련성이 높은 현금흐름을 가지는 투자요소에 대해 분리하지 않고 보험계약 전체에 대해 회계처리하며 보험수익 및 보험서비스비용에서는 동 투자요소를 포함한다.

(7) 기업은 보험계약의 포트폴리오를 식별한다. 포트폴리오는 동일한 위험에 노출되어 있고 함께 관리되는 계약으로 구성된다.

(8) 보험계약의 포트폴리오는 최소한 최초 인식시점에 손실을 부담하는 계약집합과 손실을 부담하지 않는 계약집합으로 나눈다.

07

(9) 장래 보험계약의 경우 장래 보험료와 그에 따른 급부금 및 보험금은 현행 보험계약집합을 측정할 때 계약경계 내의 이행현금흐름으로 포함된다.

(10) 비금융위험에 대한 위험조정은 시장참여자에 대한 부채이전을 반영하는 현행유출가치 또는 공정가치를 측정하는 것이다.

해설

(1) 보험계약을 발행한 기업이 발행한 재량적 참가특성이 있는 모든 투자계약에 대해서 보험계약 기준서를 적용한다.

(2) 금융보증계약은 보험계약 또는 금융상품 기준서를 적용한다. 다만, 각 금융보증계약별로 회계처리기준을 선택할 수 있으나 선택한 경우에는 취소할 수 없다.

(3) 보험계약의 보험계약자에게 제공하는 서비스인 보험계약서비스는 보험사건에 대한 보장(보험보장)뿐만 아니라 직접참가특성이 없는 보험계약의 경우 보험계약자를 위한 투자수익의 창출(투자수익서비스) 및 직접참가특성이 있는 보험계약의 경우, 보험계약자를 대신하는 기초항목의 관리(투자관련서비스)를 포함한다.

(4) 발생사고부채는 이미 발생한 보험사건에 대해 조사하고 정당한 보험금과 기타 발생한 보험비용을 지급할 의무로 이러한 사건에는 발생하였으나 해당 보험금은 아직 보고되지 아니한 사건도 포함된다.

(5) 상업적 실질이 결여된 시나리오를 제외하고, 어떠한 하나의 시나리오에서라도 보험사건으로 인해 계약발행자가 유의적인 부가금을 지급하여야 할 때에만 보험위험은 유의적이다.

(6) 보험계약과 상호관련성이 높은 현금흐름을 가지는 투자요소에 대해 분리하지 않고 보험계약 전체에 대해 회계처리하며 보험수익 및 보험서비스비용에서는 동 투자요소를 제외한다.

(7) 기업은 보험계약의 포트폴리오를 식별한다. 포트폴리오는 유사한 위험에 노출되어 있고 함께 관리되는 계약으로 구성된다.

(8) 보험계약의 포트폴리오는 최소한 최초 인식시점에 손실을 부담하는 계약집합, 후속적으로 손실을 부담하게 될 유의적인 가능성이 없는 계약집합 및 포트폴리오에 남아있는 계약집합으로 나눈다.

(9) 장래 보험계약의 경우 장래 보험료와 그에 따른 급부금 및 보험금은 현행 보험계약집합을 측정할 때 계약경계 내의 이행현금흐름으로 포함되지 않는다.

(10) 비금융위험에 대한 위험조정은 기업이 요구하는 대가의 금액으로 측정하는 것이다.

문제 2 투자요소 분리여부에 따른 회계처리

보험계약자가 납입한 보험료 ₩100에서 투자요소 ₩90, 보험요소 ₩10인 경우 분리요건을 충족한 경우와 분리요건을 충족하지 아니한 경우의 ㈜대한보험의 회계처리를 하시오.

해설

- 분리요건을 충족한 경우 투자요소 ₩90에 대해서는 K-IFRS 제1109호 금융상품을 적용하여 예수금 등으로 처리하고 보험요소 ₩10에 대해서만 K-IFRS 제1117호 보험계약을 적용한다.
- 분리요건을 충족하지 못한 경우 투자요소 ₩90과 보험요소 ₩10을 포함하여 K-IFRS 제1117호 보험계약을 적용하여 투자요소로 보험부채로 인식하되 수익인식에는 포함되지 않는다.

구분	분리요건 충족	분리요건 미충족
보험료 수취	(차) 현금 100 (대) 예수금 90 보험부채 10	(차) 현금 100 (대) 보험부채 100
보험금 지급	(차) 예수금 90 보험서비스비용 10 (대) 현금 100 (차) 보험부채 10 (대) 보험수익 10	(차) 보험부채 90 보험서비스비용 10 (대) 현금 100 (차) 보험부채 10 (대) 보험수익 10

07

문제 3 보험취득 현금흐름(최초 인식시점에서의 보험취득 현금흐름 결정)[13]

㈜민국보험은 보장기간이 3년인 보험계약집합을 발행하며 보장기간은 보험계약의 발행시점에 시작된다.

최초 인식시점에 ㈜민국보험은 다음을 산정한다.

> (1) 최초 인식 직후 지급된 미래 현금유입액의 추정치 ₩900
>
> (2) 미래 현금유출액의 추정치는 미래 보험금 청구액 추정치 ₩600(매년 ₩200 발생 및 지급)와 보장기간 초에 지급된 인수 현금흐름 ₩120(이 중 ₩90은 계약이 속한 포트폴리오에서 직접 귀속시킬 수 있는 현금흐름)으로 구성된다.
>
> (3) 비금융위험에 대한 위험조정은 ₩15이며 ㈜민국보험은 비금융위험에 대한 위험조정을 보장기간에 걸쳐 고르게 당기손익으로 인식할 것으로 예상한다.

이 문제에서는 단순화를 위해 모든 비용은 예상한 대로 발생하며 보장기간 중 실효되는 계약은 없고 투자요소가 없으며 계약이 속한 포트폴리오에 직접 귀속되는 보험취득 현금흐름 ₩90은 그 계약이 속한 계약집합에 직접 귀속되며 해당 계약의 갱신은 예상되지 않고 할인효과를 포함한 모든 다른 금액은 무시한다.

【물음 1】 최초 인식시점에 보험계약집합을 측정하고 후속연도 이행현금흐름을 추정하시오.

【물음 2】 매연도의 보험수익을 나타내시오.

【물음 3】 매연도의 손익계산서를 나타내시오.

【물음 4】 1차연도의 회계처리를 나타내시오.

---

13) K-IFRS 제1117호 보험계약 사례 7 참조

해설

【물음 1】 최초 인식시점의 보험계약집합 측정 및 후속연도 이행현금흐름 추정

	최초 인식	1차연도	2차연도	3차연도
미래 현금유입액의 현재가치 추정치	₩(900)	–	–	–
미래 현금유출액의 현재가치 추정치	690*	₩400	₩200	–
미래현금흐름의 현재가치 추정치	₩(210)	₩400	₩200	–
비금융위험에 대한 위험조정	15	10	5	–
이행현금흐름	₩(195)	₩410	₩205	–
보험계약마진	195			
최초 인식시 보험계약 (자산)/부채	–			

* 미래현금흐름의 현재가치 추정치 ₩690은 예상보험금 청구액 ₩600과 계약이 속한 포트폴리오에 직접 귀속시킬 수 있는 보험취득 현금흐름 ₩90으로 구성된다.

【물음 2】 매연도의 보험수익

	1차연도	2차연도	3차연도	합계
잔여보장부채의 변동과 관련된 금액				
발생한 보험서비스비용*1	₩200	₩200	₩200	₩600
당기손익으로 인식되는 보험계약마진*2	65	65	65	195
위험의 감소로 인한 위험조정의 변동분	5	5	5	15
보험취득 현금흐름 회수분*3	30	30	30	90
보험수익	₩300	₩300	₩300	₩900

*1 기업은 기초에 예상했던 금액으로 측정한다.

*2 기업은 보험계약마진을 당기에 제공된 서비스 이전을 반영하여 당기손익으로 인식한다. 각 기간에 인식되는 금액은 보고기간 말에 잔여 보험계약마진을 당기와 잔여 보장기간으로 배분하여 결정하며 각 기간에 보장이 제공되는 계약 수가 동일하기 때문에 각 기간에 제공되는 보장은 동일하므로 보험계약마진 ₩195은 각 보장연도에 균등하게 배분된다(₩65 = ₩195 ÷ 3년).

*3 기업은 보험취득 현금흐름과 관련된 보험수익을 결정할 때 그러한 현금흐름의 회수와 관련된 보험료 부분을 시간의 경과에 따라 각 회계기간에 체계적으로 배분하여 보험서비스비용으로 인식한다. 이 연습문제에서 계약의 보장기간이 3년이므로 매년 당기손익으로 인식되는 비용은 ₩30(₩90 ÷ 3년)이다.

07

【물음 3】 매연도의 손익계산서

	1차연도	2차연도	3차연도	합계
보험수익	₩300	₩300	₩300	₩900
보험서비스비용*1	(230)	(230)	(230)	(690)
보험서비스결과	70	70	70	210
기타 비용*2	(30)	–	–	(30)
수익	₩40	₩70	₩70	₩180

*1 기업은 매년 발생한 보험금 ₩200과 매년 배분된 보험취득 현금흐름 ₩30을 더한 금액을 보험서비스비용으로 표시한다.

*2 기타비용에는 계약이 속한 보험계약 포트폴리오에 직접 귀속시킬 수 없는 인수 현금흐름이 포함된다. 이는 인수 현금흐름 ₩120과 직접 귀속시킬 수 있는 보험취득 현금흐름 ₩90의 차액으로 계산된다.

【물음 4】 1차연도의 회계처리

(1) 최초 인식시

(차)	잔여보장부채(BEL)	210	(대)	잔여보장부채(RA)	15
				잔여보장부채(CSM)	195

(2) 보험료 수취시

(차)	현금	900	(대)	잔여보장부채(BEL)	900

(3) 보험취득 현금흐름 발생시

(차)	잔여보장부채(BEL)*	90	(대)	현금	120
	기타보험서비스비용	30			

* 비망기록으로 관리하여 보험취득 현금흐름 배분 관리

(4) 보험사고 발생시

(차)	보험서비스비용(발생보험금)	200	(대)	발생사고부채(BEL)	200

(5) 보험금 지급시

(차)	발생사고부채(BEL)	200	(대)	현금	200

(6) 1차연도 수익인식

(차)	잔여보장부채(BEL)	200	(대)	보험수익(예상보험금)	200
	잔여보장부채(RA)*1	5		보험수익(위험조정 변동)	5
	잔여보장부채(CSM)*2	65		보험수익(보험계약마진 상각)	65
	보험서비스비용*3 (보험취득 현금흐름 배분)	30		보험수익 (보험취득 현금흐름 배분)	30

*1 잔여보장부채(RA) 상각 = 15×1/3 = 5

*2 잔여보장부채(CSM) 상각 = 195×1/3 = 65

*3 보험취득 현금흐름 배분 = 90×1/3 = 30

문제 4 최초 인식시점의 측정[14)]

㈜만세보험은 보장기간을 3년으로 하는 100개의 보험계약을 발행한다. 보장기간은 보험계약 발행시점부터 시작되며 단순화를 위해 보장기간 내에 해지되는 계약은 없다고 가정한다.

㈜만세보험은 최초 인식 직후에 ₩900의 보험료를 수취할 것으로 기대하며, 따라서 미래 현금유입액의 현재가치 추정치는 ₩900이다.

㈜만세보험은 매년말 연간 현금유출액을 **[문제 4-A]**에서 연간 현금유출액은 ₩200(총 ₩600)이며 해당 현금흐름 특성을 반영하는 연 5%의 할인율을 사용하여 현재가치로 추정한다.

한편 **[문제 4-B]**에서 연간 현금유출액은 ₩400(총 ₩1,200)이며 해당 현금흐름의 특성을 반영하는 연 5%의 할인율을 사용하여 현재가치로 추정한다.

최초 인식시점에 비금융위험에 대한 위험조정을 ₩120으로 추정하되 단순화를 위해 모든 다른 금액은 무시한다.

【물음 1】 최초 인식시점에서의 보험계약집합을 측정하시오.

【물음 2】 최초 인식시점 직후의 보험계약집합의 장부금액 변동을 설명하시오.

【물음 3】 최초 인식시 및 보험료 수취시 회계처리를 나타내시오.

14) K-IFRS 제1117호 보험계약 사례 1 참조

해설

【물음 1】 최초 인식시점에서의 보험계약집합 측정

	문제-4A	문제-4B
미래 현금유입액의 현재가치 추정치	₩(900)	₩(900)
미래 현금유출액의 현재가치 추정치	545	1,089
미래현금흐름의 현재가치 추정치	₩(355)	₩189
비금융위험에 대한 위험조정	120	120
이행현금흐름*1	₩(235)	₩309
보험계약마진	235*2	-*3
최초 인식시점의 보험계약(자산)/부채*4	-	₩309*3
최초 인식시점에 당기손익에 미치는 효과		
보험서비스비용	-	(309)*3
해당 연도에 인식한 손실	-*2	₩(309)

*1 이행현금흐름은 미래현금흐름과 관련된 화폐의 시간가치 및 금융위험이 조정된 미래현금흐름의 추정치와 비금융위험에 대한 위험조정으로 구성된다.

*2 최초 인식시점에 보험계약마진은 이행현금흐름의 최초 인식으로 수익 또는 비용이 생기지 않도록 하는 금액으로 측정하므로 보험계약마진은 ₩235이다.

*3 최초 인식시점의 이행현금흐름이 순현금유출인 이러한 보험계약을 최초 인식시점에 손실부담계약으로 결정되며 손실부담계약과 손실부담 아닌 계약을 별도로 나누어 통합하며 순현금유출에 대한 손실을 당기손익으로 인식하고, 그 결과 보험계약집합 부채의 장부금액과 이행현금흐름은 같아지고 집합의 보험계약마진은 영(₩0)이 된다.

*4 최초 인식시점에 보험계약집합을 이행현금흐름과 보험계약마진의 합으로 측정한다.

【물음 2】 최초 인식시점 직후의 보험계약집합의 장부금액 변동

	문제-4A	문제-4B
미래 현금유입액의 현재가치 추정치	-	-
미래 현금유출액의 현재가치 추정치	₩545	₩1,089
미래현금흐름의 현재가치 추정치	₩545	₩1,089
비금융위험에 대한 위험조정	120	120
이행현금흐름	₩665	₩1,209
보험계약마진	235	-
최초 인식시점의 보험계약(자산)/부채	₩900	₩1,209

07

【물음 3】 최초 인식시 및 보험료 수취시 회계처리

1. 문제－4A(이익계약)

(1) 최초 인식시

(차)	잔여보장부채(BEL)	355	(대)	잔여보장부채(RA)	120
				잔여보장부채(CSM)	235

(2) 보험료 수취시

(차)	현금	900	(대)	잔여보장부채(BEL)	900

2. 문제－4B(손실부담계약)

(1) 최초 인식시

(차)	보험서비스비용 (손실부담계약 비용)	309	(대)	잔여보장부채(BEL)	189
				잔여보장부채(RA)	120

(2) 보험료 수취시

(차)	현금	900	(대)	잔여보장부채(BEL)	900

문제 5 다른 기업으로부터 이전으로 취득한 보험계약의 최초 인식시점의 측정[15)]

㈜대한보험은 ㈜민국보험으로부터 보험계약을 이전받아 취득한다. 매도 기업인 ㈜민국보험은 보험계약을 인수하는 기업인 ㈜대한보험에게 ₩30을 지급한다. 이전으로 취득한 보험계약을 거래일에 계약을 맺은 것처럼 그 보험계약들이 하나의 집합을 형성한다고 결정한다.

최초 인식시점에 이행현금흐름을 다음과 같이 추정하며 보험료배분접근법을 적용하지 않으며 단순화를 위해 모든 다른 금액은 무시한다.

(1) **[문제 5-A]** : ₩20의 순유출액(또는 부채)
(2) **[문제 5-B]** : ₩45의 순유출액(또는 부채)

【물음 1】 최초 인식시점에서의 보험계약부채를 측정하시오.

【물음 2】 최초 인식시점의 회계처리를 나타내시오.

해설

【물음 1】 최초 인식시점에서의 보험계약부채 측정

매도자로부터 수취한 대가는 수취한 보험료의 대용치가 된다. 따라서 최초 인식시점에 기업은 다음과 같이 보험계약부채를 측정한다.

	문제-5A	문제-5B
이행현금흐름	₩20	₩45
보험계약마진	10*1	-*2
최초 인식시점의 보험계약부채	₩30*1	₩45*2
당기손익에 미칠 영향		
최초 인식시점의 이익/(손실)	-	₩(15)*2

*1 기업은 보험계약집합의 최초 인식시점에 집합 내 계약에서 생기는 이행현금흐름과 모든 현금흐름을 최초 인식함으로써 수익이나 비용이 생기지 않도록 하는 금액으로 보험계약마진을 측정한다. 최초 인식시점에 이행현금흐름은 순유입액(또는 자산) ₩10(수취한 보험료의 대용치 ₩30에서 이행현금흐름 ₩20을 차감)이다. 따라서 보험계약마진은 ₩10으로 기업은 최초 인식시점에 이행현금흐름 ₩20과 보험계약마진 ₩10의 합계로 보험계약부채 ₩30을 인식한다.

15) K-IFRS 제1117호 보험계약 사례 13 참조

*2 최초 인식시점에 보험계약집합이 손실부담계약이라고 결정한다. 왜냐하면 이행현금흐름 순유출액 ₩45과 그 시점에 발생한 현금흐름(순유입액이 ₩30인 보험료 대용치)의 합계가 순유출액 ₩15이기 때문이다. 기업은 ₩15의 순유출액을 손실로 당기손익에 인식하므로 집합에 대한 부채의 장부금액은 이행현금흐름 ₩45과 보험계약마진 영(₩0)의 합계인 ₩45이 된다.

【물음 2】 최초 인식시점의 회계처리

1. 문제–5A(이익계약) : 최초 보험계약 취득시

(차)	현금	30	(대)	잔여보장부채(BEL)	20
				잔여보장부채(CSM)	10

2. 문제–5B(손실부담계약) : 최초 보험계약 취득시

(차)	현금	30	(대)	잔여보장부채(BEL)	45
	보험서비스비용 (손실부담계약 비용)	15			

제8장

보험계약(2)

: 후속 측정 및 표시

ACCOUNTING FOR
FINANCIAL INSTRUMENTS AND
INSURANCE CONTRACTS

금융·보험회계

제1절
보험계약의 후속 측정

본 절에서는 일반모형을 적용하는 보험계약의 후속 측정에 대하여 잔여보장부채, 발생사고부채 및 보험계약마진을 구분하여 설명한다.

1.1 보험부채의 후속 측정 구분

잔여보장부채는 아직 발생하지 않은 보험사건에 대해 현재의 보험계약에 따라 조사하고 타당한 보험금을 지급할 의무로 즉, 보험보장 중 만료되지 않은 부분과 관련이 있는 의무이다.

반면, 발생사고부채는 이미 발생한 보험사건에 대하여 조사하고 정당한 보험금과 기타 발생한 보험비용을 지급할 의무이며 보험사건은 발생하였으나 해당 보험금은 아직 보고되지 않은 사건도 포함된다.

매 보고기간 말 보험계약부채는 잔여보장부채와 발생사고부채의 합계액으로 다음 표와 같이 구성된다.

<보험부채 구성>

<table>
<tr><th colspan="3">잔여보장부채</th><th colspan="3">발생사고부채</th></tr>
<tr><td rowspan="3">이행 현금 흐름</td><td>확률가중 기대현금흐름</td><td rowspan="2">(BEL)</td><td rowspan="3">이행 현금 흐름</td><td>확률가중 기대현금흐름</td><td rowspan="2">(BEL)</td></tr>
<tr><td>할인효과</td><td>할인효과</td></tr>
<tr><td colspan="2">위험조정(RA)</td><td colspan="2">위험조정(RA)</td></tr>
<tr><td colspan="3">보험계약마진(CSM)</td><td colspan="3">해당 없음</td></tr>
</table>

- 잔여보장부채는 보고기간 말 시점에 미래 서비스와 관련된 이행현금흐름과 보험계약마진으로 구성되며 발생사고부채는 보고기간말 시점에 과거 서비스와 관련된 이행현금흐름만으로만 구성된다.
- 여기서 이행현금흐름은 미래현금흐름의 추정치에 대해서 화폐의 시간가치 등을 반영한 할인율로 할인하여 산출되는 최선추정부채(BEL, Best Estimate Liability)와 비금융위험에 대한 위험조정(RA, Risk Adjustment)의 합계액이다.
- 보험계약마진(CSM, Contract Service Margin)은 집합 내 보험계약에 따라 보험계약서비스를 제공하면서 인식하게 될 미실현이익을 말한다.

1. 잔여보장부채 후속 측정

잔여보장부채 장부금액의 다음 변동분을 수익과 비용으로 인식한다.

(1) 보험수익 : 해당 기간의 서비스의 제공에 따른 잔여보장부채의 감소분
(2) 보험서비스비용 : 손실부담계약집합의 손실과 손실의 환입
(3) 보험금융수익(비용) : 화폐의 시간가치 효과와 금융위험 효과

2. 발생사고부채 후속 측정

발생사고부채 장부금액의 다음 변동분을 수익과 비용으로 인식한다.

(1) 보험서비스비용 : 해당 기간에 발생한 보험금과 비용으로 인한 부채의 증가분(투자요소는 제외)
(2) 보험서비스비용 : 발생한 보험금 및 비용과 관련된 이행현금흐름의 후속 변동분
(3) 보험금융수익(비용) : 화폐의 시간가치 효과와 금융위험 효과

▶ 예제 1 보험계약의 후속 측정[1)]

㈜대한보험은 보험기간이 3년인 보험계약집합을 발행하며 보장기간은 보험계약의 발생시점부터 시작한다. 최초 인식시점에 다음을 산정한다.

(1) 최초 인식 직후 ₩1,000의 보험료를 수령하며 매년 말 보험사고가 발생하여 1기말에는 ₩40, 2기말에는 ₩40, 3기말에는 ₩50의 보험금을 지급한다.

1) 최초 인식시점에서의 사실 관계가 제7장 [예제 3]와 같다.

(2) 최초 인식 직후 보험계약 체결비용 등 보험취득 현금흐름인 ₩90이 발생하며, 신입사원 교육훈련비 등 보험계약집합에 직접 귀속시킬 수 없는 현금흐름인 ₩20이 1기 초에 발생하며, 매년 말 보험계약집합 유지를 위한 계약유지비가 ₩20씩 발생한다.
(3) 3기말에 보험계약이 제거되며 투자요소인 만기환급금 ₩600을 지급한다.

이 예제에서는 모든 비용은 예상한 대로 발생하며 보장기간 중 실효되는 계약은 없으며 계약의 갱신은 기대되지 않고 비금융위험에 대한 위험조정 및 할인효과는 무시한다.

<추가사항>

(1) 1차연도에 모든 사건은 예상대로 일어나고 ㈜대한보험은 미래 기간에 관한 어떠한 가정도 변경하지 않는다.
(2) 비용은 매연도 말에 발생된 직후 지급될 것으로 예상된다.
(3) 이 예제의 모든 계약들은 전체 3년의 보장기간 동안 동일한 규모의 보험금을 제공할 것으로 예상되므로 계약의 집합에 각 기간 동안 제공된 서비스는 동일하다.

물음

1. 최초 인식시 보험계약집합을 측정하고 후속연도의 이행현금흐름을 추정하시오.
2. 1차연도 중 이행현금흐름과 보험계약마진 변동요인을 분석하시오.
3. 1차연도 중 회계처리를 하시오.
4. ㈜대한보험의 1차연도 손익계산서(보험서비스결과)와 1차연도 말 재무상태표(보험부채)를 표시하시오.

해설

1. 최초 인식시점의 보험계약집합의 측정 및 후속연도의 이행현금흐름 추정

	최초인식	1차연도	2차연도	3차연도
미래 현금유입액의 현재가치 추정치	₩(1,000)	–	–	–
미래 현금유출액의 현재가치 추정치	880	₩730	₩670	–
미래현금흐름의 현재가치 추정치	(120)	730	670	–
이행현금흐름	₩(120)	₩730	₩670	–
보험계약마진	120			
최초 인식시점의 보험계약(자산)/부채	–			

2. 1차연도 중 이행현금흐름과 보험계약마진 변동요인 분석

	미래현금흐름의 현재가치 추정치	보험계약마진	보험계약부채
기초잔액	–	–	–
최초인식 신규 계약	₩(120)	₩120	–
현금유입	1,000	–	₩1,000
당기 서비스 관련 변동	–	(40)*	(40)
현금유출	(150)	–	(150)
기말잔액	₩730	₩80	₩810

* 보험계약마진을 해당 기간 말에 당기에 제공된 각 보장단위와 미래에 제공될 것으로 예상되는 각 보장단위로 배분하고, 당기에 제공된 보장단위로 배분된 금액을 당기손익으로 인식하며 이 예제의 계약집합에서 각 기간 동안 제공된 서비스는 동일하므로 당기손익으로 인식한 보험계약마진 ₩40은 3년의 보장기간으로 나눈 금액이다.

3. 1차연도 중 회계처리

(1) 최초 인식시

(차) 잔여보장부채(BEL)	120	(대) 잔여보장부채(CSM)	120

(2) 보험료 수취시

(차) 현금	1,000	(대) 잔여보장부채(BEL)	1,000

(3) 보험취득 현금흐름 등 발생시

(차) 잔여보장부채(BEL)*	90	(대) 현금	110
기타보험서비스비용	20		

* 비망기록으로 관리하여 보험취득현금흐름 배분 관리

(4) 보험사고 발생시

(차) 보험서비스비용 (발생보험금)	40	(대) 발생사고부채(BEL)	40

(5) 보험금 지급시

(차) 발생사고부채(BEL)	40	(대) 현금	40

(6) 계약유지비 발생시

(차) 보험서비스비용 (발생계약유지비)	20	(대) 현금	20

(7) 예상보험금 및 예상계약유지비의 수익인식

(차)	잔여보장부채(BEL)	40	(대) 보험수익(예상보험금)	40
	잔여보장부채(BEL)	20	보험수익(예상계약유지비)	20

(8) 보험계약마진 상각 관련 수익인식

(차)	잔여보장부채(CSM)	40	(대) 보험수익(CSM 상각)	40

(9) 보험취득 현금흐름 배분 관련 수익인식

(차)	보험서비스비용 (보험취득 현금흐름 상각)	30	(대) 보험수익 (보험취득 현금흐름 상각)	30

* 비망기록으로 관리하여 보험취득현금흐름(₩90)을 서비스제공기간(3년)에 걸쳐 상각

4. ㈜대한보험의 1차연도 손익계산서(보험서비스결과) 및 1차연도 말 재무상태표(보험부채)

손익계산서(약식)	1차연도
보험수익	₩130
예상보험금	40
예상계약유지비	20
보험취득 현금흐름 상각	30
보험계약마진 상각	40
보험서비스비용	₩(110)
발생보험금	40
발생계약유지비	20
보험취득 현금흐름 상각	30
기타보험서비스비용	20
보험서비스결과*	₩20

재무상태표(약식)	1차연도 말
보험계약부채(잔여보장)	₩810
최선추정부채(BEL)	730
보험계약마진(CSM)	80

* 1차연도 보험서비스결과는 실제로 보험금과 계약유지비가 예상과 같이 발생하여(예실차 없음) 보험계약마진 상각액 ₩40에서 기타보험서비스비용(교육훈련비) ₩20을 차감한 ₩20이다.

1.2 보험계약마진의 후속 측정[2)]

보고기간 말의 보험계약마진은 보험계약집합 내 계약이 제공할 미래 서비스와 관련이 있기 때문에 아직 당기손익으로 인식하지 않은 보험계약집합의 이익을 나타낸다.

최초 인식 후, 이 기준서에서는 보험계약집합에 대한 보험계약마진의 특정 변동분의 인식을 요구하며 이러한 변동은 계약에 따라 서비스를 제공함으로써 얻게 될 미래이익의 변동을 반영한다.

보고기간 말 계약집합의 보험계약마진 장부금액은 보고기간 초의 장부금액에서 다음을 조정한 금액이다.

(1) 집합에 추가되는 새로운 계약의 효과
(2) 보고기간에 보험계약마진의 장부금액에 부리되는 이자(최초 인식시점에 결정된 할인율로 부리)
(3) 미래 서비스와 관련된 이행현금흐름의 변동분
(4) 보험계약마진에 미친 모든 외환차이의 영향
(5) 해당 기간에 보험계약서비스를 이전함에 따라 보험수익으로 인식되는 금액

보험계약마진의 일부 변동이 잔여보장부채에 대한 이행현금흐름의 변동과 상쇄되면 잔여보장부채에 대한 총장부금액은 변동되지 않는다.

그러나 보험계약마진의 변동이 잔여보장부채의 이행현금흐름의 변동을 상쇄하지 않는 경우에는 그 만큼을 보험수익과 보험서비스비용을 인식한다.

1. 미래 서비스와 관련된 이행현금흐름의 변동분

보험계약의 경우, 미래 서비스와 관련된 이행현금흐름의 변동을 보험계약집합의 보험계약마진에서 조정한다. 이러한 변동은 다음으로 구성된다.

(1) 미래 서비스와 관련하여 해당 기간에 수취한 보험료 및 관련 현금흐름(예 보험취득 현금흐름)에서 발생한 경험조정

---

2) 본 장에서는 직접참가특성이 없는 보험계약을 중심으로 설명하며 제9장에서 직접참가특성이 있는 보험계약에 대해 설명한다. 한편 최초 측정시 직접참가특성이 없는 보험계약과 직접참가특성 있는 보험계약간에 회계처리 차이는 없다.

(2) 잔여보장부채의 미래현금흐름 현재가치 추정치의 변동
(3) 해당 기간에 지급될 것으로 예상된 투자요소와 실제 투자요소와의 차이
(4) 미래 서비스와 관련된 비금융위험에 대한 위험조정의 변동

또한, 일부 보험계약의 조건에 따르면, 보험계약자에게 지급할 현금흐름에 대한 재량이 보험회사에 부여되어 있다. 재량 현금흐름의 변동[3]은 미래서비스와 관련된 것으로 간주하고, 이에 따라 보험계약마진을 조정한다.

2. 미래 서비스와 관련 없는 이행현금흐름의 변동분

보험계약의 경우 이행현금흐름의 다음 변동은 미래 서비스와 관련이 없기 때문에 보험계약마진에서 조정하지 않는다.

(1) 화폐의 시간가치 및 그 변동의 효과와 금융위험 및 그 변동의 효과
(2) 발생사고부채의 이행현금흐름 추정치의 변동

보충설명 보험계약의 장부금액 변동성격 차이

- 미래현금흐름 추정치 변동 : 당기 또는 과거 보장과 관련되어 있는 경우에는 당기손익으로 조정하고 미래 보장과 관련 있다면 보험계약마진에서 조정한다.
- 금융위험과 화폐의 시간가치 변동 : 변동이 발생한 기간에 ① 당기손익으로 처리하거나 ② 당기손익과 기타포괄손익으로 처리(회계정책으로 포트폴리오별로 선택)한다.

08

1.3 보험계약마진의 당기손익 인식

보험계약집합의 보험계약마진 금액은 해당 기간에 보험계약집합에서 제공한 보험계약 서비스를 반영하여 그 기간에 당기손익으로 인식한다. 해당 금액은 다음과 같이 산정된다.

---

3) 재량적 참가특성이 있는 투자계약의 경우 특정 투자자에게 계약발행자의 재량에 따르지 않는 금액 외에 추가로 투자성과 등을 수취할 수 있도록 계약상 권리를 제공하고 있어 투자성과 등에 대한 추가수취액의 변동이 재량 현금흐름의 변동이 된다.

(1) 집합 내의 보장단위를 식별한다. 집합 내의 보장단위의 수는 집합 내의 계약에서 제공되는 보험계약서비스의 수량이며, 각 계약별로 계약에 따라 제공되는 급부의 수량 및 기대되는 보장기간을 고려하여 산정된다.
(2) 보고기간 말에 보험계약마진을 당기에 제공된 보장단위와 미래에 제공될 것으로 기대되는 보장단위 각각에 동일하게 배분한다.
(3) 당기에 제공된 보장단위에 배분된 금액을 당기손익으로 인식한다.

기업이 보험계약서비스를 사건이 발생한 경우에만 제공하는 것이 아니라, 전체 보장기간에 걸쳐 제공하므로 보험계약마진을 계약에 따라 보장이 제공되는 패턴을 반영하여 보장기간에 걸쳐서 수익을 인식한다.

목적적합한 정보제공을 위해 보고기간 말 가장 최근의 추정으로 조정된 보험계약마진 금액에 대해 계약 집합에 의해 제공되는 급부의 양과 기대되는 듀레이션을 반영하는 보장단위에 기초하여 당기에 제공된 보장과 미래에 예상되는 잔여 보장에 배분한다.

1. 투자수익서비스와 투자관련서비스에 귀속되는 보험계약마진

K-IFRS 제1117호 보험계약에서의 보험계약 서비스는 보험보장뿐만 아니라 투자수익서비스와 투자관련서비스[4]가 포함되는 것으로 정의한다.

이에 따라 보험보장뿐만 아니라 있다면 투자수익서비스와 투자관련서비스 모두의 급부 규모와 예상 기간을 고려하여 보험계약의 보장단위를 식별해야 한다.

또한 투자활동원가에 대해서도 다음 중 하나의 활동을 수행한다면 보험계약집합의 이행현금흐름에 포함해야 한다.

(1) 보험계약자를 위한 보험보장의 급부를 증대시킨다.
(2) 보험계약의 계약자에게 투자수익서비스와 투자관련서비스를 제공한다.

4) 투자수익서비스는 직접참가특성이 없는 보험계약의 경우, 보험계약자를 위한 투자수익의 창출을 이르며, 투자관련서비스는 직접참가특성이 있는 보험계약의 경우, 보험계약자를 대신하는 기초항목의 관리를 말한다.

제2절
보험계약의 표시 - 보험서비스결과

본 절에서는 보험계약의 표시에 대하여 재무상태표 및 포괄손익계산서 중 보험서비스결과를 중심으로 구분하여 살펴본다.

2.1 재무상태표의 표시

재무상태표에 다음의 장부금액을 별도로 표시한다.

(1) 자산인 발행 보험계약 포트폴리오, (2) 부채인 발행 보험계약 포트폴리오
(3) 자산인 출재보험계약 포트폴리오, (4) 부채인 출재보험계약 포트폴리오

출재보험계약이란 발행한 보험계약(원수보험자)에서 생기는 보험금을 보상하기 위해 타 보험회사(재보험자)가 발행한 보험계약으로 원수보험자의 보험위험이 재보험자에게 전가되는 형태의 계약이다. 재무상태표에서는 이를 구분하여 표시한다.

보험계약집합을 측정하고 인식하는 요구사항과 일관되기 위해서는 자산인 보험계약집합과 부채인 보험계약집합의 장부금액을 별도로 표시하여야 하나, 기업의 운영상의 부담과 정보의 유용성 등을 고려하여 보험계약집합수준이 아닌 포트폴리오 수준으로 자산인 보험계약 포트폴리오와 부채인 보험계약 포트폴리오로서 표시하고 있다.

보험취득 현금흐름자산은 발행한 관련 보험계약 포트폴리오의 장부금액에 포함하고, 출재보험계약 포트폴리오와 관련이 있는 현금흐름에 대한 자산 또는 부채는 출재보험계약 포트폴리오의 장부금액에 포함한다.

2.2 포괄손익계산서의 표시

잔여보장부채 및 발생사고부채의 장부가액 변동분에 대해 포괄손익계산서에 수익과 비용으로 인식한 금액을 다음과 같이 세분한다.

(1) 보험수익과 보험서비스비용으로 구성된 보험서비스결과
(2) 보험금융수익 및 보험금융비용

비금융위험에 대한 위험조정의 변동분을 보험서비스결과와 보험금융수익(비용)으로 세분할 필요는 없다. 세분하지 않을 경우에는 비금융위험에 대한 위험조정의 전체 변동분을 보험서비스결과의 일부로 포함한다.

2.3 보험서비스결과

발행한 보험계약집합에서 생기는 보험수익은 당기손익으로 표시한다. 보험수익은 보험계약집합에서 발생하는 서비스를 제공하고 그러한 서비스에 대한 교환으로 받을 것으로 기대하는 대가를 반영하는 금액을 나타낸다.

발행한 보험계약집합에서 생기는 보험서비스비용은 당기손익으로 표시한다. 보험서비스비용은 발생한 보험금(투자요소의 상환 제외) 및 발생한 기타 보험서비스비용과 보험취득현금흐름의 상각, 과거서비스변동(발생사고부채 관련 이행현금흐름의 변동) 및 미래서비스변동(손실부담계약집합의 손실 및 그 손실의 환입)으로 구성된다.

당기손익으로 표시되는 보험수익과 보험서비스비용에 투자요소는 포함하지 않아야 한다.

여기서의 투자요소는 보장사건의 발생과 무관하게 보험계약에 따라 모든 상황에서 보험계약자에게 상환해야 할 금액을 이른다.

1. 보험수익의 인식

보험계약집합의 총 보험수익은 계약에 대한 대가, 즉 기업이 지급받는 보험료에 금융효과를 조정한 후 모든 투자요소를 제외한 금액을 보험수익으로 인식한다.

해당 기간에 인식한 보험수익은 약정된 서비스를 이전하고 그러한 서비스에 대한 교환으로 받을 것으로 기대하는 대가를 반영하는 금액을 나타내야 한다. 보험계약집합의 총 대가는 다음의 금액을 포괄한다.

> (1) 서비스 제공과 관련된 금액으로 (가) 보험서비스비용(잔여보장부채의 손실요소에 배분된 금액 제외), (나) 비금융위험에 대한 위험조정(잔여보장부채의 손실요소에 배분된 금액 제외) 및 (다) 보험계약마진으로 구성된다.
> (2) 보험취득 현금흐름과 관련된 금액

K-IFRS 제1115호 고객과의 계약에서 생기는 수익에 따르면, 기업이 서비스를 제공한 때, 그러한 서비스의 수행의무를 제거하고 수익을 인식한다. 이와 일관되게 이 기준서를 적용하여 서비스를 해당 기간에 제공한 때, 제공되는 서비스에 대한 잔여보장부채를 감소시키고 보험수익을 인식한다.

2. 보험수익의 측정방법

보험수익을 측정하는 방법으로 ① 잔여보장부채 감소 분석법과 ② 예상현금흐름 분석법으로 크게 두 가지로 분석될 수 있다.

(1) 잔여보장부채 감소 분석법

잔여보장부채로 보고하는 금액이 서비스를 제공할 의무에 대한 가치를 나타내므로 잔여보장부채의 감소가 기간 중 이행된 서비스를 제공하는 수행의무의 가치를 합리적으로 표시할 수 있다.

이러한 잔여보장부채의 감소에는 해당 기간에 제공된 서비스를 반영하기 위한 보험계약마진의 배분이 포함된다.

그러나 보험수익을 발생시키는 잔여보장부채의 감소는 기업이 수취하는 대가에 따라 보장될 것으로 기대되는 서비스와 관련 없는 변동분[수취보험료 변동, 투자요소 변동, 보험금융수익(비용) 등]

08

과 잔여보장부채의 손실요소의 증감과 같이 서비스와 관련된 변동이지만 기업이 대가를 기대하지 않는 경우에는 제외한다.

(2) 예상현금흐름 분석법

예상현금흐름 분석법에서의 보험수익은 기업이 대가를 수취할 것으로 기대하는 서비스와 관련된 해당기간의 잔여보장부채의 총 변동으로 분석된다.

잔여보장부채의 총 변동에는 해당기간에 발생한 보험서비스비용(기초시점에 예상했던 금액으로 측정)의 변동, 비금융위험에 대한 위험조정의 변동, 해당 기간의 당기손익으로 인식한 보험계약마진 금액 등으로 구성된다.

예제 2 후속 측정(미래 수익성을 증가시키는 이행현금흐름 변동이 있는 경우)

최초 인식시점 및 1차연도의 사실 관계는 [예제 1]과 같다.

<추가사항>

2차연도 말에 다음과 같은 사건이 발생한다.

> (1) 2차연도의 실제 보험금은 처음에 예상했던 금액보다 ₩20 적은 ₩20이다.
> (2) ㈜대한보험은 3차연도에 대한 보험금 관련 미래 현금유출 추정치를 수정하여 ₩50이 아닌 ₩20을 지출할 것으로 예상한다.

물음

1. 2차연도 말의 수정된 이행현금흐름을 추정하시오.
2. 2차연도 중 이행현금흐름과 보험계약마진의 변동요인을 분석하시오.
3. 2차연도 중 회계처리를 하시오.
4. ㈜대한보험의 2차연도 손익계산서(보험서비스결과)와 2차연도 말 재무상태표(보험부채)를 표시하시오.

해설

1. 2차연도 말의 수정된 이행현금흐름의 추정

   수정된 이행현금흐름 추정치는 다음과 같으며 1차연도 및 3차연도의 이행현금흐름도 비교로 표시한다.

	최초인식	1차연도	2차연도	3차연도
미래 현금유입액의 현재가치 추정치	₩(1,000)	–	–	–
미래 현금유출액의 현재가치 추정치	880*	₩730	**₩640**	–
미래현금흐름의 현재가치 추정치	(120)	730	**640**	–
비금융위험에 대한 위험조정	–	–	–	–
이행현금흐름	₩120	₩730	**₩640**	–

* 최초 인식시점의 현금유출액 :
보험금 ₩130 + 보험취득현금흐름 ₩90 + 계약유지비 ₩60 + 만기환급금 ₩600 = ₩880

2. 2차연도 중 이행현금흐름과 보험계약마진의 변동요인 분석

	미래현금흐름의 현재가치 추정치	보험계약마진	보험계약부채
기초잔액	₩730	₩80	₩810
미래 서비스 관련 변동	(30)	30*1	–
당기 서비스 관련 변동	(20)*2	(55)*3	(75)
현금유출	(40)	–	(40)
기말잔액	₩640	₩55	₩695

*1 미래 서비스와 관련된 이행현금흐름의 변동분을 보험계약집합의 보험계약마진에서 조정한다. 미래현금흐름의 현재가치 추정치 변동인 ₩30을 보험계약마진으로 조정한다.

*2 기초에 당기 중 발생을 예상한 보험 서비스비용 추정치 ₩60과 당기에 발생한 실제 보험 서비스비용 ₩40의 차이로 정의되는 ₩20의 경험조정을 보험계약마진에서 조정하지 않고 이러한 변동을 당기 서비스와 관련된 것으로 분류한다.

*3 이 예제에서의 계약집합에 각 기간 동안 제공된 서비스는 동일하므로 해당기간에 당기손익으로 인식한 보험계약마진 ₩55은 ₩110(₩80 + ₩30)을 2년의 보장기간으로 나눈 금액이다.

3. 2차연도 중 회계처리

(1) 보험사고 발생시

(차) 보험서비스비용(발생보험금)	20	(대) 발생사고부채(BEL)	20

(2) 보험금 지급시

(차) 발생사고부채(BEL)	20	(대) 현금	20

(3) 계약유지비 발생시

(차) 보험서비스비용 (발생계약유지비)	20	(대) 현금	20

(4) 예상보험금 및 예상계약유지비의 수익인식

(차)	잔여보장부채(BEL)	40	(대) 보험수익(예상보험금)	40
	잔여보장부채(BEL)	20	보험수익(예상계약유지비)	20

(5) 미래 서비스 관련 변동

(차)	잔여보장부채(BEL)	30	(대) 잔여보장부채(CSM)	30

(6) 보험계약마진 상각 관련 수익인식

(차)	잔여보장부채(CSM)	55	(대) 보험수익(CSM 상각)	55

(7) 보험취득 현금흐름 배분 관련 수익인식

(차)	보험서비스비용 (보험취득 현금흐름 상각)	30	(대) 보험수익 (보험취득 현금흐름 상각)	30

4. ㈜대한보험의 2차연도 손익계산서(보험서비스결과) 및 2차연도 말 재무상태표(보험부채)

손익계산서(약식)	2차연도
보험수익	₩145
예상보험금	40
예상계약유지비	20
보험취득 현금흐름 상각	30
보험계약마진 상각	55
보험서비스비용	₩(70)
발생보험금	20
발생계약유지비	20
보험취득 현금흐름 상각	30
보험서비스결과*	₩75

재무상태표(약식)	2차연도 말
보험계약부채(잔여보장)	₩695
최선추정부채(BEL)	640
보험계약마진(CSM)	55

* 2차연도 보험서비스결과는 보험계약마진 상각액 ₩55과 예상보험금(₩40)보다 적게 발생한 실제보험금(₩20)으로 인한 유리한 예실차 ₩20을 합한 ₩75이다.

▶ 예제 3 후속 측정(미래 수익성을 감소시키는 이행현금흐름 변동)

최초 인식시점 및 1차연도의 사실 관계는 [예제 1]과 같다.

<추가사항>

2차연도 말에 다음과 같은 사건이 발생한다.

(1) 2차연도에 실제로 청구된 보험금 ₩100은 최초 예상보다 ₩60이 증가한 금액이다.
(2) ㈜대한보험은 3차연도에 보험금 관련 미래현금유출 추정치를 수정하여 ₩50이 아닌 ₩100을 지출할 것으로 예상한다.

물 음

1. 2차연도 말의 수정된 이행현금흐름을 추정하시오.
2. 2차연도 중 이행현금흐름과 보험계약마진의 변동요인을 분석하시오.
3. 2차연도 중 회계처리를 하시오.
4. ㈜대한보험의 2차연도 손익계산서(보험서비스결과)와 2차연도 말 재무상태표(보험부채)를 표시하시오.

해 설

1. 2차연도 말의 수정된 이행현금흐름의 추정

수정된 이행현금흐름 추정치는 다음과 같으며 1차연도 및 3차연도의 이행현금흐름도 비교로 표시한다.

	최초인식	1차연도	2차연도	3차연도
미래 현금유입액의 현재가치 추정치	₩(1,000)	–	–	–
미래 현금유출액의 현재가치 추정치	880	₩730	**₩720**	–
미래현금흐름의 현재가치 추정치	₩(120)	₩730	**₩720**	–
비금융위험에 대한 위험조정	–	–	–	–
이행현금흐름	₩(120)	₩730	**₩720**	–

08

2. 2차연도 중 이행현금흐름과 보험계약마진의 변동요인 분석

	미래현금흐름의 현재가치 추정치	보험계약마진	보험계약부채
기초잔액	₩730	₩80	₩810
미래 서비스 관련 변동	50	(50)*1	–
당기 서비스 관련 변동	60*2	(15)*3	45
현금유출	(120)	–	(120)
기말잔액	₩720	₩15	₩735

*1 미래 서비스와 관련된 이행현금흐름의 증가분을 보험계약집합의 보험계약마진에서 조정한다. 미래현금흐름의 현재가치 추정치 변동인 ₩50을 보험계약마진으로 조정한다.

*2 기초에 당기 중 발생을 예상한 보험 서비스비용 추정치 ₩60과 당기에 발생한 실제 보험 서비스비용 ₩120의 차이로 정의되는 ₩60의 경험조정을 보험계약마진에서 조정하지 않고 이러한 변동을 당기 서비스와 관련된 것으로 분류한다.

*3 이 예제에서의 계약집합에 각 기간 동안 제공된 서비스는 동일하므로 해당기간에 당기손익으로 인식한 보험계약마진 ₩15은 ₩30(₩80 – ₩50)을 2년의 보장기간으로 나눈 금액이다.

3. 2차연도 중 회계처리

(1) 보험사고 발생시

(차)	보험서비스비용(발생보험금) 100		(대) 발생사고부채(BEL)	100

(2) 보험금 지급시

(차)	발생사고부채(BEL)	100	(대) 현금	100

(3) 계약유지비 발생시

(차)	보험서비스비용 (발생계약유지비)	20	(대) 현금	20

(4) 예상보험금 및 예상계약유지비의 수익인식

(차)	잔여보장부채(BEL)	40	(대) 보험수익(예상보험금)	40
	잔여보장부채(BEL)	20	보험수익(예상계약유지비)	20

(5) 미래 서비스 관련 변동

(차)	잔여보장부채(CSM)	50	(대) 잔여보장부채(BEL)	50

(6) 보험계약마진 상각 관련 수익인식

(차)	잔여보장부채(CSM)	15	(대) 보험수익(CSM 상각)	15

(7) 보험취득 현금흐름 배분 관련 수익인식

(차) 보험서비스비용 (보험취득 현금흐름 상각)	30	(대) 보험수익 (보험취득 현금흐름 상각)	30

4. ㈜대한보험의 2차연도 손익계산서(보험서비스결과) 및 2차연도 말 재무상태표(보험부채)

손익계산서(약식)	2차연도
보험수익	₩105
예상보험금	40
예상계약유지비	20
보험취득 현금흐름 상각	30
보험계약마진 상각	15
보험서비스비용	₩(150)
발생보험금	100
발생계약유지비	20
보험취득 현금흐름 상각	30
보험서비스결과*	₩(45)

재무상태표(약식)	2차연도 말
보험계약부채(잔여보장)	₩735
최선추정부채(BEL)	720
보험계약마진(CSM)	15

* 2차연도 보험서비스결과는 보험계약마진 상각액 ₩15과 예상보험금(₩40)보다 많이 발생한 실제보험금(₩100)으로 인한 불리한 예실차 (−)₩60을 합한 (−)₩45이다.

제3절 보험계약의 표시 – 보험금융수익 및 비용

본 절에서는 보험계약의 표시에 대하여 포괄손익계산서 중 보험금융수익 및 비용을 중심으로 구분하여 살펴본다.

3.1 보험금융수익 및 비용의 인식

보험금융수익(비용)은 다음에서 발생하는 보험계약집합 장부금액의 변동으로 이루어져 있다.

(1) 화폐의 시간가치 및 그 변동 효과
(2) 금융위험 및 그 변동 효과

3.2 일반모형의 보험금융수익(비용) 인식

보험계약집합에 대해 일반모형을 적용하는 경우 다음 중에서 회계정책을 선택한다.

(1) 해당 기간의 보험금융수익(비용)을 당기손익에 포함한다.
(2) 예상되는 총보험금융수익(비용)을 계약집합의 듀레이션에 걸쳐 체계적으로 배분하여 산정한 금액을 당기손익에 포함하기 위해, 해당 기간의 보험금융수익(비용)을 세분한다.

위 일반모형에서 해당 기간의 보험금융수익을 세분하는 회계정책을 적용하는 경우 보험계약집합의 듀레이션에 걸쳐 총 기대금융수익(비용)을 체계적으로 배분하여 산정한 금액을 당기손익에 포함한다.

이와 관련하여 체계적인 배분이란 집합의 듀레이션에 걸쳐 보험계약집합의 총 기대금융수익(비용)을 배분하는 것이며, 계약집합의 듀레이션에 걸쳐 기타포괄이익으로 인식되는 금액의 총합은 영(₩0)이다.

어느 일자 기준으로도 기타포괄이익으로 인식된 누적금액은 계약집합의 장부금액과 체계적 배분을 적용했을 때 측정되었을 계약집합의 금액의 차이이다.

보충설명 금융위험 관련 가정 변동의 보험계약별 구분

1. 금리확정형 보험계약

- 금융위험과 관련된 가정 변동이 계약자에게 지급되는 금액에 상당한 영향을 미치지 않는 보험계약집합의 경우, 체계적인 배분은 최초 인식시점에 결정된 할인율을 사용한다.

2. 금리연동형 보험계약

- 금융위험과 관련된 가정 변동이 보험계약자에게 지급되는 금액에 상당한 영향을 미치는 보험계약집합의 경우, 다음과 같이 체계적으로 배분한다.

(1) 미래현금흐름의 추정치에서 발생한 금융손익의 체계적인 배분은 다음 중 하나의 방법에 따라 결정될 수 있다.

(가) 계약집합의 잔여 듀레이션에 걸쳐 수정된 잔여 기대금융수익(비용)을 단일률을 사용하여 배분한다. (유효수익률법 적용)

(나) 보험계약자에게 지급해야 하는 금액을 결정하기 위해 부리이율을 사용하는 계약의 경우, 당기에 부리되는 금액과 미래 기간에 부리될 것으로 기대되는 금액에 기초하여 배분한다. (예상부리이율법 적용)

(2) 만약 비금융위험에 대한 위험조정에서 발생하는 금융수익(비용)을 그 밖의 변동에서 별도로 구분한다면, 비금융위험에 대한 위험조정에서 발생하는 금융수익(비용)의 체계적인 배분은 미래현금흐름에서 발생한 금융수익(비용)을 배분할 때 사용하는 방식과 일관된 방식으로 결정한다.

(3) 보험계약마진에서 발생하는 금융수익(비용)의 체계적인 배분은 계약집합의 최초 인식시점에 결정된 할인율을 사용한다.

08

예제 4 보험계약의 최초 측정(화폐의 시간가치가 있는 경우)

㈜민국보험은 보험기간이 3년인 보험계약집합을 발행하며 보장기간은 보험계약의 발생시점부터 시작한다.

최초 인식시점에 다음을 산정한다.

(1) 최초 인식 직후 ₩1,000의 보험료를 수령하며 매년 말 보험사고가 발생하여 1기말에는 ₩40, 2기말에는 ₩40, 3기말에는 ₩50의 보험금을 지급한다.
(2) 매년 말 보험계약집합 유지를 위한 계약유지비가 ₩20씩 발생한다.
(3) 3기말에 보험계약이 제거되며 ㈜민국보험은 투자요소인 보험계약자의 적립금(₩600)을 매년 8%의 확정이자율로 부리하여 만기환급금을 지급한다.
(4) 최초 인식시점에 보험계약과 관련된 모든 현금흐름의 특성을 반영하는 시장이자율(연 10%)의 할인율을 사용하여 현재가치를 추정한다.

이 예제에서는 모든 비용은 예상한 대로 발생하며 보장기간 중 실효되는 계약은 없으며 계약의 갱신은 기대되지 않고 비금융위험에 대한 위험조정은 무시한다.

물음

1. 최초 인식시점의 보험계약집합의 예상현금흐름 현황과 예상현금흐름의 현재가치를 구하시오.
2. 최초 인식시점의 보험계약집합을 측정하시오.
3. 최초 인식시점, 보험료 수취시 등 회계처리를 하시오.

해설

1. 최초 인식시점의 보험계약집합의 예상현금흐름 현황 및 예상현금흐름의 현재가치

구분	1Y 초	1Y 말	2Y 말	3Y 말
현금흐름 유입	**1,000**			
보험료	1,000			
현금흐름 유출	–	**60**	**60**	**826**
발생보험금		40	40	50
계약유지비		20	20	20
만기환급금				756*1
순현금흐름	**1,000**	**(–)60**	**(–)60**	**(–)826**
1Y 초의 현재가치*2	**1,000**	**(–)55**	**(–)50**	**(–)620**

*1 만기환급금은 1기 초 계약자 적립금을 매년 8% 확정이자율로 부리하여 ₩756을 3기말에 지급한다.
(₩756 = ₩600 × 1.08^3)

*2 최초 인식시점의 시장이자율인 10%를 할인율로 사용하여 현재가치를 추정한다.
(1기말 : ₩55 = ₩60÷1.1, 2기말 : ₩50 = ₩60÷1.1^2, 3기말 : ₩620 = ₩826÷1.1^3)

2. 최초 인식시점의 보험계약집합의 측정

	최초인식
미래 현금유입액의 현재가치 추정치	₩(1,000)
미래 현금유출액의 현재가치 추정치*	725
이행현금흐름	(275)
보험계약마진	275
최초 인식시점의 보험계약부채	–

* 미래 현금유출액의 현재가치 추정치 ₩725은 예상보험금 청구액의 현가 ₩107, 계약유지비의 현가 ₩50 및 투자요소인 만기환급금의 현가 ₩568으로 구성된다.

3. 최초 인식시점, 보험료 수취시 등 회계처리

(1) 최초 인식시

(차) 잔여보장부채(BEL)	275	(대) 잔여보장부채(CSM)	275

(2) 보험료 수취시

(차) 현금	1,000	(대) 잔여보장부채(BEL)	1,000

예제 5 보험계약의 후속 측정(화폐의 시간가치가 있으며 할인율 변동 없는 경우)

최초 인식시점에 사실 관계가 [예제 4]와 같다.

<추가사항>

(1) 1차연도 이후 모든 사건은 예상대로 일어나고 ㈜민국보험은 미래 기간에 관한 어떠한 가정도 변경하지 않는다.
(2) 비용은 매연도 말에 발생된 직후 지급될 것으로 예상된다.
(3) 모든 사업연도 중 시장이자율은 최초 인식시점과 동일하게 연 10%이다.
(4) 이 예제에서 모든 계약들은 전체 3년의 보장기간 동안 동일한 규모의 보험금을 제공할 것으로 예상되기 때문에 계약의 집합에 각 기간 동안 제공된 서비스는 동일하다.

물 음

1. 최초 인식시점의 보험계약집합을 측정하고 후속연도의 이행현금흐름을 추정하시오.
2. 1차연도 중 이행현금흐름과 보험계약마진의 변동요인을 분석하시오.
3. 1차연도 중 회계처리를 하시오.
4. ㈜민국보험의 1차연도 손익계산서(보험서비스결과 및 금융결과)와 1차연도 말 재무상태표(보험부채)를 표시하시오.
5. 2차연도 중 이행현금흐름과 보험계약마진의 변동요인을 분석하고 회계처리를 하시오.
6. ㈜민국보험의 2차연도 손익계산서(보험서비스결과 및 금융결과)와 2차연도 말 재무상태표(보험부채)를 표시하시오.
7. 3차연도 중 이행현금흐름과 보험계약마진의 변동요인을 분석하고 회계처리를 하시오.
8. ㈜민국보험의 3차연도 손익계산서(보험서비스결과 및 금융결과)와 1차연도 말 재무상태표(보험부채)를 표시하시오.

해 설

1. 최초 인식시점의 보험계약집합의 측정 및 후속연도의 이행현금흐름 추정

	최초인식	1차연도	2차연도	3차연도
미래 현금유입액의 현재가치 추정치	₩(1,000)	–	–	–
미래 현금유출액의 현재가치 추정치	725	₩737	₩751	–
미래현금흐름의 현재가치 추정치	₩(275)	₩737	₩751	–
이행현금흐름	₩(275)	₩737	₩751	–
보험계약마진	275			
최초 인식시점의 보험계약(자산)/부채	–			

2. 1차연도 중 이행현금흐름과 보험계약마진의 변동요인 분석

	미래현금흐름의 현재가치 추정치	보험계약마진	보험계약부채
기초잔액	–	–	–
최초인식 신규 계약	₩(275)	₩275	–
현금유입	1,000	–	₩1,000
보험금융비용	72*[1]	28*[2]	100
당기 서비스 관련 변동	–	(101)*[3]	(101)
현금유출	(60)	–	(60)
기말잔액	₩737	₩202	₩939

*1 이 예제에서의 보험금융비용 ₩72은 ₩725[기초잔액 (−)₩275과 1차연도 초에 수취한 현금유입 ₩1,000의 차이금액]에 현행할인율 10%를 곱한 값이다.

*2 보험계약마진의 장부금액에 대한 ₩28은 기초잔액 ₩275에 할인율 10%를 곱하여 산출한다. 해당 할인율은 기초항목의 수익률에 따라 변동하지 않는 명목 현금흐름에 적용되며, 보험계약 집합의 최초 인식시점에 결정된다.

*3 보험계약마진을 해당 기간 말에 당기에 제공된 각 보장단위와 미래에 제공될 것으로 예상되는 각 보장단위로 배분하고, 당기에 제공된 보장단위로 배분된 금액을 당기손익으로 인식하며 계약의 집합에 각 기간 동안 제공된 서비스는 동일하므로 해당기간에 당기손익으로 인식한 보험계약마진 ₩101은 ₩303(₩275 + ₩28)을 3년의 보장기간으로 나눈 금액이다.

3. 1차연도 중 회계처리

(1) 최초 인식시

(차) 잔여보장부채(BEL)	275	(대) 잔여보장부채(CSM)	275

(2) 보험료 수취시

(차) 현금	1,000	(대) 잔여보장부채(BEL)	1,000

(3) 보험금융비용 인식

(차) 보험금융비용	100	(대) 잔여보장부채(BEL)	72
		잔여보장부채(CSM)	28

(4) 보험사고 발생시

(차) 보험서비스비용(발생보험금)	40	(대) 발생사고부채(BEL)	40

(5) 보험금 지급시

(차) 발생사고부채(BEL)	40	(대) 현금	40

(6) 계약유지비 발생시

(차) 보험서비스비용 (발생계약유지비)	20	(대) 현금	20

(7) 예상보험금 및 예상계약유지비의 수익인식

(차) 잔여보장부채(BEL)	40	(대) 보험수익(예상보험금)	40
잔여보장부채(BEL)	20	보험수익(예상계약유지비)	20

(8) 보험계약마진 상각 관련 수익인식

(차) 잔여보장부채(CSM)	101	(대) 보험수익(CSM 상각)	101

4. ㈜민국보험의 1차연도 손익계산서(보험서비스결과 및 금융결과) 및 1차연도 말 재무상태표(보험부채)

손익계산서(약식)	1차연도
보험수익	₩161
예상보험금	40
예상계약유지비	20
보험계약마진 상각	101
보험서비스비용	₩(60)
발생보험금	40
발생계약유지비	20
보험서비스결과	(101)
보험금융비용	(100)
금융결과	₩(100)
이익	₩1

재무상태표(약식)	1차연도 말
보험계약부채(잔여보장)	₩939
최선추정부채(BEL)	737
보험계약마진(CSM)	202

5. 2차연도 중 이행현금흐름과 보험계약마진의 변동요인 및 회계처리

	미래현금흐름의 현재가치 추정치	보험계약마진	보험계약부채
기초잔액	₩737	₩202	₩939
보험금융비용	74*1	20*2	94
당기 서비스 관련 변동	–	(111)	(111)
현금유출	(60)	–	(60)
기말잔액	₩751	₩111	₩862

*1 이 예제에서의 보험금융비용 ₩74은 기초잔액 ₩737에 현행할인율 10%를 곱한 값이다.

*2 보험계약마진의 장부금액에 대한 ₩20은 기초잔액 ₩202에 할인율 10%를 곱하여 산출한다. 해당 할인율은 기초항목의 수익률에 따라 변동하지 않는 명목 현금흐름에 적용되며, 보험계약집합의 최초 인식시점에 결정된다.

(1) 보험금융비용 인식

(차) 보험금융비용	94	(대) 잔여보장부채(BEL)	74
		잔여보장부채(CSM)	20

(2) 보험사고 발생시

(차) 보험서비스비용(발생보험금)	40	(대) 발생사고부채(BEL)	40

(3) 보험금 지급시

(차) 발생사고부채(BEL)	40	(대) 현금	40

(4) 계약유지비 발생시

(차)	보험서비스비용 (발생계약유지비)	20	(대) 현금	20

(5) 예상보험금 및 예상계약유지비의 수익인식

(차)	잔여보장부채(BEL)	40	(대) 보험수익(예상보험금)	40
	잔여보장부채(BEL)	20	보험수익(예상계약유지비)	20

(6) 보험계약마진 상각 관련 수익인식

(차)	잔여보장부채(CSM)	111	(대) 보험수익(CSM 상각)	111

6. ㈜민국보험의 2차연도 손익계산서(보험서비스결과 및 금융결과) 및 2차연도 말 재무상태표(보험부채)

손익계산서(약식)	2차연도
보험수익	₩171
예상보험금	40
예상계약유지비	20
보험계약마진 상각	111
보험서비스비용	₩(60)
발생보험금	40
발생계약유지비	20
보험서비스결과	₩111
보험금융비용	(94)
금융결과	₩(94)
이익	₩17

재무상태표(약식)	2차연도 말
보험계약부채(잔여보장)	₩862
최선추정부채(BEL)	751
보험계약마진(CSM)	111

7. 3차연도 중 이행현금흐름과 보험계약마진의 변동요인 및 회계처리

	미래현금흐름의 현재가치 추정치	보험계약마진	보험계약부채
기초잔액	₩751	₩111	₩862
보험금융비용	75	11	86
당기 서비스 관련 변동	–	(122)	(122)
현금유출	(826)	–	(826)
기말잔액	–	–	–

(1) 보험금융비용 인식

(차)	보험금융비용	86	(대) 잔여보장부채(BEL)	75
			잔여보장부채(CSM)	11

08

(2) 보험사고 발생시

(차) 보험서비스비용(발생보험금)	50	(대) 발생사고부채(BEL)	50

(3) 보험금 지급시

(차) 발생사고부채(BEL)	50	(대) 현금	50

(4) 계약유지비 발생시

(차) 보험서비스비용 (발생계약유지비)	20	(대) 현금	20

(5) 만기보험금(투자요소) 지급시

(차) 잔여보장부채(BEL)	756	(대) 현금	756

(6) 예상보험금 및 예상계약유지비의 수익인식

(차) 잔여보장부채(BEL)	50	(대) 보험수익(예상보험금)	50
잔여보장부채(BEL)	20	보험수익(예상계약유지비)	20

(7) 보험계약마진 상각 관련 수익인식

(차) 잔여보장부채(CSM)	122	(대) 보험수익(CSM 상각)	122

8. ㈜민국보험의 3차연도 손익계산서(보험서비스결과 및 금융결과) 및 1차연도 말 재무상태표(보험부채)

손익계산서(약식)	3차연도
보험수익	₩192
예상보험금	50
예상계약유지비	20
보험계약마진 상각	122
보험서비스비용	₩(70)
발생보험금	50
발생계약유지비	20
보험서비스결과	₩122
보험금융비용	(86)
금융결과	₩(86)
이익	₩36

재무상태표(약식)	3차연도 말
보험계약부채(잔여보장)	–
최선추정부채(BEL)	–
보험계약마진(CSM)	–

3.3 보험금융수익(비용)의 회계정책 선택

기업은 각 포트폴리오에 대하여 보험금융수익(비용)을 어떻게 표시할 것인지에 관한 회계정책을 선택해야 하며, 보험계약의 포트폴리오에 대한 그러한 수익(비용)은 모두 당기손익에 포함하거나 당기손익과 기타포괄손익으로 세분한다.

일반모형에서 해당 기간의 보험금융수익(비용)을 당기손익과 기타포괄손익으로 세분하는 회계정책을 선택하는 경우, 기준에 따라 측정한 보험금융수익(비용)과 해당 기간의 총보험금융수익(비용)과의 차이를 기타포괄손익에 포함한다.

보험계약 포트폴리오에 대한 적절한 회계정책을 평가할 경우 각 포트폴리오별로 기업이 보유한 자산과 그 자산의 회계처리방법을 고려하여야 한다. 예로 보험계약을 뒷받침하는 자산[기타포괄손익－공정가치 측정 금융자산(FVOCI), 당기손익－공정가치 측정 금융자산(FVPL)]에 대응하여 보험계약 포트폴리오별 적절한 전략적 회계정책 선택으로 회계불일치를 줄일 수 있다.

예제 6 보험계약의 후속 측정(화폐의 시간가치가 있으며 할인율 변동 있는 경우)

최초 인식시점에 사실 관계가 [예제 4]와 같다.[5)]

<추가사항>

(1) 1차연도 이후 모든 사건은 예상대로 일어나고 ㈜민국보험은 미래 기간에 관한 어떠한 가정도 변경하지 않는다.
(2) 비용은 매연도 말에 발생된 직후 지급될 것으로 예상된다.
(3) 최초 인식시점에 보험계약과 관련된 모든 현금흐름의 특성을 반영하는 시장이자율(연 10%)의 할인율을 사용하여 현재가치를 추정한다.
(4) 1차연도 말에는 시장이자율은 연 10%이나 2차연도 말에 시장이자율은 연 5%로 감소한 후 이후 3차연도중에는 동일하게 시장이자율은 연 5%이다.
(5) 이 예제에서 모든 계약들은 전체 3년의 보장기간 동안 동일한 규모의 보험금을 제공할 것으로 예상되기 때문에 계약의 집합에 각 기간 동안 제공된 서비스는 동일하다.

물음

1. 2차연도 중 이행현금흐름과 보험계약마진의 변동요인을 분석하고 회계처리를 하시오.

---

5) 최초 인식시점과 1차연도 중 분석 및 회계처리는 [예제 5]와 같다.

08

2. ㈜민국보험의 2차연도 손익계산서(보험서비스결과 및 금융결과)와 2차연도 말 재무상태표(보험부채)를 표시하시오.

3. 3차연도 중 이행현금흐름과 보험계약마진의 변동요인을 분석하고 회계처리를 하시오.

4. ㈜민국보험의 3차연도 손익계산서(보험서비스결과 및 금융결과)와 3차연도 말 재무상태표(보험부채)를 표시하시오.

해 설

1. 2차연도 중 이행현금흐름과 보험계약마진의 변동요인 및 회계처리

	미래현금흐름의 현재가치 추정치	보험계약마진	보험계약부채
기초잔액	₩737	₩202	₩939
보험금융비용	74*1	20*2	94
당기 서비스 관련 변동	–	(111)	(111)
할인율 변동	36*3	–	36
현금유출	(60)	–	(60)
기말잔액	₩787	₩111	₩898

*1 이 예제에서의 보험금융비용 ₩74은 기초잔액 ₩737에 최초 인식시점에 결정된 할인율 10%를 곱한 값이다.

*2 보험계약마진의 장부금액에 대한 ₩20은 기초잔액 ₩202에 할인율 10%를 곱하여 산출한다. 해당 할인율은 기초항목의 수익률에 따라 변동하지 않는 명목 현금흐름에 적용되며, 보험계약집합의 최초 인식시점에 결정된다.

*3 할인율 변동 관련 미래현금흐름 현재가치 증가액 ₩36은 시장이자율이 하락함에 따라 향후 이행현금흐름의 현재가치 증가액[₩36 : (₩826÷1.05) – (₩826÷1.1)]을 반영한 것으로 포트폴리오별로 당기손익 또는 기타포괄손익으로 회계정책 선택이 가능하며 본 예제에서는 기타포괄손익으로 회계정책을 선택하여 처리한다.

보험계약부채는 보험계약에 따라 미래의 이행현금흐름에 대해 할인율을 사용하여 현재가치로 산출하여야 하는 바, 시간의 경과에 따라 화폐의 시간가치를 반영하여 보험계약부채의 금액을 증가시키며 동 증가금액을 보험금융비용[당기손익(P/L) 이자비용]으로 처리한다.

다만, 시장이자율의 변동 등 경제적 가정변동으로 발생하는 보험금융비용의 경우 당기손익(P/L) 또는 기타포괄손익(OCI)으로 회계정책 선택이 가능하다. 이 예제에서는 기타포괄손익(OCI)으로 선택한다.

(1) 보험금융비용 인식

(차)	보험금융비용	94	(대) 잔여보장부채(BEL)	74
			잔여보장부채(CSM)	20

⑵ 보험사고 발생시

(차)	보험서비스비용(발생보험금)	40	(대) 발생사고부채(BEL)	40

⑶ 보험금 지급시

(차)	발생사고부채(BEL)	40	(대) 현금	40

⑷ 계약유지비 발생시

(차)	보험서비스비용 (발생계약유지비)	20	(대) 현금	20

⑸ 할인율 변동에 따른 기타포괄손익 인식시

(차)	보험금융비용(OCI)	36	(대) 잔여보장부채(BEL)	36

⑹ 예상보험금 및 예상계약유지비의 수익인식

(차)	잔여보장부채(BEL)	40	(대) 보험수익(예상보험금)	40
	잔여보장부채(BEL)	20	보험수익(예상계약유지비)	20

⑺ 보험계약마진 상각 관련 수익인식

(차)	잔여보장부채(CSM)	111	(대) 보험수익(CSM 상각)	111

2. ㈜민국보험의 2차연도 손익계산서(보험서비스결과 및 금융결과) 및 2차연도 말 재무상태표(보험부채)

손익계산서(약식)	2차연도
보험수익	₩171
예상보험금	40
예상계약유지비	20
보험계약마진 상각	111
보험서비스비용	₩(60)
발생보험금	40
발생계약유지비	20
보험서비스결과*	₩111
보험금융비용	(94)
금융결과	₩(94)
이익	₩17
보험금융비용(OCI)	(36)
포괄이익	₩(19)

재무상태표(약식)	2차연도 말
보험계약부채(잔여보장)	₩898
최선추정부채(BEL)	787
보험계약마진(CSM)	111
기타포괄손익	₩(36)

08

3. 3차연도 중 이행현금흐름과 보험계약마진의 변동요인 및 회계처리

	미래현금흐름의 현재가치 추정치	보험계약마진	보험계약부채
기초잔액	₩787	₩111	₩898
보험금융비용	75	11	86
당기 서비스 관련 변동	–	(122)	(122)
할인율 변동	(36)		(36)
현금유출	(826)	–	(826)
기말잔액	–	–	–

*1 이 예제에서의 보험금융비용 ₩75은 기초잔액 ₩787에서 할인율 변동으로 인한 효과 ₩36을 차감한 금액 ₩751에 최초 인식시점에 결정된 할인율 10%를 곱한 값이다.

*2 보험계약마진의 장부금액에 대한 ₩11은 기초잔액 ₩111에 할인율 10%를 곱하여 산출한다. 해당 할인율은 기초항목의 수익률에 따라 변동하지 않는 명목 현금흐름에 적용되며, 보험계약집합의 최초 인식시점에 결정된다.

(1) 보험금융비용 인식

(차)	보험금융비용	86	(대) 잔여보장부채(BEL)	75
			잔여보장부채(CSM)	11

(2) 보험사고 발생시

(차)	보험서비스비용(발생보험금)	50	(대) 발생사고부채(BEL)	50

(3) 보험금 지급시

(차)	발생사고부채(BEL)	50	(대) 현금	50

(4) 계약유지비 발생시

(차)	보험서비스비용(발생계약유지비)	20	(대) 현금	20

(5) 할인율 변동에 따른 기타포괄손익 정리시

(차)	잔여보장부채(BEL)	36	(대) 보험금융비용(OCI)	36

(6) 만기보험금(투자요소) 지급시

(차)	잔여보장부채(BEL)	756	(대) 현금	756

(7) 예상보험금 및 예상계약유지비의 수익인식

(차)	잔여보장부채(BEL)	50	(대) 보험수익(예상보험금)	50
	잔여보장부채(BEL)	20	보험수익(예상계약유지비)	20

(8) 보험계약마진 상각 관련 수익인식

(차) 잔여보장부채(CSM) 122 (대) 보험수익(CSM 상각) 122

4. ㈜민국보험의 3차연도 손익계산서(보험서비스결과 및 금융결과) 및 3차연도 말 재무상태표(보험부채)

손익계산서(약식)	3차연도
보험수익	₩192
예상보험금	50
예상계약유지비	20
보험계약마진 상각	122
보험서비스비용	₩(70)
발생보험금	50
발생계약유지비	20
보험서비스결과	₩122
보험금융비용	(86)
금융결과	₩(86)
이익	₩36
보험금융비용(OCI)	36
포괄이익	₩72

재무상태표(약식)	3차연도 말
보험계약부채(잔여보장)	–
최선추정부채(BEL)	–
보험계약마진(CSM)	–
기타포괄손익	(–)

3.4 중간재무제표 작성시 회계추정의 변경

K-IFRS 제1034호 중간재무보고에 따라 중간재무제표를 작성하는 경우, 후속 중간재무제표와 연차 보고기간에 이 기준서를 적용할 때 이전 중간재무제표에서 측정한 회계추정의 회계처리를 변경여부[6]를 회계정책으로 선택할 수 있다.

이러한 회계정책의 선택은 발행한 모든 보험계약집합과 모든 출재보험계약집합에 적용한다. 즉 동 회계정책의 선택은 보고기업 수준에서 결정하여야 한다.

6) 일반적인 회계원칙에 따라 회계추정 변경의 과거 누적효과를 소급하여 적용하는 것은 보험계약의 특성상 계리·경제적 가정이 빈번하게 변경됨에 따라 실무적으로 매우 복잡하고 어려운 점을 인정하여 회계추정 변경효과를 소급 적용하지 않는 예외기준을 허용하고 있다.

08

연습문제

문제 1

다음 K-IFRS 제1117호 보험계약에 대해 설명하고 있는 문항에 대해 맞지 아니한 내용을 지적하고 그 이유를 적시하시오.

(1) 발생사고부채는 이미 발생한 보험사건에 대해 조사하고 정당한 보험금과 기타 발생한 보험비용을 지급할 의무로서 잔여보장부채와 동일하게 보험계약마진이 발생한다.

(2) 일반모형이 적용되는 보험계약의 경우 보험계약마진의 장부금액에 부리되는 이자는 현행의 할인율로 부리한다.

(3) 일반모형이 적용되는 보험계약의 경우 해당 기간에 지급될 것으로 예상된 투자요소와 실제 투자요소와의 차이에 대해 당기손익에서 조정한다.

(4) 일반모형이 적용되는 일부 보험계약의 조건에 따르면, 기업에게 보험계약자에게 지급할 현금흐름에 대한 재량이 부여되어 있고 이러한 재량 현금흐름의 변동은 당기손익에서 조정한다.

(5) 보험계약마진을 당기손익으로 인식할 때, 각 계약별로 계약에 따라 기대되는 보장기간을 고려하여 정액법으로 상각하여 당기손익을 인식한다.

(6) 보험계약집합을 측정하고 인식하는 요구사항과 일관되도록 보험계약집합 수준으로 자산인 보험계약집합과 부채인 보험계약집합으로 표시한다.

(7) 비금융위험에 대한 위험조정의 변동분에 대해서는 보험서비스결과와 보험금융수익(비용)으로 세분하여야 한다.

(8) 금융위험과 관련된 가정 변동이 계약자에게 지급되는 금액에 상당한 영향을 미치지 않는 보험계약집합(예 금리확정형 보험계약)의 경우, 보험금융비용 인식을 위한 체계적인 배분은 현행시점의 시장이자율을 할인율로 사용한다.

(9) 보험회사의 재무상태표에서 보험계약집합 수준으로 자산인 보험계약집합과 부채인 보험계약집합으로 표시한다.

(10) 보험금융수익(비용)에 대해 당기손익과 기타포괄이익으로 구분할지에 대한 회계정책을 선택하는 경우 이와 같이 선택된 회계정책을 보험계약집합 수준에서 적용한다.

해설

(1) 발생사고부채는 이미 발생한 보험사건에 대해 조사하고 정당한 보험금과 기타 발생한 보험비용을 지급할 의무로서 **잔여보장부채와 다르게 보험계약마진이 발생하지 아니한다.**

(2) 일반모형이 적용되는 보험계약의 경우 보험계약마진의 장부금액에 부리되는 이자는 **최초 인식시점에 결정된 할인율로 부리한다.**

(3) 일반모형이 적용되는 보험계약의 경우 해당 기간에 지급될 것으로 **예상된 투자요소와 실제 투자요소와의 차이에 대해 보험계약집합의 보험계약마진에서 조정한다.**

(4) 일반모형이 적용되는 일부 보험계약의 조건에 따르면, 기업에게 보험계약자에게 지급할 현금흐름에 대한 재량이 부여되어 있다. **재량 현금흐름의 변동은 미래서비스와 관련된 것으로 간주하고, 이에 따라 보험계약마진을 조정한다.**

(5) 보험계약마진을 당기손익으로 인식할 때, 집합 내의 보장단위의 수는 집합 내의 계약에서 제공되는 보험계약서비스의 수량이며, **각 계약별로 계약에 따라 제공되는 급부의 수량 및 기대되는 보장기간을 고려하여 산정된다.**

(6) 보험계약집합을 측정하고 인식하는 요구사항과 일관되기 위해서는 자산인 보험계약집합과 부채인 보험계약집합의 장부금액을 별도로 표시하여야 하나, 기업의 운영상의 부담과 정보의 유용성 등을 고려하여 보험계약집합 수준이 아닌 **포트폴리오 수준으로 자산인 보험계약 포트폴리오와 부채인 보험계약 포트폴리오로서 표시한다.**

(7) 비금융위험에 대한 **위험조정의 변동분을 보험서비스결과와 보험금융수익(비용)으로 세분할 필요는 없다.** 세분하지 않을 경우에는 비금융위험에 대한 위험조정의 전체 변동분을 보험서비스결과의 일부로 포함한다.

(8) 금융위험과 관련된 가정 변동이 계약자에게 지급되는 금액에 상당한 영향을 미치지 않는 보험계약집합(예 금리확정형 보험계약)의 경우, **보험금융비용 인식을 위한 체계적인 배분은 최초 인식시점에 결정된 할인율을 사용한다.**

(9) 보험회사의 재무상태표에서 **보험계약 포트폴리오 수준으로** 자산인 보험계약집합과 부채인 보험계약집합으로 표시한다.

(10) 보험금융수익(비용)에 대해 당기손익과 기타포괄이익으로 구분할지에 대한 회계정책을 선택하는 경우 **이와 같이 선택된 회계정책을 보험계약 포트폴리오에 적용한다.**

문제 2 후속 측정(최초 인식 후 이행현금흐름 변동이 없는 경우의 1차연도 후속 측정)[7]

㈜만세보험은 보장기간을 3년으로 하는 100개의 보험계약을 발행한다. 보장기간은 보험계약 발행시점부터 시작되며 단순화를 위해 보장기간 내에 해지되는 계약은 없다고 가정한다.

㈜만세보험은 최초 인식 직후에 ₩900의 보험료를 수취할 것으로 기대하며, 따라서 미래 현금유입액의 현재가치 추정치는 ₩900이다.

㈜만세보험은 매 년말 연간 현금유출액은 ₩200(총 ₩600)이며 해당 현금흐름 특성을 반영하는 연 5%의 할인율을 사용하여 현재가치로 추정한다.

최초 인식시점에 비금융위험에 대한 위험조정을 ₩120으로 추정하되 단순화를 위해 모든 다른 금액은 무시한다.

<추가사항>

(1) 1차연도에 모든 사건은 예상대로 일어나고 ㈜만세보험은 미래 기간에 관한 어떠한 가정도 변경하지 않는다.

(2) 1차연도에 집합의 현금흐름의 특성을 반영하는 할인율은 매년 말 연 5%로 유지한다(이러한 현금흐름은 기초항목의 수익에 따라 변동하지 않는다).

(3) 비금융위험에 대한 위험조정은 균등하게 각 보장연도에 당기손익으로 인식한다.

(4) 비용은 매연도 말에 발생된 직후 지급될 것으로 예상된다.

【물음 1】 최초 인식시점에 보험계약집합을 측정하고 후속연도 말 이행현금흐름을 추정하시오.

【물음 2】 1차연도 중 이행현금흐름과 보험계약마진의 변동요인을 분석하시오.

【물음 3】 최초 인식시점과 1차연도 중 회계처리를 하시오.

---

7) K-IFRS 제1117호 보험계약 사례 2 참조

해설

【물음 1】 최초 인식시점에서의 보험계약집합의 측정 및 이행현금흐름 추정

	최초인식	1차연도	2차연도	3차연도
미래 현금유입액의 현재가치 추정치	₩(900)	–	–	–
미래 현금유출액의 현재가치 추정치	545	₩372*	₩191	–
미래현금흐름의 현재가치 추정치	₩(355)	₩372	₩191	–
비금융위험에 대한 위험조정	120	80	40	–
이행현금흐름	₩(235)	₩452	₩231	–
보험계약마진	235			
최초 인식시점의 보험계약(자산)/부채	–			

* 1차연도 말 미래 현금유출액의 현재가치 : ₩372 = ₩200/(1.05) + ₩200/(1.05)^2

【물음 2】 1차연도 중 이행현금흐름 및 보험계약마진의 변동요인 분석

	미래현금흐름의 현재가치 추정치	비금융위험에 대한 위험조정	보험계약마진	보험계약부채
기초잔액	–	–	–	–
최초인식 신규 계약	₩(355)	₩120	₩235	–
현금유입	900	–	–	₩900
보험금융비용	27*1	–*2	12*3	39
당기 서비스 관련 변동	–	(40)*2	(82)*4	(122)
현금유출	(200)	–	–	(200)
기말잔액	₩372	₩80	₩165	₩617

*1 보험금융비용 ₩27은 ₩545[기초잔액 (–)₩355과 1차연도 초 수취한 현금유입 ₩900의 차이금액]에 현행할인율 5%를 곱한 값이다.

*2 비금융위험에 대한 위험조정 변동분은 보험서비스결과와 보험금융수익(비용)으로 세분하지 않기로 하여 비금융위험에 대한 위험조정의 전체 변동분을 손익계산서에 보험서비스결과의 일부로 표시한다.

*3 ㈜만세보험은 보험계약마진의 장부금액에 대한 누적이자 ₩12은 기초잔액 ₩235에 할인율 5%를 곱하여 산출한다. 해당 할인율은 기초항목의 수익률에 따라 변동하지 않는 명목 현금흐름에 적용되며, 보험계약집합의 최초 인식시점에 결정된다.

*4 ㈜만세보험은 보험계약마진을 해당 기간 말에 당기에 제공된 각 보장단위와 미래에 제공될 것으로 예상되는 각 보장단위로 배분하고, 당기에 제공된 보장단위로 배분된 금액을 당기손익으로 인식한다. 이 문제에서 모든 계약들은 전체 3년의 보장기간 동안 동일한 규모의 보험금을 제공할 것으로 예상되기 때문에 계약의 집합에 각 기간 동안 제공된 서비스는 동일하다. 따라서 ㈜만세보험은 해당 기간에 당기손익으로 인식한 보험계약마진 ₩82은 ₩247(₩235 + ₩12)을 3년의 보장기간으로 나눈 금액이다.

【물음 3】 최초 인식시 및 1차연도 중 회계처리

(1) 최초 인식시

(차) 잔여보장부채(BEL)	355	(대) 잔여보장부채(RA)	120
		잔여보장부채(CSM)	235

(2) 보험료 수취시

(차) 현금	900	(대) 잔여보장부채(BEL)	900

(3) 보험금융비용 인식

(차) 보험금융비용	39	(대) 잔여보장부채(BEL)	27
		잔여보장부채(CSM)	12

(4) 보험사고 발생시

(차) 보험서비스비용(발생보험금)	200	(대) 발생사고부채(BEL)	200

(5) 보험금 지급시

(차) 발생사고부채(BEL)	200	(대) 현금	200

(6) 예상보험금 수익인식

(차) 잔여보장부채(BEL)	200	(대) 보험수익(예상보험금)	200

(7) 위험조정 상각 관련 수익인식

(차) 잔여보장부채(RA)	40	(대) 보험수익(위험조정변동)	40

(8) 보험계약마진 상각 관련 수익인식

(차) 잔여보장부채(CSM)	82	(대) 보험수익(CSM 상각)	82

문제 3 후속 측정(미래 수익성을 증가시키는 이행현금흐름 변동이 있는 경우)[8)]

[문제 2]에 연결하여 미래 수익성을 증가시키는 이행현금흐름 유리한 변동이 발생하는 경우 ㈜만세보험이 보험계약집합을 후속적으로 어떻게 측정하는지 살펴보자.

2차연도 말에 다음과 같은 사건이 발생한다.

(1) 2차연도의 실제 보험금은 처음에 예상했던 금액보다 ₩50 적은 ₩150이다.

(2) ㈜만세보험은 3차연도에 대한 미래 현금유출 추정치를 수정하여 ₩200이 아닌 ₩140을 지출할 것으로 예상한다(현재가치는 ₩191에서 ₩58이 감소한 ₩133).

(3) 비금융위험에 대한 위험조정을 처음 추정했던 ₩40이 아닌 ₩30으로 수정한다.

【물음 1】 2차연도말의 수정된 이행현금흐름을 추정하시오.

【물음 2】 2차연도 중 이행현금흐름과 보험계약마진의 변동요인을 분석하시오.

【물음 3】 2차연도 회계처리를 하시오.

해설

【물음 1】 2차연도 말의 수정된 이행현금흐름 추정

수정된 이행현금흐름 추정치는 다음과 같으며 1차연도 및 3차연도의 이행현금흐름도 비교로 표시한다.

	최초인식	1차연도	2차연도	3차연도
미래 현금유입액의 현재가치 추정치	₩(900)	–	–	–
미래 현금유출액의 현재가치 추정치	545	₩372	₩133	–
미래현금흐름의 현재가치 추정치	₩(355)	₩372	₩133	–
비금융위험에 대한 위험조정	120	80	30	–
이행현금흐름	₩(235)	₩452	₩163	–

8) K-IFRS 제1117호 보험계약 사례 2A 참조

【물음 2】 2차연도 중 이행현금흐름 및 보험계약마진의 변동요인 분석

	미래현금흐름의 현재가치 추정치	비금융위험에 대한 위험조정	보험계약마진	보험계약부채
기초잔액	₩372	₩80	₩165	₩617
보험금융비용	19*1	–	8*1	27
미래 서비스 관련 변동	(58)	(10)	68*2	
당기 서비스 관련 변동	(50)*3	(40)	(121)*4	(211)
현금유출	(150)	–	–	(150)
기말잔액	₩133	₩30	₩120	₩283

*1 현행할인율 5% 및 최초 인식시점에 결정된 할인율 5%를 곱하여 산출한 값이다.

*2 ㈜만세보험은 미래 서비스와 관련된 이행현금흐름의 변동분을 보험계약집합의 보험계약마진에서 조정한다. ㈜만세보험은 계약집합의 최초 인식시점에 결정된 할인율로 측정된 미래현금흐름의 현재가치 추정치의 변동인 ₩58과 미래 서비스와 관련된 비금융위험에 대한 위험조정의 변동인 ₩10을 보험계약마진으로 조정한다.

*3 ㈜만세보험은 기초에 당기 중 발생을 예상한 보험 서비스비용 추정치 ₩200과 당기에 발생한 실제 보험 서비스비용 ₩150의 차이로 정의되는 ₩50의 경험조정을 보험계약마진에서 조정하지 않고 이러한 변동을 당기 서비스와 관련된 것으로 분류한다.

*4 이 문제에서의 계약집합에 각 기간 동안 제공된 서비스는 동일하므로 해당기간에 당기손익으로 인식한 보험계약마진 ₩121은 ₩241(₩165 + ₩8 + ₩68)을 2년의 보장기간으로 나눈 금액이다.

【물음 3】 2차연도 회계처리

(1) 보험금융비용 인식

(차) 보험금융비용	27	(대) 잔여보장부채(BEL)	19
		잔여보장부채(CSM)	8

(2) 보험사고 발생시

(차) 보험서비스비용(발생보험금)	150	(대) 발생사고부채(BEL)	150

(3) 보험금 지급시

(차) 발생사고부채(BEL)	150	(대) 현금	150

(4) 예상보험금 수익인식

(차) 잔여보장부채(BEL)	200	(대) 보험수익(예상보험금)	200

(5) 위험조정 상각 관련 수익인식

(차) 잔여보장부채(RA)	40	(대) 보험수익(위험조정변동)	40

(6) 미래 서비스 관련 변동

(차)	잔여보장부채(BEL)	58	(대) 잔여보장부채(CSM)	68
	잔여보장부채(RA)	10		

(7) 보험계약마진 상각 관련 수익인식

(차)	잔여보장부채(CSM)	121	(대) 보험수익(CSM 상각)	121

문제 4 후속측정(미래 수익성을 감소시키는 이행현금흐름 변동으로 손실부담계약으로 변경)[9)]

[문제 2]에 연결하여 미래 수익성을 감소시키는 이행현금흐름 불리한 변동이 있고 그 결과 보험계약집합은 손실부담계약집합되는 경우 보험계약집합을 후속적으로 어떻게 측정하는지 살펴보자.

2차연도 말에 다음과 같은 사건이 발생한다.

(1) 2차연도에 실제로 청구된 보험금 ₩400은 최초 예상보다 ₩200이 증가한 금액이다.
(2) ㈜만세보험은 3차연도에 대한 미래현금유출의 추정치를 ₩200에서 ₩450으로 수정한다(현재가치 ₩238 증가).
(3) 비금융위험에 대한 위험조정을 처음 추정했던 ₩40이 아닌 ₩88으로 수정한다.

【물음 1】 2차연도 말의 수정된 이행현금흐름을 추정하시오.

【물음 2】 2차연도 중 이행현금흐름과 보험계약마진의 변동요인을 분석하시오.

【물음 3】 2차연도 회계처리를 하시오.

해설

【물음 1】 2차연도 말의 수정된 이행현금흐름 추정

수정된 이행현금흐름 추정치는 다음과 같으며 1차연도 및 3차연도의 이행현금흐름도 비교로 표시한다.

	최초인식	1차연도	2차연도	3차연도
미래 현금유입액의 현재가치 추정치	₩(900)	–	–	–
미래 현금유출액의 현재가치 추정치	545	₩372	₩429*	–
미래현금흐름의 현재가치 추정치	₩(355)	₩372	₩429	–
비금융위험에 대한 위험조정	120	80	88	–
이행현금흐름	₩(235)	₩452	₩517	–

* 2차연도 말 미래 현금유출액의 현재가치 : ₩429 = ₩450/(1.05)

9) K-IFRS 제1117호 보험계약 사례 2B 참조

【물음 2】 2차연도 중 이행현금흐름 및 보험계약마진의 변동요인 분석

	미래현금흐름의 현재가치 추정치	비금융위험에 대한 위험조정	보험계약마진	보험계약부채
기초잔액	₩372	₩80	₩165	₩617
보험금융비용	19*1	–	8*1	27
미래 서비스 관련 변동	238	48	(173)*2	113
당기 서비스 관련 변동	200	(40)	– *3	160
현금유출	(400)	–	–	(400)
기말잔액	₩429	₩88	–	₩517

*1 현행할인율 5% 및 최초 인식시점에 결정된 할인율 5%를 곱하여 산출한 값이다.

*2 미래 서비스와 관련된 이행현금흐름의 변동을 보험계약마진에서을 조정하는데, 보험계약마진의 장부금액을 초과하여 손실이 생기게 되는 경우 이러한 손실을 당기손익으로 인식한다. 따라서 미래 서비스와 관련된 이행현금흐름의 변동 ₩286(미래 현금유출액의 현재가치 추정치 ₩238과 비금융위험에 대한 위험조정의 변동 ₩48의 합)을 다음과 같이 처리한다.

(가) 보험계약마진을 ₩173만큼 조정하여 보험계약마진을 영(₩0)으로 감소시킨다.

(나) 이행현금흐름의 나머지 변동 ₩113을 즉시 당기손익으로 인식한다.

*3 잔여 보험계약마진이 영(₩0)(₩0 = ₩165 + ₩8 − ₩173)이므로 해당 연도에 보험계약마진을 당기손익으로 인식하지 않는다.

【물음 3】 2차연도 회계처리

(1) 보험금융비용 인식

(차)	보험금융비용	27	(대) 잔여보장부채(BEL)	19
			잔여보장부채(CSM)	8

(2) 보험사고 발생시

(차)	보험서비스비용(발생보험금)	400	(대) 발생사고부채(BEL)	400

(3) 보험금 지급시

(차)	발생사고부채(BEL)	400	(대) 현금	400

(4) 예상보험금 수익인식

(차)	잔여보장부채(BEL)	200	(대) 보험수익(예상보험금)	200

(5) 위험조정 상각 관련 수익인식

(차)	잔여보장부채(RA)	40	(대) 보험수익(위험조정변동)	40

08

(6) 미래 서비스 관련 변동

(차)	잔여보장부채(CSM)	173	(대) 잔여보장부채(BEL)	238
	보험서비스비용 (손실부담계약 비용)	113	잔여보장부채(RA)	48

(7) 보험계약마진 상각 관련 수익인식

보험계약마진 잔액이 없으므로 보험계약마진 상각을 통한 수익인식 회계처리는 없다.

문제 5 보험계약마진의 추가적 특성 분석[10] 심화

이 문제에서는 직접 참가특성이 없는 보험계약의 보험계약마진을 다음에 대하여 조정하는 방법을 설명한다.

(1) 보험계약자에게 지급될 현금흐름에 대한 재량권을 기업에게 부여하는 보험계약의 재량 현금흐름의 변동. 여기에는 금융 가정의 변동과는 별도로 그러한 현금흐름 변동의 산정도 포함한다.
(2) 이자율이 변하는 경우의 화폐의 시간가치 및 금융위험과 관련된 조정
(3) 하나의 집합에 듀레이션이 다른 계약들이 있을 것으로 예상하는 경우 해당 기간에 제공되는 서비스에 대하여 당기손익으로 인식하는 금액

㈜대한보험은 보장기간이 3년인 200개의 보험계약을 발행한다. 보장기간은 보험계약이 발행된 시점부터 시작되며 이 문제에서 계약은 다음과 같다.

(1) 고정된 사망급부금을 제공하므로 보험계약의 정의를 충족하며 단순화를 위해 사망에 따라 지급될 수 있는 어떤 고정 현금흐름도 무시한다.
(2) 직접 참가특성이 있는 보험계약이 아니나, 투자수익서비스를 제공한다.
(3) 3년의 보장기간에 걸쳐 보험보장과 투자수익서비스를 균등하게 제공한다.

㈜대한보험은 보장기간이 시작되는 시점에 보험료 ₩15을 일시납으로 받으며 보험계약자는 다음의 경우 적립금을 받는다.

(1) 피보험자가 보장기간 중 사망하는 경우
(2) 피보험자가 보장기간 말까지 생존한다면 보장기간이 종료되는 경우(만기 가치)

㈜대한보험은 매년 말에 다음 (1), (2), (4)를 가산하고, (3), (5)를 차감하여 보험계약자 적립금을 계산한다.

(1) 기초잔액 (2) (있다면) 기초에 수취한 보험료
(3) 기초 계좌잔액과 수입보험료를 합한 금액의 3%인 연간 수수료
(4) 연말에 적립된 이자(매년 적립금에 적립되는 이자는 기업의 재량에 따름)
(5) 피보험자 사망 또는 보장기간 종료 시 보험계약자에게 지급되는 잔여 적립금액

10) K-IFRS 제1117호 보험계약 사례 6 참조

㈜대한보험은 보험계약자 적립금에 내부적으로 특정된 자산 집단의 수익률에서 2%포인트를 차감한 이율로 이자를 적립하는 것이 계약상 확약임을 명시한다.

계약집합의 최초 인식시점에 다음을 가정한다.

(1) 특정 자산 집합의 연간 수익률이 10%일 것으로 기대한다. (2) 기초자산의 수익에 따라 변하지 않는 명목 현금흐름에 적용되는 연간 할인율을 4%로 정한다. (3) 매년 말 두 명의 피보험자가 사망할 것으로 예상한다. 보험금은 즉시 지급된다. (4) 비금융위험에 대한 위험조정을 ₩30으로 추정하고 이를 보장기간에 걸쳐 균등하게 당기손익으로 인식할 것으로 예상하며 비금융위험에 대한 위험조정의 변동을 보험서비스결과와 보험금융수익(비용)으로 구분하지 않는다.

1차연도에는 예상대로 특정 자산 집단의 수익률이 10%이다. 그러나 2차연도에는 특정 자산 집단의 수익률이 7%이다. 그 결과 2차연도 말에 다음과 같이 처리한다.

(1) 3차연도 특정 자산 집단의 기대 수익률 추정치를 7%로 수정한다. (2) 2차연도와 3차연도에 보험계약자의 적립금으로 적립할 이자 금액에 대한 재량권을 행사한다. 특정 자산 집단의 수익률에서 1%포인트를 차감한 이율로 보험계약자의 적립금에 이자를 적립하기로 결정한다. 즉, 2차연도와 3차연도에 1%포인트의 이자소득 스프레드를 포기한다. (3) 보험계약자의 적립금으로(처음에 예상했던 8%가 아닌) 6%의 이자를 적립한다.

이 문제에서 단순화를 위해 모든 다른 금액은 무시한다.

【물음 1】 보험계약자 계좌잔액 변동을 최초 인식 시 예상, 금융가정의 변동결과 및 재량권 행사의 결과로 분석하시오.

【물음 2】 최초 인식시점에 보험계약집합을 측정하고 각 후속연도의 이행현금흐름을 추정하시오.

【물음 3】 2차연도 보험계약부채의 차이조정을 나타내시오.

【물음 4】 최초 인식시점부터 매연도 회계처리를 하시오.

해설

【물음 1】 보험계약자 계좌잔액 변동에 대한 최초 인식 시 예상, 금융가정의 변동결과 및 재량권 행사의 결과 분석

재량 현금흐름의 변동을 식별하는 방법을 결정하기 위해 계약 개시시점에 계약상 확약을 결정할 것으로 기대하는 근거(예 고정금리 또는 특정 자산의 수익에 연동되는 이익에 기초)를 명시한다. 이렇게 명시된 것에 따라 금융위험과 관련된 가정의 변동이 그 확약에 미치는 효과(보험계약마진을 조정하지 않음)와 재량적 변동이 그 확약에 미치는 효과(보험계약마진을 조정함)를 구분한다.

이 문제에서 ㈜대한보험은 계약 개시시점에 계약상 확약으로 보험계약자의 적립금에 특정 자산 집단 수익률에서 2%포인트를 차감한 이율로 이자를 적립할 것임을 명시하였다. 2차연도 말에 ㈜대한보험의 결정으로 인해 스프레드가 2%포인트에서 1%포인트로 감소했다.

보험계약자 적립금	최초 인식 시 예상		금융가정 변동에 따른 수정		금융가정 변동·재량권 행사에 따른 수정	
1차연도 초 잔액		–		–		–
수입보험료		₩3,000		₩3,000		₩3,000
연간 수수료*1	3%	(90)	3%	(90)	3%	(90)
적립이자*2	8%	233	8%	233	8%	233
사망보험금*3	2/200	(31)	2/200	(31)	2/200	(31)
2차연도 초 잔액		₩3,112		₩3,112		₩3,112
연간 수수료*1	3%	(93)	3%	(93)	3%	(93)
적립이자*2	8%	242	5%	151	6%	181
사망보험금*3	2/198	(33)	2/198	(32)	2/198	(32)
3차연도 초 잔액		₩3,228		₩3,138		₩3,168
연간 수수료*1	3%	(97)	3%	(94)	3%	(95)
적립이자*2	8%	250	5%	152	6%	184
사망보험금*3	2/196	(35)	2/196	(33)	2/196	(33)
3차연도 말 잔액(만기가치)		₩3,346		₩3,163		₩3,224

*1 연간 수수료는 매년 초에 잔액(기초 수입보험료 포함)의 일정 비율과 동일하다. 예를 들어 1차연도에 연간 수수료 ₩90은 3%×₩3,000으로 계산된다.

*2 매년 적립되는 이자는 연초 잔액에서 연간 수수료를 차감한 금액의 일정 비율과 동일하다. 예를 들어 1차연도에 적립된 이자 ₩233은 8%×(₩3,000 − ₩90)으로 계산된다.

*3 사망보험금은 매년 초 잔액에서 연간 수수료를 차감하고 적립된 이자를 더한 금액의 일정 비율과 동일하다. 예를 들어 1차연도에 사망보험금 ₩31은 2/200×(₩3,000 − ₩90 + ₩233)으로 계산된다.

08

【물음 2】 최초 인식시점의 보험계약집합 측정 및 각 후속연도의 이행현금흐름 추정

	최초인식	1차연도	2차연도	3차연도
미래 현금유입액의 현재가치 추정치*1	₩(3,000)	–	–	–
미래 현금유출액의 현재가치 추정치*2	2,596	₩2,824	₩3,074	–
미래현금흐름의 현재가치 추정치	₩(404)	₩2,824	₩3,074	–
비금융위험에 대한 위험조정	30	20	10	–
이행현금흐름	₩(374)	₩2,844	₩3,084	–
보험계약마진	374			
최초 인식시점의 보험계약(자산)/부채	–			

*1 200개의 보험계약에 대해 보장기간 시작시점에 일시납 보험료 ₩15을 수령(₩3,000 = 200개×₩15)

*2 현행할인율 10%를 사용하여 미래 현금유출액의 현재가치 추정치를 계산한다.

- 최초인식 : ₩2,596 = ₩31/(1.1) + ₩33/$(1.1)^2$ + (₩35 + ₩3,346)/$(1.1)^3$
- 1차연도 말 : ₩2,824 = ₩33/(1.1) + (₩35 + ₩3,346)/$(1.1)^2$
- 2차연도 말 : ₩3,074 = (₩35 + ₩3,346)/(1.1)

아래 표와 같이 2차연도와 3차연도의 미래현금흐름 추정치를 요약한다.

	최초인식 시 예상	금융가정 변동에 따른 수정	금융가정 변동·재량권 행사에 따른 수정
2차연도 사망보험금 지급	₩33	₩32	₩32
3차연도 사망보험금 지급	35	33	33
3차연도 지급된 만기 가치	3,346	3,163	3,224
2차연도 초 미래현금흐름 추정	₩3,414	₩3,228	₩3,289

금융위험과 관련된 가정의 변동 효과와 이행현금흐름의 재량적 변동 효과를 다음과 같이 구분한다.

2차연도 미래현금흐름 추정치 변동	미래현금흐름 추정치	미래현금흐름 추정치의 현재가치
2차연도 초 (2년간 10%로 할인한 현재가치)	₩3,414*1	₩2,824*2
금융가정 변동 효과 (적립 이자 포함)	(186)*3	195*4
금융가정 변동에 대한 수정 (7%로 할인한 현재가치)	₩3,228*1	₩3,019*2
재량권 행사 효과 (7%로 할인한 현재가치)	61*5	57
금융가정 변동과 재량권 행사로 인한 수정 (7%로 할인한 현재가치)	3,289*1	3,076*2
현금흐름 지급	(32)*1	(32)
2차연도 말	₩3,257	₩3,044

*1 위의 표 2차연도 미래현금흐름 참조

*2 미래현금흐름의 특성을 반영하는 현행할인율을 사용하여 미래 현금유출액의 현재가치 추정치를 계산한다.

- 2차연도 초 : ₩2,824 = ₩33/1.1 + (₩35 + ₩3,346)/1.1^2
- 2차연도 말 금융가정 변동 : ₩3,019 = ₩32 + (₩33 + ₩3,163)/1.07
- 2차연도 말 금융가정 변동 및 재량권 행사 : ₩3,076 = ₩32 + (₩33 + ₩3,224)/1.07

*3 미래현금흐름 추정치 변동 ₩186은 금융가정 변동에 따라 수정된 미래현금흐름 추정치 ₩3,228과 금융가정 변동 전 미래현금흐름 추정치 ₩3,414의 차액이다. 따라서 여기에는 금융가정의 변동만이 반영된다.

*4 미래현금흐름의 현재가치 추정치의 변동 ₩195은 (금융가정의 변동에 따라 수정된) 2차연도 말에 미래현금흐름의 현재가치 추정치인 ₩3,019과 (금융가정 변동 전에) 2차연도 초의 미래현금흐름의 현재가치 추정치 ₩2,824과의 차액이다. 따라서 이는 2차연도의 이자 적립 효과와 금융가정 변동효과를 반영한다.

*5 재량권 행사의 효과 ₩61은 재량권 행사에 따라 수정된 미래현금흐름 추정치 ₩3,289과 재량권 행사 효과 이전의 미래현금흐름 추정치 ₩3,228의 차액이다.

【물음 3】 2차연도 보험계약부채의 차이조정

	미래현금흐름의 현재가치 추정치	비금융위험에 대한 위험조정	보험계약마진	보험계약부채
기초잔액	₩2,824	₩20	₩258	₩3,102
보험금융비용	197*1	–	10*1	207
미래 서비스 관련 변동 : 재량권 행사	55*2	–	(55)*2	–
당기 서비스 관련 변동	–	(10)	(107)*3	(117)
현금유출	(32)	–	–	(32)
기말잔액	₩3,044	₩10	₩106	₩3,160

*1 화폐의 시간가치 및 금융위험의 효과와 그로 인한 변동과 관련된 이행현금흐름의 변동을 계약집합의 보험계약마진에서 조정하지 않는다. 이는 그러한 변동이 미래 서비스와 관련되지 않기 때문이다. 이에 그러한 변동을 보험금융비용으로 인식할 때, 현행할인율 7% 및 최초 인식시점에 결정된 할인율 4%를 곱하여 산출한 값(₩2,824 × 7% = ₩197, ₩258 × 4% = ₩10)이다.

*2 재량적 현금흐름의 변동을 미래 서비스와 관련되는 것으로 보험계약마진을 조정한다. 이러한 보험계약마진의 조정은 보험계약집합의 최초 인식시점에 결정된 현금흐름의 특성을 반영한 할인율 10%로 미래현금흐름 변동 ₩61을 할인하여 산출함에 따라 보험계약마진에서 조정하는 재량적 현금흐름 금액은 ₩55(₩61/(1+10%))이다.

*3 기말에 보험계약마진을 당기에 제공된 각 보장단위와 미래 제공될 것으로 예상되는 각 보장단위에 동일하게 배분하여 다음과 같이 당기손익으로 인식한다.

(가) 당기손익 배분 전 보험계약마진 금액은 ₩213(기초 ₩258 + 이자 ₩10 − 미래 서비스 변동 ₩55)

(나) 이 문제의 보장단위 수는 보장이 제공될 것으로 기대되는 각 기간의 계약의 합계이므로 394개의 보장단위가 해당 연도(198개)와 마지막 연도(196개)에 제공

(다) 보장단위 당 보험계약마진은 ₩0.54(₩213/394 보장단위)

(라) 2차연도 당기손익 인식 보험계약마진은 ₩107으로 보장단위 당 보험계약마진 ₩0.54에 2차연도 제공 198개 보장단위를 곱해서 산출

(마) 당기손익 배분 전 보험계약마진 ₩213을 당해 연도 포함 잔여 총 보장단위(394개)와 당해연도 제공 보장단위(198개)를 감안하여 산출도 가능(₩213 × 198개/394개 = ₩107)

08

【물음 4】 최초 인식시점부터 매연도의 회계처리

1. 1차연도 회계처리

(1) 최초 인식시

(차) 잔여보장부채(BEL)	404	(대) 잔여보장부채(RA)	30
		잔여보장부채(CSM)	374

(2) 보험료 수취시

(차) 현금	3,000	(대) 잔여보장부채(BEL)	3,000

(3) 수수료 수취시

(차) 현금	90	(대) 수수료 수익	90

(4) 자산운용 투자수익

(차) 현금	309	(대) 자산운용 투자수익	309

* 납입된 보험료(₩3,000)와 기업이 수취한 수수료(₩90)를 합한 금액에 1차연도 연간 수익률(10%)에 의해 산출된 투자수익(₩3,090 × 10% = ₩309)

(5) 보험금융비용 인식

(차) 보험금융비용	275	(대) 잔여보장부채(BEL)	260
		잔여보장부채(CSM)	15

* 보험금융비용으로 인식할 때 미래현금흐름 추정치 기초값(BEL)은 현행할인율 10% 및 최초 인식시점의 보험계약마진(CSM)은 최초 인식시점에 결정된 할인율 4%를 곱하여 산출한 값[(−₩404 + ₩3,000) × 10% = ₩260, ₩374 × 4% = ₩15]이다.

(6) 보험사고 발생시

(차) 보험서비스비용(발생보험금)	31	(대) 발생사고부채(BEL)	31

* 매년 초 보험계약자 적립금 잔액에서 연간 수수료를 차감한 후 적립된 이자를 가산한 금액에 대한 일정 비율로 보험금 지급[(₩3,000 − ₩90 + ₩233) × 2/200 = ₩31]

(7) 보험금 지급시

(차) 발생사고부채(BEL)	31	(대) 현금	31

(8) 예상보험금 수익인식

(차) 잔여보장부채(BEL)	31	(대) 보험수익(예상보험금)	31

(9) 위험조정 상각 관련 수익인식

(차) 잔여보장부채(RA)	10	(대) 보험수익(위험조정변동)	10

* 비금융위험에 대한 위험조정은 보장기간에 걸쳐 균등하게 인식될 것으로 가정하고 있어 매년 ₩10 균등하게 수익인식

(10) 보험계약마진 상각 관련 수익인식

(차) 잔여보장부채(CSM)	131	(대) 보험수익(CSM 상각)	131

* 당기손익 배분 전 보험계약마진 ₩389(₩374+₩15)을 당해 연도 포함 잔여 총 보장단위(594개)와 당해 연도 제공 보장단위(200개)를 감안하여 산출도 가능(₩389 × 200개/594개 = ₩131)

2. 2차연도 회계처리

(1) 수수료 수취시

(차) 현금	93	(대) 수수료 수익	93

* 2차연도 초 보험계약자 적립금 잔액(₩3,112)에 연간 수수료(3%)를 곱하여 산출된 수수료 수익 (₩3,112×3% = ₩93)

(2) 자산운용 투자수익

(차) 현금	242	(대) 자산운용 투자수익	242

* 2차연도 초 금융자산 잔액(₩3,368 가정)에 수수료 수취액(₩93)을 합한 금액에 2차연도 연간 수익률(7%)에 의해 산출된 투자수익(₩3,461×7% = ₩242)

(3) 보험금융비용 인식

(차) 보험금융비용	207	(대) 잔여보장부채(BEL)	197
		잔여보장부채(CSM)	10

* 보험금융비용으로 인식할 때 2차연도 초 미래현금흐름 추정치(BEL)는 현행할인율 7% 및 2차연도 초의 보험계약마진(CSM)은 최초 인식시점에 결정된 할인율 4%를 곱하여 산출한 값(₩2,824×7% = ₩197, ₩258×4% = ₩10)이다.

(4) 보험사고 발생시

(차) 보험서비스비용(발생보험금)	32	(대) 발생사고부채(BEL)	32

* 매년 초 보험계약자 적립금 잔액에서 연간 수수료를 차감한 후 적립된 이자를 가산한 금액에 대한 일정 비율로 보험금 지급[(₩3,112 − ₩93 + ₩181)×2/198 = ₩32]

(5) 보험금 지급시

(차) 발생사고부채(BEL)	32	(대) 현금	32

(6) 예상보험금 수익인식

(차) 잔여보장부채(BEL)	32	(대) 보험수익(예상보험금)	32

(7) 위험조정 상각 관련 수익인식

(차) 잔여보장부채(RA)	10	(대) 보험수익(위험조정변동)	10

* 비금융위험에 대한 위험조정은 보장기간에 걸쳐 균등하게 인식될 것으로 가정하고 있어 매년 ₩10 균등하게 수익인식

(8) 재량권 행사로 인한 변동

(차) 잔여보장부채(CSM)	55	(대) 잔여보장부채(BEL)	55

* 재량적 현금흐름의 변동을 미래 서비스와 관련되는 것으로 보험계약마진을 조정하며 최초 인식시점에 결정된 현금흐름의 특성을 반영한 할인율 10%로 미래현금흐름 변동 ₩61을 할인하여 산출한 값[₩61/(1+10%) = ₩55]이다.

(9) 보험계약마진 상각 관련 수익인식

(차) 잔여보장부채(CSM)	107	(대) 보험수익(CSM 상각)	107

* 당기손익 배분 전 보험계약마진 ₩213(₩258 + ₩10 − ₩55)을 당해 연도 포함 잔여 총 보장단위(394개)와 당해 연도 제공 보장단위(198개)를 감안하여 산출(₩213×198개/394개 = ₩107)

3. 3차연도 회계처리

(1) 수수료 수취시

(차) 현금	95	(대) 수수료 수익	95

* 3차연도 초 보험계약자적립금 잔액(₩3,168)에 연간수수료(3%)를 곱하여 산출된 수수료 수익(₩3,168×3% = ₩95)

(2) 자산운용 투자수익

(차) 현금	264	(대) 자산운용 투자수익	264

* 3차연도 초 금융자산 잔액(₩3,670 가정)에 수수료 수취액(₩95)을 합한 금액에 3차연도 연간 수익률(7%)에 의해 산출된 투자수익(₩3,765×7% = ₩264)

(3) 보험금융비용 인식

(차) 보험금융비용	217	(대) 잔여보장부채(BEL)	213
		잔여보장부채(CSM)	4

* 보험금융비용으로 인식할 때 3차연도 초 미래현금흐름 추정치(BEL)는 현행할인율 7% 및 3차연도 초의 보험계약마진(CSM)은 최초 인식시점에 결정된 할인율 4%를 곱하여 산출한 값(₩3,044×7% = ₩213, ₩106×4% = ₩4)이다.

(4) 보험사고 발생시

(차) 보험서비스비용(발생보험금)	33	(대) 발생사고부채(BEL)	33

* 매년 초 보험계약자 적립금 잔액에서 연간 수수료를 차감한 후 적립된 이자를 가산 한 금액에 대한 일정 비율로 보험금 지급[(₩3,168 − ₩95 + ₩184)×2/196 = ₩33]

(5) 보험금 지급시

(차) 발생사고부채(BEL)	33	(대) 현금	33

(6) 예상보험금 수익인식

(차) 잔여보장부채(BEL)	33	(대) 보험수익(예상보험금)	33

(7) 만기보험금 지급시

(차) 잔여보장부채(BEL)	3,224	(대) 현금	3,224

(8) 위험조정 상각 관련 수익인식

(차) 잔여보장부채(RA)	10	(대) 보험수익(위험조정변동)	10

* 비금융위험에 대한 위험조정은 보장기간에 걸쳐 균등하게 인식될 것으로 가정하고 있어 매년 ₩10 균등하게 수익인식

(9) 보험계약마진 상각 관련 수익인식

(차) 잔여보장부채(CSM)	110	(대) 보험수익(CSM 상각)	110

* 당기손익 배분 전 보험계약마진 ₩110(₩106 + ₩4)을 당해 연도 포함 잔여 총 보장단위(196개)와 당해 연도 제공 보장단위(196개)를 감안하여 산출(₩110×196개/196개 = ₩110)

문제 6 손익계산서 표시 : 미래 수익성을 증가시키는 이행현금흐름 변동[11)]

이 문제에서 표시 요구사항에 대한 설명은 [**문제 3**]을 기초로 하며 각 연도의 당기손익으로 표시되는 보험수익과 보험서비스비용에서 제외되는 투자요소를 ₩100으로 추정한다.

【물음 1】 1차연도의 재무상태표와 손익계산서에 인식한 금액의 차이조정을 분석하시오.

【물음 2】 2차연도에 실제 보험금 ₩150은 예상했던 금액보다 작다. 또한 ㈜만세보험은 3차연도의 이행현금흐름과 관련된 추정치를 수정한다. 이에 따라 2차연도와 관련하여 수정된 보험금의 효과를 당기손익으로 인식하고, 3차연도 이행현금흐름의 변동을 보험계약마진에서 조정한다. 이러한 변동은 오직 발생된 보험금과 관련되고, 투자요소에 영향을 미치지 않는다. 이와 같은 상황에서 2차연도의 재무상태표와 손익계산서에 인식한 금액의 차이조정을 분석하시오.

【물음 3】 3차연도에 추정치에 대한 추가적인 변동은 없으며 3차연도의 재무상태표와 손익계산서에 인식한 금액의 차이조정을 분석하시오.

【물음 4】 ㈜만세보험의 매 사업연도의 손익계산서에 표시되는 금액을 나타내시오.

【물음 5】 최초 인식시점부터 매연도 회계처리를 나타내시오.

11) K-IFRS 제1117호 보험계약 사례 3A 참조

해설

【물음 1】 1차연도의 재무상태표와 손익계산서에 인식한 금액의 차이조정을 분석

	잔여보장부채	발생사고부채	보험계약부채
기초잔액	–	–	–
현금 유입	₩900	–	₩900
보험수익	(222)*1	–	(222)
보험서비스비용	–	₩100*2	100
투자요소	(100)*3	100*3	–
보험금융비용	39*4	–	39
현금흐름	–	(200)	(200)
기말잔액	₩617	–	₩617

*1 보험수익 ₩222은 다음과 같다.

(가) 보험수익 측정방법 ①: 잔여보장부채의 변동분에서 해당 기간에 제공되는 서비스와 관련이 없는 변동분 [예 수취한 보험료 변동, 투자요소 변동, 보험금융수익(비용) 변동 등]을 제외하여 산정하므로 보험수익은 잔여보장부채의 기초와 기말 장부금액의 차이인 ₩617에서 보험금융비용 ₩39(+)과 현금유입액 ₩900(+), 투자요소 ₩100(−)을 고려한 금액(₩222 = ₩0 − ₩617 + ₩39 + ₩900 − ₩100)이다.

(나) 보험수익 측정방법 ②: ㈜만세보험이 대가를 수취할 것으로 기대하는 서비스와 관련된 해당 기간의 잔여보장부채의 총 변동으로 분석되며 해당 기간에 발생한 보험서비스비용(투자요소 상환액을 제외), 비금융위험에 대한 위험조정의 변동분(미래 서비스와 관련되어 보험계약마진에서 조정한 변동은 제외) 및 해당 기간에 당기손익으로 인식한 보험계약마진 금액의 합으로 보험수익은 보험서비스비용 ₩100, 위험의 감소로 인한 비금융위험에 대한 위험조정의 변동분 ₩40, 당기손익으로 인식한 보험계약마진 ₩82의 합계(₩222 = ₩100 + ₩40 + ₩82)이다.

*2 해당 기간에 발생한 보험금 ₩200에서 투자요소 ₩100을 차감한 ₩100을 보험서비스비용으로 표시한다.

*3 투자요소와 관련된 금액을 제외하고 보험수익과 보험서비스비용을 당기손익으로 표시한다. 이 문제에서 투자요소는 ₩100이다.

*4 보험금융비용은 **[문제 3]**과 동일하며 보험금융비용이 발생한 직후에 발생사고부채가 지급되므로, 총보험금융비용은 잔여보장부채와 관련되어 있다.

【물음 2】 2차연도의 재무상태표 및 손익계산서에 인식한 금액의 차이조정 분석

	잔여보장부채	발생사고부채	보험계약부채
기초잔액	₩617	–	₩617
보험수익	(261)*1	–	(261)
보험서비스비용	–	₩50*2	50
투자요소	(100)	100	–
보험금융비용	27*3	–	27
현금흐름	–	(150)	(150)
기말잔액	₩283	–	₩283

*1 보험수익 ₩261은 다음과 같다.

㈎ 보험수익 측정방법 ① : 잔여보장부채의 기초와 기말 장부금액의 차이인 ₩334(₩617 – ₩283)에서 보험금융비용 ₩27(+)과 투자요소 ₩100(–)을 고려한 금액(₩261 = ₩334 + ₩27 – ₩100)으로 산정된다.

㈏ 보험수익 측정방법 ② : 보험서비스비용 ₩50, 경험조정 ₩50, 위험 감소로 인한 비금융위험에 대한 위험조정의 변동분 ₩40, 당기손익으로 인식한 보험계약마진 ₩121의 합(₩261 = ₩50 + ₩50 + ₩40 + ₩121)으로 분석된다.

*2 해당 기간에 발생한 보험금 ₩150에서 투자요소 ₩100을 차감한 ₩50을 보험서비스비용으로 표시한다.

*3 보험금융비용은 **[문제 3]**과 동일하며 보험금융비용이 발생한 직후에 발생사고부채가 지급되므로, 총보험금융비용은 잔여보장부채와 관련이 있다.

【물음 3】 3차연도의 재무상태표 및 손익계산서에 인식한 금액의 차이조정 분석

	잔여보장부채	발생사고부채	보험계약부채
기초잔액	₩283	–	₩283
보험수익	(196)*1	–	(196)
보험서비스비용	–	₩40*2	40
투자요소	(100)	100	–
보험금융비용	13*3	–	13
현금흐름	–	(140)	(140)
기말잔액	–	–	–

*1 보험수익 ₩196은 다음과 같다.

㈎ 보험수익 측정방법 ① : 잔여보장부채의 기초와 기말 장부금액의 차이인 ₩283(₩283 – ₩0)에서 보험금융비용 ₩13(+)과 투자요소 ₩100(–)을 고려한 금액(₩196 = ₩283 + ₩13 – ₩100)으로 산정된다.

㈏ 보험수익 측정방법 ② : 보험서비스비용 ₩40, 위험 감소로 인한 비금융위험에 대한 위험조정의 변동분 ₩30, 당기손익으로 인식한 보험계약마진 ₩126의 합(₩196 = ₩40 + ₩30 + ₩126)으로 분석된다.

*2 해당 기간에 발생한 보험금 ₩140에서 투자요소 ₩100을 차감한 ₩40을 보험서비스비용으로 표시한다.

*3 보험금융비용은 **[문제 3]**과 동일하며 보험금융비용이 발생한 직후에 발생사고부채가 지급되므로, 총보험금융비용은 잔여보장부채와 관련이 있다.

【물음 4】 ㈜만세보험의 매 사업연도의 손익계산서 표시

손익계산서	1차연도	2차연도	3차연도	합계
보험수익	₩222	₩261	₩196	₩679*1
보험서비스비용	(100)	(50)	(40)	(190)
보험서비스결과	₩122	₩211	₩156	₩489
금융수익*2	–	–	–	–
보험금융비용	(39)	(27)	(13)	(79)
금융결과	₩(39)	₩(27)	₩(13)	₩(79)
이익	₩83	₩184	₩143	₩410

*1 보험계약집합에 대한 총 보험수익을 수취한 보험료 ₩900에 금융효과 ₩79을 조정하고 투자요소 ₩300(3년 동안 연간 ₩100)을 차감하여 ₩679(즉 ₩679 = ₩900 + ₩79 – ₩300)으로 계산한다.

*2 이 문제에서는 금융수익이 없는 것으로 가정한다.

【물음 5】 최초 인식시점부터 매연도의 회계처리

1. 1차연도 회계처리

(1) 최초 인식시

(차) 잔여보장부채(BEL)	355	(대) 잔여보장부채(RA)	120
		잔여보장부채(CSM)	235

(2) 보험료 수취시

(차) 현금	900	(대) 잔여보장부채(BEL)	900

(3) 보험금융비용 인식

(차) 보험금융비용	39	(대) 잔여보장부채(BEL)	27
		잔여보장부채(CSM)	12

(4) 보험사고 발생시

(차) 보험서비스비용(발생보험금)	100	(대) 발생사고부채(BEL)	200
잔여보장부채(투자요소CSM)	100		

⑸ 보험금 지급시

(차) 발생사고부채(BEL)	200	(대) 현금	200

⑹ 예상보험금 수익인식

(차) 잔여보장부채(BEL)	200	(대) 보험수익(예상보험금)	100
		잔여보장부채(투자요소CSM)	100

⑺ 위험조정 상각 관련 수익인식

(차) 잔여보장부채(RA)	40	(대) 보험수익(위험조정변동)	40

⑻ 보험계약마진 상각 관련 수익인식

(차) 잔여보장부채(CSM)	82	(대) 보험수익(CSM 상각)	82

2. 2차연도 회계처리

⑴ 보험금융비용 인식

(차) 보험금융비용	27	(대) 잔여보장부채(BEL)	19
		잔여보장부채(CSM)	8

⑵ 보험사고 발생시

(차) 보험서비스비용(발생보험금)	50	(대) 발생사고부채(BEL)	150
잔여보장부채(투자요소CSM)	100		

⑶ 보험금 지급시

(차) 발생사고부채(BEL)	150	(대) 현금	150

⑷ 예상보험금 수익인식

(차) 잔여보장부채(BEL)	200	(대) 보험수익(예상보험금)	100
		잔여보장부채(투자요소CSM)	100

⑸ 위험조정 상각 관련 수익인식

(차) 잔여보장부채(RA)	40	(대) 보험수익(위험조정변동)	40

⑹ 미래 서비스 관련 변동

(차) 잔여보장부채(BEL)	58	(대) 잔여보장부채(CSM)	68
잔여보장부채(RA)	10		

⑺ 보험계약마진 상각 관련 수익인식

(차) 잔여보장부채(CSM)	121	(대) 보험수익(CSM 상각)	121

3. 3차연도 회계처리

(1) 보험금융비용 인식

(차)	보험금융비용	13	(대)	잔여보장부채(BEL)	7
				잔여보장부채(CSM)	6

(2) 보험사고 발생시

(차)	보험서비스비용(발생보험금)	40	(대)	발생사고부채(BEL)	140
	잔여보장부채(투자요소CSM)	100			

(3) 보험금 지급시

(차)	발생사고부채(BEL)	140	(대)	현금	140

(4) 예상보험금 수익인식

(차)	잔여보장부채(BEL)	140	(대)	보험수익(예상보험금)	40
				잔여보장부채(투자요소CSM)	100

(5) 위험조정 상각 관련 수익인식

(차)	잔여보장부채(RA)	30	(대)	보험수익(위험조정변동)	30

(6) 보험계약마진 상각 관련 수익인식

(차)	잔여보장부채(CSM)	126	(대)	보험수익(CSM 상각)	126

문제 7 총기대보험금융수익(비용)의 체계적 배분[12] 심화

㈜민국보험은 예상되는 총금융수익(비용)을 보험계약집합의 듀레이션에 걸쳐 체계적으로 배분하여 산정한 금액을 당기손익에 포함시키도록 해당 기간에 대한 보험금융수익(비용)을 세분하는 회계정책을 선택할 수 있다.

이 문제에서는 금융위험이 보험계약자에게 지급되는 금액에 상당한 영향을 미치는 보험계약의 경우에 총기대보험금융수익(비용)을 체계적으로 배분하는 두 가지 방법(유효수익률법, 예상부리이율법)을 설명한다.

㈜민국보험은 보장기간이 3년인 100개 보험계약을 발행한다. 이 계약들은 다음과 같다.

(1) 고정된 사망급부금을 제공하므로 보험계약의 정의를 충족한다. 그러나 이 문제에서 설명하는 영향만을 별도로 구분하고 단순화하기 위하여, 사망에 따라 지급될 수 있는 어떤 고정 현금흐름도 무시한다.

(2) 직접 참가특성이 있는 보험계약이 아니다.

보험계약 집합의 최초 인식시점에 다음을 가정한다.

(1) ㈜민국보험은 각 계약에 대해 일시납 보험료 ₩15을 수취한다(합계는 ₩1,500이다).

(2) ㈜민국보험은 수취한 보험료를 듀레이션이 2년인 고정수익채권에 투자하고, 매년 10%의 수익을 얻을 것으로 예상한다. ㈜민국보험은 채권만기에 얻은 대가를 매년 10%의 수익을 주는 유사한 금융상품에 재투자할 것으로 예상한다.

(3) ㈜민국보험은 3차연도 말 보험계약자에게 ₩1,890(현재가치는 ₩1,420)을 지급할 것으로 예상한다. 이 금액은 다음과 같이 보험계약자에게 지급될 수익에 대한 ㈜민국보험의 정책에 근거하여 계산된다.

㈎ **[문제 7-1]**에서 보장기간 말에 투자한 자산의 누적가치 중 94.54%를 지급할 것으로 예상한다.

㈏ **[문제 7-2]**에서 보험계약자의 적립금을 매년 8%[예상 부리이율(the expected crediting rate)] 증가시킬 것으로 예상한다.

08

12) K-IFRS 제1117호 보험계약 사례 15 참조

1차연도 초(T=0)	0	1	2	3	합계	PV(t=0)
시장이자율		10%	10%	10%		
적립금 부리이율		8%	8%	8%		
할인율		10%	10%	10%		
보험료	₩1,500					₩1,500
시점별 채권값*1		₩1,650	₩1,815	₩1,997		
채권수익		150	165	182	₩497	
보험금*2				1,890		1,420*3
잔여보장부채(BEL)	△80	1,562	1,718			
잔여보장부채(CSM)	80					

*1 수취한 보험료를 매년 10%의 수익을 주는 유사한 금융상품에 투자

*2 **[문제 7-1]** : 3기말 투자자산의 94.54%(₩1,997×94.54% ≒ ₩1,890)

[문제 7-2] : 계약자 적립금에 대해 매년 8% 증가(₩1,500×1.08^3 = ₩1,890)

*3 3차연도 말 보험금을 현재가치로 평가(₩1,890÷1.1^3 = ₩1,420)

1차연도 말에 시장이자율이 연 10%에서 연 5%로 하락하여 3차연도에 지급할 미래 예상현금흐름을 수정한다.

이 문제에서는 단순화를 위해 비금융위험에 대한 위험조정을 포함해 모든 다른 금액은 무시한다.

㈜민국보험은 총기대금융수익(비용)을 계약의 듀레이션에 걸쳐 체계적으로 배분하여 산정한 금액을 당기손익에 포함시키도록 해당 기간에 대한 보험금융수익(비용)을 세분하기로 선택한다.

(1) **[문제 7-1]**에서 계약집합의 잔여 듀레이션에 걸쳐 수정된 잔여 기대금융수익(비용)을 배분하는 데 단일률을 사용한다.

(2) **[문제 7-2]**에서 당기에 부리되는 금액과 미래 기간에 부리될 것으로 기대되는 금액에 기초하여 배분한다.

문제 7-1 유효수익율법(Effective yield approach)

㈜민국보험은 계약집합의 잔여 듀레이션에 걸쳐 수정된 잔여 기대금융수익(비용)을 배분하는 데 단일률을 사용한다(유효수익율법).

계약의 최초 인식시점에 단일률 연 10%는 $(₩1{,}890 \div ₩1{,}420)^{\frac{1}{3}} - 1$로 계산한다. 따라서 1차연도 말 보험계약부채의 장부금액에 포함되어 있는 미래현금흐름의 현재가치 추정치는 ₩1,562이고, ₩1,420×1.1로 계산한다.

1차연도 말 시장이자율은 연 10%에서 연 5%로 하락한다. 따라서 미래현금흐름에 대한 기대치를 다음과 같이 수정한다.

> (1) ㈜민국보험은 2차연도 말 만기가 되는 고정수익채권의 만기 시 대가를 재투자한 후 3차연도에(10% 대신) 5%의 수익을 얻을 것으로 예상한다.
> (2) 2차연도 말에 취득할 것으로 예상하는 고정수익채권에서 3차연도말 ₩1,906을 얻을 것으로 예상한다.
> (3) ㈜민국보험은 3차연도 말에 보험계약자에게 ₩1,802(94.54%×₩1,906)을 지급할 것이다.

1차연도 말에 ㈜민국보험은 3차연도 말 미래현금흐름이 ₩1,890에서 ₩1,802으로 감소하리라 예상되어 기대 보험금융수익(비용)을 배분하는 데 사용하는 단일률을 수정한다.

> (1) 1차연도 말 보험계약부채의 장부금액에 포함되어 있는 미래현금흐름의 현재가치 추정치를 증가시키는 데 사용하는 단일률을 수정하여 사용한다. 즉 ₩1,562을 3차연도 말의 수정된 현금유출액 ₩1,802까지 증가시키는 수정된 이자율을 사용한다.
> (2) 수정된 단일률은 연 7.42%이고, $(₩1{,}802 \div ₩1{,}562)^{\frac{1}{2}} - 1$로 계산한다.

【물음 1】 보험계약부채의 장부금액에 포함된 미래현금흐름의 현재가치 추정치의 장부금액에 할인율의 변동이 미치는 효과를 분석하시오.

【물음 2】 당기손익과 기타포괄손익으로 인식할 이행현금흐름에서 발생한 보험금융수익(비용)을 분석하시오.

【물음 3】 최초 인식시점 및 각 사업연도의 회계처리를 하시오.

【물음 4】 ㈜민국보험의 매 사업연도의 손익계산서에 표시되는 금액을 나타내시오.

08

해설

【물음 1】 할인율의 변동효과 분석

	최초인식	1차연도	2차연도	3차연도
3차연도 말 미래현금흐름 추정치	₩1,890	₩1,802	₩1,802	₩1,802
현행할인율로 계산한 미래현금흐름의 현재가치 추정치(A)	1,420	1,635*1	1,716	1,802
단일률로 계산한 미래현금흐름의 현재가치 추정치(B)	1,420	1,562*2	1,678	1,802
기타포괄손익누계액(A − B)	−	₩73	₩38	−

*1 ₩1,635은 3차연도 말의 미래현금흐름 추정치 ₩1,802을 현행시장할인율인 연 5%로 할인한 값이다. 즉, ₩1,802 ÷ 1.05^2 = ₩1,635이다.

*2 ₩1,562은 3차연도 말의 미래현금흐름 추정치 ₩1,802에 단일률인 연 7.42%로 할인한 값이다. 즉, ₩1,802 ÷ 1.0742^2 = ₩1,562이다.

【물음 2】 이행현금흐름 관련 보험금융수익(비용) 분석

이행현금흐름 관련 보험금융수익(비용)	1차연도	2차연도	3차연도
당기손익	₩(142)*1	₩(116)*4	₩(124)*4
기타포괄손익	(73)*2	35	38
총포괄손익	₩(215)*3	₩(81)	₩(86)

*1 ㈜민국보험은 단일률로 계산된 미래현금흐름 현재가치 추정치의 변동분을 보험금융비용으로 당기손익에 인식할 것이다. 1차연도에 금융비용 ₩142은 최초 단일률 10%일 때의 1차연도 말 미래현금흐름의 현재가치 추정치 ₩1,562과 해당 기간 초의 상응하는 금액 ₩1,420과의 차이이다.

*2 ㈜민국보험은 총포괄손익으로 인식한 금액과 당기손익으로 인식한 금액간의 차이를 기타포괄손익에 포함시킨다. 예를 들면, 1차연도에 기타포괄손익에 포함된 (−)₩73은 (−)₩215에서 (−)₩142을 차감한 것이다. 1차연도에서 3차연도까지 총기타포괄손익은 영(₩0)이다. (₩0 = (−)₩73 + ₩35 + ₩38)

*3 현행할인율에 따른 미래현금흐름의 현재가치 추정치의 변동을 총포괄손익으로 인식한다. 1차연도에 (−)₩215의 총보험금융비용은 1차연도 초에 현행할인율로 할인한 미래현금흐름의 현재가치 추정치 ₩1,420과 1차연도 말의 상응하는 금액 ₩1,635의 차이이다.

*4 2차연도 및 3차연도의 금융비용 ₩116 및 ₩124은 수정된 단일률 7.42%로 부리한 이자비용으로 산출된다. (₩116 = ₩1,562 × 7.42% 및 ₩124 = ₩1,678 × 7.42%)

【물음 3】 최초 인식시점 및 각 사업연도의 회계처리

1. 1차연도 회계처리

(1) 최초 인식시

(차)	잔여보장부채(BEL)	80	(대) 잔여보장부채(CSM)	80

(2) 보험료 수취시

(차)	현금	1,500	(대) 잔여보장부채(BEL)	1,500

(3) 보험금융비용 인식

(차)	보험금융비용(P/L)	150	(대) 잔여보장부채(BEL)	142
			잔여보장부채(CSM)	8

* 보험금융비용으로 인식할 때 1차연도 초 미래현금흐름 추정치(BEL)에 최초 인식시점에 결정된 할인율 10% 및 1차연도 초 보험계약마진(CSM)에 최초 인식시점에 결정된 할인율 10%를 곱하여 산출한 값 = ₩142, ₩80 × 10% = ₩8)이다.

(4) 현행할인율 반영(기타포괄손익으로 선택)

(차)	보험금융비용(OCI)	73	(대) 잔여보장부채(BEL)	73

(5) 금융이자수익 인식

(차)	금융자산	150	(대) 금융이자수익	150

* 금융이자수익으로 인식할 때 1차연도 초 수취보험료를 10% 수익률의 채권에 투자를 가정하여 산출한 값(₩1,500 × 10% = ₩150)이다.

(6) 보험계약마진 상각 관련 수익인식

(차)	잔여보장부채(CSM)	29	(대) 보험수익(CSM 상각)	29

* 보험계약마진 상각은 보험서비스제공이 3년간 균등하게 제공된다고 가정하여 산출[₩29 = (₩80 + ₩8) ÷ 3년]

2. 2차연도 회계처리

(1) 보험금융비용 인식

(차)	보험금융비용(P/L)	122	(대) 잔여보장부채(BEL)	116
			잔여보장부채(CSM)	6

* 보험금융비용으로 인식할 때 2차연도 초 미래현금흐름 추정치(BEL)에 수정된 단일율 7.42% 및 2차연도 초 보험계약마진(CSM)에 최초 인식시점에 결정된 할인율 10%를 곱하여 산출한 값(₩1,562 × 7.42% = ₩116, ₩59 × 10% = ₩6)이다.

(2) 현행할인율 반영(기타포괄손익으로 선택)

(차)	잔여보장부채(BEL)	35	(대) 보험금융비용(OCI)	35

(3) 금융이자수익 인식

(차)	금융자산	165	(대) 금융이자수익	165

* 금융이자수익으로 인식할 때 2차연도 초 금융자산 장부가액에 10% 수익률을 가정하여 산출한 값(₩1,650 × 10% = ₩165)이다.

08

(4) 보험계약마진 상각 관련 수익인식

(차) 잔여보장부채(CSM)	33	(대) 보험수익(CSM 상각)	33

* 보험계약마진 상각은 보험서비스제공이 잔여 2년간 균등하게 제공된다고 가정하여 산출[₩33 = (₩59 + ₩6) ÷ 2년]

3. 3차연도 회계처리

(1) 보험금융비용 인식

(차) 보험금융비용(P/L)	127	(대) 잔여보장부채(BEL)	124
		잔여보장부채(CSM)	3

* 보험금융비용으로 인식할 때 3차연도 초 미래현금흐름 추정치(BEL)에 수정된 단일율 7.42% 및 3차연도 초 보험계약마진(CSM)에 최초 인식시점에 결정된 할인율 10%를 곱하여 산출한 값(₩1,678 × 7.42% = ₩124, ₩32 × 10% = ₩3)이다.

(2) 현행할인율 반영(기타포괄손익으로 선택)

(차) 잔여보장부채(BEL)	38	(대) 보험금융비용(OCI)	38

(3) 금융이자수익 및 금융자산 매각

(차) 금융자산	91	(대) 금융이자수익	91
현금	1,906	금융자산	1,906

* 금융이자수익으로 인식할 때 3차연도 초 금융자산 장부가액에 5% 수익률(채권만기로 재투자수익률 하락)을 가정하여 산출한 값(₩1,815 × 5% = ₩91)이다.

(4) 보험금 지급

(차) 잔여보장부채(BEL)	1,802	(대) 현금	1,802

(5) 보험계약마진 상각 관련 수익인식

(차) 잔여보장부채(CSM)	35	(대) 보험수익(CSM 상각)	35

* 보험계약마진 상각은 보험서비스제공이 잔여 2년간 균등하게 제공된다고 가정하여 산출[₩35 = (₩32 + ₩3) ÷ 1년]

【물음 4】 ㈜민국보험의 매 사업연도의 손익계산서 표시금액

손익계산서	1차연도	2차연도	3차연도	합계
보험수익	₩29	33	35*1	97
보험서비스비용	–	–	–*1	–
보험서비스결과	₩29	₩33	₩35	₩97
금융이자수익	150	165	91	406
보험금융비용	(150)	(122)	(127)	(399)
금융결과	–	₩43	₩(36)	₩7
손익	₩29	₩76	₩(1)	₩104*2

*1 3차연도 말에 지급하는 보험금은 투자요소로 가정하여 보험수익 및 보험서비스비용을 인식하지 않으며 본 문제는 유의적인 보험위험이 있는 보험계약으로 가정한다.

*2 이 문제에서의 총 손익 ₩104은 금융자산 매각 현금흐름(₩1,906)에서 보험금(투자요소) 지급 현금흐름(₩1,802)을 차감하여 산출된다.

문제 7-2 예상 부리이율법(Projected crediting rate approach)

㈜민국보험은 당기에 부리되는 금액과 미래 기간에 부리될 것으로 기대되는 금액에 기초하여 배분한다(예상 부리이율법). 또한 계약집합의 듀레이션에 걸쳐 기타포괄손익으로 인식되는 금액의 총합이 영(₩0)이 되도록 배분되는지를 명확히 할 필요가 있다.

이를 위해 ㈜민국보험은 부채의 최초 장부금액이 미래현금흐름의 추정치와 같도록 각 보고기간에 적용될 수 있는 일련의 할인율을 계산한다. 이러한 일련의 할인율은 각 기간별 예상 부리이율에 상수(K)를 곱하여 계산한다.

최초 인식시점에 기초항목에서 매년 10%의 수익을 얻을 것으로 예상하고 매년 보험계약자의 적립금을 연 8%(예상 부리이율) 증가시킬 것으로 예상한다. 따라서 3차연도 말에 1차연도에 최초 인식시점에 예상했던 바와 같이 연 8%의 수익으로 보험계약자의 적립금을 증가시킨다.

1차연도 말 시장이자율은 연 10%에서 연 5%로 감소한다. 따라서 현금흐름에 대한 기대를 아래와 같이 수정한다.

(1) ㈜민국보험은 2차연도 말 만기가 되는 채권의 만기 시 대가를 재투자한 후 3차연도에 5%의 수익을 얻을 것이다.
(2) 2차연도에 8%, 3차연도에 3% 만큼을 보험계약자의 적립금에서 증가시킨다.
(3) 3차연도 말에 보험계약자에게 ₩1,802(₩1,500×1.08×1.08×1.03 = ₩1,802)을 지급할 것이다.

㈜민국보험은 예상 부리이율에 상수(K)를 곱하여 계산한 일련의 할인율을 사용하여 잔여 기대금융수익(비용)을 계약의 잔존 기간 동안 배부한다. 1차연도 말에 부리이율에 기초가 되는 상수(K)와 일련의 할인율은 다음과 같다.

(1) 1차연도 실제 부리이율과 2차연도와 3차연도의 기대 부리이율의 곱은 1.20(1.08×1.08×1.03)이다.
(2) 이자부리로 부채의 장부금액은 3년에 걸쳐 1.269배(₩1,802÷₩1,420) 증가한다.
(3) 따라서 각 부리이율은 다음과 같이 상수(K)만큼 조정이 필요하다 : 1.08K×1.08K×1.03K = 1.269
(4) 상수 K는 1.0184[$(1.269\div1.20)^{\frac{1}{3}}$]이다.
(5) 이에 따른 1차연도 부리이율은 10%(1.08×1.0184)이다.

1차연도 말 당기손익에 보험금융수익(비용)을 배분하기 위한 부채의 장부금액은 ₩1,562 (₩1,420 × 1.08 × 1.0184)이다.

2차연도, 3차연도의 실제 부리이율은 1차연도 말에 예상했던 대로이다. 따라서 2차연도 부리이율은 10%[(1.08 × 1.0184) − 1]이며 3차연도 부리이율은 4.9%[(1.03 × 1.0184) − 1]이다.

【물음 5】 보험계약부채의 장부금액에 포함된 미래현금흐름의 현재가치 추정치의 장부금액에 할인율의 변동이 미치는 효과를 분석하시오.

【물음 6】 당기손익과 기타포괄손익으로 인식할 이행현금흐름에서 발생한 보험금융수익(비용)을 분석하시오.

【물음 7】 각 사업연도의 회계처리를 하시오.

【물음 8】 ㈜민국보험의 매 사업연도의 손익계산서에 표시되는 금액을 나타내시오.

해설

【물음 5】 할인율의 변동효과 분석

	최초인식	1차연도	2차연도	3차연도
3차연도 말 미래현금흐름 추정치	₩1,890	₩1,802	₩1,802	₩1,802
현행할인율로 계산한 미래현금흐름의 현재가치 추정치(A)	1,420	1,635	1,716*1	1,802
예상부리이율에 기초한 할인율로 계산한 미래현금흐름 현재가치 추정치(B)	1,420	1,562	1,718*2	1,802
기타포괄손익누계액(A − B)	−	₩73	₩(2)*3	−

*1 ₩1,716은 ₩1,802의 3차연도 말 미래현금흐름 추정치를 연 5%의 현행시장이자율로 할인한 값이다. 즉 ₩1,802 ÷ 1.05 = ₩1,716이다.

*2 ₩1,718은 ₩1,802의 3차연도 말 미래현금흐름 추정치를 연 4.9%의 예상 부리이율로 할인한 값이다. 즉 ₩1,802 ÷ 1.049 = ₩1,718이다.

*3 예상 부리이율에 기초한 할인율 연 4.9%(1.03 × K)는 현행할인율 연 5%와 다르기 때문에 2차연도 말 기타포괄손익에는 ₩2의 금액이 누적되어 있다.

08

【물음 6】 이행현금흐름 관련 보험금융수익(비용) 분석

이행현금흐름 관련 보험금융수익(비용)	1차연도	2차연도	3차연도
당기손익	₩(142)*1	₩(156)	₩(84)
기타포괄손익	(73)*2	75	(2)
총포괄손익	₩(215)*3	₩(81)	₩(86)

*1 보험금융비용을 예상 부리이율에 따른 미래현금흐름의 현재가치 추정치의 변동분으로 계산하여 당기손익으로 인식할 것이다. 1차연도에 보험금융비용 ₩142은 1차연도 말의 당초 부리이율 10%로 계산한 미래현금흐름의 현재가치 추정치 ₩1,562과 해당 기간 초의 상응하는 금액 ₩1,420과의 차이이다.

*2 총포괄손익으로 인식하는 금액과 당기손익으로 인식하는 금액의 차이를 기타포괄손익에 포함시킨다. 예를 들면, 1차연도에 기타포괄손익에 포함된 (−)₩73은 (−)₩215에서 (−)₩142을 차감한 값이다. 1차연도에서 3차연도의 총기타포괄손익은 영(₩0)이다. [₩0 = (−)₩73 + ₩75 + (−)₩2]

*3 현행할인율에 따른 미래현금흐름의 현재가치 추정치의 변동을 총포괄손익으로 인식한다. 1차연도에 총보험금융비용 (−)₩215은 1차연도 초 현행할인율로 계산한 미래현금흐름의 현재가치 추정치 ₩1,420과 1차연도 말이에 상응하는 금액 ₩1,635과의 차이이다.

【물음 7】 각 사업연도의 회계처리

1. 1차연도 회계처리

(1) 최초 인식시

(차) 잔여보장부채(BEL)	80	(대) 잔여보장부채(CSM)	80

(2) 보험료 수취시

(차) 현금	1,500	(대) 잔여보장부채(BEL)	1,500

(3) 보험금융비용 인식

(차) 보험금융비용(P/L)	150	(대) 잔여보장부채(BEL)	142
		잔여보장부채(CSM)	8

* 보험금융비용으로 인식할 때 1차연도 초 미래현금흐름 추정치(BEL)에 최초 인식시점에 결정된 할인율 10% 및 1차연도 초 보험계약마진(CSM)에 최초 인식시점에 결정된 할인율 10%를 곱하여 산출한 값 (₩1,420 × 10% = ₩142, ₩80 × 10% = ₩8)이다.

(4) 현행할인율 반영(기타포괄손익으로 선택)

(차) 보험금융비용(OCI)	73	(대) 잔여보장부채(BEL)	73

(5) 금융이자수익 인식

(차) 금융자산	150	(대) 금융이자수익	150

* 금융이자수익으로 인식할 때 1차연도 초 수취보험료를 10% 수익률의 채권에 투자를 가정하여 산출한 값 (₩1,500 × 10% = ₩150)이다.

(6) 보험계약마진 상각 관련 수익인식

(차) 잔여보장부채(CSM)	29	(대) 보험수익(CSM 상각)	29

* 보험계약마진 상각은 보험서비스제공이 3년간 균등하게 제공된다고 가정하여 산출
[₩29 = (₩80 + ₩8) ÷ 3년]

2. 2차연도 회계처리

(1) 보험금융비용 인식

(차) 보험금융비용(P/L)	162	(대) 잔여보장부채(BEL)	156
		잔여보장부채(CSM)	6

* 보험금융비용으로 인식할 때 2차연도 초 미래현금흐름 추정치(BEL)에 예상 부리이율 10% 및 2차연도 초 보험계약마진(CSM)에 최초 인식시점에 결정된 할인율 10%를 곱하여 산출한 값(₩1,562 × 10% = ₩156, ₩59 × 10% = ₩6)이다.

(2) 현행할인율 반영(기타포괄손익으로 선택)

(차) 잔여보장부채(BEL)	75	(대) 보험금융비용(OCI)	75

(3) 금융이자수익 인식

(차) 금융자산	165	(대) 금융이자수익	165

* 금융이자수익으로 인식할 때 2차연도 초 금융자산 장부가액에 10% 수익률을 가정하여 산출한 값 (₩1,650 × 10% = ₩165)이다.

(4) 보험계약마진 상각 관련 수익인식

(차) 잔여보장부채(CSM)	33	(대) 보험수익(CSM 상각)	33

* 보험계약마진 상각은 보험서비스제공이 잔여 2년간 균등하게 제공된다고 가정하여 산출
[₩33 = (₩59 + ₩6) ÷ 2년]

3. 3차연도 회계처리

(1) 보험금융비용 인식

(차) 보험금융비용(P/L)	87	(대) 잔여보장부채(BEL)	84
		잔여보장부채(CSM)	3

* 보험금융비용으로 인식할 때 3차연도 초 미래현금흐름 추정치(BEL)에 예상 부리이율 4.9% 및 3차연도 초 보험계약마진(CSM)에 최초 인식시점에 결정된 할인율 10%를 곱하여 산출한 값(₩1,718 × 4.9% = ₩84, ₩32 × 10% = ₩3)이다.

(2) 현행할인율 반영(기타포괄손익으로 선택)

(차) 보험금융비용(OCI)	2	(대) 잔여보장부채(BEL)	2

(3) 금융이자수익 및 금융자산 매각

(차) 금융자산	91	(대) 금융이자수익	91
현금	1,906	금융자산	1,906

* 금융이자수익으로 인식할 때 3차연도 초 금융자산 장부가액에 5% 수익률(채권만기로 재투자수익률 하락)을 가정하여 산출한 값(₩1,815 × 5% = ₩91)이다.

08

(4) 보험금 지급

(차) 잔여보장부채(BEL) 1,802 (대) 현금 1,802

(5) 보험계약마진 상각 관련 수익인식

(차) 잔여보장부채(CSM) 35 (대) 보험수익(CSM 상각) 35

* 보험계약마진 상각은 보험서비스제공이 잔여 2년간 균등하게 제공된다고 가정하여 산출
[₩35 = (₩32 + ₩3) ÷ 1년]

【물음 8】 ㈜민국보험의 매 사업연도의 손익계산서 표시금액

손익계산서	1차연도	2차연도	3차연도	합계
보험수익	₩29	₩33	₩35*1	₩97
보험서비스비용	–	–	–*1	–
보험서비스결과	₩29	₩33	₩35	₩97
금융이자수익	150	165	91	406
보험금융비용	(150)	(162)	(87)	(399)
금융결과	–	3	4	7
손익	₩29	₩36	₩39	₩104*2

*1 3차연도 말에 지급하는 보험금은 투자요소로 가정하여 보험수익 및 보험서비스비용을 인식하지 않으며 본 문제는 유의적인 보험위험이 있는 보험계약으로 가정한다.

*2 이 문제에서의 총 손익 ₩104은 금융자산 매각 현금흐름(₩1,906)에서 보험금(투자요소) 지급 현금흐름(₩1,802)을 차감하여 산출된다.

제9장

보험계약(3)

: 다양한 보험계약

ACCOUNTING FOR
FINANCIAL INSTRUMENTS AND
INSURANCE CONTRACTS

금융·보험회계

제1절
손실부담계약

본 절에서는 손실부담계약 인식과 손실부담계약 손실요소의 확정 및 배분에 대해 살펴본다.

1.1 손실부담계약 인식

1. 최초 인식시점의 손실부담계약

보험계약에 배분된 이행현금흐름, 이전에 인식한 보험취득 현금흐름 및 최초 인식시점에 계약에서 생기는 현금흐름의 총계가 순유출인 경우 최초 인식시점에 그 보험계약은 손실부담계약이다.

발생한 보험계약의 포트폴리오는 최소한 최초 인식시점에 손실을 부담하는 계약과 손실부담계약이 아닌 계약을 구분하여 분류한다.

한편, 계약 세트(a set of contracts)가 같은 집합에 모두 포함될 것이라고 결론을 내리는데 합리적이고 뒷받침될 수 있는 정보를 가지고 있다면 개별 계약이 아닌 계약 세트를 측정하여 손실부담계약집합을 식별할 수 있다.

손실부담계약집합의 순유출에 대해서는 손실을 당기손익으로 인식한다. 그 결과 그 집합에 대한 부채의 장부금액은 이행현금흐름과 영(₩0)의 보험계약마진으로 구성된다.

2. 후속 측정시점의 손실부담계약

다음 금액이 보험계약마진 장부금액 초과 시 보험계약집합은 후속 측정시 손실을 부담(또는 손실을 더 부담)하는 계약이 되며 초과분만큼의 손실을 당기손익으로 인식한다.

(1) 미래현금흐름과 비금융위험에 대한 위험조정 추정치의 변동으로부터 발생하여 집합에 배분된 이행현금흐름의 미래 서비스와 관련된 불리한 변동
(2) 직접참가특성이 있는 보험계약집합의 경우 기초항목의 공정가치 중 기업의 몫에 해당하는 금액의 감소

1.2 손실부담계약 손실요소의 확정 및 배분

손실부담계약집합의 잔여보장부채에서 손실요소를 정한다(또는 증가시킨다). 손실요소는 최초 인식시점 또는 후속 측정시 손실로 인식되는 부분을 나타낸다. 손실요소는 손실부담계약집합에 대한 손실의 환입으로 당기손익에 표시되는 금액을 결정하며 결과적으로 보험수익의 결정에서 제외된다.

한편 보험수익을 결정할 때 손실부담계약집합의 손실을 제외하여야 한다. 이를 제외하지 아니하면 보험수익은 과대 계상될 것이다. 따라서 잔여보장부채의 손실요소를 추적하는 것이 필요하다.

손실부담 보험계약집합에 대한 손실을 인식한 후 다음과 같이 처리한다.

(1) 잔여보장부채 이행현금흐름의 후속적 변동분을 체계적인 방식으로 ㈎ 잔여보장부채의 손실요소와 ㈏ 손실요소를 제외한 잔여보장부채로 배분한다.
(2) ㈎ 미래현금흐름과 비금융위험에 대한 위험조정 추정치의 변동으로부터 발생하여 집합에 배분된 이행현금흐름의 미래서비스와 관련된 후속적인 감소분과 ㈏ 기초항목 공정가치 중 기업의 몫에 해당하는 금액의 후속적인 증가는 손실요소가 영(₩0)으로 줄어들 때까지 손실요소에만 배분한다.
(3) 손실요소에 배분된 금액보다 이행현금흐름의 후속적인 감소가 크거나 기초항목의 공정가치 중 기업의 몫의 후속적인 증가가 큰 경우 그 초과분에 대해서만 보험계약마진을 조정한다.
(4) 손실의 체계적 배분으로 손실요소에 배분된 총금액은 계약집합의 보장기간 말까지 영(₩0)이 된다.

잔여보장부채의 이행현금흐름의 후속적 변동분은 발생한 보험서비스비용으로 인해 잔여보장부채에서 감소되는 보험금과 비용에 대한 미래현금흐름의 현재가치 추정치, 위험의 감소로 당기손익으로 인식되는 비금융위험에 대한 위험조정의 변동분 및 보험금융수익(비용)을 말한다.

▶ 예제 1 후속 측정(미래 수익성을 감소시키는 이행현금흐름 변동으로 손실부담계약으로 변경)

㈜대한보험은 보험기간이 3년인 보험계약집합을 발행하며 보장기간은 보험계약의 발생시점부터 시작한다.

최초 인식시점에 다음을 산정한다.

(1) 최초 인식 직후 ₩1,000의 보험료를 수령하며 매년 말 보험사고가 발생하여 1기말에는 ₩40, 2기말에는 ₩40, 3기말에는 ₩50의 보험금을 지급한다.
(2) 최초 인식 직후 보험계약 체결비용 등 보험취득 현금흐름인 ₩90이 발생하며, 신입사원 교육훈련비 등 보험계약집합에 직접 귀속시킬 수 없는 현금흐름인 ₩20이 1기 초에 발생하며, 매년 말 보험계약집합 유지를 위한 계약유지비가 ₩20씩 발생한다.
(3) 3기말에 보험계약이 제거되며 투자요소인 만기환급금 ₩600을 지급한다.

이 예제에서는 모든 비용은 예상한 대로 발생하며 보장기간 중 실효되는 계약은 없으며 계약의 갱신은 기대되지 않고 비금융위험에 대한 위험조정 및 할인효과는 무시한다.

1차연도의 사실 관계는 다음과 같다.

(1) 1차연도에 모든 사건은 예상대로 일어나고 ㈜대한보험은 미래 기간에 관한 어떠한 가정도 변경하지 않는다.
(2) 비용은 매연도 말에 발생된 직후 지급될 것으로 예상된다.
(3) 이 예제의 모든 계약들은 전체 3년의 보장기간 동안 동일한 규모의 보험금을 제공할 것으로 예상되므로 계약의 집합에 각 기간 동안 제공된 서비스는 동일하다.

<추가사항>

2차연도 말에 다음과 같은 사건이 발생한다.

(1) 2차연도에 실제로 청구된 보험금 ₩100은 최초 예상보다 ₩60이 증가한 금액이다.
(2) ㈜대한보험은 3차연도에 보험금 관련 미래현금유출 추정치를 수정하여 ₩50이 아닌 ₩200을 지출할 것으로 예상한다.

물음

1. 2차연도 말의 수정된 이행현금흐름을 추정하시오.
2. 2차연도 중 이행현금흐름과 보험계약마진의 변동요인을 분석하시오.
3. 2차연도 중 회계처리를 하시오.
4. 2차연도 손익계산서(보험서비스결과)와 2차연도 말 재무상태표(보험부채)를 표시하시오.
5. 3차연도의 재무상태표와 손익계산서에 인식한 금액의 차이조정을 분석하시오.
6. 3차연도 중 회계처리를 하시오.
7. 3차연도 손익계산서(보험서비스결과)와 2차연도 말 재무상태표(보험부채)를 표시하시오.
8. ㈜대한보험의 매 사업연도의 손익계산서를 표시하시오.

해설

1. 2차연도 말의 수정된 이행현금흐름의 추정

수정된 이행현금흐름 추정치는 다음과 같으며 각 사업연도의 이행현금흐름도 비교로 표시한다.

	최초 인식	1차연도	2차연도	3차연도
미래 현금유입액의 현재가치 추정치	₩(1,000)	–	–	–
미래 현금유출액의 현재가치 추정치	880	₩730	₩820	–
미래현금흐름의 현재가치 추정치	(120)	730	820	–
비금융위험에 대한 위험조정	–	–	–	–
이행현금흐름	₩(120)	₩730	₩820	–

2. 2차연도 중 이행현금흐름과 보험계약마진의 변동요인 분석

	미래현금흐름의 현재가치 추정치	보험계약마진	보험계약부채
기초잔액	₩730	₩80	₩810
미래 서비스 관련 변동	150	(80)*	70
당기 서비스 관련 변동	60	–	60
현금유출	(120)	–	(120)
기말잔액	₩820	–	₩820

* 미래 서비스와 관련된 이행현금흐름의 변동(3차연도 예상보험금 증가)을 보험계약마진에서 조정하는데, 보험계약마진의 장부금액을 초과하여 손실이 생기게 되는 경우 이러한 손실을 당기손익으로 인식한다. 따라서 미래 서비스와 관련된 이행현금흐름의 변동 ₩150을 다음과 같이 처리한다.

㈎ 보험계약마진을 ₩80만큼 조정하여 보험계약마진을 영(₩0)으로 감소시킨다.

㈏ 이행현금흐름의 나머지 변동 ₩70을 즉시 당기손익으로 인식한다.

3. 2차연도 중 회계처리

(1) 보험사고 발생시

(차)	보험서비스비용(발생보험금)	100	(대)	발생사고부채(BEL)	100

(2) 보험금 지급시

(차)	발생사고부채(BEL)	100	(대)	현금	100

(3) 계약유지비 발생시

(차)	보험서비스비용 (발생계약유지비)	20	(대)	현금	20

(4) 예상보험금 및 예상계약유지비의 수익인식

(차)	잔여보장부채(BEL)	40	(대)	보험수익(예상보험금)	40
	잔여보장부채(BEL)	20		보험수익(예상계약유지비)	20

(5) 미래 서비스 관련 변동

(차)	잔여보장부채(CSM)	80	(대)	잔여보장부채(BEL)	150
	보험서비스비용 (손실부담계약 관련비용)	70			

(6) 보험취득 현금흐름 배분 관련 수익인식

(차)	보험서비스비용 (보험취득 현금흐름 상각)	30	(대)	보험수익 (보험취득 현금흐름 상각)	30

4. 2차연도 손익계산서(보험서비스결과) 및 2차연도 말 재무상태표(보험부채)

손익계산서(약식)	2차연도
보험수익	₩90
예상보험금	40
예상계약유지비	20
보험취득 현금흐름 상각	30
보험계약마진 상각	–
보험서비스비용	(220)
발생보험금	100
발생계약유지비	20
보험취득 현금흐름 상각	30
손실부담계약 관련 비용	70
보험서비스결과*	(130)

재무상태표(약식)	2차연도 말
보험계약부채(잔여보장)	₩820
최선추정부채(BEL)	820
보험계약마진(CSM)	–

* 2차연도 보험서비스결과는 예상보험금보다 크게 발생한 보험금에 따른 (–)₩60과 손실부담계약 관련 비용 (–)₩70을 합친 (–)₩130이다.

09

5. 3차연도의 재무상태표와 손익계산서에 인식한 금액의 차이조정 분석

	손실요소를 제외한 잔여보장부채	잔여보장부채의 손실요소	발생사고부채	보험계약부채
기초잔액	₩750	₩70	–	₩820
보험수익	(150)*1	–	–	(150)
보험서비스비용	–	(70)	₩200*2	130
투자요소	(600)	–	₩600	–
현금흐름	–	–	(800)	(800)
기말잔액	–	–	–	–

*1 보험수익 ₩150은 다음 둘 중 하나의 방법으로 산출할 수 있다.

① 잔여보장부채의 기초와 기말 장부금액의 차이(손실요소와 관련한 변동분 제외) ₩750(₩750 – ₩0)에서 투자요소 상환액 ₩600(–)을 차감하여 정한다. 즉, ₩150 = ₩750 – ₩600

② 해당 연도에 발생한 보험금과 계약유지비에 대한 보험서비스비용 ₩220에서 손실요소로 배분된 ₩70을 제외한 금액으로 계산한다. 즉, ₩150 = ₩220 – ₩70

*2 해당 기간에 발생한 보험금 ₩800에서 투자요소 ₩600을 차감한 ₩200을 보험서비스비용으로 표시한다.

6. 3차연도 중 회계처리

(1) 보험사고 발생시

(차)	보험서비스비용(발생보험금)	200	(대)	발생사고부채(BEL)	800
	잔여보장부채(투자요소)	600		보험서비스비용	70
	손실요소배분액	70			

(2) 보험금 지급시

(차)	발생사고부채(BEL)	800	(대)	현금	800

(3) 계약유지비 발생시 회계처리

(차)	보험서비스비용 (발생계약유지비)	20	(대)	현금	20

(4) 예상보험금 및 예상계약유지비의 수익인식

(차)	잔여보장부채(BEL)	800	(대)	보험수익(예상보험금)	200
	보험수익(예상보험금)	70		손실요소배분액	70
				잔여보장부채(투자요소)	600
	잔여보장부채(BEL)	20		보험수익(예상계약유지비)	20

(5) 보험취득 현금흐름 배분 관련 수익인식

(차)	보험서비스비용 (보험취득 현금흐름 상각)	30	(대)	보험수익 (보험취득 현금흐름 상각)	30

7. 3차연도 손익계산서(보험서비스결과) 및 2차연도 말 재무상태표(보험부채)

손익계산서(약식)	2차연도
보험수익	₩180
예상보험금	200
예상계약유지비	20
보험취득 현금흐름 상각	30
손실요소배분액	(70)
보험계약마진 상각	–
보험서비스비용	₩(180)
발생보험금	200
발생계약유지비	20
보험취득 현금흐름 상각	30
손실요소배분액	(70)
보험서비스결과	(–)

재무상태표(약식)	2차연도 말
보험계약부채(잔여보장)	–
최선추정부채(BEL)	–
보험계약마진(CSM)	–

8. ㈜대한보험의 매 사업연도의 손익계산서 표시

	1차연도	2차연도	3차연도	합계
보험수익	₩130	₩90	₩180*2	₩400*1
보험서비스비용	(110)	(220)	(180)*2	(510)
보험서비스결과	20	(130)	–	(110)
손익	₩20	₩(130)	–	₩(110)

*1 보험계약 집합에 대한 총 보험수익을 지급된 보험료 ₩1,000에 투자요소 ₩600을 차감하여 ₩400(₩400 = ₩1,000 – ₩600)으로 계산한다.

*2 ㈜대한보험이 보험수익 및 보험서비스비용을 결정할 때 손실부담계약집합의 손실(손실요소배분액)을 제외하여야만 보험수익 및 보험서비스비용의 과대 계상을 방지한다.

제2절 성과배분 보험계약 : 변동수수료접근법

본 절에서는 직접참가특성이 있는 보험계약(성과배분 보험계약)의 경우 K-IFRS 제1117호 보험계약에 따라 적용되어야 하는 변동수수료접근법에 대하여 살펴본다.

2.1 직접참가특성이 있는 보험계약의 적용대상

직접참가특성이 있는 보험계약은 실질적으로 투자 관련 서비스 계약인 보험계약이며, 이 계약에 따라 기업은 기초항목에 근거한 투자수익을 약정한다.

직접참가특성이 있는 보험계약은 다음의 조건을 모두 충족하는 보험계약으로 정의된다.

(1) 계약 조건에 보험계약자가 명확하게 식별된 기초항목 집단(pool)의 일정 몫에 참여한다는 것이 명시되어 있다.

(2) 기업은 보험계약자에게 기초항목에서 발생하는 공정가치 이익 중 상당한 몫에 해당하는 금액을 지급할 것으로 예상한다.

(3) 보험계약자에게 지급될 금액의 변동분 중 상당한 비율이 기초항목의 공정가치 변동에 따라 변동될 것으로 예상한다.

계약 개시 시점에 기업의 기대에 따라 위의 모든 조건이 충족되는지를 평가해야 하며, 계약이 변경되지 않는다면, 후속적으로 해당 조건을 다시 평가하지 않는다.

직접참가특성이 있는 보험계약은 반드시 보험계약자에 대한 의무가 다음 항목의 순액인 계약이다. 즉 특정 기초자산의 가치와 동일한 금액에서 서비스의 변동수수료를 차감한 금액을 보험계약자에게 지급하는 의무가 발생하는 계약이다.

(1) 기초항목의 공정가치와 동일한 금액을 보험계약자에게 지급할 의무

(2) 보험계약에 따라 제공되는 미래 서비스에 대한 대가로서 위 (1)에서 차감하게 될 변동수수료. 이는 다음 (가)에서 (나)를 차감하여 산정된다.

(가) 기초항목의 공정가치 중 기업의 몫에 해당하는 금액

(나) 기초항목의 성과에 따라 변동하지 않는 이행현금흐름

기업이 발행한 재보험계약과 출재보험계약의 경우 기업과 재보험자간 기초항목의 이익을 공유하지 않는 등 직접참가특성이 있는 보험계약이 아니므로 변동수수료접근법을 적용할 수 없다.

보충설명 변동수수료접근법 적용 이해

1. 일반모형과 변동수수료접근법의 기업이익 결정구조 차이

- 일반모형은 기업의 자원을 활용하여 계약을 이행하고 이행결과로부터 수익을 창출
- 변동수수료접근법은 기업의 자원을 활용하여 계약을 이행함에 따른 잉여금에 대한 기업의 몫으로부터 수익을 창출

2. 변동수수료의 개념 이해

- 잉여금에 대한 기업의 몫은 기업이 부과하는 수수료의 특성을 가지며 동 수수료는 잉여금의 변동에 따라 유사하게 변동되며 이에 계약이행에 따른 잉여금 중 계약에 따른 수수료의 누적액을 제외한 잔여액은 계약자의 몫으로 구분

2.2 직접참가특성이 있는 보험계약의 충족조건의 특성

09

직접참가특성이 있는 보험계약의 조건(1)[1]에서 일정 몫을 언급하고 있으나, 보험계약자에게 지급되는 금액을 변동시키는 기업의 재량권이 없어야 하는 것은 아니나, 기초항목과의 연계는 강제할 수 있어야 한다.

직접참가특성이 있는 보험계약의 조건(1)에서 언급한 기초항목 집단은 계약에 의해 명확히 식별되는 한, 자산의 참조포트폴리오, 기업의 순자산 또는 기업 순자산의 특정 하위 집합 등과 같이 어떤 항목으로도 구성될 수 있다. 기업이 특정 기초항목 집단을 보유할 필요는 없다. 그러

1) 계약 조건에 보험계약자가 명확하게 식별된 기초항목 집단(pool)의 일정 몫에 참여한다는 것이 명시되어 있다.

나 다음의 경우에는 명확히 식별되는 기초항목 집단이 존재하지 않는다.

(1) 기업이 기업의 의무에 해당하는 금액을 결정하는 기초항목을 소급적으로 변경할 수 있는 경우

(2) 기업 전체 또는 기업이 보유한 자산의 하위집합의 성과와 기대를 일반적으로 반영한 이익을 보험계약자에게 제공할 수 있더라도, 식별되는 기초항목이 없는 경우. 이러한 이익의 예로 관련된 기간 말에 설정되는 부리이율 또는 배당 지급을 들 수 있다. 이 경우, 보험계약자에 대한 의무는 기업이 설정한 부리이율이나 배당금을 반영하는 것이지 식별된 기초항목을 반영한 것은 아니다.

직접참가특성이 있는 보험계약의 조건(2)[2]에 따르면, 기초항목의 공정가치 수익의 상당한 몫을 보험계약자에게 지급할 것이 예상되어야 하고, 직접참가특성이 있는 보험계약의 조건(3)[3]에 따르면, 보험계약자에게 지급될 금액의 변동분 중 상당한 비율이 기초항목의 공정가치 변동에 따라 변동될 것이 예상되어야 한다.

여기서, 기업은 직접참가특성이 있는 보험계약이 투자 관련 서비스를 제공하고 그 서비스에 대한 보상으로 기초항목을 참조하여 산정된 수수료를 받는 계약이라는 목적에 비추어, 위 조건(2) 및 조건(3)의 '상당한'이라는 용어를 해석하여야 한다.

또한, 위 조건(2) 및 조건(3)의 금액의 변동성을 보험계약의 듀레이션에 걸쳐서 최선 또는 최악의 결과에 근거하는 것이 아니라 확률가중평균에 근거한 현재가치로 평가하여야 한다.

2.3 직접참가특성이 있는 보험계약의 보험계약마진 조정

직접참가특성이 있는 보험계약의 경우, 보고기간 말 계약집합의 보험계약마진의 장부금액은 보고기간 초의 장부금액에서 다음의 금액을 조정한 금액이다. 이러한 조정금액을 별도로 식별할 필요는 없으며 일부 또는 모든 조정을 통합한 금액으로 산정할 수 있다.

2) 기업은 보험계약자에게 기초항목에서 발생하는 공정가치 이익 중 상당한 몫에 해당하는 금액을 지급할 것으로 예상한다.

3) 보험계약자에게 지급될 금액의 변동분 중 상당한 비율이 기초항목의 공정가치 변동에 따라 변동될 것으로 예상한다.

(1) 집합에 추가되는 새로운 계약의 효과
(2) 기초항목의 공정가치에 대한 기업 몫에 해당하는 금액의 변동. 다만 위험경감에 관한 사항을 적용하는 경우 등에는 제외한다.
(3) 미래 서비스와 관련된 이행현금흐름의 변동분. 다만 위험경감에 관한 사항을 적용하는 경우 등에는 제외한다.
(4) 보험계약마진에 미친 모든 외환차이의 영향
(5) 해당 기간에 보험계약서비스를 이전함에 따라 보험수익으로 인식되는 금액

직접참가특성이 있는 보험계약의 경우 보험계약마진은 수수료의 변동 특성을 반영하여 조정되는데 기초항목 공정가치에 대한 기업의 몫에 해당하는 금액의 변동은 미래 서비스와 관련이 있어 보험계약마진을 조정한다.

그러나 기초항목의 공정가치와 동일한 금액을 보험계약자에게 지급하는 의무의 변동은 미래 서비스와 관련이 없어 보험계약마진을 조정하지 않는다.

2.4 직접참가특성이 있는 보험계약의 미래 이행현금흐름의 변동

직접참가특성이 있는 보험계약에서의 미래 서비스와 관련된 이행현금흐름의 변동분은 기초항목의 성과에 따라 변동하지 않는 이행현금흐름의 변동으로 다음과 같이 구성된다.

(1) 직접참가특성이 없는 보험계약과 일관되게, 미래 서비스와 관련하여 해당 기간에 수취한 보험료 및 관련 현금흐름(예 보험취득 현금흐름)에서 발생한 경험조정, 잔여보장부채의 미래현금흐름 현재가치 추정치 변동, 해당기간에 지급될 것으로 예상된 투자요소와 실제 투자요소와 차이, 미래 서비스와 관련된 비금융위험에 대한 위험조정 변동은 보험계약마진을 조정하되 모든 조정은 현행 할인율을 사용하여 측정한다.
(2) 기초항목에서 발생하지 않는 화폐의 시간가치 효과 및 금융위험 효과의 변동(예 금융보증 효과)은 미래 서비스와 관련이 있어 보험계약마진을 조정한다.

2.5 변동수수료접근법의 보험금융수익(비용) 인식

기초항목을 보유하고 있는 직접참가특성이 있는 보험계약에 대한 변동수수료접근법을 적용하는 경우 다음 중에서 회계정책을 선택한다.

(1) 해당 기간의 보험금융수익(비용)을 당기손익에 포함한다.

(2) 당기손익에 포함된 보유하고 있는 기초항목에 대한 수익(비용)과의 회계상 불일치를 제거하는 금액을 당기손익에 포함하기 위해, 해당 기간의 보험금융수익(비용)을 세분한다.

직접참가특성이 있는 보험계약을 위해 선택적으로 또는 강제적으로 기초항목을 보유하여 보험금융수익(비용)을 당기손익 또는 기타포괄손익으로 구분하는 회계정책을 선택하는 경우, 기초항목에 대해 당기손익에 포함한 수익(비용)과 정확히 대응되는 수익(비용)을 당기손익에 포함하고, 그 결과 각각 별도로 표시된 두 손익항목의 순액은 영(₩0)이 된다.

이와 같이 보유하고 있는 자산과 경제적 불일치가 없을 수 있는 보험계약에 대해서는 당기장부수익률법(current period book yield)을 사용하여 보험계약과 자산 사이의 회계불일치를 제거할 수 있다.

당기장부수익률법은 보험계약을 뒷받침하는 것으로 간주되는 자산의 장부금액의 변동을 해당 기간의 당기손익으로 인식하는 방법으로 보유하고 있는 자산과 경제적 불일치가 없을 수 있는 보험계약집합(IFRS17의 정의를 충족하는 직접참가특성이 있는 보험계약집합으로서 기초항목을 보유하는 경우)에 대해서만 이 방법이 적용된다.

2.6 위험경감

금융위험을 경감하기 위한 위험관리 목적 및 전략을 사전에 문서화하는 경우 화폐 시간가치와 금융위험이 다음에 미치는 효과의 변동의 일부 또는 전부를 반영하기 위해 보험계약마진의 변동을 인식하지 않는 것을 선택할 수 있다.

> (1) 파생상품 또는 출재보험계약을 사용하여 금융위험이 기초항목 중 기업의 몫에 해당하는 금액에 미친 효과를 경감하는 경우, 기초항목 중 기업의 몫에 해당하는 금액
> (2) 파생상품, 당기손익-공정가치로 측정하는 비파생금융상품 또는 출재보험계약을 사용하여 기초항목에서 발생하지 않는 화폐의 시간가치 효과 및 금융위험 효과의 변동(예 금융보증 효과) 관련 이행현금흐름에 금융위험이 미치는 효과를 경감하는 경우 동 이행현금흐름

다만, 금융위험 경감을 적용하기 위해서, 보험계약과 파생상품, 당기손익-공정가치로 측정하는 비파생금융상품 또는 출재보험계약 간에 경제적 상쇄효과가 존재하고 신용위험이 경제적 상쇄효과보다 지배적이지 않아야 한다.

파생상품이나 당기손익-공정가치로 측정하는 비파생금융상품을 사용하여 금융위험의 효과를 경감하는 경우에는 해당 기간의 보험금융수익(비용)을 당기손익에 포함하며 출재보험계약을 사용하여 금융위험의 효과를 경감하는 경우에는 출재보험계약에 적용하는 것과 동일한 회계정책으로 하여 보험금융수익(비용)의 표시에 적용한다.

보충설명 위험경감 효과에 대한 이해

위험경감 필요한 상황

- 보험계약자에게 지급하는 금액은 기업에게 위험을 초래하는데, 특히 지급액이 기업이 투자로부터 수취한 금액과 독립적인 경우(예 보험계약이 보증 포함시)에 그러하다.
- 기업은 기초항목의 공정가치 수익에 대한 기업의 몫이 변동될 위험에 노출될 수 있어, 기업은 이러한 위험을 경감시키기 위해 파생상품을 구입할 수 있으며 이 경우 K-IFRS 제1109호 금융상품을 적용하여 파생상품을 공정가치로 측정한다.

(1) 직접참가특성이 없는 계약 ➠ 회계불일치가 없어 위험경감 불필요

- 직접참가특성이 없는 계약의 경우, 보험계약마진은 파생상품으로 경감하도록 의도했던 이행현금흐름의 변동에 대해 조정되지 않는다. 따라서 이행현금흐름의 장부금액 변동과 파생상품의 가치 변동 모두 재무성과표에서 인식될 것이다.
- 만약 기업이 모든 보험금융수익(비용)을 당기손익으로 인식하기로 선택한다면, 파생상품의 가치 변동 인식과 보험계약의 장부금액 변동 인식 간에 회계불일치는 없을 것이다.

(2) 직접참가특성이 있는 계약 ➠ 회계불일치가 있어 위험경감 필요

- 직접참가특성이 있는 계약의 경우, 보험계약마진은 파생상품으로 경감하도록 의도했던 변동을 포함하여 이행현금흐름의 변동에 대해 조정될 것이다.

- 결론적으로, 파생상품의 가치 변동은 당기손익으로 인식되지만, 이에 상응하는 변동을 보험계약집합의 장부금액에 인식하지 못할 것이며(즉 보험계약마진에서 조정), 이는 회계불일치를 발생시킨다.
- 이와 비슷한 회계불일치가 기초항목의 공정가치 수익에 대한 기업의 몫에서 생기는 위험을 경감하기 위해 기업이 파생상품을 사용하는 경우에 발생한다.
- 변동수수료접근법에서 발생되는 이러한 회계불일치를 피하기 위해, 기업은 경감하고자 하였던 이행현금흐름의 변동과 기초항목의 공정가치 수익에 대한 기업의 몫을 보험계약마진에서 조정하지 않을 수 있도록 허용하고 있다.
- 즉, 위험경감을 사용하는 경우 이를 손익으로 처리하게끔 함으로써 발생한 회계불일치를 해소할 수 있게 되는 것이다.

보론
보험계약 특성에 따른 보험부채 측정모형 비교

보험계약집합의 형태에 따라 다음의 두 가지 모형으로 구분된다.

(1) 직접참가특성이 없는 보험계약 : 일반모형(General Model or Building Block Approach)
(2) 직접참가특성이 있는 보험계약 : 변동수수료접근법(Variable Fee Approach)

일반모형 및 변동수수료접근법 모두 최초 인식시점에 보험계약집합의 이행현금흐름과 보험계약마진은 동일하게 측정된다.

한편, 후속 측정시점에 일반모형의 경우 금융위험 변동 등 경제적 가정 변동으로 인한 이행현금흐름의 변동은 당기손익 또는 기타포괄손익으로 회계정책을 선택할 수 있다.

그러나 변동수수료접근법의 경우 기초항목에 대한 기업의 몫이나 금융보증 효과 등은 보험계약마진에서 조정하여야 한다.

[도표 1] 보험계약 특성에 따른 회계모형 비교

상품구분	투자위험	회계모형	계리적 가정 변동	금융위험 변동	보험계약마진 이자부리
직접참가특성 없는 보험계약	보험회사 부담	일반모형	보험계약마진 조정	당기손익 또는 기타포괄손익 선택	최초 인식시 할인율
직접참여특성 있는 보험계약	계약자 부담	변동수수료 모형	보험계약마진 조정	보험계약마진 조정*	이자부리 없음

* 기초항목에서 발생하는 금융위험 이외의 금융위험 변동(예 금융보증의 효과)은 보험계약마진에서 조정하되, 보험계약에 내재된 보증의 금융위험 회피를 위해 파생상품, 재보험 등을 이용(위험경감)하는 경우 내재된 보증의 가치변동을 당기손익으로 인식가능하다.

제3절
단기보험계약 : 보험료배분접근법

앞서 7장과 8장에서는 일반모형을 중심으로 보험계약과 관련된 일련의 회계처리과정을 설명한 바 있다.

그러나 생명보험 등 장기보험계약 이외에 자동차보험 등 단기보험계약에 대해서는 실무적 간편법인 보험료배분접근법을 적용할 수 있다. 이하에서는 단기보험계약에 적용될 수 있는 간편법인 보험료배분접근법에 대해 살펴본다.

3.1 보험료배분접근법 적용대상

보험계약집합의 개시시점에 보험료배분접근법을 사용하여 측정한 잔여보장부채가 일반모형이나 변동수수료접근법을 사용하여 측정한 잔여보장부채와 중요한 차이가 없을 것으로 합리적으로 기대하거나 집합 내 각 계약의 보장기간이 1년 이하인 경우에는 보험료배분접근법을 적용할 수 있다.

다만, 보험계약집합의 개시시점에, 보험금이 발생하기 이전 기간에 잔여보장부채의 측정에 영향을 미칠 이행현금흐름의 유의적인 변동이 있을 것으로 예상되는 경우에는 보험료배분접근법을 사용하여 측정한 잔여보장부채가 일반모형이나 변동수수료접근법을 사용하여 측정한 잔여보장부채와 중요한 차이가 없을 것으로 합리적으로 기대하는 조건을 충족하지 못한다. 예를 들어, 이행현금흐름의 변동성은 다음에 따라 증가한다.

(1) 계약에 내재된 파생상품과 관련이 있는 미래현금흐름의 정도
(2) 계약집합의 보장기간

보험료배분접근법은 일반적인 요구사항(일반모형 및 변동수수료접근법)을 간소화한 모형이다. 간소화된 적용을 위해, 집합 내 각 계약의 보장기간이 1년 이하이면, 추가적인 조사 없이, 보험료배분접근법이 K-IFRS 제1117호 보험계약의 일반적인 요구사항에 대해 타당한 근사치를 제공한다고 가정하는 것이다.

보충설명 일반모형의 변형된 접근법

일반모형	일반모형의 변형			간편법
빌딩블럭접근법 (BBA)	변동수수료 접근법(VFA) 직접참가특성 계약	재보험계약 출재보험계약 수재보험계약	재량적 참가특성이 있는 투자계약	보험료배분접근법 (PAA) 보험기간 < 1년 또는 합리적 근사치

1. 보험료배분접근법 적용 보험계약의 통합

보험료배분접근법을 적용하는 발행한 보험계약에 대해, 포트폴리오에 포함되는 계약은 최초 인식시점에 손실부담계약이 아니라고 가정한다.

다만, 사실과 상황이 이와 다르게 나타난다면 그렇게 가정하지 않는다. 해당될 수 있는 사실과 상황의 변경 가능성을 평가하여 최초 인식시점에 손실부담계약이 아닌 계약이 후속적으로 손실부담계약이 될 유의적인 가능성이 없는지 평가한다.

3.2 보험료배분접근법 적용 시 잔여보장부채 측정

1. 최초 인식시점의 잔여보장부채 측정

최초 인식시점에 부채의 장부금액은 다음 (1)에 (2)를 차감하고 (3)을 가감하여 산정한다.

(1) 최초 인식시점에 수취한 보험료(있는 경우에만 적용)
(2) 최초 인식시점의 보험취득 현금흐름(보험취득 현금흐름 지급액을 비용으로 인식하기로 선택한 경우는 제외)
(3) 보험취득 현금흐름 자산을 최초 인식시점에 제거하여 생기는 금액과 계약집합과 관련된 현금흐름에 대해 종전에 인식한 자산 또는 부채를 최초 인식시점에 제거하여 생기는 금액

2. 후속 측정시점의 잔여보장부채 측정

각 후속 보고기간 말 부채 장부금액은 보고기간 초 장부금액에서 다음 (1), (3), (4)를 가산하고, (2), (5), (6)을 차감하여 산정한다.

(1) 해당 기간에 수취한 보험료
(2) 보험취득 현금흐름(보험취득 현금흐름 지급액을 비용으로 인식하기로 선택한 경우는 제외)
(3) 보고기간에 비용으로 인식한 보험취득 현금흐름의 상각과 관련된 금액(보험취득 현금흐름 지급액을 비용으로 인식하기로 선택한 경우는 제외)
(4) 금융요소의 조정분
(5) 해당 기간에 제공한 서비스에 대하여 보험수익으로 인식한 금액
(6) 지급되거나 발생사고부채로 이전된 투자요소

한편, 집합 내 보험계약이 유의적인 금융요소를 가지고 있다면, 최초 인식시점에 결정된 할인율을 사용하여 화폐의 시간가치와 금융위험의 효과를 반영하도록 잔여보장부채의 장부금액을 조정한다.

다만, 최초 인식시점에, 서비스의 각 부분을 제공하는 시점과 관련 보험료 납입기일 사이의 기간이 1년 이하일 것으로 예상한다면 화폐의 시간가치와 금융위험의 효과를 반영하기 위해 잔여보장부채의 장부금액을 조정할 필요는 없다.

보충설명 일반모형과 간편법(보험료배분접근법)의 보험계약부채 측정

- 보험계약부채 중 잔여보장부채 측정에 대해서만 간편법 적용이 가능하며 발생사고부채의 경우 간편법이 없으며 일반모형과 동일한 기준에 의해 측정한다.

구분	일반모형	간편법
잔여보장부채	보험계약마진	보험료배분접근법
	위험조정	
	할인	
	미래현금흐름	
발생사고부채	위험조정	위험조정
	할인	할인
	미래현금흐름	미래현금흐름

3. 손실부담계약의 처리

보장기간 중 어느 때라도 사실과 상황이 보험계약집합이 손실부담계약이라는 것을 나타낸다면, 잔여보장부채의 장부금액과 집합의 잔여보장과 관련된 이행현금흐름의 차이를 산정한다.

집합의 잔여보장과 관련된 이행현금흐름이 잔여보장부채의 장부금액 초과한다면 손실을 당기손익으로 인식하고 잔여보장부채를 증가시킨다.

4. 보험료배분접근법 적용 시 보험수익 인식

보험료배분접근법을 적용할 경우, 해당 기간의 보험수익은 그 기간에 배분된 예상 보험료 수취액(투자요소를 제외하고, 유의적인 금융요소를 보유하는 경우 화폐의 시간가치와 금융위험의 효과를 반영하기 위해 조정함)이며 다음과 같은 기준에 따라 예상 보험료 수취액을 매 보험계약서비스 기간에 배분한다.

(1) 시간의 경과기준

(2) 다만, 보장기간에 위험이 해제될 것으로 기대되는 양상이 시간의 경과와 유의적으로 다른 경우에는, 보험서비스비용이 발생될 것으로 기대되는 시기기준

보험료배분접근법을 적용하는 보험계약집합과 관련하여 사실과 상황이 변했다면 필요한 경우 위의 시간 경과기준 또는 보험서비스비용의 발생예상 시기기준으로 배분기준을 변경하여야 한다.

09

5. 보험료배분접근법 적용 시 보험금융수익(비용) 인식

보험료배분접근법을 적용할 경우, 발생사고부채를 할인해야 하거나 할인하는 것을 선택할 수 있다.

발생사고부채를 할인하는 경우 보험금융수익(비용)을 당기손익 또는 기타포괄손익으로 구분하는 회계정책을 선택할 수 있으며 이러한 선택을 하는 경우, 보험금 발생일에 결정된 할인율을 사용하여 당기손익으로 인식할 보험금융수익(비용)을 결정한다.

6. 보험료배분접근법 적용과 관련된 예외사항

간소화를 위해 개발된 보험료배분접근법이 기업에게 높은 비용과 운영상 복잡성을 유발하여 부담을 주지 않아야 하므로 다음과 같은 예외사항을 허용하고 있다.

(1) 보험료배분접근법을 적용할 때 최초 인식시점에 집합 내 각 계약의 보장기간이 1년을 초과하지 않는다면 보험취득 현금흐름은 발생시 비용으로 인식할 수 있다.

(2) 보험계약집합에 대한 발생사고부채에 대해서는 일반모형이나 변동수수료접근법을 적용하여 발생한 보험금과 관련된 이행현금흐름으로 측정하나, 그러한 현금흐름이 보험금이 발생한 날로부터 1년 이내에 지급되거나 수령될 것으로 예상되는 경우에는 미래현금흐름을 화폐의 시간가치와 금융위험 효과에 대해 조정할 필요는 없다.

(3) 기업이 보험계약집합을 최초로 인식하였을 때가 아니라 발생사고부채를 최초로 인식하였을 때 적용되는 이자율을 사용하여 발생사고부채에 대한 이자비용을 측정토록 요구한다.

예제 2 보험료배분접근법을 사용한 보험계약집합의 최초 인식시점의 측정 및 후속 측정[4)]

㈜대한보험은 20×1년 7월 1일에 보험계약을 발행한다. 이 보험계약의 보장기간은 10개월로 20×2년 4월 30일에 종료된다. 연차보고기간은 매년 12월 31일에 종료되며 매년 6월 30일에 중간재무제표를 작성한다.

최초 인식시점에 ㈜대한보험은 다음을 예상한다.

(1) 보험료 ₩1,220을 수취한다.

(2) 직접 귀속시킬 수 있는 인수 현금흐름 ₩20을 지급한다.

4) K-IFRS 제1117호 보험계약 사례 10 참조

(3) 보장기간에 걸쳐 균등하게 보험사고가 발생하고 위험이 감소된다.
(4) 보장기간 중 해지되는 계약은 없을 것이다.

또한 이 예제에서 다음을 가정한다.

(1) 사실과 상황은 보험계약집합이 손실부담계약이라는 것을 나타내지 않는다.
(2) 단순화를 위해 투자요소를 포함해 모든 다른 금액은 무시한다.

후속적으로 다음을 가정한다.

(1) 최초 인식 직후 모든 보험료를 수취하고 모든 인수 현금흐름을 지급한다.
(2) 20×1년 12월 31일에 종료하는 6개월의 보고기간에 ₩600의 보험금이 청구되었고, 이와 관련된 비금융위험에 대한 위험조정은 ₩36이었다.
(3) 20×2년 6월 30일에 종료하는 6개월 보고기간에 ₩400의 보험금이 청구되었고, 이와 관련된 비금융위험에 대한 위험조정은 ₩24이었다.
(4) 20×2년 8월 31일에 모든 보험금 청구와 관련된 추정을 변경하고 ₩1,070을 지급함으로써 모든 청구를 정산한다.
(5) 단순화를 위해 발생한 보험금 청구와 관련된 비금융위험에 대한 위험조정은 보험금이 지급되는 시점에 당기손익으로 인식한다.

보험계약집합은 보험료배분접근법의 적용조건을 충족한다. 또한 ㈜대한보험은 다음을 예상한다.

(1) 보장의 각 부분을 제공하는 시점과 관련 보험료 납입기일 사이의 기간이 1년 이하이다. 따라서 잔여보장부채의 장부금액을 화폐의 시간가치와 금융위험의 효과를 반영하기 위해 조정하지 않을 것을 선택한다.
(2) 보험금은 청구가 이루어진 후 1년 이내에 지급될 것이다. 따라서 화폐의 시간가치와 금융위험의 효과에 대해 발생사고부채를 조정하지 않는 것을 선택한다.

또한 ㈜대한보험은 보험 취득 관련 비용이 발생하는 때 보험취득 현금흐름을 비용으로 인식하는 것을 선택한다.

물음

1. 보험계약집합의 재무상태에 미치는 영향을 분석하시오.
2. ㈜대한보험의 재무상태표와 손익계산서에 인식한 금액의 차이조정과 미래현금흐름의 현재가치 추정치와 비금융위험에 대한 위험조정의 차이조정을 분석하시오.

3. ㈜대한보험의 손익계산서를 표시하시오.
4. ㈜대한보험의 각 사업연도의 회계처리를 하시오.

해 설

1. 보험계약집합의 재무상태에 미치는 영향

재무상태표

	20×1년 12월	20×2년 6월	20×2년 12월
현금	₩(1,200)*1	₩(1,200)	₩(130)*2
보험계약부채*3	1,124	1,060	–
자본	76	140	130

*1 20×1년 12월말 현금 ₩1,200은 20×1년 7월 1일에 수취한 보험료 ₩1,220에서 20×1년 7월 1일에 지급한 인수 현금흐름 ₩20을 합한 금액이다.

*2 20×2년 12월말 현금 ₩130은 20×1년 7월 1일에 수취한 보험료 ₩1,200에서 20×2년 8월 31일에 지급한 보험금 ₩1,070을 차감한 순현금유입액이다.

*3 보험계약부채는 2.의 표에서 설명한 대로 잔여보장부채와 발생사고부채의 합이다.

2. ㈜대한보험의 재무상태표와 손익계산서에 인식한 금액의 차이조정과 미래현금흐름의 현재가치 추정치와 비금융위험에 대한 위험조정의 차이조정 분석

	20×1년 12월	20×2년 6월	20×2년 12월
잔여보장부채			
기초잔액	–	₩488	–
현금유입액	₩1,220	–	–
보험수익	(732)*1	(488)	–
기말잔액	₩488*2	–	–
발생사고부채			
미래현금흐름의 현재가치 추정치		600	₩1,000
비금융위험에 대한 위험조정	–	36	60
기초잔액	–	₩636	₩1,060
미래현금흐름의 현재가치 추정치	600	400	70
비금융위험에 대한 위험조정	36	24	(60)
보험서비스비용	636*3	424*4	10*5
미래현금흐름의 현재가치 추정치	–	–	(1,070)
현금유출액	–	–	₩(1,070)
기말잔액	₩636	₩1,060	–

*1 보험수익의 계산은 3.의 표를 참조한다.

*2 해당 기간 중 수취한 보험료 ₩1,220에서 보험수익 ₩732을 차감한 ₩488으로 20×1년 12월 말 잔여보장부채를 측정한다. 보험취득 현금흐름이 발생한 때 비용으로 인식하는 것을 선택하였으므로 인수현금흐름은 잔여보장부채에 포함시키지 않는다.

*3 20×1년 7월부터 20×1년 12월까지의 기간의 보험서비스비용 ₩636은 청구된 보험금 ₩600과 비금융위험에 대한 위험조정 ₩36으로 구성된다.

*4 20×2년 1월부터 20×2년 6월까지의 기간의 보험서비스비용 ₩424은 청구된 보험금 ₩400과 비금융위험에 대한 위험조정 ₩24으로 구성된다.

*5 보험서비스비용 ₩10은 다음으로 구성되어 있다.

(가) ₩60의 이익 : 위험의 감소로 발생사고부채와 관련된 비금융위험에 대한 위험조정으로서 위험의 감소에 따라 당기손익으로 인식한 금액

(나) ₩70의 손실 : 발생한 보험금에 대한 과거 추정치 ₩1,000과 보험금 지급액 ₩1,070의 차이

3. ㈜대한보험의 손익계산서 표시

손익계산서

	20×1년 12월	20×2년 6월	20×2년 12월
보험수익	₩732*1	₩488*1	–
보험서비스비용	(656)*2	(424)	₩(10)
이익/(손실)	₩76	₩64	₩(10)

*1 ㈜대한보험은 해당 기간에 배분된 예상 보험료 수취액을 해당 기간의 보험수익으로 인식한다. 이 예제에서, 보장기간에 위험이 감소될 것으로 기대되는 양상은 시간 경과와 유의적으로 다르지 않으므로 예상 보험료 수취액을 시간의 경과에 따라 각 보장기간에 배분한다. 따라서 20×1년 12월에 종료하는 6개월 동안의 보험수익은 ₩732(₩1,220의 60%)이고 20×2년 4월에 종료하는 4개월 동안의 보험수익은 ₩488(₩1,220의 40%)이다.

*2 20×1년 12월에 종료되는 6개월 동안의 보험서비스비용은 발생사고부채의 변동 금액 ₩636과 당기비용으로 인식한 인수 현금흐름 ₩20으로 구성된다.

4. ㈜대한보험의 각 사업연도의 회계처리

(1) 20×1연도 회계처리

① 20×1년 7월 1일 : 보험료 수취시

(차)	현금	1,220	(대)	잔여보장부채(간편법적용)	1,220

② 20×1년 7월 1일 : 보험취득 현금흐름 지출시

(차)	보험취득현금흐름 비용	20	(대)	현금	20

③ 20×1년 12월 31일 : 보험금의 청구시

(차)	보험서비스비용	636	(대)	발생사고부채(BEL)	600
				발생사고부채(RA)	36

④ 20×1년 12월 31일 : 보험수익 인식

(차)	잔여보장부채(간편법적용)	732	(대)	보험수익	732

(2) 20×2연도 회계처리

① 20×2년 6월 30일 : 보험금의 청구시

(차)	보험서비스비용	424	(대)	발생사고부채(BEL)	400
				발생사고부채(RA)	24

② 20×2년 6월 30일 : 보험수익 인식

(차)	잔여보장부채(간편법적용)	488	(대)	보험수익	488

③ 20×2년 8월 31일 : 보험금의 지급(청산)시

(차)	발생사고부채(BEL)	1,000	(대)	현금	1,070
	발생사고부채(RA)	60			
	보험서비스비용	10			

제4절 보험계약의 변경 및 제거

4.1 보험계약의 변경

계약 당사자간의 약정이나 규정의 변경 등으로 보험계약 조건이 변경되며 다음 상황에 해당되는 경우, 즉 새로운 조건이 이미 있었더라면 계약의 회계처리가 유의적으로 달라졌을 정도로 기존계약의 조건이 변경되는 경우 K-IFRS 제1117호 보험계약 또는 다른 해당 K-IFRS를 적용하여 당초의 계약을 제거하고, 변경된 계약을 새로운 계약으로 인식한다. 다만, 계약조건에 포함된 권리의 행사는 계약변경이 아니다.

(1) 계약 개시시점에 변경된 조건이 포함되어 있었다면 그 계약을 다음 중 하나와 같이 판단하였을 것이다.

㈎ 변경된 계약을 K-IFRS 제1117호 보험계약의 적용범위에서 제외한다.

㈏ 주계약인 보험계약에서 다른 구성요소를 분리하고, 이에 따라 K-IFRS 제1117호 보험계약이 적용되는 다른 보험계약이 된다.

㈐ 변경된 계약은 실질적으로 다른 계약의 경계를 가지게 된다.

㈑ 변경된 계약은 다른 계약집합에 포함된다.

(2) 당초 계약은 직접참가특성이 있는 보험계약의 정의를 충족하였지만, 변경된 계약은 더 이상 그 정의를 충족하지 못한다. 또는 그 반대의 경우도 동일하게 해당한다.

(3) 당초 계약에 보험료배분접근법을 적용하였으나, 계약의 변경으로 더 이상 보험료배분접근법에 대한 적격 기준을 충족하지 못한다.

그러나, 계약변경이 위의 세 가지 상황 중 어느 것에도 해당되지 않는다면, 즉 계약의 회계처리가 유의적으로 변경되지 아니한 변경의 경우에는 계약변경으로 인한 현금흐름의 변동은 이행현금흐름 추정치의 변동으로 처리한다.

4.2 보험계약의 제거

보험계약의 소멸, 즉 보험계약에 명시된 의무가 만료, 이행 또는 취소된 경우 또는 위에서 설명한 제거요건을 충족하는 보험계약의 변경의 경우에 해당되는 경우에 보험계약을 제거한다.

보험계약이 소멸되면 더 이상 위험을 부담하지 않으며, 따라서 보험계약을 이행하기 위해 더 이상 어떠한 경제적 자원도 이전할 필요가 없다.

예를 들어, 재보험을 구입할 때는 재보험의 대상이 되는 원수보험계약이 소멸되는 경우에만 원수보험계약을 제거한다.

1. 보험계약집합 내에서의 보험계약 제거절차

보험계약집합 내에 포함되어 있던 보험계약 소멸에 의해 보험계약이 제거되는 경우 다음과 같이 처리한다.

(1) 집합에서 제거된 권리 및 의무와 관련된 미래현금흐름의 현재가치와 비금융위험에 대한 위험조정을 제거하기 위해 집합에 배분된 이행현금흐름을 조정한다.

(2) 위 (1)에 기술된 이행현금흐름의 변동이 미래 서비스와 관련된 금액만큼 집합의 보험계약마진을 조정한다.

(3) 집합에서 제거된 보험계약을 반영할 수 있도록 예상 잔여 보험계약서비스의 보장단위 수를 조정하고, 조정한 보장단위의 수에 기초하여 해당 기간에 당기손익으로 인식하는 보험계약마진의 금액을 산정한다.

한편, 계약의 소멸이 아닌 제3자에게 계약을 이전하여 보험계약을 제거하는 경우, 계약의 제거로 인한 보험계약집합의 장부금액 변동과 제3자가 청구한 보험료의 차이를 보험계약마진에서 조정한다.

또한, 계약이 소멸이 아닌 계약변경으로 인하여 보험계약을 제거하는 경우, 계약의 제거로 인한 보험계약집합의 장부금액 변동과 계약의 변경 시점에 동일한 조건의 계약을 새로운 계약으로 체결했더라면 청구했을 보험료에서 변경과 관련하여 청구되는 추가적인 보험료를 차감한 금액의 차이를 보험계약마진에서 조정한다.

보론
재보험계약

본 보론에서는 기업이 발행한 재보험계약(수재보험계약)과 보유하고 있는 재보험계약(출재보험계약)에 대하여 살펴본다.

1. 기업이 발행한 재보험계약 (수재보험계약)

기업이 발행한 재보험계약(수재보험계약)은 보험계약의 한 종류로서 수재보험계약에 대해서는 기업이 발행하는 다른 보험계약에 적용되는 요구사항과 다른 요구사항을 적용할 만한 이유가 없다.

따라서, K-IFRS 제1117호 보험계약에서는 재보험계약을 발행하는 기업으로 하여금 다른 보험계약에 사용하는 방법과 동일한 인식 및 측정 방법을 사용하도록 규정하고 있다. 즉 수재보험계약의 경우 일반모형 또는 보험료배분접근법을 사용하여 측정된다.

2. 보유하고 있는 재보험계약 (출재보험계약)

출재보험계약에 대해서는 K-IFRS 제1117호 보험계약에 따라 일반모형 또는 보험료배분접근법을 사용하되 일부 요구사항이 수정된다.

K-IFRS 제1117호 보험계약에서는 출재보험계약을 그와 관련된 원수보험계약과 별도로 회계처리한다. 이는 두 계약에서 발생하는 기업의 권리와 의무 그리고 관련 수익과 비용을 충실히 나타낼 수 있고 통상 재보험계약을 보유하고 있는 기업이 원수보험계약자에게 지급해야 하는 금액을 재보험자에게 받을 것으로 기대하는 금액으로 줄일 수 있는 권리가 없기 때문이다.

한편, 모든 재보험계약(수재 및 출재보험계약)은 직접참가특성이 있는 보험계약의 정의를 충족하지 않으므로 변동수수료접근법은 적용하지 아니한다.

보충설명 원수보험계약의 발행자와 그 계약에 대한 재보험자의 보험부채 측정

- 원수보험계약의 발행자와 그러한 계약에 대한 재보험자는 모두 동일한 기준으로 자신들의 계약상 권리와 의무를 측정하지만, 실무적으로 이들이 반드시 동일한 금액으로 측정되는 것은 아니다.
- 원수보험계약 발행자와 재보험자가 서로 다른 정보에 근거하여 추정치를 측정할 수 있고 분산 효과에 대한 조정도 다를 수 있기 때문에 재보험계약의 추정치와 원수보험계약의 추정치 사이에 차이가 발생할 수 있다.

(1) 출재보험계약의 통합

일반모형과 동일한 기준을 적용하여 출재보험계약 포트폴리오를 나눈다. 다만, 손실부담계약이 있는 경우 이를 최초 인식시점에 순이익이 있는 계약을 의미하는 것으로 본다. 일부 출재보험계약의 경우에도 단일 계약으로 구성된 집합이 될 수 있다.

(2) 출재보험계약의 인식

출재보험계약의 경우 책임분담방법에 따라 비례적 보장을 제공하는 출재보험계약과 그 이외의 출재보험계약으로 구분하여 인식시점이 결정된다.

비례적 보장을 제공하는 출재보험계약(비례 출재보험계약)은 개별 계약의 손실을 비례적으로 보장하는 계약이며 그 이외의 출재보험계약(비비례 출재보험계약 등)은 개별 계약의 손실 중 특정 금액 등을 초과하는 부분에 대해 보장하는 계약이다.

1) 비례 출재보험계약의 인식

비례적 보장을 제공하는 출재보험계약의 경우 일반모형에서 요구하는 인식기준과 다르게 다음 중 더 늦은 시점에 출재보험계약집합을 인식한다.

(1) 출재보험계약집합의 보장기간의 개시시점
(2) 원수보험계약집합의 최초 인식시점

이는 기업이 적어도 하나의 원수보험계약을 인식하기 전까지는 재보험계약집합을 인식하지 않는다는 것을 의미한다.

2) 비비례 출재보험계약의 인식

비례 출재보험계약을 제외한 모든 출재보험계약은 예를 들면 출재보험계약이 원수보험계약에서 발생하는 총손실 중 특정금액을 초과하는 부분을 보장하는 경우에는 출재보험계약집합의 보장기간의 개시시점에 출재보험계약집합을 인식한다.

이와 같은 계약에서는 원수보험계약 손실이 보장기간에 걸쳐 누적되기 때문에 원수보험계약 손실이 기준치를 초과하는 경우 출재보험계약의 개시시점부터 기업은 보장의 혜택을 얻게 된다.

3) 손실부담 원수보험계약 관련 출재보험계약의 인식

손실부담 원수보험계약의 최초 인식시점에 손실을 인식하는 동시에 출재보험계약집합에서 이익을 인식하도록 하기 위해 손실부담 원수보험계약을 인식할 때 출재보험계약도 인식하도록 규정하고 있다.

3. 출재보험계약의 측정

출재보험계약의 측정에는 기본적으로 원수보험계약의 측정을 준용한다. 그러나 일부 출재보험계약의 측정에 차이가 있어 이를 설명한다.

(1) 최초 인식시점의 미래현금흐름 추정치

출재보험계약집합에 대한 미래현금흐름의 현재가치 추정치를 측정할 때에는 원수보험계약집합에 대한 미래현금흐름의 현재가치 추정치를 측정할 때 일관된 가정을 사용한다.

또한, 출재보험계약집합에 대한 미래현금흐름의 현재가치 추정치에는 담보로 인한 효과와 분쟁으로 인한 손실을 포함하여 재보험계약 발행자의 불이행 관련 모든 위험의 효과를 포함하여야 한다.

재보험계약을 보유하고 있는 기업은 재보험자가 의무를 이행하지 않거나 보험사건에 대하여 보험금이 타당한지 이의를 제기할 수 있는 위험을 가지고 있다. 이에 K-IFRS 제1117호 보험계약에서는 기대신용손실을 기댓값에 기초하여 추정할 것을 요구한다. 따라서 현금흐름의 금액과 시기에 대한 추정치는 신용손실의 효과를 확률로 가중하여 계산한 결과값이다.

기대신용손실의 변동은 미래 서비스와 관련이 없으므로 보험계약마진에서 조정하는 것을 금지하며 K-IFRS 제1109호 금융상품과 일관되게 기대신용손실의 모든 변동은 경제적 사건으로서 발생 시점에 그 손익을 당기손익으로 반영되어야 한다.

(2) 출재보험계약의 경계 내에 있는 현금흐름

출재보험계약집합의 측정에 포함되는 미래현금흐름의 추정치에는 그 집합 내의 출재보험계약에 의해 보장될 것으로 예상하는 보험계약과 관련된 미래현금흐름을 포함한다.

기업이 미래에 발행할 것으로 예상하는 보험계약에 대해 재보험보장을 받을 수 있는 실질적인 권리가 있다면, 그러한 현금흐름에 미래에 발행할 것으로 예상하는 보험계약과 관련된 현금흐름은 출재보험계약의 경계 내에 있는 현금흐름으로 출재보험계약의 측정에 포함된다.

반대로, 출재보험계약이 발행할 것으로 예상되는 보험계약과 관련된 실질적인 권리와 의무를 제공하지 않는다면, 그러한 보험계약은 출재보험계약의 경계 밖에 있는 것이다. w출재보험계약집합의 최초 인식시점에 보험계약마진을 측정할 때 모든 예상 미래현금흐름을 포함하면, 기업이 발행할 것으로 예상하는 미래보험계약에 대하여 명시적 조건을 통해 재보험자로부터 서비스를 제공받기로 동의한 조건들을 반영하게 되므로 재보험계약의 보유자로서 기업의 권리와 의무를 적절히 측정하는 것이다.

예 시 미래신계약 추정기간

- 사례 1 : 어느 시점이나 3개월 전 통지를 통해 신계약 출재중단이 가능한 경우에는 최초 인식시점의 미래 신계약 추정기간은 3개월이다.
- 사례 2 : 미래 특정시점 이후부터 신계약 출재중단이 가능한 경우에는 최초 인식시점의 미래 신계약 추정기간은 특정시점까지이다.

(3) 최초 인식시점의 비금융위험에 대한 위험조정

출재보험계약집합의 비금융위험에 대한 위험조정을 측정할 때에는 원수보험계약집합의 비금융위험에 대한 위험조정을 측정기준을 적용하는 대신, 재보험계약집합의 보유자가 이 계약의 발행자에게 이전하는 위험을 반영하도록 비금융위험에 대한 위험조정을 결정한다.

(4) 최초 인식시점의 보험계약마진

최초 인식시점에 원수보험계약의 보험계약마진을 산정함에 있어 출재보험계약집합의 경우 재보험을 구입할 때 미실현이익은 없는 대신에 순원가 또는 순차익(net gain)이 있다는 사실이 반영되도록 수정된다.

따라서 최초 인식시점에 출재보험계약집합을 구입할 때에는 순원가 또는 순이익을 보험계약마진으로 인식한다.

일반적으로 재보험계약을 구입할 때 기업이 지급하는 금액은 출재보험계약에서 발생하는 현금흐름의 기대현재가치에 비금융위험에 대한 위험조정을 합한 금액보다 클 것이다. 따라서 차변의 보험계약마진은 재보험 구입에 대한 순비용(순원가)을 나타낸다.

드문 경우이기는 하지만, 기업이 지급하는 금액이 현금흐름의 기대현재가치에 비금융위험에 대한 위험조정을 합한 금액보다 작다면 출재보험계약집합의 보험계약마진이 대변 금액으로 이러한 대변의 보험계약마진은 재보험 구입에 대한 순차익(순이익)을 나타낸다.

그러나, 재보험 보장을 구입하는 순원가가 출재보험계약집합을 구입하기 전에 발생한 사건과 관련이 있다면, 그러한 원가는 비용으로서 당기손익으로 즉시 인식한다.

보험계약마진은 다음의 (1)~(4)의 합과 동일한 금액으로 측정한다.

(1) 이행현금흐름
(2) 출재보험계약집합과 관련된 현금흐름에 대해 종전에 인식한 자산 또는 부채 중 최초 인식시점에 제거되는 금액
(3) 최초 인식시점에 발생하는 모든 현금흐름
(4) 손실부담 원수보험계약집합의 최초 인식시점에 또는 집합에 손실부담 원수보험계약을 추가하는 시점에 손실을 인식할 때 출재보험계약집합의 보험계약마진을 조정하여 당기손익으로 인식한 수익

한편, 출재보험계약 발행자의 불이행위험의 변동으로 인한 이행현금흐름의 변동은 미래 서비스와 관련이 없으며 보험계약마진에서 조정하지 않는다.

출재보험계약은 손실부담계약이 될 수 없으므로 원수보험계약은 손실부담계약 관련 요구사항은 적용되지 않는다.

▶ 예제 3 출재보험계약집합의 최초 인식시점의 측정[5)]

㈜민국보험은 정액 보험료로 원수보험계약의 각 보험금의 30%를 보장하는 재보험계약을 체결한다. ㈜민국보험은 최초 인식시점에 원수보험계약 집합을 다음과 같이 측정한다.

	최초 인식
미래 현금유입액의 현재가치 추정치	₩(1,000)
보미래 현금유출액의 현재가치 추정치	900
미래현금흐름의 현재가치 추정치	₩(100)
비금융위험에 대한 위험조정	60
이행현금흐름	₩(40)
보험계약마진	40
최초 인식시점의 보험계약(자산)/부채	–

단일의 출재보험계약으로 구성된 집합을 정한다. 이 출재보험계약과 관련하여 다음을 수행한다.

(1) 원수보험계약 집합에 대한 미래현금흐름의 현재가치 추정치를 측정할 때와 일관된 가정을 사용하여 출재보험계약집합에 대한 미래현금흐름의 현재가치 추정치를 측정한다. 따라서 미래 현금유입액의 현재가치 추정치는 ₩270(원수보험계약집합에 대한 미래 현금유출액의 현재가치 추정치 ₩900의 30%를 회수)이다.

(2) ㈜민국보험은 재보험계약집합의 보유자가 이 계약의 발행자에게 이전하는 위험을 반영하도록 비금융위험에 대한 위험조정을 산정한다. 따라서 원수보험계약의 위험 중 30%는 재보험자에게 이전될 수 있을 것으로 예상되므로 비금융위험에 대한 위험조정을 ₩18(30%×₩60)으로 추정한다.

(3) 재보험자에게 지급된 일시납 재보험료는 [예제-3A]의 경우 ₩260, [예제-3B]의 경우 ₩300으로 한다.

이 예제에서 재보험자의 불이행위험과 모든 다른 금액은 단순화를 위해 무시한다.

물 음

1. 최초 인식시점의 출재보험계약을 측정하시오.

2. 양도가 대여금의 소유에 따른 위험과 보상의 대부분을 보유하고 있는 경우 회계처리를 하시오.

5) K-IFRS 제1117호 보험계약 사례 11 참조

해설

1. 최초 인식시점의 출재보험계약 측정

	예제－3A 재보험계약자산	예제－3B 재보험계약자산
미래 현금유입액의 현재가치 추정치(회수)	₩(270)	₩(270)
미래 현금유출액의 현재가치 추정치(보험료 지급)	260	300
미래현금흐름의 현재가치 추정치	₩(10)	₩30
비금융위험에 대한 위험조정	(18)	(18)
이행현금흐름	₩(28)	₩12
출재보험계약의 보험계약마진*	28	(12)
최초 인식시점의 재보험계약자산	－	－
당기손익에 미칠 효과 : 최초 인식시점의 이익/(손실)	－	－

* ㈜민국보험은 최초 인식시점의 이행현금흐름과 그 시점에 발생한 모든 현금흐름의 합계에 상당하는 금액으로 출재보험계약의 보험계약마진을 측정한다. 출재보험계약의 경우 재보험계약을 구입할 때에는 보험계약에서와 같은 미실현이익은 없으나, 대신 순원가 또는 순차익이 있다.

2. 최초 인식시점 및 1차연도의 원수보험계약과 출재보험계약의 회계처리

(1) 원수보험계약 : 최초 인식시

(차)	잔여보장부채(BEL)	100	(대)	잔여보장부채(RA)	60
				잔여보장부채(CSM)	40

(2) 원수보험계약 : 보험료 수취시

(차)	현금	1,000	(대)	잔여보장부채(BEL)	1,000

(3) 출재보험계약 예제－3A : 최초 인식시

(차)	잔여보장부채(RA)	18	(대)	잔여보장부채(CSM)	28
	잔여보장부채(BEL)	10			

* 재보험을 구입할 때 ₩28의 순차익 발생

(4) 출재보험계약 예제－3A : 출재보험료 지급시

(차)	잔여보장부채(BEL)	260	(대)	현금	260

(5) 출재보험계약 예제－3B : 최초 인식시

(차)	잔여보장부채(RA)	18	(대)	잔여보장부채(BEL)	30
	잔여보장부채(CSM)	12			

* 재보험을 구입할 때 ₩12의 순원가 발생

(6) 출재보험계약 예제 – 3B : 출재보험료 지급시

(차) 잔여보장부채(BEL) 300 (대) 현금 300

(5) 후속 측정시점의 보험계약마진

출재보험계약집합의 보고기간 말 보험계약마진은 보고기간 초의 장부금액에서 다음을 조정하여 측정한다.

(1) 집합에 추가되는 새로운 계약의 효과
(2) 보고기간에 보험계약마진의 장부금액에 부리되는 이자(최초 인식시점에 결정된 할인율로 부리)
(3) 미래 서비스와 관련된 이행현금흐름의 변동분
(4) 보험계약마진에 발생하는 외환차이의 효과
(5) 해당 기간에 받은 서비스로 인해 당기손익으로 인식하는 금액
(6) 집합에 손실부담 원수보험계약을 추가하는 시점에 손실을 인식할 때 출재보험계약집합의 보험계약마진을 조정하여 당기손익으로 인식한 수익

(6) 원수보험계약의 손실 회수

원수보험계약집합의 최초 인식시점에 손실을 인식하거나 그 집합에 손실부담계약을 포함시킬 때 기업이 출재보험계약 집합의 보험계약마진을 조정하고, 그 결과수익을 인식하며 기업은 출재보험계약의 수익(즉, 회수된 손실금액)을 다음 (1)과 (2)를 곱하여 결정한다.

(1) 원수보험계약에서 인식한 손실
(2) 출재보험계약집합에서 원수보험계약의 보험금에 대해 회수할 것으로 기대하는 비율

손실부담 원수보험계약에서 최초 인식시점에 손실을 인식할 때 동시에 출재보험계약에서 수익을 인식함에 따라 회계불일치 제거가 가능하게 된다.

출재보험계약 손실회수요소의 경우에도 발행된 보험계약의 손실요소와 유사하게 처리되어야 하므로 손실회수요소 배분액에 대해 보험서비스비용과 보험수익에서 제외된다.

(7) 출재보험계약에 대한 보험료배분접근법

출재보험계약집합이 개시시점에 다음 중 어느 하나에 해당한다면, 그 집합의 측정을 간소화하기 위해 보험료배분접근법을 사용할 수 있다. 다만, 수익이 아니라 비용이 발생하거나 감소하는 것과 같이 발행한 보험계약과 다른 출재보험계약의 특성을 반영하도록 조정한다.

(1) 측정결과가 일반모형을 적용한 결과와 중요하게 다르지 않을 것이라고 합리적으로 기대한다.
(2) 출재보험계약집합에 포함되어 있는 각 계약의 보장기간이 1년 이하이다.

재보험계약집합은 원수보험계약집합과 별도이므로 재보험계약집합이 보험료배분접근법을 적용할 수 있는 조건을 충족하는지에 대한 평가는 원수보험계약집합이 그러한 조건을 충족하는지에 대한 평가와 다를 수 있다.

계약집합의 개시시점에, 보험금이 발생하기 이전 기간에 잔여보장자산의 측정에 영향을 미칠 이행현금흐름의 유의적인 변동이 있을 것으로 예상되는 경우에는 측정결과가 일반모형을 적용한 결과와 중요하게 다르지 않을 것이라고 합리적으로 기대조건을 충족하지 못한다. 예를 들어, 이행현금흐름의 변동성은 다음에 따라 증가한다.

(1) 계약에 내재된 파생상품과 미래현금흐름의 관련 정도
(2) 출재보험계약집합의 보장기간

손실부담 원수보험계약집합의 최초 인식시점에 또는 집합에 손실부담 원수보험계약을 추가하는 시점에 손실을 인식하여야 하는 경우, 일반모형이 아닌 보험료배분접근법을 적용하여 출재보험계약집합을 측정할 때 보험계약마진을 조정하지 않고, 잔여보장자산의 장부금액을 조정한다.

4. 출재보험계약의 재무제표 표시

재무상태표에 자산인 발행 보험계약 포트폴리오, 부채인 발행 보험계약 포트폴리오 장부금액과 별도로 출재보험계약에 대해 자산인 출재보험계약 포트폴리오, 부채인 출재보험계약 포트폴리오의 장부금액을 표시한다.

출재보험계약의 수익이나 비용에 대해서도 발행한 보험계약의 비용 또는 수익과 별도로 포괄손익계산서에 표시한다.

한편, 출재보험계약집합에서 생기는 수익 또는 비용은 보험금융수익(비용) 이외의 단일 금액으로 표시할 수 있거나 재보험자로부터 회수한 금액과 지급된 보험료 배분액을 구분하되, 그 순액이 위의 단일 금액과 동일하도록 표시할 수 있다.

재보험자로부터 회수한 금액과 지급된 보험료의 배분액을 구분하여 표시하는 경우에는 다음과 같이 처리한다.

(1) 원수보험계약의 보험금에 기초하는 재보험의 현금흐름은 출재보험계약에 따라 변제될 것으로 예상되는 보험금의 일부로 처리한다.
(2) 원수보험계약의 보험금과 무관하게 재보험자로부터 받을 것으로 기대하는 금액(예 일부 유형의 출재수수료)은 재보험자에게 지급될 보험료의 감소로 처리한다. 그러나 손실회수와 관련하여 인식한 금액에 대해서는 재보험자로부터 회수된 금액으로 처리한다.
(3) 지급된 보험료 배분액은 수익의 감소로 표시하지 않는다.

연습문제

문제 1

다음 K-IFRS 제1117호 보험계약에 대해 설명하고 있는 문항에 대해 맞지 아니한 내용을 지적하고 그 이유를 적시하시오.

(1) 손실부담계약 최초 인식시점에 계약 세트(a set of contracts)가 같은 집합에 모두 포함될 것이라고 결론을 내리는데 합리적이고 뒷받침될 수 있는 정보를 가지고 있더라도 개별 계약을 측정하여 손실부담계약을 식별하여야 한다.

(2) 보험료배분접근법을 적용하는 경우에는 보험취득 현금흐름은 발생시 비용으로 인식한다.

(3) 보험료배분접근법을 적용하는 경우 최초 인식시점에 손실부담계약이 아닌 경우 후속적으로 손실부담계약이 될 수 없다.

(4) 집합 내 각 계약의 보장기간이 1년 이하인 경우에도 일반모형이나 변동수수료접근법을 사용하여 측정한 잔여보장부채와 중요한 차이가 없을 것으로 합리적으로 기대될 때 보험료배분접근법을 적용할 수 있다.

(5) 직접참가특성이 있는 보험계약의 경우 계약 개시시점과 후속적인 측정시점에 기업의 기대에 따라 직접참가특성의 모든 조건이 충족되는지를 평가해야 한다.

(6) 직접참가특성이 있는 보험계약의 경우 기초항목 공정가치에 대한 기업의 몫에 해당하는 금액의 변동은 당기손익으로 반영한다.

(7) 직접참가특성이 있는 보험계약의 경우 보험계약마진의 조정금액에 대해 최초 인식시점에 결정된 할인율을 사용하여 측정한다.

09

(8) 출재보험계약집합에서 생기는 수익 또는 비용은 출재보험계약자산과 출재보험계약부채를 구별하여 표시하며 또한 재보험자로부터 회수한 금액과 지급된 보험료 배분액을 구별하여 표시하여야 한다.

(9) 출재보험계약집합에 대한 미래현금흐름의 현재가치 추정치를 측정할 때에는 원수보험계약집합에 대한 미래현금흐름의 현재가치 추정치를 측정할 때 동일한 가정을 사용한다.

(10) 재보험계약(수재 및 출재보험계약)의 경우 직접참가특성이 있는 조건을 충족할 수 있어 변동수수료접근법 적용이 가능하다.

해설

(1) 손실부담계약 최초 인식시점에 계약 세트(a set of contracts)가 같은 집합에 모두 포함될 것이라고 결론을 내리는데 합리적이고 뒷받침될 수 있는 정보를 가지고 있다면 개별 계약이 아닌 계약 세트를 측정하여 손실부담계약집합을 식별할 수 있다.

(2) 보험료배분접근법을 적용할 때 최초 인식시점에 집합 내 각 계약의 보장기간이 1년을 초과하지 않는다면 보험취득 현금흐름은 발생시 비용으로 인식할 수 있다.

(3) 보험료배분접근법을 적용하는 경우 보장기간 중 어느 때라도 사실과 상황이 보험계약집합이 손실부담계약이라는 것을 나타낸다면, 잔여보장부채의 장부금액과 집합의 잔여보장과 관련된 이행현금흐름의 차이를 산정한다.

(4) 일반모형이나 변동수수료접근법을 사용하여 측정한 잔여보장부채와 중요한 차이가 없을 것으로 합리적으로 기대하거나 집합 내 각 계약의 보장기간이 1년 이하인 경우에는 보험료배분접근법을 적용할 수 있다.

(5) 직접참가특성이 있는 보험계약의 경우 계약 개시시점에 기업의 기대에 따라 직접참가특성의 모든 조건이 충족되는지를 평가해야 하며, 계약이 변경되지 않는다면, 후속적으로 해당 조건을 다시 평가하지 않는다.

(6) 직접참가특성이 있는 보험계약의 경우 보험계약마진은 수수료의 변동 특성을 반영하여 조정되는데 기초항목 공정가치에 대한 기업의 몫에 해당하는 금액의 변동은 미래 서비스와 관련이 있어 보험계약마진을 조정한다.

(7) 직접참가특성이 있는 보험계약의 경우 보험계약마진의 조정금액에 대해 현행 할인율을 사용하여 측정한다.

(8) 출재보험계약집합에서 생기는 수익 또는 비용은 보험금융수익(비용) 이외의 단일 금액으로 표시할 수 있거나 재보험자로부터 회수한 금액과 지급된 보험료 배분액을 구분하되, 그 순액이 위의 단일 금액과 동일하도록 표시할 수 있다.

(9) 출재보험계약집합에 대한 미래현금흐름의 현재가치 추정치를 측정할 때에는 원수보험계약집합에 대한 미래현금흐름의 현재가치 추정치를 측정할 때 일관된 가정을 사용한다.

(10) 모든 재보험계약(수재 및 출재보험계약)은 직접참가특성이 있는 보험계약의 정의를 충족하지 않으므로 변동수수료접근법은 적용하지 아니한다.

문제 2 손실부담보험계약 집합의 손실환입[6)]

㈜민국보험은 보장기간을 3년으로 하는 100개의 보험계약을 발행한다. 보장기간은 보험계약이 발행된 시점부터 시작되고 서비스는 보장기간에 걸쳐 균등하게 제공된다. 단순화를 위해 보장기간이 끝나기 전에 해지되는 계약은 없을 것이라고 가정한다.

㈜민국보험은 최초 인식시점 직후 보험료 ₩800을 받을 것으로 예상한다. 따라서 현금유입액의 현재가치 추정치는 ₩800이다.

㈜민국보험은 연간 미래 현금유출액이 매연도 말에 ₩400이 있을 것으로 추정한다(총 ₩1,200). 기초항목의 성과에 따라 변동하지 않는 명목 현금흐름의 특성을 반영하여 연 5%의 할인율을 사용해 미래 현금유출액의 현재가치를 ₩1,089으로 추정한다. 보험금은 보험사고 발생 시 지급될 것으로 예상된다.

최초 인식시점에 비금융위험에 대한 위험조정은 ₩240이며 위험은 3년의 보장기간에 걸쳐 균등하게 감소될 것으로 가정한다.

1차연도의 모든 사건은 최초 인식시점에 예상한대로 발생하며 2차연도 말 3차연도의 미래 현금유출액 추정치를 ₩400에서 ₩100으로 수정한다(₩286의 현재가치 감소). 해당 현금흐름에 관련된 비금융위험에 대한 위험조정은 변동하지 않으며 3차연도에 모든 사건들은 2차연도 말에 예상한 대로 발생한다.

이 문제에서는 단순화를 위해 모든 다른 금액(예 투자요소)은 무시한다.

【물음 1】 최초 인식시점에 보험계약집합을 측정하고 후속연도 말 이행현금흐름을 추정하시오.

【물음 2】 1차연도 중 이행현금흐름과 보험계약마진의 변동요인을 분석하시오.

【물음 3】 1차연도의 재무상태표와 손익계산서에 인식한 금액의 차이조정을 분석하고 1차연도 잔여보장부채 이행현금흐름 변동분을 체계적으로 배분하시오.

【물음 4】 2차연도 중 이행현금흐름과 보험계약마진의 변동요인을 분석하시오.

---

6) K-IFRS 제1117호 보험계약 사례 8 참조

【물음 5】 2차연도의 재무상태표와 손익계산서에 인식한 금액의 차이조정을 분석하고 2차연도 잔여보장부채 이행현금흐름 변동분을 체계적으로 배분하시오.

【물음 6】 3차연도 말에 보장기간은 종료되며 보험계약집합은 제거되며, 3차연도 중 이행현금흐름과 보험계약마진의 변동요인을 분석하시오.

【물음 7】 3차연도의 재무상태표와 손익계산서에 인식한 금액의 차이조정을 분석하시오.

【물음 8】 ㈜민국보험의 각 사업연도의 손익계산서를 작성하시오.

【물음 9】 최초 인식시점부터 매연도 회계처리를 하시오.

해설

【물음 1】 최초 인식시점의 보험계약집합 측정 및 후속연도 말 이행현금흐름 추정

	최초 인식	1차연도	2차연도	3차연도
미래 현금유입액의 현재가치 추정치	₩(800)	–	–	–
미래 현금유출액의 현재가치 추정치	1,089	₩743	₩381	–
미래현금흐름의 현재가치 추정치	₩289	₩743	₩381	–
비금융위험에 대한 위험조정	240	160	80	–
이행현금흐름	₩529	₩903	₩461	–
보험계약마진	–			
보험계약부채	₩529			

【물음 2】 1차연도 중 이행현금흐름과 보험계약마진의 변동요인 분석

	미래현금흐름의 현재가치 추정치	비금융위험에 대한 위험조정	보험계약마진	보험계약부채
기초잔액	–	–	–	–
미래서비스 관련 변동(신규 계약)	₩289	₩240	–	₩529
현금유입액	800	–	–	800
보험금융비용	54*1	–*2	–	54
당기서비스 관련 변동	–	(80)*2	–	(80)
현금유출액	(400)	–	–	(400)
기말잔액	₩743	₩160	–	₩903

*1 이 문제에서 보험금융비용 ₩54은 ₩1,089(최초 인식시점의 미래현금흐름 현재가치 추정치 ₩289과 1차연도 초에 수취한 현금유입액 ₩800의 합)에 연간 현행할인율 5%를 곱하여 산출된다.

*2 비금융위험에 대한 위험조정 변동분은 보험서비스결과와 보험금융수익(비용)으로 세분하지 않기로 한다. 따라서 비금융위험에 대한 위험조정의 변동분 전체를 손익계산서에 보험서비스결과의 일부로 포함시킨다.

*3 배분전 보험계약마진이 영(₩0)이므로 해당 연도에는 보험계약마진을 당기손익으로 인식할 금액은 없다.

【물음 3】 1차연도의 재무상태표와 손익계산서에 인식한 금액의 차이조정 분석 및 1차연도 잔여보장 부채 이행현금흐름 변동분 배분

1. 재무상태표 및 손익계산서 인식금액 차이조정

	손실요소 제외 잔여보장부채	잔여보장부채 손실요소	발생사고부채	보험계약부채
기초잔액	–	–	–	–
현금흐름	₩800	–	–	₩800
보험서비스비용(손실부담계약 손실)	–	₩529*1	–	529
보험금융비용	33	21*2	–	54*2
보험수익	(289)*2	–	–	(289)
보험서비스비용(발생비용)	–	(191)*2	–	209
현금유출	–	–	₩(400)	(400)
기말잔액	₩544	₩359	–	₩903

*1 손실부담계약집합의 잔여보장부채에서 손실요소를 정한다. 손실요소는 손실부담계약집합에 대한 손실의 환입으로 당기손익에 표시되는 금액을 결정하며 이에 따라 보험수익을 결정할 때 제외된다.

*2 이행현금흐름의 변동은 손실요소 제외 잔여보장부채와 잔여보장부채 손실요소에 배분된다. 계산은 2.의 표를 참조한다.

*3 보험금융비용이 발생한 직후에 발생사고부채가 지급되므로 총보험금융비용은 잔여보장부채와 관련되어 있다.

2. 잔여보장부채 이행현금흐름 변동분의 체계적 배분

	손실요소 제외 잔여보장부채	잔여보장부채 손실요소	합계
당기사고로 기대 보험서비스비용 감소	₩(241)	₩(159)*1	₩(400)
위험감소로 인한 위험조정 변동	(48)	(32)*1	(80)
보험수익	(289)*2	–	–
보험서비스비용	–	(191)	–

*1 잔여보장부채의 이행현금흐름의 후속적 변동분은 체계적인 방식으로 잔여보장부채의 손실요소와 손실요소를 제외한 잔여보장부채로 배분한다. 이 문제에서 체계적인 배분은 보험계약 최초 인식 시 계산된 39.8%의 비율에 따른 것으로, 이 비율은 총 미래 현금유출액의 현재가치 추정치에 비금융위험에 대한 위험조정액을 가산한 ₩1,329(₩1,089 + ₩240)에 대한 잔여보장부채의 손실요소(₩529)의 비율이다. 따라서 이행현금흐름의 후속 변동분 중 다음을 잔여보장부채의 손실요소에 배분한다.

㈎ 해당 연도에 잔여보장부채에서 줄어든 미래현금흐름 추정치 ₩159. 이는 해당 연도의 발생사고에 대한 기대보험서비스비용 ₩400에 39.8%를 곱하여 계산한다.

㈏ 위험의 감소로 인한 비금융위험의 위험조정 변동분 ₩32. 이는 총 변동분 ₩80에 39.8%를 곱하여 계산한다.

㈐ 보험금융비용 ₩21. 이는 총 보험금융비용 ₩54에 39.8%를 곱하여 계산한다.

*2 보험수익 ₩289은 다음과 같다.

㈎ 보험수익 측정방법 ① : 잔여보장부채의 변동분에서 해당 기간에 제공되는 서비스와 관련이 없는 변동분[예 수취한 보험료 변동, 투자요소 변동, 보험금융수익(비용) 변동 등]과 서비스와 관련되지만 ㈜민국보험이 대가를 기대하지 않는 변동분(잔여보장부채의 손실요소의 증감)을 제외하여 산정한다.
이에 따라 보험수익 ₩289은 잔여보장부채의 기초와 기말 장부금액 차이 ₩544(₩0 − ₩544)에서 현금유입액 ₩800(+)과 보험금융비용 ₩33(+)을 고려한 금액[₩289 = (−₩544 + ₩800 + ₩33)]이다.

㈏ 보험수익 측정방법 ② : ㈜민국보험이 대가를 수취할 것으로 기대하는 서비스와 관련된 해당 기간의 잔여보장부채의 총 변동으로 분석되며 해당 기간에 발생한 보험서비스비용(기초에 예상했던 금액으로 측정)(단, 잔여보장부채의 손실요소로 배분되는 금액 제외), 비금융위험에 대한 위험조정 변동분(즉, 위험 감소로 인한 변동분)(다만, 미래서비스와 관련되기 때문에 보험계약마진에서 조정한 변동과 손실요소에 배분한 금액은 제외) 및 해당 기간에 당기손익으로 인식한 보험계약마진 금액의 합으로 산정한다. 따라서 이 문제에서 보험수익 ₩289은 해당 연도에 발생사고에 대한 보험서비스비용 ₩400과 위험 감소로 인한 비금융위험에 대한 위험조정 변동분 ₩80의 합에서 잔여보장부채의 손실요소에 배부된 금액 ₩191(₩159 + ₩32)을 차감한 금액(₩289 = ₩400 + ₩80 − ₩191)이다.

【물음 4】 2차연도 중 이행현금흐름 및 보험계약마진의 변동요인 분석

	현금흐름의 현재가치 추정치	비금융위험에 대한 위험조정	보험계약마진	보험계약부채
기초잔액	₩743	₩160	−	₩903
보험금융비용	37*1	−	−	37
미래서비스 관련 변동	(286)*2	−	₩103*2	(183)
당기서비스 관련 변동	−	(80)	(52)*3	(132)
현금유출액	(400)	−	−	(400)
기말잔액	₩94	₩80	₩51	₩225

*1 이 문제에서 보험금융비용 ₩37은 2차연도 초 미래현금흐름 현재가치 추정치 ₩743에 현행할인율 5%를 곱하여 산출한다.

*2 미래 서비스와 관련하여 미래현금흐름 추정치의 변동으로부터 발생하여 집합에 배분된 이행현금흐름의 후속적인 감소분 ₩286은 손실요소가 영(₩0)으로 줄어들 때까지 손실요소에만 배분한다[₩183의 이행현금흐름 감소분은 손실요소가 영(₩0)으로 줄어들 때까지 손실요소에 배분됨. 【물음 5】 1.의 표 참조]. 손실요소에 배분된 금액을 초과하는 이행현금흐름의 감소분[₩103(₩286 − ₩183)]에 대해서만 보험계약마진에서 조정한다.

*3 보고기간 말(상각액을 당기손익으로 인식하기 전)에 당기에 제공된 것과 미래에 제공될 것으로 예상되는 각 보장단위에 보험계약마진을 균등하게 배분한다. ㈜민국보험은 당기에 제공된 보장단위에 배분된 금액 ₩52을 당기손익으로 인식하는데, 이 금액은 ₩103을 2년으로 나눈 금액이다.

【물음 5】 2차연도의 재무상태표와 손익계산서에 인식한 금액의 차이조정을 분석하고 2차연도 잔여보장부채 이행현금흐름 변동분을 체계적으로 배분

1. 재무상태표 및 손익계산서 인식금액 차이조정

	손실요소 제외 잔여보장부채	잔여보장부채 손실요소	발생사고부채	보험계약부채
기초잔액	₩544	₩359	−	₩903
보험금융비용	22	15*1	−	37
보험수익	(341)*1	−	−	(341)
보험서비스비용(발생비용)	−	(191)*1	₩400	209
보험서비스비용(손실부담계약 손실 환원)	−	(183)*2	−	(183)
현금흐름	−	−	(400)	(400)
기말잔액	₩225	−	−	₩225

*1 잔여보장부채의 이행현금흐름의 후속적 변동분은 체계적인 방식으로 잔여보장부채의 손실요소와 손실요소를 제외한 잔여보장부채로 배분한다. 계산의 상세한 사항은 2.의 표와 그 표 주석을 참조한다.

*2 미래 서비스와 관련하여 미래현금흐름 추정치의 변동에서 생겨서 집합에 배분된 이행현금흐름의 후속적인 감소분 ₩286은 손실요소가 영(₩0)으로 줄어들 때까지 손실요소에만 배분한다.

2. 잔여보장부채 이행현금흐름 변동분의 체계적 배분

	손실요소 제외 잔여보장부채	잔여보장부채 손실요소	합계
당기사고로 기대 보험서비스비용 감소	₩(241)	₩(159)*1	₩(400)
위험감소로 인한 위험조정 변동	(48)	(32)*1	(80)
당기손익 인식 보험계약마진	(52)	−	(52)
보험수익	(341)*2	−	−
보험서비스비용	−	(191)	−
보험금융비용	(22)	(15)	−

*1 잔여보장부채의 이행현금흐름의 후속적 변동분은 체계적인 방식으로 잔여보장부채의 손실요소와 손실요소를 제외한 잔여보장부채로 배분한다. 이 문제에서 체계적인 배분은 39.8%의 비율에 따른 것으로, 이 비율은 총 미래 현금유출액의 현재가치 추정치에 비금융위험에 대한 위험조정을 가산한 ₩903(₩743 + ₩160)에 대한 잔여보장부채의 손실요소의 기초잔액(₩359)의 비율이다. 따라서 이행현금흐름의 후속 변동분을 다음과 같이 잔여보장부채의 손실요소에 배분한다.

㈎ 해당 연도에 잔여보장부채에서 줄어든 미래현금 추정액 ₩159. 이는 해당 연도의 발생사고보험금에 대한 예상보험서비스비용 ₩400에 39.8%를 곱하여 계산한다.

㈏ 위험의 감소로 인한 비금융위험의 위험조정 변동분 ₩32. 이는 총 변동분 ₩80에 39.8%를 곱하여 계산한다.

㈐ 보험금융비용 ₩15. 이는 총 보험금융비용 ₩37에 39.8%를 곱하여 계산한다.

*2 보험수익 ₩341은 다음과 같다.

㈎ 보험수익 측정방법 ① : 손실요소와 관련된 변동분을 제외한 잔여보장부채의 기초와 기말 장부금액 간 차이 ₩319(₩544 − ₩225)에서 보험금융비용 ₩22(+)을 추가로 고려하여 산정한다.
(즉 ₩341 = ₩319 + ₩22)

㈏ 보험수익 측정방법 ② : 해당 연도에 발생한 보험금에 대한 보험서비스비용 ₩400과 위험의 감소에 따른 비금융위험의 위험조정 변동액 ₩80과 당기손익으로 인식한 보험계약마진 금액 ₩52의 합에서 잔여보장부채 손실요소의 환입액 ₩191(₩159 + ₩32)을 차감한 것으로 분석된다.
(즉 ₩341 = ₩400 + ₩80 + ₩52 − ₩191)

【물음 6】 3차연도 중 이행현금흐름 및 보험계약마진의 변동요인 분석

	미래현금흐름의 현재가치 추정치	비금융위험에 대한 위험조정	보험계약마진	보험계약부채
기초잔액	₩94	₩80	₩51	₩225
보험금융비용	5*1	−	3*2	8
당기서비스 관련 변동	−	(80)	(54)*3	(134)
현금유출	(100)	−	−	(100)
기말잔액*4	−	−	−	−

*1 이 문제에서 보험금융비용 ₩5은 3차연도 초 미래현금흐름의 현재가치 추정치 ₩94에 현행할인율 5%를 곱하여 산출한다.

*2 기초잔액 ₩51에 최초 인식시점에 결정된 할인율 5%를 곱하여 보험계약마진의 장부금액에 부리되는 이자 ₩3을 계산한다.

*3 3차연도는 보장의 마지막 연도이므로 전체 보험계약마진을 당기손익으로 인식한다.

*4 기말잔액에서는 ₩1의 단수차이가 발생한다.

【물음 7】 3차연도의 재무상태표 및 손익계산서에 인식한 금액의 차이조정

	손실요소 제외 잔여보장부채	잔여보장부채 손실요소	발생사고부채	보험계약부채
기초잔액	₩225	–	–	₩225
보험금융비용	8	–	–	8
보험수익	(233)*	–	–	(233)
보험서비스비용	–	–	₩100	100
현금흐름	–	–	(100)	(100)
기말잔액	–	–	–	–

* 보험수익 ₩233은 다음과 같다.

(가) 보험수익 측정방법 ① : 잔여보장부채의 기초와 손실요소와 관련한 변동분을 제외한 기말 장부금액 간 차이 ₩225(₩225 – ₩0)에서 보험금융비용 ₩8을 추가로 제외하여 산정한다. (즉 ₩233 = ₩225 + ₩8)

(나) 보험수익 측정방법 ② : 보험서비스비용 ₩100과 위험의 감소에 따른 비금융위험의 위험조정 변동액 ₩80 및 당기손익으로 인식한 보험계약마진 ₩54의 합으로 분석된다. (즉 ₩233 = ₩100 + ₩80 + ₩54 – ₩1 단수차이).

【물음 8】 ㈜민국보험의 각 사업연도의 손익계산서

	1차연도	2차연도	3차연도	합계
보험수익	₩289	₩341	₩233	₩863*1
보험서비스비용	(738)	(26)	(100)	(864)
보험서비스결과	₩(449)	₩315	₩133	₩(1)
보험금융비용	(54)	(37)	(8)	(99)
금융결과	₩(54)	₩(37)	₩(8)	₩(99)
손실	₩(503)	₩278	₩125	₩(100)*2

*1 보험계약집합에 대한 총 보험수익을 수취한 보험료 ₩800에 금융효과 ₩63을 조정하여 ₩864(즉 ₩864 = ₩800 + ₩63)으로 계산하며 ₩1 단수차이가 발생한다.

*2 손실은 ㈜민국보험이 수취한 보험료 ₩800에 ㈜민국보험이 지급한 보험금 ₩900을 차감하여 (–)₩100(즉 (–)₩100 = ₩800 – ₩900)으로 계산한다.

【물음 9】 최초 인식시점부터 매연도 회계처리

1. 1차연도 회계처리

(1) 최초 인식시

(차)	보험서비스비용 (손실부담계약 관련 비용)	529	(대)	잔여보장부채(BEL) 잔여보장부채(RA)	289 240

(2) 보험료 수취시

(차)	현금	800	(대)	잔여보장부채(BEL)	800

(3) 보험금융비용 인식

(차)	보험금융비용(손실이외) 보험금융비용(손실요소)	33 21	(대)	잔여보장부채(BEL)	54

(4) 보험사고 발생시

(차)	보험서비스비용(발생보험금)	400	(대)	발생사고부채(BEL)	400

(5) 보험금 지급시

(차)	발생사고부채(BEL)	400	(대)	현금	400

(6) 예상보험금 수익인식 및 손실요소 배분

(차)	잔여보장부채(BEL) 보험수익(손실요소배분)	400 159	(대)	보험수익(예상보험금) 보험서비스비용(손실요소배분)	400 159

* 보험수익(서비스제공) 손실요소배분 = ₩400 × 39.8% = ₩159

－손실요소 배분비율(39.8%) = ₩529(손실요소) ÷ ₩1,329(장래이행현금흐름 현가)

* ₩1,329 = ₩1,089(장래지출현금 ₩1,200의 현가) + ₩240(RA의 현가)

(7) 위험조정 상각 관련 수익인식 및 손실요소 배분

(차)	잔여보장부채(RA) 보험수익(손실요소배분)	80 32	(대)	보험수익(위험조정변동) 보험서비스비용(손실요소배분)	80 32

*1 잔여보장부채(RA) 상각 = ₩240 × 1/3 = ₩80

*2 보험수익(상각액) 손실요소배분 = ₩80 × 39.8% = ₩32

※ 1차연도 보험수익 = ₩400 + 80 − 159 − 32 = ₩289

보험서비스비용 = ₩529 + 400 − 159 − 32 = ₩738

잔여손실요소 = ₩529 + 21 − 159 − 32 = ₩359

2. 2차연도 회계처리

(1) 보험금융비용 인식

	차변	금액		대변	금액
(차)	보험금융비용(손실이외)	22	(대)	잔여보장부채(BEL)	37
	보험금융비용(손실요소)	15			

(2) 보험사고 발생시

	차변	금액		대변	금액
(차)	보험서비스비용(발생보험금)	400	(대)	발생사고부채(BEL)	400

(3) 보험금 지급시

	차변	금액		대변	금액
(차)	발생사고부채(BEL)	400	(대)	현금	400

(4) 예상보험금 수익인식 및 손실요소 배분

	차변	금액		대변	금액
(차)	잔여보장부채(BEL)	400	(대)	보험수익(예상보험금)	400
	보험수익(손실요소배분)	159		보험서비스비용(손실요소배분)	159

(5) 위험조정 상각 관련 수익인식 및 손실요소 배분

	차변	금액		대변	금액
(차)	잔여보장부채(RA)	80	(대)	보험수익(위험조정변동)	80
	보험수익(손실요소배분)	32		보험서비스비용(손실요소배분)	32

(6) 이행현금흐름의 후속적인 감소

	차변	금액		대변	금액
(차)	잔여보장부채(BEL)	286	(대)	보험서비스비용(손실요소환입)	183
				잔여보장부채(CSM)	103

* 보험서비스비용(손실요소환입) = ₩359(1차연도 잔여손실요소) + 15 − 159 − 32 = ₩183

(7) 보험계약마진 상각 관련 수익인식

	차변	금액		대변	금액
(차)	잔여보장부채(CSM)	52	(대)	보험수익(보험계약마진 상각)	52

* 보험수익(손실요소환입후 CSM상각액) = ₩103 × 1/2 = ₩52

※ 2차연도 보험수익 = ₩400 + 80 − 159 − 32 + 52 = ₩341
보험서비스비용 = ₩400 − 159 − 32 − 183 = ₩26
잔여손실요소 = ₩359 + 15 − 159 − 32 − 183 = ₩0

3. 3차연도 회계처리

(1) 보험금융비용 인식

(차)	보험금융비용	8	(대)	잔여보장부채(BEL)	5
				잔여보장부채(CSM)	3

(2) 보험사고 발생시

(차)	보험서비스비용(발생보험금)	100	(대)	발생사고부채(BEL)	100

(3) 보험금 지급시

(차)	발생사고부채(BEL)	100	(대)	현금	100

(4) 예상보험금 수익인식

(차)	잔여보장부채(BEL)	100	(대)	보험수익(예상보험금)	100

(5) 위험조정 상각 관련 수익인식

(차)	잔여보장부채(RA)	80	(대)	보험수익(위험조정변동)	80

(6) 보험계약마진 상각 관련 수익인식

(차)	잔여보장부채(CSM)	54	(대)	보험수익(보험계약마진 상각)	54

* 잔여보장부채 보험수익 인식에서 단수차이(−1) 존재

※ 3차연도 보험수익 = ₩100 + 80 + 54 = ₩233
보험서비스비용 = ₩100

문제 3 손익계산서 표시 : 손실부담보험계약 집합의 이행현금흐름 변동[7] 심화

이 문제에서의 표시 요구사항에 대한 설명은 **8장 [문제 4]**를 기초로 하며 각 연도의 당기손익으로 표시되는 보험수익과 보험서비스비용에서 제외되는 투자요소를 ₩100으로 추정한다.

이 문제에서는 1차연도에 대하여 **8장 [문제 4]**에서 사용한 가정과 동일한 가정을 사용한다. 따라서 1차연도에 대한 분석은 **8장 [문제 4]**와 동일하다. 1차연도에 대한 표시 요구사항은 **8장 [문제 4]**에서 보여주고 있기 때문에 이 문제에서 생략한다.

【물음 1】 2차연도의 재무상태표와 손익계산서에 인식한 금액의 차이조정을 분석하시오.

【물음 2】 3차연도의 재무상태표와 손익계산서에 인식한 금액의 차이조정을 분석하시오.

【물음 3】 ㈜만세보험의 매 사업연도의 손익계산서에 표시되는 금액을 나타내시오.

【물음 4】 2차연도 및 3차연도의 회계처리를 하시오.

해설

【물음 1】 2차연도의 재무상태표 및 손익계산서에 인식한 금액의 차이조정

	손실요소 제외 잔여보장부채	잔여보장부채 손실요소	발생사고부채	보험계약부채
기초잔액	₩617	–	–	₩617
보험수익	(140)*1	–	–	(140)
보험서비스비용	–	₩113*2	₩300*3	413
투자요소	(100)	–	100	–
보험금융비용	27*4	–	–	27
현금흐름	–	–	(400)	(400)
기말잔액	₩404	₩113	–	₩517

*1 보험수익 ₩140은 다음과 같다.

㈎ 보험수익 측정방법 ① : 잔여보장부채의 기초와 기말 장부금액의 차이(손실요소와 관련된 변동분 제외) ₩213 (₩617 − ₩404)에서 보험금융비용 ₩27(+)과 투자요소 상환액 ₩100(−)을 고려한 금액(₩140 = ₩213 + ₩27 − ₩100)이다.

---

7) K-IFRS 제1117호 보험계약 사례 3B 참조

(나) 보험수익 측정방법 ② : 보험서비스비용 ₩300, 경험조정 ₩200, 위험의 감소로 인한 비금융위험에 대한 위험조정 변동분 ₩40의 합계(₩140 = ₩300 − ₩200 + ₩40)이다.

*2 3차연도에 대한 이행현금흐름의 추정치를 수정한다. 이행현금흐름 증가분이 잔여 보험계약마진의 장부금액을 초과하여 ₩113의 손실이 발생한다. 그러한 손실을 손실부담계약집합에 대한 잔여보장부채의 손실요소로 정한다. 이 손실요소는 손실부담계약집합에 대한 손실의 환입으로 당기손익에 표시되는 금액을 결정하며, 따라서 보험수익을 결정할 때 제외된다.

*3 해당 기간에 발생한 보험금 ₩400에서 투자요소 ₩100을 차감한 ₩300을 보험서비스비용으로 표시한다.

*4 보험금융비용은 **8장 [문제 4]**와 동일하다. 보험금융비용이 발생한 직후에 발생사고부채가 지급되므로, 총보험금융비용은 잔여보장부채와 관련되어 있다.

【물음 2】 3차연도의 재무상태표 및 손익계산서에 인식한 금액의 차이조정

	손실요소 제외 잔여보장부채	잔여보장부채 손실요소	발생사고부채	보험계약부채
기초잔액	₩404	₩113	−	₩517
보험금융비용	16	5*2	−	21*4
보험수익	(320)*1	−	−	(320)
보험서비스비용	−	(118)*2	₩350*3	232
투자요소	(100)	−	100	−
현금흐름	−	−	(450)	(450)
기말잔액	−	−	−	−

*1 보험수익 ₩320은 다음과 같다.

(가) 보험수익 측정방법 ① : 잔여보장부채의 기초와 기말 장부금액의 차이(손실요소와 관련한 변동분 제외) ₩404 (₩404 − ₩0)에서 보험금융비용 ₩16(+), 투자요소 상환액 ₩100(−)을 고려하여 산정한다.
즉, ₩320 = ₩404 + ₩16 − ₩100

(나) 보험수익 측정방법 ② : 해당 연도에 발생한 보험금에 대한 보험서비스비용 ₩350과 위험의 감소로 인한 비금융위험에 대한 위험조정 변동 ₩88의 합에서 잔여보장부채의 손실요소로 배분된 ₩118을 제외한 금액으로 분석된다. 즉, ₩320 = ₩350 + ₩88 − ₩118

*2 잔여보장부채의 이행현금흐름의 후속 변동을 체계적인 방식으로 잔여보장부채의 손실요소와 손실요소를 제외한 잔여보장부채로 배분한다. 이 문제에서 이행현금흐름의 후속 변동을 잔여보장부채의 손실요소로 다음과 같이 배분한다.

(가) 보험금융비용 ₩5은 총 보험금융비용 ₩21에 22%를 곱하여 결정된다. 이 배분액은 총 잔여보장부채 ₩517 (₩404 + ₩113) 대비 잔여보장부채 손실요소 ₩113의 비율인 22%에 기초한다.

(나) 손실요소의 변동 ₩118은 다음의 합계이다.

① 해당 연도에 잔여보장부채에서 줄어든 미래현금흐름 추정치 ₩94. 이는 해당 연도에 발생사고에 대한 예상보험서비스비용 ₩350에 27%를 곱한 값이다.

09

② 위험의 감소로 인한 비금융위험에 대한 위험조정 변동분 ₩24. 이는 총 변동분 ₩88에 27%를 곱하여 계산한다.

₩118의 손실요소에 대해 ①과 ②에서 설명한 금액의 배분은 보험금융비용과 투자요소가 배분된 후에 결정된다. 보험금융비용은 ㈎에 설명된 대로 배분된다. 투자요소는 보험수익이나 보험서비스비용에 포함되지 않기 때문에 손실요소를 제외하고 잔여보장부채에만 배분한다. 그러한 배분 후에 잔여보장부채의 손실요소는 ₩118(₩113 + ₩5)이고 투자요소를 제외한 잔여보장부채는 ₩438(₩517 + ₩21 − ₩100)이다. 따라서 ㈏의 배분은 ₩118 대비 ₩438의 비율로 결정되며 이는 27%이다.

*3 해당 기간에 발생한 보험금 ₩450에서 투자요소 ₩100을 차감한 ₩350을 보험서비스비용으로 표시한다.

*4 보험금융비용은 **8장 [문제 4]**와 동일하다. 보험금융비용이 발생한 직후에 발생사고부채가 지급되므로, 총보험금융비용은 잔여보장부채와 관련이 있다.

【물음 3】 ㈜만세보험의 매 사업연도의 손익계산서 표시

	1차연도	2차연도	3차연도	합계
보험수익	₩222	₩140	₩320	₩682*1
보험서비스비용	(100)	(413)	(232)	(745)
보험서비스결과	₩122	₩(273)	₩88	₩(63)
금융손익*2	−	−	−	−
보험금융비용	(39)	(27)	(21)	(87)
금융결과	₩(39)	₩(27)	₩(21)	₩(87)
손실	₩83	₩(300)	₩67	₩(150)

*1 보험계약집합에 대한 총 보험수익을 지급된 보험료 ₩900에 금융효과 ₩82(보험금융비용 ₩87에서 손실요소 관련 ₩5을 차감)을 조정하고 투자요소 ₩300(3년 동안 연간 ₩100)을 차감하여 ₩682(₩682 = ₩900 + ₩82 − ₩300)으로 계산한다.

*2 이 문제에서는 금융수익이 없는 것으로 가정한다.

【물음 4】 2차연도 및 3차연도의 회계처리

1. 2차연도 회계처리

(1) 보험금융비용 인식

(차)	보험금융비용	27	(대)	잔여보장부채(BEL)	19
				잔여보장부채(CSM)	8

(2) 보험사고 발생시

(차)	보험서비스비용(발생보험금)	300	(대)	발생사고부채(BEL)	400
	잔여보장부채(투자요소CSM)	100			

(3) 보험금 지급시

(차)	발생사고부채(BEL)	400	(대)	현금	400

(4) 예상보험금 수익인식

(차)	잔여보장부채(BEL)	200	(대)	보험수익(예상보험금)	100
				잔여보장부채(투자요소CSM)	100

(5) 위험조정 상각 관련 수익인식

(차)	잔여보장부채(RA)	40	(대)	보험수익(위험조정변동)	40

(6) 미래 서비스 관련 변동

(차)	잔여보장부채(CSM)	173	(대)	잔여보장부채(BEL)	238
	보험서비스비용 (손실부담계약 비용)	113		잔여보장부채(RA)	48

(7) 보험계약마진 상각 관련 수익인식

보험계약마진 잔액이 없으므로 보험계약마진 상각을 통한 수익인식 회계처리는 없다.

2. 3차연도 회계처리

(1) 보험금융비용 인식

(차)	보험금융비용	21	(대)	잔여보장부채(BEL)	21

(2) 보험사고 발생시

(차)	보험서비스비용	350	(대)	발생사고부채(BEL)	450
	잔여보장부채(투자요소CSM)	100		보험서비스비용	118
	손실요소배분액	118			

(3) 보험금 지급시

(차)	발생사고부채(BEL)	450	(대)	현금	450

(4) 예상보험금 수익인식

(차)	잔여보장부채(BEL)	450	(대)	보험수익(예상보험금)	350
	보험수익(예상보험금)	94		잔여보장부채(투자요소CSM)	100
				손실요소 배분액	94

(5) 위험조정 상각 관련 수익인식

(차)	잔여보장부채(RA)	88	(대)	보험수익(위험조정변동)	88
	보험수익(위험조정변동)	24		손실요소 배분액	24

(6) 보험계약마진 상각 관련 수익인식

보험계약마진 잔액이 없으므로 보험계약마진 상각을 통한 수익인식 회계처리는 없다.

문제 4 직접참가특성이 있는 보험계약집합의 최초 인식시점의 측정 및 후속 측정[8) 심화

직접참가특성이 있는 보험계약에 대한 조건을 충족하는 100개의 계약을 발행한다. 보장기간은 3년이며 보험계약이 발행된 시점부터 시작된다.

보장기간 초에 각 계약에 대해 일시납 보험료 ₩150을 수취한다. 보험계약자는 다음 중의 하나를 수취하게 된다.

(1) 피보험자가 보장기간 중 사망하는 경우 ₩170 또는 적립금(적립금이 더 큰 경우)
(2) 피보험자가 보장기간 말까지 생존한다면 보장기간 말의 적립금에 해당하는 가치

개별 계약(기초항목)의 적립금은 매년 말 다음 (1)에 (2)와 (3)을 가산하고 (4)와 (5)를 차감하여 계산한다.

(1) 기초잔액
(2) 수취보험료(있다면)
(3) 특정 자산 집단의 공정가치 변동
(4) 매년 초 적립금 가치에 공정가치 변동분을 가산한 것의 2%에 해당하는 연간 수수료
(5) 피보험자가 사망하거나 보장기간이 종료한 때의 잔여 적립금의 가치

㈜만세보험은 특정 자산 집단을 구입하고 해당 자산을 당기손익－공정가치 측정 항목으로 측정하며 ㈜만세보험이 연간 수수료를 받고 보험금을 지급하기 위하여 자산을 매각하는 것으로 가정한다. 따라서 ㈜만세보험이 보유하고 있는 자산이 기초항목이다.

계약의 최초 인식시점에 다음을 가정한다.

(1) ㈜만세보험은 특정 자산 집단의 공정가치가 매년 10%씩 증가할 것이라고 예상한다.
(2) 기초항목의 성과에 따라 변동하지 않는 명목 현금흐름의 특성을 반영하는 할인율은 연 6%라고 산정한다.
(3) 비금융위험에 대한 위험조정을 ₩25으로 추정하고, 1차연도부터 3차연도에 각각 ₩12, ₩8, ₩5을 당기손익에 인식할 것으로 예상한다.

8) K-IFRS 제1117호 보험계약 사례 9 참조

> (4) 최소사망급부금을 제공하는 데 내재된 보증의 시간가치를 추정하며 보증의 시간가치를 산정하기 위한 정해진 방법은 없으며, 나머지 이행현금흐름과 별도로 금액을 산정할 필요는 없다.
>
> (5) 매년 말 한 명의 피보험자가 사망할 것이며 보험금은 즉시 지급될 것으로 예상한다.

보장기간 동안 보증의 시간가치 변동과 기초항목의 공정가치 수익변동은 다음과 같다.

> (1) 1차연도에 특정 자산 집단의 공정가치는 최초 인식시점에 예상한 대로 10% 증가했다.
>
> (2) 2차연도에 공정가치 증가는 최초 인식시점에 예상했던 것보다 낮았으며 8%이다.
>
> (3) 3차연도에 공정가치 증가는 최초 예상했던 10%를 회복한다.

이 문제에서 모든 다른 금액은 단순화를 위해 무시한다.

【물음 1】 최초 인식시점에 보험계약집합을 측정하고 각 후속연도 말의 이행현금흐름을 추정하시오.

【물음 2】 최초 인식시점의 기초항목의 공정가치 및 이행현금흐름을 추정하시오.

【물음 3】 매 보고기간 말에 기초항목에 대한 공정가치 수익변동을 반영하여 재산정하시오.

【물음 4】 ㈜만세보험의 이행현금흐름의 변동 및 매 보고기간 말의 보험계약마진의 장부금액을 분석하시오.

【물음 5】 ㈜만세보험의 매 사업연도의 손익계산서를 표시하시오.

【물음 6】 ㈜만세보험의 매 사업연도의 회계처리를 하시오.

해설

【물음 1】 최초 인식시점의 보험계약집합 측정 및 각 후속연도 말의 이행현금흐름

	최초 인식	1차연도	2차연도	3차연도
미래 현금유입액의 현재가치 추정치	₩(15,000)	–	–	–
미래 현금유출액(기초항목 연동) 현재가치*1	14,127	₩15,378	₩16,741	–
미래 현금유출액(보증금) 현재가치*2	8	–	–	–
내재된 보장의 시간가치 추정치(TVOG)	45	35	16	–
미래 현금유출액의 현재가치 추정치*3	14,180	15,413	16,757	–
미래현금흐름의 현재가치 추정치	₩(820)	₩15,413	₩16,757	–
비금융위험에 대한 위험 조정	25	13	5	–
이행현금흐름	(795)	15,426	16,762	–
보험계약마진	795			
최초 인식시점의 보험계약(자산)부채	–			

*1 ㈜만세보험은 기초항목 연동된 미래 현금유출액(사망 및 만기보험금)에 대해 현행할인율을 사용하여 현재가치를 산출한다. [예 최초 인식시점 ₩14,127 = ₩162/1.1 + ₩174/1.1^2 + (₩188 + ₩18,227)/1.1^3]

*2 ㈜만세보험은 최저사망보증 관련 미래 현금유출액에 대해 기초항목의 성과에 따라 변동하지 않는 명목 현금흐름의 특성을 반영하는 할인율(연 6%)을 사용하여 현재가치를 산출한다. (₩8 = ₩8/1.06로 가정)

*3 ㈜만세보험은 미래현금흐름의 특성을 반영하는 현행할인율을 사용하여 미래 현금유출액의 현재가치 추정치를 계산한다. 미래 현금유출액의 현재가치 추정치에는 최소 사망보험금에 내재된 보장의 시간가치 추정치를 포함하며, 보장에 대한 관측가능한 시장가격과 일관되게 측정한다.

【물음 2】 최초 인식시점의 기초항목의 공정가치 및 이행현금흐름 추정

1차연도 초(T = 0)

기초항목(보험계약자의 적립금)	1차연도	2차연도	3차연도
기초잔액	–	₩16,008	₩17,083
현금유입액 : 보험료	₩15,000	–	–
공정가치 변동(매년 10% 증가)*1	1,500	1,601	1,708
연간 수수료(매년 2%)*2	(330)	(352)	(376)
현금유출액 : 사망보험금*3	(162)	(174)	(188)
현금유출액 : 만기보험금	–	–	(18,227)
기말잔액	₩16,008	₩17,083	–
최저사망보증금*4	₩(8)	–	–

*1 ㈜만세보험은 기초항목의 공정가치가 매년 10% 증가하므로 매년 기초잔액에 10% 수익률을 곱하여 산출한다.

*2 ㈜만세보험은 매년 적립금 가치에 공정가치 변동을 합한 금액에 2%의 수수료를 수취한다.

*3 ㈜만세보험이 100개의 계약을 발행한 후 매년 말 한 명의 피보험자가 사망하여 보험금을 즉시 지급할 때 각 계약별 적립금을 지급한다. 즉 1차연도 말 적립금에 100개 계약으로 나누고, 2차연도 말 적립금에 99개 계약으로 나누고, 3차연도 말 적립금에 98개 계약으로 나누어 산출한다. [예 3차연도 적립금(₩18,415 = ₩17,083 + ₩1,708 − ₩376)을 98개 계약으로 나누어 사망보험금 ₩188을 산출한다.]

*4 ㈜만세보험이 최저사망보증금을 ₩170으로 담보하고 있어 부족한 ₩83을 ㈜만세보험이 직접 부담(㈜만세보험의 계정)하여 지급한다.

직접참가특성이 있는 보험계약의 보험계약마진을 회계처리하기 위해서는 다음을 수행한다.

(1) 기초항목의 변동을 보험계약마진에서 조정하기 위해 보험계약자가 참가하는 기초항목의 공정가치를 계산한다.

(2) 이행현금흐름의 변동분을 분석하여 각 변동을 보험계약마진에서 조정할지를 결정한다.

【물음 3】 매 보고기간 말 기초항목에 대한 공정가치 수익변동 반영

기초항목(보험계약자의 적립금)	1차연도	2차연도	3차연도
기초잔액	−	₩16,008	₩16,772
현금유입액 : 보험료	₩15,000	−	−
공정가치 변동(1차/3차연도 10%, 2차연도 : 8% 증가)	1,500	1,281	1,677
연간 수수료(매년 2%)	(330)	(346)	(369)
현금유출액 : 사망보험금(연도별 1/100, 1/99, 1/98)	(162)	(171)	(184)
현금유출액 : 만기보험금	−	−	(17,896)
기말잔액	₩16,008	₩16,772	−
최저사망보증금	₩(8)	−	−

* 이 문제에서 기초항목은 ㈜만세보험이 보유하고 있는 자산과 같다. K-IFRS 제1117호 보험계약에서는 기초항목을 보험계약자에게 지급할 금액의 일부를 결정하는 항목으로 정의한다.

【물음 4】 ㈜만세보험의 이행현금흐름의 변동 및 매 보고기간 말의 보험계약마진의 장부금액 분석

이행현금흐름	1차연도	2차연도	3차연도
기초잔액	−	₩15,426	₩16,461
미래서비스 관련 변동 : 신규 계약	₩(795)	−	−
화폐 시간가치 및 금융위험 효과 변동 등*1	1,403	1,214	1,624
당기 서비스 관련 변동 : 위험의 감소	(12)	(8)	(5)
현금흐름*2	14,830	(171)	(18,080)
기말잔액	₩15,426*3	₩16,461*3	−

09

*1 화폐의 시간가치 및 금융위험의 효과와 그로 인한 변동은 다음을 포함한다.
  ㈎ 최소 사망보험금에 내재되어 있는 보장의 시간가치 변동
  ㈏ 2차연도와 3차연도의 기초항목의 공정가치 변동에 따른 보험계약자에 대한 의무의 변동 효과

*2 1차연도에 ㈜만세보험은 ₩15,000의 보험료를 수취하고, ₩170(적립금에서 ₩162, ㈜만세보험의 계정에서 ₩8)의 사망보험금을 지급한다. 2차연도에 ㈜만세보험은 적립금의 가치가 보장금액 ₩170보다 높으므로 적립금에서만 ₩171의 보험금을 지급한다. 3차연도에 적립금에서 ₩184의 사망보험금과 ₩17,896의 계약 만기 금액을 지급한다.

*3 미래현금흐름의 특성을 반영하는 현행할인율을 사용하여 미래 현금유출액의 현재가치 추정치를 계산한다. 미래현금유출액의 현재가치 추정치에는 최소사망보험금에 내재된 보장의 시간가치추정치를 포함한다.

보험계약마진	1차연도	2차연도	3차연도
기초잔액	–	₩592	₩328
미래서비스 관련 변동 : 신규 계약	₩795	–	–
변동 수수료의 변동*1	97	67	53
기초항목의 공정가치 변동	1,500	1,281	1,677
화폐의 시간가치와 금융위험 효과 변동 등	(1,403)	(1,214)	(1,624)
당기 서비스 관련 변동 : 당기손익 인식*2	(300)	(331)	(381)
기말잔액	₩592	₩328	–

*1 ㈜만세보험은 다음 ㈎와 ㈏의 변동분의 순액을 보험계약마진에서 조정한다.
  ㈎ 기초항목의 공정가치 중 기업의 몫에 해당하는 금액
  ㈏ 미래서비스에 관련된 기초항목의 수익에 따라 변동되지 않는 이행현금흐름에 화폐의 시간가치 및 금융위험의 효과와 그 변동(기초항목에서 발생하는 것은 제외)을 가산한 금액

㈜만세보험이 보험계약마진에 대한 개별 조정을 별도로 식별하지 않고, 이들을 합산할 수 있도록 허용한다. 또한 이 문제에는 결정되는 기초항목의 수익에 따라 변동하지 않는 이행현금흐름의 변동은 없으므로 ㈜만세보험은 미래 서비스와 관련된 변동에 대한 보험계약마진의 조정은 기초항목의 공정가치와 화폐의 시간가치와 금융위험 효과 및 그 변동과 관련된 이행현금흐름 변동의 순액이다.

*2 ㈜만세보험은 다음과 같이 당기말 현재의 보험계약마진(당기손익에 인식하기 전 금액)을 당기에 제공된 보장단위와 미래에 제공될 것으로 기대되는 보장단위로 각각 균등하게 배분하고 이에 따라 결정한 보험계약마진 금액을 당기손익으로 인식한다.
  ㈎ 1차연도에 당기손익으로 인식하기 직전 보험계약마진 금액은 ₩892[신규 계약과 관련된 변동 ₩795에 변동 수수료와 관련된 순변동 ₩97(₩1,500 − ₩1,403)을 가산]이다.
  ㈏ ㈜만세보험은 1차연도에 100개의 계약에 대해 보장을 제공했고 2차연도에 99개, 3차연도에 98개의 계약에 보장을 제공할 것으로 예상한다(총 보장단위 297개).
  ㈐ 따라서 ㈜만세보험은 1차연도에 보험계약마진 ₩300(보험계약마진 ₩892에 1차연도에 제공된 보장단위 100개를 곱하고 총 보장단위 297개로 나누어 계산)을 당기손익으로 인식한다.

㈜만세보험은 2차연도 및 3차연도에 당기손익으로 인식할 금액을 계산하기 위하여 동일한 방법을 사용했다.

【물음 5】 ㈜만세보험의 매 사업연도의 손익계산서

	1차연도	2차연도	3차연도	합계
보험수익	₩320*1	₩339	₩386	₩1,045*2
보험서비스비용*3	(8)	–	–	(8)
보험서비스결과	₩312	₩339	₩386	₩1,037
투자수익*4	1,500	1,281	1,677	4,458
보험금융비용*5	(1,500)	(1,281)	(1,677)	(4,458)
금융결과	–	–	–	–
이익*6	₩312	₩339	₩386	₩1,037

*1 보험수익 ₩320은 다음과 같이 산정되고 분석된다.

(가) 보험수익 측정방법 ① : 잔여보장부채의 기초 및 기말 장부금액의 차이 (–)₩16,018에 수취보험료 ₩15,000, 보험금융비용 ₩1,500 및 투자요소 ₩162을 제외하여 산출한다(₩320 = (–)₩16,018 + ₩15,000 + ₩1,500 – ₩162). 1차연도 잔여보장부채 장부금액의 변동 (–)₩16,018은 기초잔액 영(₩0)에서 기말잔액 ₩16,018(1차연도 말 이행현금흐름 ₩15,426에 1차연도 말 보험계약마진 ₩592을 가산)을 차감한 것이다. 이 문제에서는 발생사고부채가 영(₩0)이므로 잔여보장부채는 총 보험부채와 같다.

(나) 보험수익 측정방법 ② : 당기 예상 보험서비스비용 ₩8과 위험의 감소에 따른 비금융위험에 대한 위험조정의 변동 ₩12 및 당기손익으로 인식한 보험계약마진 ₩300의 합으로 분석한다(₩320 = ₩8 + ₩12 + ₩300).

*2 ㈜만세보험은 총 보험수익 ₩1,045을 ㈜만세보험에 지급된 보험료 ₩15,000에 금융 효과 ₩4,458(이 문제에서는 보험금융비용과 동일함)을 조정하고, 적립금에서 지급된 투자요소 ₩18,413(₩517 + ₩17,896)을 차감하여 계산한다. 이 문제에서 총 보험수익은 보험계약자 적립금에서 차감되는 수수료 총액과 같다.

*3 보험서비스비용 ₩8은 1차연도에 보험계약자에게 지급할 금액 ₩170에서, 적립금에서 지급된 투자요소 ₩162을 차감한 것과 같다. 2차연도와 3차연도에 보험계약자에게 지급해야 할 모든 금액은 적립금에서 지급(즉, 이것은 투자요소의 상환액이다)되므로 그 기간의 보험서비스비용은 영(₩0)이다.

*4 ㈜만세보험이 보유하고 있는 자산과 관련된 투자수익은 다른 기준서를 적용하여 회계처리한다.

*5 기초항목의 공정가치에 해당하는 금액을 보험계약자에게 지급할 의무의 변동분은 미래 서비스와 관련이 없으므로 보험계약마진에서 조정하지 않는다. ㈜만세보험은 그러한 변동을 보험금융수익(비용)으로 인식한다. 예를 들면, 1차연도의 기초항목의 공정가치 변동분은 ₩1,500이다.

*6 이 문제는 해당 기간의 모든 보험금융수익(비용)을 당기손익에 포함하는 것을 선택하는 것으로 가정한다.

【물음 6】 ㈜만세보험의 매 사업연도의 회계처리

1. 1차연도 회계처리

(1) 최초 인식시

(차)	잔여보장부채(BEL)	873	(대)	잔여보장부채(RA)	25
				잔여보장부채(CSM)	795
				잔여보장부채(BEL_TVOG)	45
				잔여보장부채(BEL_보증)	8

(2) 보험료 수취시

(차)	현금	15,000	(대)	잔여보장부채(BEL)	15,000

(3) 금융자산 취득시

(차)	금융자산(FV_PL)	15,000	(대)	현금	15,000

(4) 금융자산 투자수익

(차)	금융자산(FV_PL)	1,500	(대)	투자수익	1,500

(5) 기초항목의 공정가치 변동의 배분

(차)	보험금융비용	1,500	(대)	잔여보장부채(BEL)	1,413
				잔여보장부채(CSM)	87

* 기초항목 공정가치 변동분(₩1,500) 중 계약자 몫(잔여보장부채 : BEL)은 누적된 잔여보장부채(BEL)를 토대로 산출[(₩15,000 − ₩873) × 10% = ₩1,413]하여 배분하고 나머지 금액(₩87)은 주주 몫(잔여보장부채 : CSM)으로 배분

(6) 최소 사망보증금에 내재되어 있는 보장변동

(차)	잔여보장부채(BEL_TVOG)	10	(대)	잔여보장부채(CSM)	10

* 최소 사망보험금에 내재되어 있는 보장의 변동(₩10 감소)

(7) 사망보험금 지급시

(차)	잔여보장부채(BEL)	162	(대)	현금	162
	보험서비스비용	8		현금	8
	잔여보장부채(BEL_보증)	8		보험수익(예상보험금)	8

(8) 위험조정 상각 관련 수익인식

(차)	잔여보장부채(RA)	12	(대)	보험수익(위험조정변동)	12

(9) 보험계약마진 상각 관련 수익인식

(차)	잔여보장부채(CSM)	300	(대)	보험수익(보험계약마진 상각)	300

2. 2차연도 회계처리

(1) 금융자산 투자수익

(차)	금융자산(FV_PL)	1,281	(대) 투자수익	1,281

(2) 기초항목의 공정가치 변동의 배분

(차)	보험금융비용	1,281	(대) 잔여보장부채(BEL)	1,230
			잔여보장부채(CSM)	51

* 기초항목 공정가치 변동분(₩1,281) 중 계약자 몫(잔여보장부채 : BEL)은 누적된 잔여보장부채(BEL)을 토대로 산출[(₩15,000 − ₩873 + ₩1,413 − ₩162) × 8% = ₩1,230]하여 배분하고 나머지 금액(₩51)은 주주 몫(잔여보장부채 : CSM)으로 배분

(3) 최소 사망보증금에 내재되어 있는 보장변동

(차)	잔여보장부채(BEL_TVOG)	19	(대) 잔여보장부채(CSM)	19

* 최소 사망보험금에 내재되어 있는 보장의 변동(₩19 감소)

(4) 사망보험금 지급시

(차)	잔여보장부채(BEL)	174	(대) 현금	171
			잔여보장부채(CSM)	3

* 2차연도 예상 투자요소(₩174)와 발생 투자요소(₩171)간 차이를 보험계약마진에서 조정

(5) 위험조정 상각 관련 수익인식

(차)	잔여보장부채(RA)	8	(대) 보험수익(위험조정변동)	8

(6) 3차연도 수수료 감소 인식

(차)	잔여보장부채(CSM)	6	(대) 잔여보장부채(BEL)	6

* 3차연도 예상 수수료(₩376)와 발생 수수료(₩369)간 차이(₩7)를 현행 할인율(8%)로 할인한 금액을 보험계약마진에서 조정

(7) 보험계약마진 상각 관련 수익인식

(차)	잔여보장부채(CSM)	331	(대) 보험수익(보험계약마진 상각)	331

* 2차연도 초 보험계약마진(₩592)과 2차연도에 인식된 보험계약마진(₩67 = ₩51 + ₩19 + ₩3 − ₩6)을 합한 금액(₩659)을 2차연도에 제공된 보장단위 99개를 곱하고 총 잔여 보장단위 197개로 나누어 당기손익으로 인식

3. 3차연도 회계처리

(1) 금융자산 투자수익

(차)		(대)	
금융자산(FV_PL)	1,677	투자수익	1,677

(2) 기초항목의 공정가치 변동의 배분

(차)		(대)	
보험금융비용	1,677	잔여보장부채(BEL)	1,644
		잔여보장부채(CSM)	33

* 기초항목 공정가치 변동분(₩1,281) 중 계약자 몫(잔여보장부채 : BEL)은 누적된 잔여보장부채(BEL)를 토대로 산출[(₩15,000 − ₩873 + ₩1,413 − ₩162 + ₩1,230 − ₩174 + ₩6) × 10% = ₩1,644]하여 배분하고 나머지 금액(₩33)은 주주 몫(잔여보장부채 : CSM)으로 배분

(3) 최소 사망보증금에 내재되어 있는 보장변동

(차)		(대)	
잔여보장부채(BEL_TVOG)	16	잔여보장부채(CSM)	16

* 최소 사망보험금에 내재되어 있는 보장의 변동(₩16 감소)

(4) 사망보험금 지급시

(차)		(대)	
잔여보장부채(BEL)	188	현금	184
		잔여보장부채(CSM)	4

* 2차연도 예상 투자요소(₩188)와 발생 투자요소(₩184)간 차이를 보험계약마진에서 조정

(5) 만기보험금 지급시

(차)		(대)	
잔여보장부채(BEL)	17,896	현금	17,896

* 2차연도 초 잔여보장부채(BEL) ₩16,440에서 공정가치 변동분(₩1,644)을 합한 후 사망보험금(₩188)을 지급하고 잔여액(₩17,896)을 만기보험금으로 지급하여 청산

(6) 위험조정 상각 관련 수익인식

(차)		(대)	
잔여보장부채(RA)	5	보험수익(위험조정변동)	5

(7) 보험계약마진 상각 관련 수익인식

(차)		(대)	
잔여보장부채(CSM)	381	보험수익(보험계약마진 상각)	381

* 3차연도 초 보험계약마진(₩328)과 3차연도에 인식된 보험계약마진(₩53 = ₩33 + ₩16 + ₩4)을 합한 금액(₩381)을 3차연도에 제공된 보장단위 98개를 곱하고 총 잔여 보장단위 98개로 나누어 당기손익으로 인식

문제 5 보유하고 있는 기초항목에서 생기는 금융수익(비용)과 회계상 불일치를 제거(VFA)[9] 심화

이 문제에서는 당기장부수익률법(current period book yield approach)을 적용하는 경우로서 보험금융수익(비용)의 표시를 설명한다. 이 방법은 ㈜대한보험이 직접참가특성이 있는 보험계약에 대해 기초항목을 보유하는 경우에 적용한다.

㈜대한보험은 보장기간을 3년으로 하는 100개의 보험계약을 발행한다. 보장기간은 보험계약이 발행된 시점부터 시작되며 이 문제의 보험계약은 다음과 같다.

(1) 고정된 사망급부금을 제공하므로 보험계약의 정의를 충족한다. 그러나 이 문제에서 설명하는 영향만을 별도로 구분하고 단순화하기 위하여, 사망에 따라 지급될 수 있는 어떤 고정 현금흐름도 무시한다.

(2) 직접참가특성이 있는 보험계약이다.

㈜대한보험은 보장기간 초 각 계약에 대하여 일시납 보험료 ₩15을 수취한다(총미래현금유입액 ₩1,500). 한편, ㈜대한보험은 보험계약자에게 계약의 만기시점에 특정된 채권 집합의 누적수익금액에서 그 시점의 보험료와 누적수익금의 5%에 해당하는 수수료를 차감한 금액을 지급하기로 약정한다. 따라서 계약의 만기까지 계약을 유지한 보험계약자들은 보험료와 누적수익금의 95%를 수취한다.

이 문제에서는 단순화를 위해 비금융위험에 대한 위험조정을 포함한 모든 금액을 무시하며 ㈜대한보험은 수취한 보험료 ₩1,500을 듀레이션이 3년인 무이자부 고정수익 채권에 투자한다(보험계약자에게 약정한 수익과 동일함). 이 채권에서는 연 10% 시장이자율의 수익을 얻는다. 1차연도 말 시장이자율은 연 10%에서 연 5%로 감소한다.

㈜대한보험은 K-IFRS 제1109호 금융상품을 적용해 채권을 기타포괄손익-공정가치 측정항목으로 측정한다. 취득한 채권의 유효이자율은 연 10%이고, 이 이자율은 당기손익으로 인식하는 투자수익을 계산하는데 사용된다. 단순화를 위해 이 문제에서는 금융자산에 대한 기대신용손실 회계처리의 효과는 제외한다. ㈜대한보험이 보유하는 채권의 가치는 아래 표에서 보여준다.

9) K-IFRS 제1117호 보험계약 사례 16 참조

보유 채권	최초 인식	1차연도	2차연도	3차연도
공정가치	₩(1,500)	₩(1,811)	₩(1,902)	₩(1,997)
상각원가	(1,500)	(1,650)	(1,815)	(1,997)
기타포괄수익에 인식된 누적금액	—	161	87	—
기타포괄손익의 변동		161	(74)	(87)
당기손익 인식 투자수익(유효이자율)		150	165	182

㈜대한보험은 보유하고 있는 기초항목의 당기손익에 포함된 수익 또는 비용과의 회계상 불일치를 제거하는 금액을 당기손익에 포함시키기 위하여 매 기간의 보험금융수익(비용)을 세분하기로 선택한다.

【물음 1】 일반모형이 적용되는 보험계약을 회계처리하기 위한 이행현금흐름 변동을 분석하시오.

【물음 2】 각 보고기간 말의 보험계약마진의 장부금액을 분석하시오.

【물음 3】 각 보고기간별로 재무성과표에 인식할 금액을 분석하시오.

【물음 4】 최초 인식시점의 시장이자율에 따른 보험부채, 금융자산 변동을 분석하시오.

【물음 5】 1년차연도 말 시장이자율 변동(10% → 5%)에 따른 보험부채, 금융자산 변동을 분석하시오.

【물음 6】 각 사업연도의 회계처리를 하시오.

해설

【물음 1】 일반모형이 적용되는 보험계약의 이행현금흐름 변동

이행현금흐름*1	1차연도	2차연도	3차연도
기초잔액	–	₩1,720	₩1,806
미래서비스 관련 변동 : 신규 계약	₩(75)	–	–
기초항목 공정가치 중 보험계약자 몫 변동*2	295	86	90
현금흐름	1,500	–	(1,896)
기말잔액	₩1,720	₩1,806	–

*1 이행현금흐름은 미래 현금유입액의 현재가치 추정치와 미래 현금유출액의 현재가치 추정치의 합이다(이 문제에서 모든 현금유출액은 기초항목의 수익에 따라 변동한다). 예를 들면, 최초 인식시점에 이행현금흐름 (–)₩75은 미래 현금유입액의 현재가치 추정치 (–)₩1,500과 미래 현금유출액의 현재가치 추정치 ₩1,425(최초 인식시점에 기초항목의 공정가치 ₩1,500의 95%인 보험계약자의 몫)의 합이다.

*2 기초항목 공정가치의 보험계약자 몫의 변동은 기초항목 공정가치 변동의 95%이다. 예를 들면, 1차연도에 기초항목에 대한 보험계약자 몫의 변동분 ₩295은 1차연도의 공정가치 변동분 ₩311(₩1,811 – ₩1,500)의 95%이다. 한편, 기초항목의 공정가치와 동일한 금액을 보험계약자에게 지급하는 의무의 변동은 미래 서비스와 관련이 없어 보험계약마진을 조정하지 않는다.

【물음 2】 각 보고기간 말의 보험계약마진의 장부금액 분석

보험계약마진	1차연도	2차연도	3차연도
기초잔액	–	₩61	₩33
미래서비스 관련 변동 : 신규 계약	₩(75)	–	–
기초항목 공정가치 중 기업 몫 변동*1	16	5	5
당기서비스 관련 변동 : 당기손익 인식	(30)*2	(33)	(38)
기말잔액	₩61	₩33	–

*1 기초항목의 공정가치 중 기업의 몫에 해당하는 금액의 변동은 미래 서비스와 관련이 있으므로 보험계약마진에서 조정한다. 예를 들면, 1차연도에 기초항목의 공정가치 중 기업의 몫에 해당하는 금액의 변동 ₩16은 기초항목의 공정가치 변동 ₩311(₩1,811 – ₩1,500) 중 5%와 같다.

*2 ㈜대한보험은 해당 기간 말(당기손익으로 어떤 금액을 인식하기 전)에 보험계약마진을 당기에 제공된 각 보장단위와 미래 기간에 제공될 것으로 예상되는 각 보장단위에 동일하게 배분하여 당기손익으로 인식할 보험계약마진의 금액을 산정한다. 이 문제에서 각 기간에 제공되는 보장은 동일하므로, 1차연도에 당기손익으로 인식한 보험계약마진 ₩30은 배분전 보험계약마진 ₩91(₩75 + ₩16)을 보장기간 3년으로 나눈 값이다.

【물음 3】 각 보고기간별로 재무성과표 인식금액 분석

	1차연도	2차연도	3차연도
당기손익			
제공서비스로 당기손익 인식 보험계약마진	₩30	₩33	₩38
보험서비스결과	30	33	38
투자수익	150	165	182
보험금융비용	(150)*	(165)	(182)
금융결과	–	–	–
이익	₩30	₩33	₩38
기타포괄손익			
기타포괄손익–공정가치 측정 금융자산 이익(손실)	₩161	₩(74)	₩(87)
보험계약의 이익(손실)	(161)*	74	87
총기타포괄손익	–	–	–

* 1차연도의 기초항목의 공정가치 변동은 ₩311(₩1,811 – ₩1,500)이며 당기손익에 포함된 보유 기초항목의 수익 또는 비용과 회계상 불일치를 제거하는 금액이 당기손익에 포함되도록 해당 기간의 보험금융비용을 당기손익과 기타포괄손익으로 세분한다. 이 금액은 기초항목과 관련하여 당기손익에 포함된 수익 또는 비용과 정확히 일치하여 별도로 표시된 두 항목의 순액은 영(₩0)이 된다. 예를 들면, 1차연도에 보험금융비용 총액 ₩311을 세분하여 기초항목에 대한 금융수익금액과 같은 금액 ₩150을 당기손익으로 표시한다. 보험금융비용 중 나머지 금액은 기타포괄손익으로 인식한다.

【물음 4】 최초 인식시점의 시장이자율에 따른 보험부채, 금융자산 변동

1차연도 초(T = 0) 예상	0	1	2	3
시장이자율		10%	10%	10%
채권수익률		10%	10%	10%
현금흐름 유입 : 보험료	₩1,500			
현금흐름 유출 : 보험금				₩1,897
잔여보장부채(BEL)	△75	₩1,568	₩1,725	–
금융자산(상각후원가 : A)	1,500	1,650	1,815	1,997
금융이자수익	–	150	165	182
금융자산(공정가치 : B)	1,500	1,650	1,815	1,997
기초자산 공정가치 변동분		150	165	182
기업 몫(5%) : CSM		7	8	9
계약자 몫(95%) : BEL		143	157	172
금융자산 기타포괄손익(B – A)		–	–	–

【물음 5】 1년차연도 말 시장이자율 변동(10% → 5%)에 따른 보험부채, 금융자산 변동분석

1차연도 말(T = 1) 예상	0	1	2	3
시장이자율		10%	5%	5%
채권수익률		10%	10%	10%
현금흐름 유입 : 보험료	₩1,500			
현금흐름 유출 : 보험금				₩1,897
잔여보장부채(BEL)	△75	₩1,720	₩1,806	–
금융자산(상각후원가 : A)	1,500	1,650	1,815	1,997
금융이자수익	–	150	165	182
금융자산(공정가치 : B)	1,500	1,811	1,902	1,997
기초자산 공정가치 변동분		311	91	95
기업 몫(5%) : CSM		16	5	5
계약자 몫(95%) : BEL		295	86	90
금융자산 기타포괄손익(B – A)		161	87	–

【물음 6】 각 사업연도의 회계처리

1. 1차연도 회계처리

(1) 최초 인식시

(차)	잔여보장부채(BEL)	75	(대)	잔여보장부채(CSM)	75

(2) 보험료 수취시

(차)	현금	1,500	(대)	잔여보장부채(BEL)	1,500

(3) 금융자산 매입

(차)	금융자산	1,500	(대)	현금	1,500

(4) 금융자산 이자수익 인식

(차)	금융자산	150	(대)	금융이자수익	150

(5) 금융자산 시가평가

(차)	금융자산	161	(대)	금융자산평가이익(OCI)	161

(6) 기초항목 공정가치 변동에 따른 부채변동

(차)	보험금융비용	150	(대)	잔여보장부채(BEL)	295
	보험부채평가손실(OCI)	161		잔여보장부채(CSM)	16

09

(7) 보험계약마진 상각 관련 수익인식

(차)	잔여보장부채(CSM)	30	(대)	보험수익(CSM 상각)	30

2. 2차연도 회계처리

(1) 금융자산 이자수익 인식

(차)	금융자산	165	(대)	금융이자수익	165

(2) 금융자산 시가평가

(차)	금융자산평가이익(OCI)	74	(대)	금융자산	74

(3) 기초항목 공정가치 변동에 따른 부채변동

(차)	보험금융비용	165	(대)	잔여보장부채(BEL)	86
				잔여보장부채(CSM)	5
				보험부채평가손실(OCI)	74

(4) 보험계약마진 상각 관련 수익인식

(차)	잔여보장부채(CSM)	33	(대)	보험수익(CSM 상각)	33

3. 3차연도 회계처리

(1) 금융자산 이자수익 인식

(차)	금융자산	182	(대)	금융이자수익	182

(2) 금융자산 시가평가

(차)	금융자산평가이익(OCI)	87	(대)	금융자산	87

(3) 기초항목 공정가치 변동에 따른 부채변동

(차)	보험금융비용	182	(대)	잔여보장부채(BEL)	90
				잔여보장부채(CSM)	5
				보험부채평가손실(OCI)	87

(4) 보험금 지급

(차)	잔여보장부채(BEL)	1,897	(대)	현금	1,897

* 3차연도 말에 지급하는 보험금은 투자요소로 가정하여 보험수익 및 보험서비스비용을 인식하지 않으며 본 문제는 유의적인 보험위험이 있는 보험계약으로 가정하며 ₩1의 단수 차이 발생

(5) 보험계약마진 상각 관련 수익인식

(차)	잔여보장부채(CSM)	38	(대)	보험수익(CSM 상각)	38

문제 6 출재보험계약집합에 대한 후속측정[10] 심화

㈜대한보험은 정액 보험료로 원수보험계약의 각 보험금의 30%를 보장하는 재보험계약을 체결하며 ㈜대한보험은 원수보험계약의 비금융위험 30%를 재보험자에게 이전할 수 있는 것으로 가정한다.

이 문제에서, 할인효과와 재보험자의 불이행 위험 및 다른 금액은 단순화를 위해 무시하며 단일의 출재보험계약으로 구성된 집합을 정한다.

1차연도 말 직전에 ㈜대한보험은 보험계약집합 및 출재보험계약집합을 다음과 같이 측정한다.

	보험계약부채	재보험계약자산
이행현금흐름(추정의 변동에 따른 영향 반영 전)	₩300	₩(90)
보험계약마진	100	(25)*
1차연도 말 직전의 보험계약부채(재보험계약자산)	₩400	₩(115)

* 이 문제에서 출재보험계약의 보험계약마진 ₩25과 원수보험계약집합의 30%인 ₩30(30%×₩100)과의 차이는 원수보험계약집합과 출재보험계약의 가격결정정책이 다르기 때문에 생긴다.

1차연도 말 다음과 같이 원수보험계약집합의 이행현금유출액의 추정치를 조정한다.

(1) **[문제 6-A]** : 원수보험계약집합의 이행현금흐름이 ₩50 증가하고 보험계약마진이 같은 금액만큼 감소한다고 추정한다.

(2) **[문제 6-B]** : 원수보험계약집합의 이행현금흐름이 ₩160 증가한다고 추정한다. 이러한 변동으로 원수보험계약집합은 손실부담계약이 되며, ㈜대한보험은 보험계약마진을 ₩100만큼 감소시켜 영(₩0)으로 줄이고 나머지 ₩60을 손실로 당기손익에 인식한다.

【물음 1】 [문제 6-A]는 원수보험계약집합이 손실부담계약이 아닌 경우로 1차연도 말 보험계약부채 및 재보험계약자산을 측정하시오.

10) K-IFRS 제1117호 보험계약 사례 12A 및 사례 12B 참조

【물음 2】 [문제 6-A]의 최초 인식시점 및 1차연도의 원수보험계약과 출재보험계약의 회계처리를 하시오.

【물음 3】 [문제 6-B]는 원수보험계약집합이 손실부담계약인 경우로 1차연도 말 보험계약부채와 재보험계약자산을 측정하시오.

【물음 4】 [문제 6-B]의 최초 인식시점 및 1차연도의 원수보험계약과 출재보험계약의 회계처리를 하시오.

해설

【물음 1】 1차연도 말 보험계약부채 및 재보험계약자산 측정

	보험계약부채	재보험계약자산
이행현금흐름(추정의 변동에 따른 영향 포함)	₩350	₩(105)*1
보험계약마진	50	(10)*2
1차연도 말 보험계약부채(재보험계약자산)	₩400	₩(115)
추정의 변동이 당기손익에 미칠 영향 : 1차연도 말 이익(손실)	–	–

*1 원수보험계약집합의 이행현금흐름의 변동 중 30%를 출재보험계약의 이행현금흐름에서 증가시킨다. (₩15 = ₩50의 30%)

*2 출재보험계약의 이행현금흐름의 변동분 전체 금액 ₩15을 출재보험계약의 보험계약마진에서 조정[(–)₩25에서 (–)₩10으로 조정]한다. 이는 원수보험계약집합에 배분된 이행현금흐름의 전체변동은 그 원수보험계약의 보험계약마진에서 조정하기 때문이다.

【물음 2】 [문제 6-A]의 최초 인식시점 및 1차연도의 원수보험계약과 출재보험계약의 회계처리

⑴ 원수보험계약 : 최초 인식시

(차)	잔여보장부채(BEL)	100	(대)	잔여보장부채(CSM)	100

⑵ 원수보험계약 : 보험료 수취시

(차)	현금	400	(대)	잔여보장부채(BEL)	400

⑶ 원수보험계약 : 이행현금흐름이 ₩50 증가 추정시

(차)	잔여보장부채(CSM)	50	(대)	잔여보장부채(BEL)	50

(4) 출재보험계약 : 최초 인식시

(차)	잔여보장부채(CSM)	25	(대)	잔여보장부채(BEL)	25

* 재보험을 구입할 때 ₩25의 순원가 발생

(5) 출재보험계약 : 출재보험료 지급시

(차)	잔여보장부채(BEL)	115	(대)	현금	115

(6) 출재보험계약 : 원수보험계약의 이행현금흐름이 ₩50 증가 추정시

(차)	잔여보장부채(BEL)	15	(대)	잔여보장부채(CSM)	15

【물음 3】 1차연도 말 보험계약부채 및 재보험계약자산 측정

	보험계약부채	재보험계약자산
이행현금흐름(추정의 변동에 따른 영향은 포함)	₩460	₩(138)*1
보험계약마진	–	5*2
1차연도 말의 보험계약부채(재보험계약자산)	₩460	₩(133)
손익에 대한 영향 : 1차연도 말 이익/(손실)	₩(60)	₩(18)*2

*1 원수보험계약집합의 이행현금흐름의 변동 중 30%만큼에 해당하는 ₩48을 출재보험계약의 이행현금흐름에서 증가시킨다(₩48 = ₩160의 30%).

*2 미래 서비스와 관련된 이행현금흐름의 변동이 원수보험계약 집합의 보험계약마진을 조정하는 원수보험계약집합의 이행현금흐름의 변동으로 인한 것이라면, 출재보험계약의 보험계약마진에서 조정한다. 따라서 ㈜대한보험은 출재보험계약의 이행현금흐름의 변동 ₩48을 다음과 같이 인식한다.

㈎ 이행현금흐름의 변동 중 ₩30에 대해 출재보험계약의 보험계약마진을 조정한다. 이 ₩30은 원수보험계약의 보험계약마진 ₩100에서 조정하는 이행현금흐름의 변동과 같다(₩30 = 30% × ₩100). 따라서 출재보험계약의 보험계약마진 ₩5은 최초 인식시점의 보험계약마진 ₩25에서 이행현금흐름의 변동 중 일부인 ₩30이 조정된 것과 같다(₩5 = (−)₩25 + ₩30).

㈏ 출재보험계약의 이행현금흐름의 나머지 변동분 ₩18을 즉시 당기손익으로 인식한다.

【물음 4】 [문제 6-B]의 최초 인식시점 및 1차연도의 원수보험계약과 출재보험계약의 회계처리

(1) 원수보험계약 : 최초 인식시

(차)	잔여보장부채(BEL)	100	(대)	잔여보장부채(CSM)	100

(2) 원수보험계약 : 보험료 수취시

(차)	현금	400	(대)	잔여보장부채(BEL)	400

⑶ 원수보험계약 : 이행현금흐름이 ₩160 증가 추정시

(차)	잔여보장부채(CSM)	100	(대)	잔여보장부채(BEL)	160
	보험서비스비용 (손실부담계약 관련 비용)	60			

⑷ 출재보험계약 : 최초 인식시

(차)	잔여보장부채(CSM)	25	(대)	잔여보장부채(BEL)	25

* 재보험을 구입할 때 ₩25의 순원가 발생

⑸ 출재보험계약 : 출재보험료 지급시

(차)	잔여보장부채(BEL)	115	(대)	현금	115

⑹ 출재보험계약 : 원수보험계약의 이행현금흐름이 ₩48 증가 추정시

(차)	잔여보장부채(BEL)	48	(대)	잔여보장부채(CSM)	30
				재보험수익(손실회수요소)	18

문제 7 원수보험계약집합(손실부담계약집합 포함)에 보장을 제공하는 출재보험계약집합 측정[11) 심화

1차연도 초에 ㈜민국보험은 고정 보험료에 대한 대가로 원수보험계약집합에서 발생하는 각 보험금의 30%를 보상하는 재보험계약을 체결한다. 원수보험계약은 ㈜민국보험의 재보험계약 체결과 동시에 발행된다.

이 문제에서는 단순화를 위해 보장기간이 끝나기 전 어떠한 계약도 해지되지 않고 그 밖의 모든 금액(예 할인 효과, 비금융위험에 대한 위험조정 및 재보험자의 불이행위험 포함)은 무시한다.

원수보험계약 중 일부는 최초 인식시점에 손실부담계약으로 손실부담계약집합을 구성하며 원수보험계약의 나머지 부분은 수익성이 있을 것으로 예상하여 수익성 있는 계약으로 구성된 단일 집합을 구성한다.

원수보험계약 및 출재보험계약의 보장기간은 1차연도 초부터 3년 동안이다. 서비스는 보장기간에 걸쳐 균등하게 제공된다.

최초 인식 직후 원수보험계약에 대해 ₩1,110의 보험료를 받을 것으로 예상한다. 원수보험계약에 대한 보험금 청구는 보장기간에 걸쳐 균등하게 발생할 것으로 예상되며 보험금은 보험금 청구가 발생한 직후에 지급된다.

최초 인식시점에 원수보험계약집합을 다음과 같이 측정한다.

	수익성이 있는 보험계약집합	손실부담 보험계약집합	합계
미래현금유입액의 현재가치 추정치	₩(900)	₩(210)	₩(1,110)
미래현금유출액의 현재가치 추정치	600	300	900
이행현금흐름	₩(300)	₩90	₩(210)
보험계약마진	300	–	300
최초 인식시점의 보험계약부채	–	₩90	₩90
최초 인식시점의 손실	–	₩(90)	₩(90)

출재보험계약으로 구성된 하나의 집합을 구성한다. ㈜민국보험은 최초 인식 직후 재보험자에게 ₩315의 보험료를 지급한다. ㈜민국보험은 원수보험계약에 대하여 보험금을 지급하는 날과 같은 날에 재보험자로부터 보험금을 회수할 것으로 예상한다.

11) K-IFRS 제1117호 보험계약 사례 12C 참조

출재보험계약집합의 미래현금흐름의 현재가치 추정치를 원수보험계약집합의 미래현금흐름의 현재가치 추정치를 측정하기 위하여 사용된 가정과 일관된 가정을 사용하여 측정한다. 따라서 미래현금유입액의 현재가치 추정치는 ₩270(원수보험계약집합의 미래현금유출액의 현재가치 추정치 ₩900의 30%를 회수)이다.

2차연도 말에 원수보험계약집합의 잔여 이행현금유출액의 추정치를 수정한다. 원수보험계약집합의 이행현금흐름이 미래현금유출액 ₩300에서 미래현금유출액 ₩330으로 10% 증가한다고 추정한다. 따라서 ㈜민국보험은 출재보험계약의 이행현금흐름도 미래현금유입액 ₩90에서 미래현금유입액 ₩99으로 증가한다고 추정한다.

【물음 1】 최초 인식시점의 출재보험계약집합을 측정하시오.

【물음 2】 1차연도 말의 보험계약부채와 재보험계약자산을 측정하시오.

【물음 3】 2차연도 말의 보험계약부채와 재보험계약자산을 측정하시오.

【물음 4】 2차연도 재무상태표와 손익계산서에 인식한 금액 간의 차이조정을 분석하시오.

【물음 5】 ㈜민국보험의 매 사업연도의 손익계산서에 표시되는 금액을 나타내시오.

【물음 6】 최초 인식시점부터 원수보험계약과 출재보험계약에 대해 매연도 회계처리를 하시오.

해설

【물음 1】 최초 인식시점의 출재보험계약집합 측정

	최초 인식
미래현금유입액의 현재가치 추정치(회수)	₩(270)
미래현금유출액의 현재가치 추정치(보험료)	315
이행현금흐름	₩45
출재보험계약의 보험계약마진(손실회수 조정 전)	(45)
손실회수요소	(27)*1
출재보험계약의 보험계약마진(손실회수 조정 후)	₩(72)*2
최초 인식시점의 재보험계약자산	₩(27)*3
최초 인식시점의 수익	₩27*1

*1 출재보험계약의 보험계약마진을 조정하고 손실회수를 반영하는 수익을 인식한다. 보험계약마진의 조정분과 수익인식 금액 ₩27(원수보험계약의 손실부담집합에 대해 인식한 ₩90의 손실에 보험금에 대해 회수할 것으로 예상하는 비율 30%를 곱함)을 결정한다.

*2 ₩45의 보험계약마진은 ₩27으로 조정되어 보험계약마진은 ₩72이 되며, 이는 출재보험계약에 대한 순원가를 반영한다.

*3 ₩27의 재보험계약자산은 ₩45의 이행현금흐름(순유출액)과 ₩72의 순원가를 반영하는 보험계약마진으로 구성된다. 잔여보장자산 중 손실회수요소 ₩27을 정하는데, 이는 인식한 손실의 회수를 나타낸다.

【물음 2】 1차연도 말의 보험계약부채 및 재보험계약자산 측정

	보험계약부채		
	수익성이 있는 보험계약집합	손실부담 보험계약집합	재보험계약자산
미래현금유입액의 현재가치 추정치(회수)	–	–	₩(180)
미래현금유출액의 현재가치 추정치(보험금)	₩400	₩200	–
이행현금흐름	400	200	(180)
보험계약마진	200	–	(48)*
보험계약부채	₩600	₩200	–
재보험계약자산	–	–	₩(228)

* 1차연도에 제공받은 서비스에 대하여 당기손익으로 인식하는 보험계약마진 금액을 ₩24으로 산정한다. 이 금액은 최초 인식시점의 보험계약마진 ₩72을 3년의 보장기간으로 나누어 계산한 것이다. 따라서 1차연도 말에 출재보험계약의 보험계약마진 ₩48은 최초 인식시점의 보험계약마진 ₩72에서 ₩24을 뺀 것과 같다.

09

【물음 3】 2차연도 말의 보험계약부채 및 재보험계약자산 측정

	보험계약부채		
	수익성이 있는 보험계약집합	손실부담 보험계약집합	재보험계약자산
미래현금유입액의 현재가치 추정치(회수)	–	–	₩(99)*1
미래현금유출액의 현재가치 추정치(보험금)	₩220*1	₩110*1	–
이행현금흐름	₩220	₩110	₩(99)
보험계약마진	90*2	–	(21)*5
보험계약부채	₩310	₩110	–
재보험계약자산	–	–	₩(120)
손실과 손실회수의 인식	–	₩(10)*3	₩3*4

*1 원수보험계약집합의 예상 잔여현금유출액을 각 집합별로 10%씩 증가(총 ₩30)시키고 출재보험계약의 예상 잔여현금유입액을 기대 회수액 ₩90의 10%(₩9)만큼 증가시킨다.

*2 ₩200의 보험계약마진 장부금액에서 미래서비스와 관련된 이행현금흐름의 변동에 대해 ₩20을 조정한다. 또한 보험수익으로 인식한 ₩90[(₩200 – ₩20)÷2]만큼 보험계약마진 장부금액을 조정한다. 결과적으로 2차연도 말 보험계약마진은 ₩90(₩200 – ₩20 – ₩90)이다.

*3 손실부담 원수보험계약집합의 미래서비스와 관련된 이행현금흐름의 변동에 대하여 ₩10을 당기손익으로 인식한다.

*4 미래서비스와 관련된 이행현금흐름의 변동이 보험계약마진을 조정하지 않는 원수보험계약집합에 배분되는 이행현금흐름의 변동에서 발생된 것이 아니라면 미래서비스와 관련된 이행현금흐름의 변동을 출재보험계약의 보험계약마진에서 조정한다. 따라서 출재보험계약의 이행현금흐름의 변동 ₩9을 다음과 같이 인식한다.

(가) 출재보험계약의 이행현금흐름의 변동 중 ₩3(보험계약마진을 조정하지 않는 손실부담 원수보험계약집합의 이행현금흐름변동 ₩10의 30%)을 즉시 당기손익으로 인식한다.

(나) 이행현금흐름의 변동 중 ₩6(₩9 – ₩3)을 출재보험계약의 보험계약마진에서 조정한다.

*5 출재보험계약의 보험계약마진 ₩21은 1차연도 말 ₩48의 보험계약마진에서 ₩6을 조정하고 2차연도에 제공받은 서비스에 대해 당기손익으로 인식한 보험계약마진 ₩21[₩21 = (₩48 – ₩6)÷2]을 조정한 것과 같다.

【물음 4】 2차연도 재무상태표 및 손익계산서에 인식한 금액 간의 차이조정

	손실회수요소를 제외한 잔여보장자산	잔여보장 자산의 손실회수요소	발생사고자산	재보험계약자산
기초잔액	₩(210)	₩(18)*2	–	₩(228)
지급한 출재보험료의 배분*1	102*3	–	–	102
재보험자로부터 회수한 금액*1	–	6*4	₩(90)	(84)
현금흐름	–	–	90	90
기말잔액	₩(108)	₩(12)	–	₩(120)

*1 재보험자로부터 회수한 금액과 지급한 출재보험료의 배분을 별도 표시하기로 결정한다.

*2 2차연도 초에 ₩18의 손실회수요소는 최초 인식시점의 ₩27의 손실회수요소에서 1차연도에 손실회수요소 환입액 ₩9을 차감하여 계산한다.

*3 지급한 출재보험료 ₩102의 배분은 다음과 같이 산정되고 분석된다.

㈎ 측정방법 ① : 잔여보장자산의 기초와 기말 장부금액의 차이 ₩102(₩210 − ₩108)으로 산정된다.

㈏ 측정방법 ② : 원수보험계약에서 발생된 보험금 회수 ₩90에서 ₩9의 손실회수요소의 환입을 차감하고 보고기간에 당기손익으로 인식한 출재보험계약의 보험계약마진 ₩21을 합한 것으로 분석된다(즉 ₩102 = ₩90 − ₩9 + ₩21).

*4 ₩6의 손실회수요소와 관련하여 재보험자로부터 회수된 금액은 손실회수요소의 환입 ₩9과 추가 손실회수요소 ₩3의 순액이다. 손실회수와 관련하여 인식한 금액은 재보험자로부터 회수한 금액으로 처리한다.

【물음 5】 ㈜민국보험의 매 사업연도의 손익계산서

	Year 1	Year 2	Year 3	Total
보험수익	₩370	₩360	₩380	₩1,110
보험서비스비용	(360)	(280)	(290)	(930)
발행한 보험계약 합계	10*2	80*4	90*6	180
지급한 출재보험료의 배분*1	(105)	(102)	(108)	(315)
재보험자로부터 회수한 금액*1	₩108	₩84	₩87	₩279
출재보험계약 합계	3*3	(18)*5	(21)*7	(36)
보험서비스결과	₩13	₩62	₩69	₩144

*1 재보험자로부터 회수한 금액과 지급한 출재보험료의 배분을 별도로 표시하기로 결정한다.

*2 1차연도의 원수보험계약집합에서 발생한 ₩10의 이익은 다음과 같이 ㈎에서 ㈏를 차감하여 계산한다.

㈎ 발생한 보험금 ₩270(₩300 − 손실요소환입 ₩30)으로 인한 보험서비스비용과 보고기간에 당기손익으로 인식한 보험계약마진 ₩100의 합으로 분석되는 보험수익 ₩370(₩370 = ₩270 + ₩100).

㈏ 손실부담집합의 손실요소 ₩90과 보고기간에 발생한 보험금 ₩300의 합계에서 손실요소의 환입액 ₩30을 차감한 보험서비스비용 ₩360(₩360 = ₩90 + ₩300 − ₩30).

*3 1차연도의 출재보험계약에서 발생한 ₩3의 이익은 다음 ㈎와 ㈏의 순액이다.

㈎ 지급한 출재보험료의 배분액 ₩105은 원수보험계약에서 발생한 보험금 ₩90에 대한 회수액에서 손실회수요소의 환입액 ₩9을 차감하고 해당 기간에 당기손익으로 인식한 출재보험계약의 보험계약마진 ₩24의 합 (₩105 = ₩90 − ₩9 + ₩24)이다.

㈏ 재보험자로부터 회수한 금액 ₩108은 최초 인식시점의 ₩27의 수익과 원수보험계약에서 발생한 보험금에 대해 회수한 ₩90의 합에서 손실회수요소의 환입액 ₩9을 차감한 금액이다(₩108 = ₩27 + ₩90 − ₩9).

*4 2차연도의 원수보험계약집합에서 발생한 ₩80의 이익은 다음과 같이 ㈎에서 ㈏를 차감하여 계산한다.

㈎ 발생한 보험금 ₩270(₩300 − 손실요소환입 ₩30)으로 인한 보험서비스비용과 보고기간에 당기손익으로 인식한 보험계약마진 ₩90의 합으로 분석되는 보험수익 ₩360(₩360 = ₩270 + ₩90).

㈏ 손실부담집합의 이행현금흐름의 변동으로 인한 손실요소의 증가분 ₩10과 발생한 보험금 ₩300의 합계에서 손실요소의 환입액 ₩30을 차감한 보험서비스비용 ₩280(₩280 = ₩10 + ₩300 − ₩30).

09

*5 2차연도의 출재보험계약에서 발생한 ₩18의 손실은 다음 ㈎와 ㈏의 순액이다.

㈎ 지급한 출재보험료의 배분액 ₩102은 원수보험계약에서 발생한 보험금 ₩90에 대한 회수액에서 손실회수요소의 환입액 ₩9을 차감하고 해당 기간에 당기손익으로 인식한 출재보험계약의 보험계약마진 ₩21의 합(₩102 = ₩90 − ₩9 + ₩21)이다.

㈏ 재보험자로부터 회수한 금액 ₩84은 원수보험계약에서 발생한 보험금에 대해 회수한 ₩90에서 손실회수요소의 환입액 ₩9을 차감하고 추가 손실회수요소 ₩3을 합한 금액이다(₩84 = ₩90 − ₩9 + ₩3).

*6 3차연도의 원수보험계약집합에서 발생한 ₩90의 이익은 다음과 같이 ㈎에서 ㈏를 차감하여 계산한다.

㈎ 발생한 보험금 ₩290(₩330 − 손실요소환입 ₩40)으로 인한 보험서비스비용과 해당 기간에 당기손익으로 인식한 보험계약마진 ₩90의 합으로 분석되는 보험수익 ₩380(₩380 = ₩290 + ₩90).

㈏ 발생한 보험금 ₩290에서 손실요소의 환입액 ₩40을 차감한 보험서비스비용 ₩290(₩290 = ₩330 − ₩40).

*7 3차연도의 출재보험계약에서 발생한 ₩21의 비용은 다음 ㈎와 ㈏의 순액이다.

㈎ 지급한 출재보험료의 배분액 ₩108은 ₩수보험계약에서 발생한 보험금에 대한 회수액 99₩에서 손실회수요소의 환입액 ₩12을 차감하고 해당 기간에 당기손익으로 인식한 출재보험계약의 보험계약마진 ₩21의 합(₩108 = ₩99 − ₩12 + ₩21)이다.

㈏ 재보험자로부터 회수한 금액 ₩87은 원수보험계약에서 발생한 보험금에 대해 회수한 ₩99에서 손실회수요소의 환입액 ₩12을 차감한 금액이다(₩87 = ₩99 − ₩12).

【물음 6】 최초 인식시점부터 원수보험계약과 출재보험계약에 대해 매연도 회계처리

1. 1차연도 회계처리

(1) 원수보험계약 : 최초 인식시

− 수익성이 있는 보험계약집합

(차)	잔여보장부채(BEL)	300	(대)	잔여보장부채(CSM)	300

− 손실부담 보험계약집합

(차)	보험서비스비용 (손실부담계약 관련 비용)	90	(대)	잔여보장부채(BEL)	90

(2) 원수보험계약 : 보험료 수취시

− 수익성이 있는 보험계약집합

(차)	현금	900	(대)	잔여보장부채(BEL)	900

− 손실부담 보험계약집합

(차)	현금	210	(대)	잔여보장부채(BEL)	210

(3) 원수보험계약(이익계약) : 발생보험금, 예상보험금 및 보험계약마진 상각

(차)	보험서비스비용(발생보험금)	200	(대)	현금	200
	잔여보장부채(BEL)	200		보험수익(예상보험금)	200
	잔여보장부채(CSM)	100		보험수익(CSM 상각)	100

(4) 원수보험계약(손실계약) : 발생보험금, 예상보험금 및 손실요소 배분

(차)	보험서비스비용(발생보험금)*1	100	(대)	현금	100
	손실요소 배분	30		보험서비스비용(발생보험금)	30
	잔여보장부채(BEL)	100		보험수익(예상보험금)*2	100
	보험수익(예상보험금)	30		손실요소 배분	30

*1 보험서비스비용(발생보험금) ₩100은 당기에 실제로 발생한 보험금으로, 투자요소를 제외하고 손실요소 배분액 ₩30을 차감하기 전 금액

*2 보험수익(예상보험금) ₩100은 당기에 발생할 것으로 예상한 보험금으로, 투자요소를 제외하고 손실요소 배분액 ₩30을 차감하기 전 금액

(5) 출재보험계약 : 최초 인식시

(차)	잔여보장부채(CSM)*	72	(대)	잔여보장부채(BEL)	45
				재보험수익(손실회수요소)	27

* 재보험을 구입할 때, 재보험계약의 이행현금흐름(₩45)과 원수보험계약에서 발생한 손실요소(₩90)의 변동에 대응하여 재보험수익(손실회수요소)(₩27)을 합한 ₩72의 순원가(CSM) 발생

(6) 출재보험계약 : 출재보험료 지급시

(차)	잔여보장부채(BEL)	315	(대)	현금	315

(7) 출재보험계약 : 발생재보험금, 예상재보험금, 손실회수요소 배분 및 보험계약마진(순원가) 상각

(차)	현금	90	(대)	재보험수익(발생재보험금)*1	90
	재보험수익(발생재보험금)	9		손실회수요소 배분	9
	재보험서비스비용(예상재보험금)*2	90		잔여보장부채(BEL)	90
	손실회수요수 배분	9		재보험서비스비용(예상재보험금)	9
	재보험서비스비용(CSM 상각)*3	24		잔여보장부채(CSM)	24

*1 재보험수익(발생재보험금) ₩90은 당기에 실제로 회수한 재보험금으로 손실회수요소 배분액 ₩9을 차감하기 전 금액

*2 재보험서비스비용(예상재보험금) ₩90은 당기에 회수할 것으로 예상한 재보험금으로 손실회수요소 배분액 ₩9을 차감하기 전 금액

*3 재보험계약집합 보험계약마진 ₩72 중 당기에 상각되어 재보험서비스비용으로 인식되는 금액 (₩24 = ₩72/3년)

2. 2차연도 회계처리

(1) 원수보험계약(이익계약) : 발생보험금, 예상보험금 및 보험계약마진 상각 등

(차)	보험서비스비용(발생보험금)	200	(대)	현금	200
	잔여보장부채(BEL)	200		보험수익(예상보험금)	200
	보험계약마진(CSM)*1	20		잔여보장부채(BEL)	20
	잔여보장부채(CSM)	90		보험수익(CSM 상각)*2	90

*1 이익계약집합의 예상 잔여현금유출액(₩200)이 10% 증가를 추정하였으므로 미래 현금흐름의 불리한 변동(₩20)으로 보험계약마진 ₩20을 감소

*2 2차연도 보험계약서비스를 이전함에 따라 보험수익으로 인식되는 금액은 2기초 보험계약마진(₩200)에서 미래서비스와 관련된 이행현금흐름 증가액(₩20)을 차감한 후 잔여보장기간(2년)을 나누어 계산 [₩90 = (₩200 − ₩20)/2년]

(2) 원수보험계약(손실계약) : 발생보험금, 예상보험금 및 손실요소 배분 등

(차)	보험서비스비용(발생보험금)	100	(대)	현금	100
	손실요소 배분	30		보험서비스비용(발생보험금)	30
	잔여보장부채(BEL)	100		보험수익(예상보험금)	100
	보험수익(예상보험금)	30		손실요소 배분	30
	보험서비스비용* (손실부담계약 관련 비용)	10		잔여보장부채(BEL)	10

* 손실부담계약집합의 예상 잔여현금유출액(₩100)이 10% 증가를 추정하였으므로 미래 현금흐름의 불리한 변동(₩10)으로 추가적인 손실요소 ₩10을 인식

(3) 출재보험계약 : 발생재보험금, 예상재보험금, 손실회수요소 배분 및 보험계약마진(순원가) 상각 등

(차)	현금	90	(대)	재보험수익(발생재보험금)	90
	재보험수익(발생재보험금)	9		손실회수요소 배분	9
	재보험서비스비용(예상재보험금)	90		잔여보장부채(BEL)	90
	손실회수요수 배분	9		재보험서비스비용(예상재보험금)	9
	잔여보장부채(BEL)	6		보험계약마진(CSM)*1	6
	재보험서비스비용(CSM 상각)	21		잔여보장부채(CSM)*2	21
	잔여보장부채(BEL)	3		재보험수익(손실회수요소)*3	3

*1 미래서비스와 관련된 이행현금흐름의 변동 중 출재보험계약의 보험계약마진에서 ₩6을 조정

*2 2기초 재보험계약집합 보험계약마진 ₩48 중 당기에 상각되어 재보험서비스비용으로 인식되는 금액 [₩21 = (₩48 − ₩6)/2년]

*3 미래서비스와 관련된 이행현금흐름의 변동 중 출재보험계약의 보험계약마진에서 조정되지 아니하는 ₩3을 즉시 당기손익으로 인식

3. 3차연도 회계처리

(1) 원수보험계약(이익계약) : 발생보험금, 예상보험금 및 보험계약마진 상각 등

(차)	보험서비스비용(발생보험금)	220	(대)	현금	220
	잔여보장부채(BEL)	220		보험수익(예상보험금)	220
	잔여보장부채(CSM)*	90		보험수익(CSM 상각)	90

* 3차연도 보험계약서비스를 이전함에 따라 보험수익으로 인식되는 금액은 3기초 보험계약마진(₩90)에 대해 잔여보장기간(1년)을 나누어 계산[₩90 = (₩90)/1년]

(2) 원수보험계약(손실계약) : 발생보험금, 예상보험금 및 손실요소 배분 등

(차)	보험서비스비용(발생보험금)	110	(대)	현금	110
	손실요소 배분	40		보험서비스비용(발생보험금)	40
	잔여보장부채(BEL)	110		보험수익(예상보험금)	110
	보험수익(예상보험금)	40		손실요소 배분	40

(3) 출재보험계약 : 발생재보험금, 예상재보험금, 손실회수요소 배분 및 보험계약마진(순원가) 상각 등

(차)	현금	99	(대)	재보험수익(발생재보험금)	99
	재보험수익(발생재보험금)	12		손실회수요소 배분	12
	재보험서비스비용(예상재보험금)	99		잔여보장부채(BEL)	99
	손실회수요수 배분	12		재보험서비스비용(예상재보험금)	12
	재보험서비스비용(CSM 상각)*	21		잔여보장부채(CSM)	21

* 3기초 재보험계약집합 보험계약마진 ₩21 중 당기에 상각되어 재보험서비스비용으로 인식되는 금액 [₩21 = (₩21)/1년]

09

부록

ACCOUNTING FOR
FINANCIAL INSTRUMENTS AND
INSURANCE CONTRACTS

금융·보험회계

[부록 1]
보험회사의 감독목적 재무제표 계정과목별 해설

1 재무상태표 [개별(별도)재무제표]

계정과목	과목해설 및 작성방법
<자 산>	
(현금및현금성자산)	보유현금 및 유동성이 매우 높은 단기 투자자산으로서 확정된 금액의 현금으로 전환이 용이하고 가치변동의 위험이 경미한 자산
(당기손익－공정가치측정금융자산)	상각후원가측정금융자산이나 기타포괄손익－공정가치측정금융자산으로 분류되지 않으며, 후속적인 공정가치의 변동을 당기손익으로 측정하는 금융자산
(기타포괄손익－공정가치측정금융자산)	계약상 현금흐름의 수취와 금융자산의 매도 둘 다를 통해 목적을 이루는 사업모형하에서 보유하며, 계약상 현금흐름이 원리금 지급으로만 구성되어 있는 금융자산 및 단기매매항목이 아니고 당기손익－공정가치로 측정되는 지분상품 중 후속적인 공정가치 변동을 기타포괄손익으로 인식하도록 최초 인식시점에 선택한 금융자산
(상각후원가측정금융자산)	계약상 현금흐름을 수취하는 것이 목적인 사업모형 하에서 보유하고 있으며, 계약상 현금흐름이 원리금만으로 구성된 금융자산으로, 최초 인식시점에 측정한 금융자산에서 상환된 원금을 차감하고, 최초 인식금액과 만기금액의 차액에 유효이자율법을 적용하여 계산한 상각누계액을 가감하고, 손실충당금을 조정하여 측정한 금액
(관계·종속기업투자주식)	투자자가 유의적 영향력을 행사할 수 있는 기업 혹은 투자자가 지배력을 행사할 수 있는 기업에 대해 투자한 주식 등

계정과목	과목해설 및 작성방법
(위험회피회계적용파생상품자산)	한국채택국제회계기준 제1039호 혹은 제1109호의 위험회피회계(공정가치위험회피회계, 현금흐름위험회피회계 등)를 적용하는 파생상품자산
(기타금융자산)	상기 이외의 금융자산
(비금융자산)	매각예정 처분자산집단에 포함된 자산 및 한국채택국제회계기준 제1032호의 금융자산을 제외한 자산
(매각예정 처분자산집단에 포함된 자산)	계속사용이 아닌 매각거래를 통하여 주로 회수될 자산
(특별계정자산)	자산의 운영과 손익의 배분 등에 있어서 일반계정과 구분하여 별도로 관리되는 보험계약 및 보험계약의 성격을 갖는 투자계약에 대한 총자산 금액
Ⅰ. 운용자산	
1. 현금및예치금	
가. 현금과예금	
(1) 현금	통화 및 통화대용증권인 타인발행당좌수표, 송금환어음, 자기앞수표, 우편환증서, 기타 통화와 즉시 교환이 가능한 증서 등
(2) 당좌예금	거래은행과 당좌거래계약을 체결한 후 수시로 예입하고 당좌수표를 발행하여 그 자금의 지급을 은행에 위임하는 예금
(3) 보통예금	예금거래의 대상금액, 기간 등에 제한이 없고 입출금이 자유로운 예금
(4) 정기예금	일정기간을 정하여 일정금액을 예치하고 만기가 도래하기 전에는 원칙적으로 현금의 환급을 요구할 수 없는 기한부예금
(5) 정기적금	만기시 일정금액을 정해 놓고 일정일에 일정금액을 분할하여 금융기관에 예치하는 금액
(6) 해외제예금	해외에 소재한 금융기관에 예치된 예금
(7) 기타예금	상기이외의 예금 • 양도성예금증서(CD), 당좌개설보증금, 장기저축성보험료, 어음관리구좌(CMA), 외화예금, 시장금리부 수시입출금식예금(MMDA) 등
나. 금전신탁	신탁을 목적으로 기한을 정하여 예입하는 금액
다. 선물거래예치금	선물거래 등을 보증하기 위하여 예치하는 금액
라. 기타예치금	상기이외의 예치금

계정과목	과목해설 및 작성방법
2. 유가증권	재산권을 표창하는 증권으로서 적절한 액면금액단위로 분할되고 시장에서 거래되거나 투자의 대상이 되며, 지분증권과 채무증권을 포함
2-1. 당기손익-공정가치측정유가증권	상각후원가측정유가증권이나 기타포괄손익-공정가치측정유가증권으로 분류되지 않는 유가증권 중 후속적인 공정가치의 변동을 당기손익으로 인식하는 유가증권
[당기손익-공정가치측정지정금융자산]	회계불일치를 제거하거나 유의적으로 줄이기 위한 목적 등을 위해 당기손익-공정가치측정으로 지정한 금융자산
가. 주식	주권 또는 신주인수권을 표시하는 증서
(1) 상장주식	한국거래소에서 거래되고 있는 주식
(2) 기타	상장주식 이외의 주식
나. 출자금	주식회사 이외의 법인 등에 출자한 기금(증권 및 채권시장 안정기금 출자금 포함)
다. 국·공채	예산회계법 및 지방재정법에 의거 국가 또는 공공단체가 발행한 채권 • 양곡증권, 국민주택채권, 외국환평형기금채권, 국고채, 도로채권, 도시철도채권, 상수도채권, 지역개발채권 등
(1) 국채	중앙정부가 자금 조달을 위해 발행하는 만기가 정해진 채권
(2) 공채	지방자치단체 등의 정부기관이 재정자금을 조달하기 위하여 발행하는 채권
라. 특수채	특별법에 의하여 설립된 법인 또는 정부출자기관이 발행한 채권 • 통화안정증권, 토지개발채권, 한국전력채권, 중소기업진흥공단채권, 한국수자원공사채권, 한국가스공사채권, 한국통신공사채권, 예금보험기금채권, 특수은행채권 등
마. 금융채	금융회사가 모집의 방법으로 발행한 채권 • 일반은행채권, 카드채권, 종금채권, 할부금융채권 등
바. 회사채	회사가 모집의 방법으로 발행한 채권 • 공모채, 사모사채(활성시장이 존재하는 경우), 전환사채, 신주인수권부사채 등
(1) 보증사채	발행한 회사채의 원금상환 및 이자의 지급을 발행한 회사 이외의 제3자가 보증하는 채권
(2) 무보증사채	발행한 회사채의 원금상환 및 이자의 지급을 발행한 회사 이외의 제3자가 보증하지 않는 채권

계정과목	과목해설 및 작성방법
사. 수익증권	집합투자업자, 신탁업자 등이 「자본시장과 금융투자업에 관한 법률」(이하 "자본시장법"이라 한다)에 의하여 발행한 집합투자증권 및 수익증권 • 공사채형 집합투자기구·주식형집합투자기구·단기금융집합투자기구(MMF)의 집합투자증권 및 개발신탁수익증권 등
아. 외화표시유가증권	외화표시 유가증권
(1) 주식	외화표시 주식
(2) 채권	외화표시 채권
(3) 수익증권	외화표시 수익증권
(4) 신종유가증권	외화표시 신용연계채권 및 합성담보부채권 등
(5) 기타유가증권	상기 이외의 외화표시 유가증권
자. 기타	상기 이외의 당기손익－공정가치측정유가증권
2－2. 기타포괄손익－공정가치측정유가증권	계약상 현금흐름의 수취와 금융자산의 매도 둘 다를 통해 목적을 이루는 사업모형 하에서 보유하며, 계약상 현금흐름이 원리금만으로 구성되어 있고, 당기손익－공정가치 측정항목으로 지정되지 않은 채무증권 및 단기매매를 목적으로 보유하는 것이 아니며 최초 인식시에 후속적인 공정가치 변동을 기타포괄손익으로 인식하는 것을 선택한 지분증권
가. 주식	주권 또는 신주인수권을 표시하는 증서
(1) 상장주식	한국거래소에서 거래되고 있는 주식
(2) 기타	상장주식 이외의 주식
나. 출자금	주식회사 이외의 법인 등에 출자한 기금 (증권 및 채권시장 안정기금 출자금 포함)
다. 국·공채	예산회계법 및 지방재정법에 의거 국가 또는 공공단체가 발행한 채권 • 양곡증권, 국민주택채권, 외국환평형기금채권, 국고채, 도로채권, 도시철도채권, 상수도채권, 지역개발채권 등
(1) 국채	중앙정부가 자금 조달을 위해 발행하는 만기가 정해진 채권
(2) 공채	지방자치단체 등의 정부기관이 재정자금을 조달하기 위하여 발행하는 채권
라. 특수채	특별법에 의하여 설립된 법인 또는 정부출자기관이 발행한 채권 • 통화안정증권, 토지개발채권, 한국전력채권, 중소기업진흥공단채권, 한국수자원공사채권, 한국가스공사채권, 한국통신공사채권, 예금보험기금채권, 특수은행채권 등

계정과목	과목해설 및 작성방법
마. 금융채	금융회사가 모집의 방법으로 발행한 채권 • 일반은행채권, 카드채권, 종금채권, 할부금융채권 등
바. 회사채	회사가 모집의 방법으로 발행한 채권 • 공모채, 사모사채(활성시장이 존재하는 경우),전환사채, 신주인수권부사채 등
(1) 보증사채	발행한 회사채의 원금상환 및 이자의 지급을 발행한 회사 이외의 제3자가 보증하는 채권
(2) 무보증사채	발행한 회사채의 원금상환 및 이자의 지급을 발행한 회사 이외의 제3자가 보증하지 않는 채권
사. 수익증권	집합투자업자, 신탁업자 등이 「자본시장과 금융투자업에 관한 법률」(이하 "자본시장법"이라 한다)에 의하여 발행한 집합투자증권 및 수익증권 • 공사채형집합투자기구 · 주식형집합투자기구 · 단기금융집합투자기구(MMF)의 집합투자증권 및 개발신탁수익증권 등
아. 외화표시유가증권	외화표시 유가증권
(1) 주식	외화표시 주식
(2) 채권	외화표시 채권
(3) 수익증권	외화표시 수익증권
(4) 신종유가증권	외화표시 신용연계채권 및 합성담보부채권 등
(5) 기타유가증권	상기 이외의 외화표시 유가증권
자. 기타	상기 이외의 기타포괄손익-공정가치측정유가증권
2-3. 상각후원가측정유가증권	계약상 현금흐름을 수취하는 것이 목적인 사업모형 하에서 보유하고 있으며, 계약상 현금흐름이 원리금만으로 구성된 유가증권으로, 최초 인식시점에 측정한 금융자산에서 상환된 원금을 차감하고, 최초 인식금액과 만기금액의 차액에 유효이자율법을 적용하여 계산한 상각누계액을 가감하고, 손실충당금을 조정하여 측정한 금액
(손실충당금)	향후 상각후원가측정유가증권에서 발생할 것으로 예상되는 기대신용손실을 인식하기 위해 한국채택국제회계기준 제1109호 금융상품 손상기준에 따라 산출한 충당금
가. 국·공채	예산회계법 및 지방재정법에 의거 국가 또는 공공단체가 발행한 채권 • 양곡증권, 국민주택채권, 외국환평형기금채권, 국고채, 도로채권, 도시철도채권, 상수도채권, 지역개발채권 등

계정과목	과목해설 및 작성방법
(1) 국채	중앙정부가 자금 조달을 위해 발행하는 만기가 정해진 채권
(2) 공채	지방자치단체 등의 정부기관이 재정자금을 조달하기 위하여 발행하는 채권
나. 특수채	특별법에 의하여 설립된 법인 또는 정부출자기관이 발행한 채권 • 통화안정증권, 토지개발채권, 한국전력채권, 중소기업진흥공단채권, 한국수자원공사채권, 한국가스공사채권, 한국통신공사채권, 예금보험기금채권, 특수은행채권 등
다. 금융채	금융회사가 모집의 방법으로 발행한 채권 • 일반은행채권, 카드채권, 종금채권, 할부금융채권 등
라. 회사채	회사가 모집의 방법으로 발행한 채권 • 공모채, 사모사채(활성시장이 존재하는 경우), 전환사채, 신주인수권부사채 등
(1) 보증사채	발행한 회사채의 원금상환 및 이자의 지급을 발행한 회사 이외의 제3자가 보증하는 채권
(2) 무보증사채	발행한 회사채의 원금상환 및 이자의 지급을 발행한 회사 이외의 제3자가 보증하지 않는 채권
마. 수익증권	집합투자업자, 신탁업자 등이 「자본시장과 금융투자업에 관한 법률」(이하 "자본시장법"이라 한다)에 의하여 발행한 집합투자증권 및 수익증권 • 공사채형집합투자기구 · 주식형집합투자기구 · 단기금융집합투자기구(MMF)의집합투자증권및개발신탁수익증권등
바. 외화표시유가증권	외화표시 유가증권
(1) 채권	외화표시 채권
(2) 수익증권	외화표시 수익증권
(3) 신종유가증권	외화표시 신용연계채권 및 합성담보부채권 등
(4) 기타유가증권	상기 이외의 외화표시 유가증권
사. 기타유가증권	상기 이외의 상각후원가측정유가증권
2-4. 관계·종속기업투자주식	투자자가 유의적 영향력을 행사할 수 있는 기업 혹은 투자자가 지배력을 행사할 수 있는 기업에 대해 투자한 주식 등
[종속기업투자자산]	투자회사의 지배를 받고 있는 기업(파트너십과 같이 법인격이 없는 실체를 포함)에 대해서 보유하고 있는 투자자산

계정과목	과목해설 및 작성방법
[관계기업투자자산]	투자자가 당해 기업에 대하여 유의적인 영향력이 있는 기업(파트너십과 같이 법인격이 없는 실체를 포함)에 대해서 보유하고 있는 투자자산
가. 주식	보험회사가 지배력 또는 유의적인 영향력이 있는 기업에 대한 주식
나. 출자금	보험회사가 지배력 또는 유의적인 영향력이 있는 기업에 대한 출자금
다. 기타	상기 이외의 관계·종속기업에 대한 투자지분
3. 대출채권	경제적 실질이 이자수취를 목적으로 담보를 제공받거나 신용으로 일정기간동안 또는 동 기간 종료시 원리금의 반환을 약정하고 자금을 대여하는 금액
[당기손익－공정가치측정대출채권]	상각후원가측정대출채권이나 기타포괄손익－공정가치측정대출채권으로 분류되지 않는 대출처권 중 후속적인 공정가치의 변동을 당기손익으로 인식하는 다출채권
[기타포괄손익－공정가치측정대출채권]	계약상 현금흐름의 수취와 금융자산의 매도 둘 다를 통해 목적을 이루는 사업모형하에서 보우하며, 계약상 현금흐름이 원리금으로만 구성되어 있고, 당기손익－공정가치측정 항목으로 지정되지 않은 대출채권
[상각후원가측정대출채권]	계약상 현금흐름을 수취하는 것이 목적인 사업모형 하에서 보유하고 있으며, 계약상 현금흐름이 원리금만으로 구성된 대출채권
(현재가치할인차금)	회사정리절차 개시, 화의절차 개시 및 거래 당사자간의 합의등의 원인으로 인하여 채권의 이자율이나 기간 등 계약조건이 변경되어 재조정된 채권 또는 장기금전대차거래에서 발생한 것으로서 명목가액과 현재가치의 차이가 중요한 채권에 대한 장부가액과 현재가치와의 차액
(대손충당금)	향후 대출채권에서 발생할 것으로 예상되는 기대신용손실을 인식하기 위해 한국채택국제회계기준 제1109호 금융상품 손상기준에 따라 산출한 충당금
(이연대출부대손익)	대출채권의 발생과 직접적으로 연관되어 발생하는 수익 또는 비용항목을 대출기간에 대응하기 위하여 이연처리한 금액
가. 콜론	콜거래를 통한 대출채권
나. 유가증권담보대출금	국·공채, 특수채, 회사채, 주식 등을 담보로 하여 대여하는 대출채권

계정과목	과목해설 및 작성방법
다. 부동산담보대출금	건물이나 토지 등 부동산을 담보로 하여 대여하는 대출채권
라. 신용대출금	담보없이 대여하는 대출채권
마. 어음할인대출금	상업어음, 무역어음 등을 할인하는 방식으로 대여하는 대출채권
(1) 상업어음할인	상업어음을 할인하는 방식으로 대여하는 대출채권
(2) 무역어음할인	무역어음을 할인하는 방식으로 대여하는 대출채권
(3) 기타	상기 이외의 어음할인대출금
바. 지급보증대출금	정부, 지방자치단체, 금융기관 등이 보증한 보증서를 담보로 대여하는 대출채권
사. 기타대출금	상기이외의 대출채권 • 사모사채(활성시장이 존재하지 않거나 발행인으로부터 직접 취득하는 경우), 발행인으로부터 직접 취득한 CP, 환매조건부채권 매수 등
(1) 사모사채	채권의 발행자가 공개모집의 형식을 취하지 않고 특정 개인이나 기관투자자들과 직접 접촉하여 발행증권을 인수하는 형태를 취하는 사채
(2) CP	회사가 자금조달을 목적으로 발행하는 어음
(3) 투자계약 보험계약대출	한국채택국제회계기준 제1117호의 적용이 배제되는 보험계약약관에 의거하여 대여하는 보험계약대출금액
(4) 기타	상기 이외의 기타 대출채권
4. 부동산	회사가 장기간에 걸쳐 사업목적에 사용하기 위해 보유하는 부동산
(손상차손누계액)	부동산의 장부금액이 회수가능액을 초과하여 손상차손으로 인식한 금액의 합계
[투자부동산]	임대수익이나 시세차익 또는 둘 다를 얻기위하여 소유자가 보유하거나 리스이용자가 사용권자산으로 보유하고 있는 부동산
– 투자부동산(토지)	투자부동산 중 토지
– 투자부동산(건물)	투자부동산 중 건물
– 투자부동산(해외부동산)	투자부동산 중 해외부동산
– 투자부동산(기타)	상기 이외의 기타 투자부동산
가. 토지	대지, 임야, 전답, 잡종지 등 소유토지에 대한 매입원가와 부대비용 및 개량비 • 토지구획정리비, 정지비, 배수로설치비, 토지개발부담금, 토지초과이득세 등을 토지 매입원가에 가산

계정과목	과목해설 및 작성방법
나. 건물	건물 기본공사와 냉난방·조명·통풍·기타건물 부속설비의 취득가액, 부대시설비 및 자본적 지출액
(감가상각누계액)	건물 감가상각비 총액
다. 구축물	교량·안벽·궤도 및 기타의 토목설비 또는 공작물 등 토지, 건물 등에 부착된 시설물 및 부속설비
(감가상각누계액)	구축물 감가상각비 총액
라. 해외부동산	해외에서 매입한 토지, 건물 등
(감가상각누계액)	해외부동산 감가상각비 총액
(1) 토지	해외부동산 중 토지
(2) 건물	해외부동산 중 건물
(3) 구축물	해외부동산 중 구축물
(4) 건설중인자산	해외부동산 중 건설중인 자산
마. 건설중인자산	사업용 유형자산의 건설을 위한 재료비, 노무비, 경비 및 당해 건설의 목적으로 충당한 도급금 또는 설비의 건설을 위하여 차입한 건설자금의 이자 등
바. 기타부동산	상기이외의 부동산
(감가상각누계액)	기타부동산 감가상각비 총액
Ⅱ. 비운용자산	
1. 보험계약자산	보험자가 보험계약자로부터 유의적 보험위험을 인수하는 계약으로 인해 갖게 되는 순계약상 권리
가. 잔여보장요소	아직 발생하지 않은 보험사고 및 지급사유가 발생하지 않은 투자요소와 관련된 보험자의 순계약상 권리
(1) 최선추정	잔여보장요소인 보험계약집합 내 각 계약들의 경계 내에 있는 모든 미래 현금흐름의 현재가치 추정치
(2) 위험조정	잔여보장요소인 보험계약집합의 비금융위험에서 생기는 현금흐름의 금액과 시기에 대한 불확실성을 감수하는 것에 대하여 보험자가 요구하는 보상 금액
(3) 보험계약마진	보험계약집합 내 보험계약에 따라 서비스를 제공하면서 인식하게 될 미실현이익
(4) 보험료배분접근법적용	보험료배분접근법을 적용하여 측정한 보험계약집합의 잔여보장요소
나. 발생사고요소	이미 발생한 보험사고 및 지급사유가 발생한 투자요소와 관련된 보험자의 순계약상권리

계정과목	과목해설 및 작성방법
(1) 최선추정	발생사고요소인 보험계약집합 내 각 계약들의 경계 내에 있는 모든 미래 현금흐름의 현재가치 추정치
(2) 위험조정	발생사고요소인 보험계약집합의 비금융위험에서 생기는 현금흐름의 금액과 시기에 대한 불확실성을 부담하는 것에 대하여 보험자가 요구하는 보상 금액
다. 사전인식 보험취득현금흐름	보험계약집합 인식 이전에 이와 관련하여 지급한 보험취득현금흐름
(손상차손누계액)	보험취득현금흐름자산의 장부금액이 회수가능액을 초과하여 손상차손으로 인식한 금액의 합계
2. 재보험계약자산	보유한 재보험계약으로 인해 재보험계약자가 갖게 되는 순계약상 권리
가. 잔여보장요소	재보험계약에 따라 아직 발생하지 않은 보험사고 및 수령사유가 발생하지 않은 투자요소와 관련된 재보험계약자의 순계약상 권리
(1) 최선추정	잔여보장요소인 재보험계약집합 내 각 계약들의 경계 내에 있는 모든 미래 현금흐름의 현재가치 추정치
(2) 위험조정	잔여보장요소인 재보험계약집합 보유자가 재보험계약 발행자에게 이전하는 재보험계약집합에서의 비금융위험을 반영한 금액
(3) 보험계약마진	미래에 재보험서비스를 제공받음에 따라 재보험서비스비용으로 인식하게 될 순원가 또는 순차익
(4) 보험료배분접근법적용	보험료배분접근법을 사용하여 측정한 잔여보장요소인 재보험계약집합 금액
나. 발생사고요소	재보험계약에 따라 이미 발생한 보험사고 및 수령사유가 발생한 투자요소와 관련된 재보험계약자의 순계약상권리
(1) 최선추정	발생사고요소인 재보험계약집합 내 각 계약들의 경계 내에 있는 모든 미래 현금흐름의 현재가치 추정치
(2) 위험조정	발생사고요소인 재보험계약집합 보유자가 재보험계약 발행자에게 이전하는 재보험계약집합에서의 비금융위험을 반영한 금액
3. 미수금	보험영업이외의 거래에서 발생한 미수채권
(현재가치할인차금)	회사정리절차 개시, 화의절차 개시 및 거래 당사자간의 합의 등의 원인으로 인하여 채권의 이자율이나 기간 등 계약조건이 변경되어 재조정된 채권, 장기연불조건의 매매거래 또는 이와 유사한 거래에서 발생한 것으로서 명목가액과 현재가치의 차이가 중요한 채권에 대한 장부가액과 현재가치와의 차액

계정과목	과목해설 및 작성방법
(대손충당금)	미수금에 대한 대손충당금 설정액
4. 보증금	계약이나 채무의 이행을 보증하기 위해 지급하는 금액 • 전신전화가입권, 예탁보증금, 공탁금, 전세권, 임차보증금 등
(현재가치할인차금)	보증금의 명목가액과 현재가치와의 차액
(대손충당금)	보증금에 대한 대손충당금 설정액
가. 공탁금	채무이행의 의무면제 또는 채권 추심을 위하여 법원에 예치한 현금 또는 유가증권
나. 예약보증금	임차계약 이외의 계약에 의해 예치시켜놓은 금액
다. 임차보증금	건물, 토지 및 기계 등의 임차계약에 따른 보증금
라. 기타보증금	상기 이외의 보증금
5. 미수수익	기간의 경과에 따라 당기에 속하는 수익 중 미수금액으로서 회수가능성의 정도에 따라 인식 • 미수이자(예금, 대출채권, 유가증권등), 미수임대료, 미수배당금 등
(대손충당금)	미수수익에 대한 대손충당금 설정액
6. 선급비용	지급이 완료되었으나, 기간손익계산상 차기 이후에 비용화 될 금액
7. 선급법인세	기중에 원천징수당한 법인세나 중간예납한 법인세
8. 선급부가세	부가가치세법에 의하여 환급받아야 할 매입세액
9. 선급금	물품대금 등의 일부를 미리 지급한 금액
가. 일반선급금	일반 목적의 선급금
나. 부동산매입선급금	부동산 매입과 관련한 선급금
10. 가지급금	귀속될 과목 또는 금액이 미확정된 일시적인 지급 금액을 처리하기 위한 가계정
(대손충당금)	대출성격의 가지급금에 대한 대손충당금 설정액
가. 일반가지급금	일반 목적의 가지급금
나. 부동산매입가지급금	부동산 매입과 관련한 가지급금
11. 가지급보험금	보험금이 미확정된 상태에서 선지급하는 일시적인 보험금 및 미정리보험금
12. 본지점계정차	본·지점간 거래금액의 미청산잔액
13. 차량운반구	자동차 및 부속운반구 취득금액 및 자본적 지출액
(감가상각누계액)	차량운반구 감가상각비 총액

계정과목	과목해설 및 작성방법
14. 비품	비품의 구입금액 등에 소요된 금액과 자본적 지출액
(감가상각누계액)	비품의 감가상각비 총액
15. 임차점포시설물	점포임차시 자산성이 있는 시설물 투자액
(감가상각누계액)	임차점포시설물 감가상각비 총액
16. 기타의유형자산	상기 이외에 속하지 않는 기타의 유형자산(수목, 서화 등)
17. 이연법인세자산	일시적차이로 인하여 법인세법 등의 법령에 의하여 납부하여야 할 금액이 법인세비용을 초과하는 경우 그 초과하는 금액과 이월결손금 등에서 발생한 법인세 효과
18. 파생상품자산	기초자산의 가치 변동에 따라 가격이 결정되는 금융상품
[매매목적파생상품]	매매를 통한 시세차익획득이 목적인 파생상품
[헤지목적파생상품]	위험회피회계의 적용을 통한 특정위험의 회피가 목적인 파생상품
가. 이자율관련	이자율 관련 파생상품거래에 대한 평가이익 금액
나. 통화관련	통화 관련 파생상품거래에 대한 평가이익 금액
다. 주식관련	주식 관련 파생상품거래에 대한 평가이익 금액
라. 신용관련	신용 관련 파생상품거래에 대한 평가이익 금액
마. 기타	상기 이외의 파생상품거래에 대한 평가이익 금액
19. 무형자산	물리적 형태는 없으나, 미래에 걸쳐 기업의 수익창출에 기여할 것으로 예상되는 자산
(손상차손누계액)	무형자산의 장부금액이 회수가능액을 초과하여 손상차손으로 인식한 금액의 합계
가. 영업권	합병·영업양수·계약이전 등의 경우에 유상으로 취득한 권리
나. 소프트웨어	외부로부터 소프트웨어를 구입하기 위하여 지출한 비용
다. 개발비	신상품 또는 신기술의 개발활동과 관련하여 발생한 비용(소프트웨어 개발과 관련된 비용 포함)으로서 개별적으로 식별가능하고 미래의 경제적 효익을 기대할 수 있는 비용
라. 기타의무형자산	상기 이외의 무형자산으로서, 독점적, 배타적으로 이용할 수 있는 권리
20. 어음	발행하는 사람이 일정한 금전의 지급을 약속하거나 또는 제3자에게 그 지급을 위탁하는 유가증권
(대손충당금)	어음에 대한 대손충당금 설정금액

계정과목	과목해설 및 작성방법
가. 받을어음	상거래(보험영업, 투자영업 및 기타상거래를 말함)에서 수취한 상업어음(선일자수표를 포함)
나. 부도어음	받을어음 중 지급기일에 거절된 어음상의 채권
21. 순확정급여자산	사외적립자산의 공정가치가 확정급여채무의 현재가치를 초과하는 경우, 자산인식상한을 한도로 하는 초과적립액
22. 기타의비운용자산	상기 이외의 비운용자산
Ⅲ. 특별계정자산	자산의 운영과 손익의 배분 등에 있어서 일반계정과 구분하여 별도로 관리되는 보험계약 및 보험계약의 성격을 갖는 투자계약에 대한 총자산 금액
(특별계정미지급금－퇴직연금)	일반계정과 특별계정－퇴직연금간 거래금액의 미청산잔액
(특별계정미지급금－변액보험)	일반계정과 특별계정－변액보험간 거래금액의 미청산잔액
1. 퇴직연금	실적배당형 퇴직연금에 해당하는 특별계정 자산
2. 변액보험	변액보험에 해당하는 특별계정 자산
<부 채>	
(보험계약부채)	보험자가 보험계약자로부터 유의적 보험위험을 인수하는 계약으로 인해 부담하는 보험자의 순계약상 의무
(재보험계약부채)	보유한 재보험계약으로 인해 부담하는 재보험계약자의 순계약상 의무
(투자계약부채)	보험계약의 법률적 형식을 취하고 있으나, 한국채택국제회계기준 제1117호의 적용을 받지 않아 투자계약으로 분류된 계약으로 인한 보험자의 의무
(당기손익－공정가치측정금융부채)	단기매매항목의 정의를 충족하는 금융부채 및 한국채택국제회계기준 제1109호에서 규정한 일정 요건을 충족하여 최초 인식시점 혹은 후속적으로 당기손익－공정가치 측정 항목으로 지정한 금융부채
(상각후원가측정금융부채)	상각후원가로 측정하는 금융부채로, 최초 인식시점에서 측정한 금융부채에서 상환된 원금을 차감하고, 최초 인식금액과 만기금액의 차액에 유효이자율법을 적용하여 계산한 상각누계액을 가감한 금액
(위험회피회계적용파생상품부채)	한국채택국제회계기준 제1039호 혹은 제 1109호의 위험회피회계(공정가치위험회피회계, 현금흐름위험회피회계 등)를 적용하는 파생상품부채

계정과목	과목해설 및 작성방법
(비금융부채)	보험계약부채, 매각예정처분자산집단에 포함된 부채 및 한국채택국제회계기준 제 1032호의 금융부채를 제외한 부채
(매각예정처분자산집단에포함된부채)	계속사용이 아닌 매각이나 다른 방법으로 함께 처분될 예정인 부채의 집합
(특별계정부채)	자산의 운영과 손익의 배분 등에 있어서 일반계정과 구분하여 별도로 관리하게되는 보험계약 및 보험계약의 성격을 갖는 투자계약에 대한 부채와 적립금 총계
Ⅰ. 책임준비금	
1. 보험계약부채	보험자가 보험계약자로부터 유의적 보험위험을 인수하는 계약으로 인해 보험자가 부담하는 순계약상 의무
[보험계약대출]	한국채택국제회계기준 제1117호가 적용되는 보험계약의 보험약관에 의거하여 대여하는 보험계약대출에서 발생하는 미래현금흐름의 시가평가 금액
[계약자배당부채]	유배당 보험계약의 보험계약자에게 향후 지급해야 할 의무가 있는 미래 계약자 배당액
– 계약자배당준비금	금융감독원장이 정하는 바에 의하여 계약자 배당에 충당할 목적으로 적립하는 금액
– 계약자이익배당준비금	장래에 계약자배당에 충당하기 위해 계약자배당준비금외에 추가적으로 적립하는 것으로서 법령 등에 의해 총액으로 적립하는 금액
– 배당보험손실보전준비금	배당보험계약의 손실을 보전하기 위한 목적으로 적립하는 금액
– 계약자배당안정화준비금	자산재평가법에 의한 재평가차액중 계약자에게 배당을 안정적으로 실시하기 위하여 적립하는 금액
[보증부채]	보증준비금 적립기준에서 차감한 금액으로 보증 관련 요소(보증수수료, 보증손실 등)를 포함하여 산출한 최선추정에서 보증 관련 요소를 제외하고 산출한 최선추정을 차감하여 산출한 금액 또는 보증과 직접적으로 관련된 최선추정금액
가. 잔여보장요소	아직 발생하지 않은 보험사고 및 지급사유가 발생하지 않은 투자요소와 관련된 보험자의 순계약상 의무
(1) 최선추정	잔여보장요소인 보험계약집합 내 각 계약들의 경계 내에 있는 모든 미래 현금흐름의 현재가치 추정치
(2) 위험조정	잔여보장요소인 보험계약집합의 비금융위험에서 생기는 현금흐름의 금액과 시기에 대한 불확실성을 감수하는 것에 대하여 보험자가 요구하는 보상 금액

계정과목	과목해설 및 작성방법
(3) 보험계약마진	보험계약집합 내 보험계약에 따라 서비스를 제공하면서 인식하게 될 미실현이익
(4) 보험료배분접근법적용	보험료배분접근법을 적용하여 측정한 보험계약집합의 잔여보장요소
나. 발생사고요소	이미 발생한 보험사고 및 지급사유가 발생한 투자요소와 관련된 보험자의 순계약상 의무
(1) 최선추정	발생사고요소인 보험계약집합 내 각 계약들의 경계 내에 있는 모든 미래 현금흐름의 현재가치 추정치
(2) 위험조정	발생사고요소인 보험계약집합의 비금융위험에서 생기는 현금흐름의 금액과 시기에 대한 불확실성을 부담하는 것에 대하여 보험자가 요구하는 보상
다. 사전인식 보험취득현금흐름	보험계약집합 인식 이전에 이와 관련하여 지급한 보험취득현금흐름
2. 재보험계약부채	보유한 재보험계약으로 인해 부담하는 재보험계약자의 순계약상 의무
가. 잔여보장요소	재보험계약에 따라 아직 발생하지 않은 보험사고 및 수령사유가 발생하지 않은 투자요소와 관련된 재보험계약자의 순계약상 의무
(1) 최선추정	잔여보장요소인 재보험계약집합 내 각 계약들의 경계 내에 있는 모든 미래 현금흐름의 현재가치 추정치
(2) 위험조정	잔여보장요소인 재보험계약집합 보유자가 재보험계약 발행자에게 이전하는 재보험계약집합에서의 비금융위험을 반영한 금액
(3) 보험계약마진	미래에 재보험서비스를 제공받음에 따라 재보험비용으로 인식하게 될 순원가 또는 순차익
(4) 보험료배분접근법적용	보험료배분접근법을 사용하여 측정한 재보험계약집합의 잔여보장요소
나. 발생사고요소	재보험계약에 따라 이미 발생한 보험사고 및 수령사유가 발생한 투자요소와 관련된 재보험계약자의 순계약상 의무
(1) 최선추정	발생사고요소인 재보험계약집합 내 각 계약들의 경계 내에 있는 모든 미래 현금흐름의 현재가치 추정치
(2) 위험조정	발생사고요소인 재보험계약집합 보유자가 재보험계약 발행자에게 이전하는 재보험계약집합에서의 비금융위험을 반영한 금액

계정과목	과목해설 및 작성방법
3. 투자계약부채	보험계약의 법률적 형식을 취하고 있으나, 한국채택국제회계기준 제1117호의 적용을 받지 않아 투자계약으로 분류된 계약으로 인한 보험자의 의무
Ⅱ. 계약자지분조정	보험사의 미실현평가손익에서 계약자 지분에 해당하는 금액 중 부채에 반영된 미래 계약자배당을 제외한 금액
1. 공익사업출연기금	자산재평가법에 의한 재평가차액 중 공익사업에 출연하기 위하여 적립한 금액
2. 기타포괄손익–공정가치측정금융상품 평가손익	기타포괄손익–공정가치측정금융상품 평가손익 중 계약자 지분에 해당하는 금액
3. 관계·종속기업투자주식평가손익	관계·종속기업 투자주식 평가손익 중 계약자 지분에 해당하는 금액
4. 재평가적립금	자산재평가법에 의하여 소유자산을 재평가한 평가액이 장부가액을 초과하는 금액에서 결손금 누적액과 재평가세를 차감한 금액 중 계약자지분 해당액
5. 재평가잉여금	과거 기업회계기준서 제5호 및 한국채택국제회계기준서 제1016호, 제1101호 등에 의한 유형자산 재평가 및 공정가치평가에 따라 발생한 자산의 평가금액과 장부금액의 차액 중 계약자지분에 해당하는 금액
Ⅲ. 기타부채	
[당기손익–공정가치측정지정금융부채]	한국채택국제회계기준 제1109호에서 규정한 일정 요건을 충족하여 최초 인식시점 혹은 후속적으로 당기손익–공정가치측정 항목으로 지정한 금융부채
1. 미지급금	보험영업 이외의 거래에서 발생한 미지급채무
2. 미지급비용	당기 말 이전에 발생된 비용으로서 지급이 완료되지 아니한 금액
3. 미지급법인세	법인세법에 의거 당기부담에 속하는 법인세등의 미지급금액
4. 당좌차월	당좌차월계약에 의하여 일정한 한도내에서 일시 차입한 금액
5. 차입금	당좌차월 이외의 지급 또는 상환해야 할 차입금 • 콜머니, RP매도 등
가. 콜머니	금융기관 상호간에 거래되는 단기의 차입금
나. RP매도	일정 기간이 지난 후에 다시 매입하는 조건으로 채권을 매도하여 단기자금을 조달한 방식의 환매조건부 채권
다. 후순위차입	일반 차입금이 모두 상환된 뒤 변제청구권을 갖도록 약정을 맺은 차입금

계정과목	과목해설 및 작성방법
라. 기업어음의발행	보험회사가 자금조달을 목적으로 발행하는 어음 형식의 단기 채권
마. 기타	상기 이외의 차입금
6. 사채	보험회사가 자금을 조달하기 위하여 자기자본 이내에서 발행한 채권
가. 후순위채권	보험회사가 파산했을 때 채무 변제순위가 일반 채권보다 후순위인 채권
나. 일반채권	후순위채권을 제외한 사채
7. 선수금	보험영업 이외의 거래에서 발생한 착수금, 계약금 등의 선수금액
8. 선수수익	보험영업 이외의 거래에서 발생한 수입 중 당기에 속하지 않은 차기 이후의 수익 • 선수이자(예금, 대출채권, 유가증권 등), 선수임대료, 선수수수료 등
9. 예수금	지급하여야 할 시점이 수입시점보다 늦은 일시적 입금으로 원천징수한 세금 등 • 원천세(갑근세, 주민세, 사업소득세, 퇴직소득세, 기타소득세,법인세, 개인연금추징세, 보험차익원천세, 농특세, 채권이자보유기간원천세, 실명전환과징금) 및 계약에 따른 각종 보증금(임대보증금 제외) 등
10. 미지급부가세	부가가치세법에 의하여 재화와 용역을 공급하고 거래 징수하는 부가가치세
11. 가수금	귀속할 과목 또는 금액이 미확정된 일시적인 자금의 수입액을 처리하기 위한 임시계정
12. 가수보험료	보험계약이 성립되기 전에 입금된 보험료 및 과입보험료
13. 본지점계정대	본·지점간 거래금액의 미청산잔액
14. 이연법인세부채	일시적 차이로 인하여 법인세비용이 법인세법 등의 법령에 의하여 납부하여야 할 금액을 초과할 경우 그 초과금액
15. 임대보증금	건물, 토지 등의 임대계약에 의하여 임차인으로부터 받은 보증금
(현재가치할인차금)	임대보증금의 명목가액과 현재가치와의 차액
16. 퇴직급여채무	임직원이 근로를 제공하는 기간동안 미래 퇴사시 지급할 퇴직급여를 충당하기 위해 적립하는 부채

계정과목	과목해설 및 작성방법
가. 확정급여채무	종업원이 당기와 과거 기간에 근무 용역을 제공하여 생긴 채무를 결제하기 위해 필요한 예상 미래지급액의 현재가치(사외적립자산 차감 전)
나. 미인식보험수리적손익	아직 인식되지 않은 보험수리적 손익으로 보험수리적 가정과 실제로 발생한 결과의 차이에서 발생한 손익
다. 미인식과거근무원가	아직 인식되지 않은 퇴직급여나 기타장기종업원급여를 당기에 새로 도입하거나 변경함에 따라 종업원의 과거기간 근무용역에 대한 확정급여채무의 현재가치가 변동하는 경우 그 변동액
라. 사외적립자산	퇴직급여채무의 지급과 관련하여 회사 외부에 적립된 자산으로 장기 종업원급여기금이 보유하고 있는 자산 및 적격보험계약으로 구성
(1) 퇴직연금운용자산	퇴직급여채무의 지급과 관련하여 퇴직연금운용기관에 적립된 자산
(2) 기타사외적립자산	퇴직급여채무의 지급과 관련하여 퇴직연금운용기관 이외에 적립된 자산
17. 파생상품부채	기초자산의 가치 변동에 따라 가격이 결정되는 금융상품
[매매목적파생상품]	매매를 통한 시세차익획득이 목적인 파생상품
[헤지목적파생상품]	위험회피회계의 적용을 통한 특정위험의 회피가 목적인 파생상품
가. 이자율관련	이자율 관련 파생상품거래에 대한 평가손실 금액
나. 통화관련	통화 관련 파생상품거래에 대한 평가손실 금액
다. 주식관련	주식 관련 파생상품거래에 대한 평가손실 금액
라. 신용관련	신용 관련 파생상품거래에 대한 평가손실 금액
마. 기타	상기 이외의 파생상품거래에 대한 평가손실 금액
18. 신탁계정차	신탁계정의 일시 여유자금을 고유계정에 공여·운용하는 금액
19. 복구충당부채	점포시설물을 임차하거나 일정 기간 사용함에 따라 사용기간 종료시 자산을 해체, 제거하거나 부지를 복구할 의무가 있는 경우 복구에 소요될 것으로 추정되는 금액의 현재가치
20. 채무보증충당부채	상대방의 채무보증에 소요될 것으로 추정되는 금액의 현재가치
21. 요구불상환지분	보유자의 상환 요구 시 상환이 강제되는 등, 실질적으로는 금융부채에 해당하는 지분상품

계정과목	과목해설 및 작성방법
가. 상환우선주	발행자가 보유자에게 확정되었거나 결정가능한 미래 시점에 의무적으로 상환해야 하거나, 보유자가 상환을 청구할 수 있는 권리를 보유하고 있는 우선주식
나. 기타	상기 이외의 요구불상환지분
22. 지급어음	상거래의 채무를 청산하기 위하여 발행한 어음상의 채무
23. 그밖의기타부채	상기 이외의 기타부채
Ⅳ. 특별계정부채	자산의 운영과 손익의 배분 등에 있어서 일반계정과 구분하여 별도로 관리하게 되는 보험계약 및 보험계약의 성격을 갖는 투자계약에 대한 부채와 적립금 총계
(특별계정미수금-퇴직연금)	일반계정과 특별계정-퇴직연금간 거래금액의 미청산잔액
(특별계정미수금-변액보험)	일반계정과 특별계정-변액보험간 거래금액의 미청산잔액
1. 퇴직연금	실적배당형 퇴직연금에 해당하는 특별계정 부채
2. 변액보험	변액보험에 해당하는 특별계정 부채
<자 본>	
Ⅰ. 자본금	발행이 완료된 주식의 액면 총액
[수권주식수]	회사의 정관에 규정된 발행 가능한 주식 수
[발행주식수]	회사가 발행한 주식 수
1. 보통주자본금	정관의 규정에 의하여 발행한 주수에 1주당 액면금액을 곱한 금액
[발행보통주식수]	보통주로 발행한 주식 수
2. 우선주자본금	정관의 규정에 의하여 발행한 주식중 보통주를 제외한 주수에 1주당 액면금액을 곱한 금액에서 요구불상환지분 해당액을 차감한 금액
[발행우선주식수]	우선주로 발행한 주식 수
Ⅱ. 자본잉여금	증자활동, 감자활동 및 기타자본과 관련된 거래에서 발생한 잉여금
1. 주식발행초과금	주식발행가액이 액면가액을 초과하는 경우 그 초과하는 금액
2. 감자차익	자본감소의 경우에 그 감소액이 주식의 소각, 주금의 반환에 소요된 금액과 결손의 보전에 충당한 금액을 초과하는 경우에 그 초과금액

계정과목	과목해설 및 작성방법
3. 재평가적립금	자산재평가법에 의하여 소유자산을 재평가한 평가액이 장부가액을 초과하는 금액에서 결손금누적액과 재평가세를 차감한 금액 중 99.3.31이전에 실시한 재평가에 따른 유보액 및 99.4.1 이후 실시한 재평가에 따른 주주지분 해당액
4. 기타자본잉여금	상기 이외의 자본잉여금
Ⅲ. 신종자본증권	보험회사가 자본조달을 위하여 자기자본 이내에서 발행한 신종자본증권
(할인발행차금) (−)	신종자본증권 발행 가격이 액면에 미달하는 경우 그 미달하는 금액
(할증발행차금) (+)	신종자본증권 발행 가격이 액면을 초과하는 경우 그 초과하는 금액
Ⅳ. 이익잉여금	기업의 이익창출활동에 의해 획득된 이익으로서 사내에 유보된 금액
1. 이익준비금	상법의 규정에 의하여 매결산기의 금전에 의한 이익배당액의 10분의1 이상을 적립하는 금액
2. 기타법정적립금	법으로 적립이 의무화 되어 있는 적립금
가. 기업합리화적립금	조세특례제한법의 규정에 의하여 세액공제, 세액면제, 감면, 또는 소득공제를 적용받는 기업이 그 공제받은 세액만큼을 의무적으로 적립하는 금액
3. 대손준비금	보험업감독규정상 자산건전성분류 대상자산의 최소적립률에 의한 대손충당금 적립액과 한국채택국제회계기준의 대손충당금 적립액의 차액
4. 임의적립금	이익잉여금중 법정준비금 이외에 정관의 규정 또는 주주총회의 의결에 따라 적립된 금액
5. 처분전이익잉여금(처리전결손금)	이익잉여금처분계산서에서 이익잉여금 처분 전 금액 (결손금처리계산서에서 결손금 처리 전 금액)
(당기순이익또는당기순손실)	손익계산서상의 당기순손익
6. 해약환급금준비금	재무상태표일 현재 유지되고 있는 계약에 대하여 해약환급금을 지급하기 위해 책임준비금의 일정수준을 초과하여 적립한 금액
7. 보증준비금	재무상태일 현재 유지되고 있는 계약에 대하여 보험금 등을 일정수준 이상으로 보증하기 위해 적립한 금액
8. 비상위험준비금	보험업법 120조에 따라 비상위험에 대비하기 위하여 별도로 적립한 준비금

계정과목	과목해설 및 작성방법
Ⅴ. 자본조정	자기주식, 주식할인발행차금 등 주주와의 자본거래에 해당하나 최종납입된 자본으로 볼 수 없거나 자본의 가감 성격으로 자본금이나 자본잉여금으로 분류할 수 없는 항목
1. 주식할인발행차금	주식발행가액이 액면가액에 미달하는 경우 그 미달하는 금액
2. 자기주식	회사가 이미 발행한 자사의 주식을 주주로부터 취득하는 경우 그 취득가액
3. 기타자본조정	상기이외의 자본조정
Ⅵ. 기타포괄손익누계액	기타포괄손익-공정가치측정금융상품 평가손익, 해외사업환산손익 등 주주와의 자본거래를 제외한 자본의 변동
1. 기타포괄손익-공정가치측정금융상품 평가손익	기타포괄손익-공정가치측정금융상품의 평가손익 중 자본계정에 해당하는 금액
[지분상품평가손익]	기타포괄손익-공정가치측정금융상품 중 자본계정에 해당되는 지분상품의 평가손익
2. 기타포괄손익-공정가치측정채무상품 손실충당금	향후 기타포괄손익-공정가치측정채무상품에서 발생할 것으로 예상되는 기대신용손실을 인식하기 위해 한국채택국제회계기준 제1109호 금융상품 손상기준에 따라 산출한 충당금
3. 관계·종속기업투자주식평가손익	관계·종속기업투자주식의 지분법평가시 관계·종속기업의 자본항목 변동금액 중 투자회사의 자본계정에 해당하는 금액(관계·종속기업투자주식의 공정가치 평가시에는 평가손익 중 자본계정에 해당하는 금액)
4. 보험계약자산(부채)순금융손익	화폐의 시간가치 및 금융위험 변동효과 등으로 인해 발생한 보험금융수익(비용) 중 일부를 기타포괄손익으로 인식하는 회계정책을 선택한 경우, 보험사가 발행한 보험계약집합 공정가치 변동 중 기타포괄손익으로 인식한 금액
5. 재보험계약자산(부채)순금융손익	화폐의 시간가치 및 금융위험 변동효과 등으로 인해 발생한 재보험금융수익(비용) 중 일부를 기타포괄손익으로 인식하는 회계정책을 선택한 경우, 보험사가 보유한 재보험계약집합의 공정가치 변동 중 기타포괄손익으로 인식한 금액
6. 해외사업환산손익	해외지점 또는 해외사업소의 외화표시 자산·부채 및 손익항목을 일괄하여 원화로 환산하는 경우 그 환산차액
7. 위험회피파생상품평가손익	위험회피수단으로 지정된 파생상품의 평가손익 중 자본계정에 해당하는 금액
가. 현금흐름위험회피평가이익	현금흐름위험회피파생상품 평가이익 중 기타포괄이익으로 인식한 금액

계정과목	과목해설 및 작성방법
나. 현금흐름위험회피평가손실	현금흐름위험회피파생상품 평가손실 중 기타포괄손실로 인식한 금액
다. 공정가치위험회피평가이익	공정가치위험회피파생상품 평가이익 중 기타포괄이익으로 인식한 금액
라. 공정가치위험회피평가손실	공정가치위험회피파생상품 평가이익 중 기타포괄손실로 인식한 금액
8. 재평가잉여금	과거 기업회계기준서 제5호 및 한국채택국제회계기준서 제1016호, 제1101호 등에 의한 유형자산 재평가 및 공정가치평가에 따라 발생한 자산의 평가금액과 장부금액의 차액 중 자본계정에 해당하는 금액
9. 보험수리적손익	경험조정(이전의 보험수리적 가정과 실제 일어난 결과의 차이 효과) 및 보험수리적 가정의 변경 효과로 발생하는 확정급여채무 현재가치의 변동
10. 기타	상기 이외의 기타포괄손익누계액

2 손익계산서 [개별(별도)재무제표]

계정과목	과목해설 및 작성방법
Ⅰ. 보험손익	보험수익 − 보험서비스비용 + 재보험수익 − 재보험서비스비용 − 기타사업비용
1. 보험수익	보험계약집합에서 발생하는 보장 및 기타 서비스를 제공하고 교환하여 받을 것으로 기대하는 대가를 반영하는 금액
1−1. 일반모형/변동수수료접근법 보험수익	일반모형 또는 변동수수료접근법을 적용한 보험계약집합에서 발생하는 보장 및 기타 서비스를 제공하고 교환하여 받을 것으로 기대하는 대가를 반영하는 금액
가. 예상보험금	보험계약집합 측정 시 포함되는 현금흐름 중 당기에 발생할 것으로 예상한 보험금으로, 투자요소를 제외하고 손실요소배분액을 차감하기 전 금액
나. 예상손해조사비	보험계약집합 측정 시 포함되는 현금흐름 중 당기에 발생할 것으로 예상한 사업비로, 보험사고 손해액을 사정하여 지급하고 구상권 행사 등을 통해 보험금을 환수하는 일련의 업무처리에 소요되는 비용이며, 손실요소배분액을 차감하기 전 금액
다. 예상계약유지비	보험계약집합 측정 시 포함되는 현금흐름 중 당기에 발생할 것으로 예상한 사업비로, 보험계약을 유지하고 관리하는데 소요되는 비용이며, 손실요소배분액을 차감하기 전 금액
라. 예상투자관리비	보험계약집합 측정 시 포함되는 현금흐름 중 당기에 발생할 것으로 예상한 사업비로 유가증권, 대출채권 및 부동산 등을 관리, 유지하는데 직접적으로 소요되는 인건비와 제경비이며, 손실요소배분액을 차감하기 전 금액
마. 위험조정변동	잔여보장요소의 비금융위험에 대한 위험조정 변동으로, 보험금융수익(비용)에 포함된 변동 및 미래 서비스와 관련되어 보험계약마진에서 조정한 변동을 제외한 금액(관련 손실요소배분액을 차감하기 전)
바. 보험계약마진상각	보험계약집합 내 보험계약에 따라 서비스를 제공하면서 보험수익으로 인식한 보험계약마진 상각액
사. 보험취득현금흐름 상각	보험취득현금흐름을 시간의 경과에 따라 배분하여 보험수익으로 인식한 금액으로, 손실요소배분액을 차감하기 전 금액
아. 손실요소 배분액	잔여보장요소 이행현금흐름의 후속 변동분 중 잔여보장요소의 손실요소에 배분되어 보험수익에서 제외되는 금액

계정과목	과목해설 및 작성방법
(1) 최선추정부채 수익인식 배분	최선추정부채의 변동분 중 손실요소에 배분되어 보험수익에서 제외되는 금액
(2) 위험조정 수익인식 배분	위험조정의 변동분 중 손실요소에 배분되어 보험수익에서 제외되는 금액
자. 기타보험수익	상기 이외의 보험수익
(1) 보험취득현금흐름 경험조정	보험취득현금흐름에서 발생한 경험조정 중 미래서비스와 관련되지 않은 보험수익
(2) 수취보험료 경험조정	보험료 수취와 관련하여 발생한 경험조정 중 미래서비스와 관련되지 않은 보험수익
(3) 기타	상기 이외의 기타 보험수익
1-2. 보험료배분접근법적용수익	보험료배분접근법을 적용하는 보험계약집합에서 발생한 수익으로 시간경과기준 또는 보험서비스비용이 발생될 것으로 기대되는 시기 기준에 따라 해당 기간에 배분된 예상 보험료 수취액(투자요소를 제외하고 화폐의 시간가치와 금융위험 효과를 반영한 경우 이를 조정한 금액)
2. 보험서비스비용	보험계약집합에서 발생하는 보장 및 기타 서비스를 제공하는데 소요되는 비용
2-1. 일반모형/변동수수료접근법 보험서비스비용	일반모형 또는 변동수수료접근법을 적용한 보험계약집합에서 발생한 보장 및 기타 서비스를 제공하는데 소요되는 비용
가. 발생보험금	보험계약집합 측정시 포함되는 현금흐름 중 당기에 실제로 발생한 보험금으로, 투자요소를 제외하고 손실요소배분액을 차감하기 전 금액
(1) 발생사고요소 최선추정 인식액	당기에 발생한 보험계약 발생사고요소 중 최선추정금액
(2) 발생사고요소 위험조정 인식액	당기에 발생한 보험계약 발생사고요소 중 위험조정금액
나. 발생손해조사비	보험계약집합 측정 시 포함되는 현금흐름 중 당기에 실제로 발생한 사업비로, 보험사고 손해액을 사정하여 지급하고 구상권 행사 등을 통해 보험금을 환수하는 일련의 업무처리에 소요되는 비용이며, 손실요소배분액을 차감하기 전 금액
다. 발생계약유지비	보험계약집합 측정 시 포함되는 현금흐름 중 당기에 실제로 발생한 사업비로, 보험계약을 유지하고 관리하는데 소요되는 비용이며, 손실요소배분액을 차감하기 전 금액
라. 발생투자관리비	보험계약집합 측정 시 포함되는 현금흐름 중 당기에 실제로 발생한 사업비로 유가증권, 대출채권 및 부동산 등을 관리, 유지하는데 직접적으로 소요되는 인건비와 제경비이며, 손실요소배분액을 차감하기 전 금액

계정과목	과목해설 및 작성방법
마. 손실부담계약관련비용(환입)	당기에 신규로 발생한 손실요소 및 손실요소 배분액을 제외한 손실요소의 증감분
바. 발생사고요소조정	발생사고요소 이행현금흐름의 변동분
(1) 발생사고요소 최선추정 변동액	발생사고요소 최선추정부채 변동금액 중 과거서비스와 관련된 변동금액
(2) 발생사고요소 위험조정 변동액	발생사고요소 위험조정 변동금액 중 과거서비스와 관련된 변동금액
사. 보험취득현금흐름 상각	보험취득현금흐름을 시간의 경과에 따라 배분하여 보험서비스 비용으로 인식한 금액으로, 손실요소배분액을 차감하기 전 금액
아. 손실요소 배분액	잔여보장요소 이행현금흐름의 후속 변동분 중 잔여보장요소의 손실요소에 배분된 금액으로, 보험서비스비용에서 제외되는 금액
자. 기타보험서비스비용	상기 이외의 보험서비스비용
(1) 보험취득현금흐름 경험조정	보험취득현금흐름에서 발생한 경험조정 중 미래서비스와 관련되지 않은 보험서비스비용
(2) 보험취득현금흐름자산 손상차손(환입)	보험취득현금흐름이 관련 보험계약집합에 대한 예상 순현금흐름유입액을 초과하여 손상차손으로 인식한 금액. 공정가액이 회복된 경우 당해 자산의 손상인식 이전의 장부가액을 한도로 회복한 금액
(3) 기타	상기 이외의 기타보험서비스비용
2-2. 보험료배분접근법 보험서비스비용	보험료배분법을 적용한 보험계약집합에서 발생한 보장 및 기타 서비스를 제공하는데 소요되는 비용
가. 발생보험금	보험료배분접근법을 적용한 보험계약집합에서 당기에 실제로 발생한 보험금
(1) 발생사고요소 최선추정 인식액	당기에 발생한 보험계약 발생사고요소 중 최선추정금액
(2) 발생사고요소 위험추정 인식액	당기에 발생한 보험계약 발생사고요소 중 위험추정금액
나. 발생손해조사비	보험료배분접근법을 적용한 보험계약집합에서 당기에 실제로 발생한 손해조사비
다. 손실부담계약관련비용(환입)	보험료배분접근법을 적용한 보험계약집합에서 손실의 발생이나 변동을 인식함에 따라 발생하는 비용
라. 발생사고요소조정	보험료배분접근법을 적용한 보험계약집합에서 발생한 발생사고요소 이행현금흐름의 변동분

계정과목	과목해설 및 작성방법
(1) 발생사고요소 최선추정 변동액	발생사고요소 최선추정부채 변동금액 중 과거서비스와 관련된 변동금액
(2) 발생사고요소 위험추정 변동액	발생사고요소 위험조정 변동금액 중 과거서비스와 관련된 변동금액
3. 재보험수익	보유하고 있는 재보험계약집합에서 발생한 수익
3-1. 일반모형 재보험수익	일반모형을 적용한 재보험계약집합에서 발생한 재보험수익
가. 발생재보험금	출재보험계약집합 측정시 포함된 현금흐름 중 당기에 실제로 회수한 재보험금 및 재보험금에 기초하는 현금흐름으로 투자요소를 제외하고, 손실회수요소배분액을 차감하기 전 금액
(1) 발생사고요소 최선추정 인식액	당기에 발생한 재보험계약 발생사고요소 최선추정금액
(2) 발생사고요소 위험조정 인식액	당기에 발생한 재보험계약 발생사고요소 위험조정금액
나. 발생손해조사비	출재보험계약에서 당기에 실제로 회수되는 손해조사비로, 손실회수요소배분액을 차감하기 전 금액
다. 손실회수요소관련수익	원수보험에서 발생한 손실요소의 변동에 대응하여 재보험수익으로 인식하는 금액
라. 발생사고요소조정	재보험계약집합 발생사고요소 이행현금흐름 변동분
(1) 발생사고요소 최선추정 변동액	재보험계약집합 발생사고요소 최선추정부채 변동금액 중 과거서비스와 관련된 변동금액
(2) 발생사고요소 위험조정 변동액	재보험계약집합 발생사고요소 위험조정 변동금액 중 과거서비스와 관련된 변동금액
마. 손실회수요소 배분액	원수보험의 손실요소배분금액이 반영되도록 재보험계약집합의 손실회수요소에 배분된 금액으로, 재보험수익에서 제외되는 금액
바. 기타재보험수익	상기 이외의 재보험수익
3-2. 보험료배분접근법 재보험수익	보험료배분접근법을 적용한 재보험계약집합에서 발생한 재보험수익
가. 발생재보험금	보험료배분접근법을 적용한 재보험계약집합에서 발생한 재보험금
(1) 발생사고요소 최선추정 인식액	당기에 발생한 재보험계약 발생사고요소 최선추정금액
(2) 발생사고요소 위험추정 인식액	당기에 발생한 재보험계약 발생사고요소 위험조정금액
나. 발생손해조사비	출재보험계약집합에서 당기에 실제로 회수한 손해조사비

계정과목	과목해설 및 작성방법
다. 손실회수요소관련수익	원수보험에서 발생한 손실요소의 변동에 대응하여 재보험수익으로 인식하는 금액
라. 발생사고요소조정	재보험계약집합 발생사고요소 이행현금흐름 변동분
(1) 발생사고요소 최선추정 변동액	재보험계약집합 발생사고요소 최선추정부채 변동금액 중 과거서비스와 관련된 변동금액
(2) 발생사고요소 위험추정 변동액	재보험계약집합 발생사고요소 위험조정 변동금액 중 과서서비스와 관련된 변동금액
마. 기타재보험수익	상기 이외에 재보험수익
4. 재보험서비스비용	출재보험계약집합에서 발생한 비용
4-1. 일반모형 재보험서비스비용	일반모형을 적용한 재보험계약집합에서 발생한 재보험서비스비용
가. 예상재보험금	출재보험계약집합 측정시 포함되는 현금흐름 중 당기에 회수할 것으로 예상한 재보험금 및 재보험금에 기초하는 현금흐름으로, 투자요소를 제외하고, 손실회수요소배분액을 차감하기 전 금액
나. 예상손해조사비	출재보험계약집합 측정 시 포함되는 현금흐름 중 당기에 회수할 것으로 예상한 손해조사비로, 손실회수요소배분액을 차감하기 전 금액
다. 위험조정변동	재보험계약 잔여보장요소의 비금융위험에 대한 위험조정 변동으로, 재보험금융수익(비용)에 포함된 변동 및 미래 서비스와 관련되어 보험계약마진에서 조정한 변동을 제외한 금액(관련 손실회수요소배분액 차감 전)
라. 보험계약마진상각	재보험계약집합 보험계약마진 중 당기에 상각되어 재보험서비스비용으로 인식되는 금액
마. 손실회수요소 배분액	원수보험의 손실요소배분이 반영되도록 재보험계약집합의 손실회수요소에 배분된 금액으로 재보험서비스비용에서 제외되는 금액
(1) 최선추정부채 비용인식 배분	재보험계약집합 최선추정부채의 변동분 중 손실회수요소에 배분되어 재보험서비스비용에서 제외되는 금액
(2) 위험조정 비용인식 배분	재보험계약집합 위험조정의 변동분 중 손실회수요소에 배분되어 재보험서비스비용에서 제외되는 금액
바. 기타재보험서비스비용	상기 이외의 재보험서비스비용
(1) 재보험료 경험조정	재보험료에서 발생한 경험조정 중 미래서비스와 관련되지 않은 재보험서비스비용

계정과목	과목해설 및 작성방법
(2) 기타	상기 이외의 기타재보험서비스비용
4-2. 보험료배분접근법 재보험서비스비용	보험료배분접근법을 적용한 재보험계약집합에서 발생한 재보험서비스비용
5. 기타사업비용	보험계약집합 측정시 포함되지 않으며, 당기손익으로 즉시 인식하는 사업비
Ⅱ. 투자손익	투자수익-투자비용
1. 투자수익	
가. 보험금융수익	보험계약집합에서 발생한 화폐의 시간가치 및 금융위험 변동효과로 인해 발생한 수익
(1) 보험계약보험금융수익	발행한 보험계약집합에서 발생한 화폐의 시간가치 및 금융위험 변동효과로 인해 발생한 수익
① 보험금융이자수익	보험계약집합에서 발생한 이자수익
② 환율변동수익	환율의 변동으로 인해 발생하는 보험계약집합의 공정가치 변동분 및 보험계약 변제시 발생하는 외환차익 중 당기 수익으로 인식하는 금액
③ 할인율변동수익	할인율의 변동으로 인해 발생한 보험계약집합의 공정가치 변동분 중 당기 수익으로 인식하는 금액
④ 기타	상기 이외의 기타 보험금융수익
(2) 재보험계약보험금융수익	보유한 재보험계약집합에서 발생한 화폐의 시간가치 및 금융위험 변동효과로 인해 발생한 수익
① 보험금융이자수익	재보험계약집합에서 발생한 이자수익
② 환율변동수익	환율의 변동으로 인해 발생하는 재보험계약집합의 공정가치 변동분 및 재보험계약 변제시 발생하는 외환차익 중 당기 수익으로 인식하는 금액
③ 할인율변동수익	할인율의 변동으로 인해 발생한 재보험계약집합의 공정가치 변동분 중 당기 수익으로 인식하는 금액
④ 재보험자불이행위험변동액	보유한 재보험계약집합 발행자의 채무불이행위험 변동으로 인해 발생하는 금융수익
⑤ 기타	상기 이외의 기타 재보험금융수익
나. 이자수익	
(1) 예금이자	예금, 적금에서 발생한 이자수익
(2) 당기손익-공정가치측정유가증권이자	당기손익-공정가치측정유가증권에서 발생한 이자수익

계정과목	과목해설 및 작성방법
(3) 기타포괄손익-공정가치측정유가증권이자	기타포괄손익-공정가치측정유가증권에서 발생한 이자수익
(4) 상각후원가측정유가증권이자	상각후원가측정유가증권에서 발생한 이자수익
(5) 대출채권이자	대출채권에서 발생한 이자(연체이자 및 현재가치할인차금의 상각금액 포함)
(6) 기타이자수익	상기 이외의 이자수익(부활이자, 임대보증금 연체이자 등)
다. 배당수익	주식이나 출자금 등에서 발생한 배당수익
(1) 당기손익-공정가치측정유가증권배당수익	당기손익-공정가치측정유가증권에서 발생한 배당수익
(2) 기타포괄손익-공정가치측정유가증권배당수익	기타포괄손익-공정가치측정유가증권에서 발생한 배당수익
(3) 관계·종속기업투자주식배당수익	별도재무제표를 작성하는 보험회사의 경우 관계·종속기업 투자주식에서 발생한 배당수익
(4) 기타배당수익	상기 이외의 배당수익
라. 임대료수익	부동산에 대한 임대료 수입액(임대료 수입, 관리비 수입, 주차장 수입 등)
마. 수수료수익	일상적인 영업활동과 관련하여 고객 등에게 제공한 용역의 대가(유가증권 인수단 참여 수수료, 주식대여수수료, 대출수수료 등)
바. 금융상품처분이익	금융상품의 매각 또는 상환금액이 장부가액을 초과하는 금액
(1) 당기손익-공정가치측정유가증권처분이익	당기손익-공정가치측정유가증권의 매각 또는 상환금액이 장부가액을 초과하는 금액
(2) 기타포괄손익-공정가치측정유가증권처분이익	기타포괄손익-공정가치측정유가증권의 매각 또는 상환금액이 장부가액을 초과하는 금액
(3) 상각후원가측정유가증권처분이익	상각후원가측정유가증권의 매각 또는 상환금액이 장부가액을 초과하는 금액
(4) 대출채권처분이익	대출채권의 매각 또는 상환금액이 장부가액을 초과하는 금액
(5) 관계·종속기업투자주식처분이익	관계·종속기업투자주식의 매각 또는 상환금액이 장부가액을 초과하는 금액
(6) 기타	상기 이외의 금융상품의 매각 또는 상환금액이 장부가액을 초과하는 금액
사. 금융상품재분류이익	금융상품을 관리하는 사업모형을 변경함에 따라 금융상품을 재분류하여 발생하는 이익
아. 당기손익-공정가치측정금융상품평가이익	당기손익-공정가치측정금융상품에서 발생하는 평가이익

계정과목	과목해설 및 작성방법
(1) 당기손익－공정가치측정금융자산평가이익	당기손익－공정가치측정금융자산의 공정가치가 장부금액을 초과한 금액
① 유가증권	당기손익－공정가치측정유가증권의 공정가치가 장부금액을 초과한 금액
② 대출채권	당기손익－공정가치측정대출채권의 공정가치가 장부금액을 초과한 금액
③ 기타	상기 이외의 당기손익－공정가치측정금융자산의 공정가치가 장부금액을 초과한 금액
(2) 당기손익－공정가치측정금융부채평가이익	당기손익－공정가치측정금융부채의 공정가치가 장부가액에 미달하는 금액
① 차입부채	당좌차월 이외의 지급 또는 상환하여야 할 차입금의 공정가치가 장부가액에 미달하는 금액
② 요구불상환지분	요구불상환지분의 공정가치가 장부가액에 미달하는 금액
③ 기타	상기 이외의 당기손익－공정가치측정금융부채의 공정가치가 장부가액에 미달하는 금액
자. 금전신탁이익	금전신탁에서 발생하는 배당, 이자수익 등
차. 금융상품손상차손환입	한국채택국제회계기준 제1109호 따라 측정한 금융상품에서 발생한 기대신용손실의 유리한 변동분
(1) 대손충당금환입	직전사업년도까지 설정한 대손충당금 잔액이 당기말에 설정할 대손충당금을 초과하는 금액
(2) 유가증권손상차손환입	한국채택국제회계기준 제1109호 따라 측정한 유가증권에서 발생한 기대신용손실의 유리한 변동분
① 상각후원가측정유가증권손상차손환입	한국채택국제회계기준 제1109호에 따라 측정한 상각후원가측정유가증권에서 발생한 기대신용손실의 유리한 변동분
② 기타포괄손익－공정가치측정유가증권 손상차손환입	한국채택국제회계기준 제1109호 따라 측정한 기타포괄손익－공정가치측정유가증권에서 발생한 기대신용손실의 유리한 변동분
(3) 파생상품손상차손환입	파생상품에서 발생한 손상차손의 환입
(4) 기타	상기 이외의 기타 금융상품에서 발생한 손상차손의 환입
카. 관계·종속기업투자주식손상차손환입	손상된 관계·종속기업투자주식의 회수가능액이 회복된 경우 당해 관계·종속기업투자주식의 손상인식 이전의 장부가액을 한도로 회복한 금액

계정과목	과목해설 및 작성방법
타. 비금융자산손상차손환입	손상된 비금융자산의 회수가능액이 회복된 경우 당해 비금융자산의 손상인식 이전의 장부가액을 한도로 회복된 금액
(1) 부동산손상차손환입	손상된 부동산의 회수가능액이 회복된 경우 당해 부동산의 손상인식 이전의 장부가액을 한도로 회복된 금액
(2) 무형자산손상차손환입	손상된 무형자산의 회수가능액이 회복된 경우 당해 무형자산의 손상인식 이전의 장부가액을 한도로 회복된 금액
(3) 기타	상기 이외 비금융자산의 회수가능액이 회복된 경우 당해 자산의 손상인식 이전의 장부가액을 한도로 회복된 금액
파. 지분법평가이익	지분법을 적용하는 피투자회사의 당기순이익 중 투자회사의 지분에 속하는 금액
하. 파생상품거래이익	파생상품 거래에 대한 정산이익 금액 등
[매매목적파생상품거래이익]	매매목적파생상품 거래에 대한 정산이익 금액 등
[헤지목적파생상품거래이익]	헤지목적파생상품 거래에 대한 정산이익 금액 등
(1) 이자율관련	이자율 관련 파생상품거래에 대한 정산이익 금액 등
(2) 통화관련	통화 관련 파생상품거래에 대한 정산이익 금액 등
(3) 주식관련	주식 관련 파생상품거래에 대한 정산이익 금액 등
(4) 신용관련	신용 관련 파생상품거래에 대한 정산이익 금액 등
(5) 기타	상기 이외의 파생상품거래에 대한 정산이익 금액 등
거. 파생상품평가이익	파생상품 거래에 대한 평가이익 금액 등
[매매목적파생상품평가이익]	매매목적파생상품 거래에 대한 평가이익 금액 등
[헤지목적파생상품평가이익]	헤지목적파생상품 거래에 대한 평가이익 금액 등
(1) 이자율관련	이자율 관련 파생상품거래에 대한 평가이익 금액 등
(2) 통화관련	통화 관련 파생상품거래에 대한 평가이익 금액 등
(3) 주식관련	주식 관련 파생상품거래에 대한 평가이익 금액 등
(4) 신용관련	신용 관련 파생상품거래에 대한 평가이익 금액 등
(5) 기타	상기 이외의 파생상품거래에 대한 평가이익 금액 등
너. 외환차익	운용자산 중 외화자산의 회수시에 환율변동으로 발생한 환차익
더. 외화환산이익	운용자산 중 화폐성 외화자산의 환산에 따라 발생한 환산이익
러. 부동산처분이익	부동산을 처분하는 경우 처분가액이 장부가액을 초과하는 금액

계정과목	과목해설 및 작성방법
[투자부동산처분이익]	투자부동산을 처분하는 경우 처분가액이 장부가액을 초과하는 금액
머. 재평가손실환입	재평가모형을 적용하는 자산에 대한 평가손실환입
버. 신탁보수	신탁자산을 관리, 운용, 처분하고 이에 대해 신탁계정으로부터 받는 보수
서. 금융부채상환이익	금융부채의 상환금액이 장부가액에 미달하는 금액
(1) 발행채권	발행채권이 만기일 이전에 상환되는 경우, 그 상환금액이 장부가액에 미달하는 금액
(2) 요구불상환지분	요구불상환지분의 상환금액이 장부가액에 미달하는 금액
(3) 기타	상기 이외의 금융부채 상환금액이 장부가액에 미달하는 금액
어. 염가매수차익	화폐성자산을 염가구매하여 발생한 부의 영업권에 대해 즉시 인식하는 이익
저. 기타투자수익	상기 이외의 투자수익
2. 투자비용	
가. 보험금융비용	보험계약집합에서 발생한 화폐의 시간가치 및 금융위험 변동효과로 인해 발생한 비용
(1) 보험계약보험금융비용	발행한 보험계약집합해서 발생한 화폐의 시간가치 및 금융위험 변동효과로 인해 발생한 비용
① 보험금융이자비용	보험계약집합에서 발생한 이자비용
② 환율변동비용	환율의 변동으로 인해 발생하는 보험계약집합의 공정가치 변동분 및 보험계약 변제시 발생하는 외환차손 중 당기 비용으로 인식하는 금액
③ 할인율변동비용	할인율의 변동으로 인해 발생한 보험계약집합의 공정가치 변동분 중 당기 비용으로 인식하는 금액
④ 기타	상기 이외의 기타 보험금융비용
(2) 재보험계약보험금융비용	보유한 재보험계약집합에서 발생한 화폐의 시간가치 및 금융위험 변동효과로 인해 발생한 비용
① 보험금융이자비용	재보험계약집합에서 발생한 이자비용
② 환율변동비용	환율의 변동으로 인해 발생하는 재보험계약집합의 공정가치 변동분 및 재보험계약 변제시 발생하는 외환차손 중 당기 비용으로 인식하는 금액
③ 할인율변동비용	할인율의 변동으로 인해 발생한 재보험계약집합의 공정가치 변동분 중 당기 비용으로 인식하는 금액

계정과목	과목해설 및 작성방법
④ 재보험자불이행위험변동액	보유한 재보험계약집합 발행자의 채무불이행위험 변동으로 인해 발생하는 금융비용
⑤ 기타	상기 이외의 기타 재보험금융비용
나. 이자비용	당좌차월 및 차입금 등에서 발생하는 이자비용
(1) 당좌차월이자	당좌차월에서 발생하는 이자비용
(2) 차입금이자	차입금에서 발생하는 이자비용
① 콜머니이자	콜머니에서 발생하는 이자비용
② RP매도이자	RP에서 발생하는 이자비용
③ 후순위차입금이자	후순위차입금에서 발생하는 이자비용
④ 기타	상기 이외의 차입금 이자비용
(3) 발행채권이자	발행채권에서 발생하는 이자비용
(4) 신탁계정차이자	신탁계정차에서 발생하는 이자비용
(5) 요구불상환증권이자	요구상환불증권에서 발생하는 이자비용
(6) 리스부채이자	리스이용자가 인식한 리스부채에서 발생한 이자비용
(7) 기타이자비용	상기 이외의 기타 이자비용
다. 재산관리비	유가증권, 대출채권 및 부동산 등을 관리, 유지하는데 직접적으로 소요되는 비용으로서 보험계약집합 현금흐름에 포함되지 아니한 비용
라. 부동산관리비	부동산 관리와 관련하여 발생한 제비용중 임대부분 해당액
마. 지분법평가손실	지분법을 적용하는 피투자회사의 당기순손실 중 투자회사의 지분에 속하는 금액
바. 금융상품처분손실	금융상품의 매각 또는 상환금액이 장부가액에 미달하는 금액
(1) 당기손익－공정가치측정유가증권처분손실	당기손익－공정가치측정유가증권의 매각 또는 상환금액이 장부가액에 미달하는 금액
(장외채권중개수수료)	당기손익－공정가치측정금융채권의 장외매각시 발생하는 중개수수료
(2) 기타포괄손익－공정가치측정유가증권처분손실	기타포괄손익－공정가치측정유가증권의 매각 또는 상환금액이 장부가액에 미달하는 금액
(장외채권중개수수료)	기타포괄손익－공정가치측정금융채권의 장외매각시 발생하는 중개수수료
(3) 상각후원가측정유가증권처분손실	상각후원가측정유가증권의 매각 또는 상환금액이 장부가액에 미달하는 금액
(장외채권중개수수료)	상각후원가측정금융채권의 장외매각시 발생하는 중개수수료

계정과목	과목해설 및 작성방법
(4) 관계·종속기업투자주식처분손실	관계·종속기업투자주식의 매각 또는 상환금액이 장부가액에 미달하는 금액
(5) 대출채권처분손실	대출채권의 매각 또는 상환금액이 장부가액에 미달하는 금액
(6) 기타	상기 이외의 금융상품의 매각 또는 상환금액이 장부가액에 미달하는 금액
사. 금융상품재분류손실	금융상품을 관리하는 사업모형을 변경함에 따라 금융상품을 재분류하여 발생하는 손실
아. 당기손익-공정가치측정금융상품평가손실	당기손익-공정가치측정금융상품에서 발생하는 평가손실
(1) 당기손익-공정가치측정금융자산평가손실	당기손익-공정가치측정금융자산의 공정가치가 장부금액에 미달하는 금액
① 유가증권	당기손익-공정가치측정유가증권의 공정가치가 장부가액에 미달하는 금액
② 대출채권	당기손익-공정가치측정대출채권의 공정가치가 장부가액에 미달하는 금액
③ 기타	상기 이외의 당기손익-공정가치측정금융자산의 공정가치가 장부가액에 미달하는 금액
(2) 당기손익-공정가치측정금융부채평가손실	당기손익-공정가치측정금융부채의 공정가치가 장부금액을 초과한 금액
① 차입부채	당좌차월 이외의 지급 또는 상환하여야 할 차입금의 공정가치가 장부가액을 초과한 금액
② 요구불상환지분	요구불상환지분의 공정가치가 장부가액을 초과한 금액
③ 기타	상기 이외 당기손익-공정가치측정금융부채의 공정가치가 장부가액을 초과한 금액
자. 금전신탁손실	금전신탁에서 발생하는 손실
차. 금융상품손상차손	한국채택국제회계기준 제1109호 손상기준을 적용하여 산출한 금융상품에서 향후 발생할 것으로 예상되는 기대신용손실의 변동분
(1) 대손상각비	향후 발생할 것으로 예상되는 기대신용손실을 인식하기 위해 한국채택국제회계기준 제1109호의 손상 기준을 적용하여 산출한 대손추산액을 적립하는 비용과 회수 불가능한 채권을 대손처리 하는 비용. 다만, 대손이 발생한 때에는 기 설정된 대손충당금과 먼저 상계하고, 대손충당금이 부족한 경우에는 그 부족액을 대손상각비로 처리

계정과목	과목해설 및 작성방법
(2) 유가증권손상차손	한국채택국제회계기준 제1109호 손상기준을 적용하여 산출한 유가증권에서 향후 발생할 것으로 예상되는 기대신용손실의 변동분
① 상각후원가측정유가증권 손상차손	한국채택국제회계기준 제1109호 손상기준을 적용하여 산출한 상각후원가유가증권에서 향후 발생할 것으로 예상되는 기대신용손실의 변동분
② 기타포괄손익－공정가치측정유가증권 손상차손	한국채택국제회계기준 제1109호 손상기준을 적용하여 산출한 기타포괄손익－공정가치측정유가증권에서 향후 발생할 것으로 예상되는 기대신용손실의 변동분
(3) 파생상품손상차손	파생상품에서 발생한 손상차손
(4) 기타	상기 이외의 기타 금융상품의 손상차손
카. 관계·종속기업투자주식손상차손	관계·종속기업투자주식의 장부금액이 회수가능액을 초과하는 경우, 당해 관계·종속기업투자주식 장부금액과 회수가능액의 차액
타. 비금융자산손상차손	비금융자산의 장부금액이 회수가능액을 초과하는 경우 당해 비금융자산의 장부금액과 회수가능액의 차액
(1) 부동산손상차손	부동산의 장부금액이 회수가능억을 초과하는 경우 당해 부동산의 장부가액과 회수가능액의 차액
(2) 무형자산손상차손	무형자산의 장부금액이 회수가능액을 초과하는 경우 당해 무형자산의 장부가액과 회수가능억의 차액
(3) 기타	상기 이외 자산의 장부금액이 회수가능액을 초과하는 경우 당해 자산의 장부금액과 회수가능액의 차액
파. 파생상품거래손실	파생상품 거래에 대한 정산손실 금액 등
[매매목적파생상품거래손실]	매매목적파생상품 거래에 대한 정산손실 금액 등
[헤지목적파생상품거래손실]	헤지목적파생상품 거래에 대한 정산손실 금액 등
(1) 이자율관련	이자율 관련 파생상품거래에 대한 정산손실 금액 등
(2) 통화관련	통화 관련 파생상품거래에 대한 정산손실 금액 등
(3) 주식관련	주식 관련 파생상품거래에 대한 정산손실 금액 등
(4) 신용관련	신용 관련 파생상품거래에 대한 정산손실 금액 등
(5) 기타	상기 이외의 파생상품거래에 대한 정산손실 금액 등
하. 파생상품평가손실	파생상품 거래에 대한 평가손실 금액 등
[매매목적파생상품평가손실]	매매목적파생상품 거래에 대한 평가손실 금액 등

계정과목	과목해설 및 작성방법
[헤지목적파생상품평가손실]	헤지목적파생상품 거래에 대한 평가손실 금액 등
(1) 이자율관련	이자율 관련 파생상품거래에 대한 평가손실 금액 등
(2) 통화관련	통화 관련 파생상품거래에 대한 평가손실 금액 등
(3) 주식관련	주식 관련 파생상품거래에 대한 평가손실 금액 등
(4) 신용관련	신용 관련 파생상품거래에 대한 평가손실 금액 등
(5) 기타	상기 이외의 파생상품거래에 대한 평가손실 금액 등
거. 외환차손	운용자산 중 외화자산의 회수시에 환율변동으로 인해 발생한 환차손
너. 외화환산손실	운용자산 중 화폐성 외화자산의 환산에 따라 발생한 환산손실
더. 부동산처분손실	부동산을 처분하는 경우 처분가액이 장부가액에 미달하는 금액
[투자부동산처분손실]	투자부동산을 처분하는 경우 처분가액이 장부가액에 미달하는 금액
러. 재평가손실	재평가모형을 적용하는 자산에 대한 평가손실
머. 부동산감가상각비	부동산의 감가상각비 중 임대 부분 해당액
버. 무형자산상각비	무형자산의 상각비
서. 사용권자산감가상각비	리스이용자가 인식한 사용권자산 감가상각비
어. 금융부채상환손실	금융부채의 매각 또는 상환금액이 장부가액을 초과하는 금액
(1) 발행채권	발행채권이 만기일 이전에 상환되는 경우, 상환금액이 장부가액을 초과하는 금액
(2) 요구불상환지분	요구불상환지분의 상환금액이 장부가액을 초과하는 금액
(3) 기타	상기 이외의 기타 금융부채상환손실
저. 기타투자비용	상기 이외의 투자비용
Ⅲ. 영업이익(또는 영업손실)	
Ⅳ. 영업외손익	
1. 영업외수익	
가. 유형자산처분이익	유형자산의 처분가액이 장부금액(상각잔액)을 초과하는 금액 (차량운반구, 비품, 기타의 유형자산처분이익)
나. 전기오류수정이익	전기 또는 그 이전기간의 재무제표 작성시 발생한 중대하지 아니한 오류에 해당하는 이익 금액
다. 외환차익	영업거래에서 발생한 외화자산(운용자산 제외)의 회수 또는 외화부채의 변제시에 환율변동으로 발생한 환차익

계정과목	과목해설 및 작성방법
라. 외화환산이익	화폐성 외화자산(운용자산 제외) 및 화폐성 외화부채의 환산에 따라 발생한 환산이익
마. 자산수증이익	회사의 누적된 영업실적 악화를 개선하기 위해 주주, 임원 등으로부터 재산을 기증받은 금액
바. 채무면제이익	회사의 채권자로부터 영업상의 보조 또는 지원 등의 목적으로 채무의 전부 또는 일부를 면제받은 금액
사. 보험차익	자산의 보험가입으로 보상받은 보험금이 장부가액을 초과하는 경우 그 초과하는 금액
아. 잡이익	상기 이외의 기타 영업외수익
2. 영업외비용	
가. 유형자산처분손실	유형자산의 처분가액이 장부금액(상각잔액)에 미달하는 금액 (차량운반구, 비품, 기타의 유형자산처분손실)
나. 기부금	사업과 관계없이 무상으로 지출하는 금전 또는 물품
다. 전기오류수정손실	전기 또는 그 이전기간의 재무제표 작성시 발생한 중대하지 아니한 오류에 해당하는 손실 금액
라. 외환차손	영업거래에서 발생한 외화자산(운용자산 제외)의 회수 또는 외화부채의 변제시에 환율변동으로 발생한 환차손
마. 외화환산손실	화폐성 외화자산(운용자산 제외) 및 화폐성 외화부채의 환산에 따라 발생한 환산손실
바. 재해손실	화재, 지진, 홍수 등의 천재지변에 의하여 불가항력으로 발생하는 자산의 감소 및 제 손실의 가액
사. 과징금·과태료·벌과금등	법 위반행위 등으로 부과받은 금전상의 제재금액
아. 잡손실	상기 이외의 기타 영업외비용
Ⅴ. 법인세비용차감전순이익(또는 법인세비용차감전순손실)	
Ⅵ. 법인세비용	법인세법 등에 의하여 사업년도에 부담할 법인세 및 법인세에 부과되는 세액의 합계에 당기 이연법인세 변동액을 가감하여 산출된 금액
Ⅶ. 당기순이익(또는 당기순손실)	법인세비용차감전순이익(순손실)－법인세비용
(법인세차감후중단사업손익)	중단사업으로부터 발생한 영업손익과 영업외손익으로서 법인세효과를 차감한 금액
(비상위험준비금 적립액)	당해 결산기간 중 비상위험준비금 추가적립액
(해약환급금준비금 적립액)	당해 결산기간 중 해약환급금준비금 추가적립액

계정과목	과목해설 및 작성방법
(보증준비금 적립액)	당해 결산기간 중 보증준비금 추가적립액
(대손준비금 적립액)	당해 결산기간 중 대손준비금 추가적립액
(비상위준비금, 해약환급금준비금, 보증준비금 및 대손준비금 적립후 당기순이익)	당기순이익에서 당해 결산기간 중 비상위험준비금, 해약환급금준비금, 보증준비금 및 대손준비금 추가적립액을 차감한 금액
Ⅷ. 기타포괄손익	주주와의 자본거래를 제외한 자본의 당기 변동 금액
1. 기타포괄손익–공정가치측정금융상품 평가손익	기타포괄손익–공정가치측정금융상품 평가손익 중 자본계정에 해당하는 부분의 당기 변동 금액
[지분상품평가손익]	기타포괄손익–공정가치측정금융상품 중 자본계정에 해당되는 지분상품의 평가손익 중 당기 변동 금액
2. 기타포괄손익–공정가치측정채무상품 손실충당금	기타포괄손익에서 인식한 기타포괄손익–공정가치측정채무상품에서 발생한 기대신용손실을 나타내는 손상금액의 당기 변동분
3. 보험계약자산(부채) 순금융손익	발행한 보험계약집합에서 발생한 보험금융수익(비용) 중 일부를 기타포괄손익으로 인식하는 회계정책을 선택한 경우, 당기에 기타포괄손익으로 인식한 금액
(1) 할인율 변경효과	할인율의 변동으로 인해 발생하는 보험계약집합의 공정가치 변동분 중 당기에 기타포괄손익으로 인식한 금액
(2) 환율 변경효과	환율의 변동으로 인해 발생하는 보험계약집합의 공정가치 변동분 중 당기에 기타포괄손익으로 인식한 금액
(3) 기타	상기 이외의 보험계약집합 순금융손익
4. 재보험계약자산(부채) 순금융손익	보유 재보험계약집합에서 발생한 보험금융수익(비용) 중 일부를 기타포괄손익으로 인식하는 회계정책을 선택한 경우, 당기에 기타포괄손익으로 인식한 금액
(1) 할인율 변경효과	할인율의 변동으로 인해 발생하는 재보험계약집합의 공정가치 변동분 중 당기에 기타포괄손익으로 인식한 금액
(2) 환율 변경효과	환율의 변동으로 인해 발생하는 재보험계약집합의 공정가치 변동분 중 당기에 기타포괄손익으로 인식한 금액
(3) 기타	상기 이외의 재보험계약집합 순금융손익
5. 관계·종속기업투자주식평가손익	관계·종속기업투자주식의 지분법 평가시 관계·종속기업의 자본항목 변동금액 중 당기 변동 금액
6. 해외사업환산손익	해외사업환산손익 중 자본계정에 해당하는 부분의 당기 변동 금액

계정과목	과목해설 및 작성방법
7. 위험회피파생상품평가손익	위험회피파생상품평가손익 중 자본계정에 해당하는 부분의 당기 변동금액
8. 재평가잉여금	재평가모형을 적용하는 유형자산 등에 대한 재평가이익의 당기 변동금액
9. 보험수리적손익	보험수리적 가정 변동에 의해 발생하는 퇴직연금 부채의 변동금액 중 자본계정에 해당하는 부분의 당기 변동금액
10. 기타	상기 이외의 기타포괄손익 중 자본계정에 해당하는 부분의 당기 변동금액
Ⅸ. 총포괄손익	

(부록 2)

현재가치표 $PV = \dfrac{1}{(1+r)^n}$

이자율(i) / 기간(n)	2%	3%	4%	5%	6%	7%	8%	9%	10%	11%
1	0.98039	0.97087	0.96154	0.95238	0.94340	0.93458	0.92593	0.91743	0.90909	0.90090
2	0.96117	0.94260	0.92456	0.90703	0.89000	0.87344	0.85734	0.84168	0.82645	0.81162
3	0.94232	0.91514	0.88900	0.86384	0.83962	0.81630	0.79383	0.77218	0.75131	0.73119
4	0.92385	0.88849	0.85480	0.82270	0.79209	0.76290	0.73503	0.70843	0.68301	0.65873
5	0.90573	0.86261	0.82193	0.78353	0.74726	0.71299	0.68058	0.64993	0.62092	0.59345
6	0.88797	0.83748	0.79031	0.74622	0.70496	0.66634	0.63017	0.59627	0.56447	0.53464
7	0.87056	0.81309	0.75992	0.71068	0.66506	0.62275	0.58349	0.54703	0.51316	0.48166
8	0.85349	0.78941	0.73069	0.67684	0.62741	0.58201	0.54027	0.50187	0.46651	0.43393
9	0.83676	0.76642	0.70259	0.64461	0.59190	0.54393	0.50025	0.46043	0.42410	0.39092
10	0.82035	0.74409	0.67556	0.61391	0.55839	0.50835	0.46319	0.42241	0.38554	0.35218
11	0.80426	0.72242	0.64958	0.58468	0.52679	0.47509	0.42888	0.38753	0.35049	0.31728
12	0.78849	0.70138	0.62460	0.55684	0.49697	0.44401	0.39711	0.35553	0.31863	0.28584
13	0.77303	0.68095	0.60057	0.53032	0.46884	0.41496	0.36770	0.32618	0.28966	0.25751
14	0.75788	0.66112	0.57748	0.50507	0.44230	0.38782	0.34046	0.29925	0.26333	0.23199
15	0.74301	0.64186	0.55526	0.48102	0.41727	0.36245	0.31524	0.27454	0.23939	0.20900
16	0.72845	0.62317	0.53391	0.45811	0.39365	0.33873	0.29189	0.25187	0.21763	0.18829
17	0.71416	0.60502	0.51337	0.43630	0.37136	0.31657	0.27027	0.23107	0.19784	0.16963
18	0.70016	0.58739	0.49363	0.41552	0.35034	0.29586	0.25025	0.21199	0.17986	0.15282
19	0.68643	0.57029	0.47464	0.39573	0.33051	0.27651	0.23171	0.19449	0.16351	0.13768
20	0.67297	0.55368	0.45639	0.37689	0.31180	0.25842	0.21455	0.17843	0.14864	0.12403
21	0.65978	0.53755	0.43883	0.35894	0.29416	0.24151	0.19866	0.16370	0.13513	0.11174
22	0.64684	0.52189	0.42196	0.34185	0.27751	0.22571	0.18394	0.15018	0.12285	0.10067
23	0.63416	0.50669	0.40573	0.32557	0.26180	0.21095	0.17032	0.13778	0.11168	0.09069
24	0.62172	0.49193	0.39012	0.31007	0.24698	0.19715	0.15770	0.12640	0.10153	0.08170
25	0.60953	0.47761	0.37512	0.29530	0.23300	0.18425	0.14602	0.11597	0.09230	0.07361

기간(n) \ 이자율(i)	12%	13%	14%	15%	16%	17%	18%	19%	20%	21%
1	0.89286	0.88496	0.87719	0.86957	0.86207	0.85470	0.84746	0.84034	0.83333	0.82645
2	0.79719	0.78315	0.76947	0.75614	0.74316	0.73051	0.71818	0.70616	0.69444	0.68301
3	0.71178	0.69305	0.67497	0.65752	0.64066	0.62437	0.60863	0.59342	0.57870	0.56447
4	0.63552	0.61332	0.59208	0.57175	0.55229	0.53365	0.51579	0.49867	0.48225	0.46651
5	0.56743	0.54276	0.51937	0.49718	0.47611	0.45611	0.43711	0.41905	0.40188	0.38554
6	0.50663	0.48032	0.45559	0.43233	0.41044	0.38984	0.37043	0.35214	0.33490	0.31863
7	0.45235	0.42506	0.39964	0.37594	0.35383	0.33320	0.31393	0.29592	0.27908	0.26333
8	0.40388	0.37616	0.35056	0.32690	0.30503	0.28478	0.26604	0.24867	0.23257	0.21763
9	0.36061	0.33288	0.30751	0.28426	0.26295	0.24340	0.22546	0.20897	0.19381	0.17986
10	0.32197	0.29459	0.26974	0.24718	0.22668	0.20804	0.19106	0.17560	0.16151	0.14864
11	0.28748	0.26070	0.23662	0.21494	0.19542	0.17781	0.16192	0.14757	0.13459	0.12285
12	0.25668	0.23071	0.20756	0.18691	0.16846	0.15197	0.13722	0.12400	0.11216	0.10153
13	0.22917	0.20416	0.18207	0.16253	0.14523	0.12989	0.11629	0.10421	0.09346	0.08391
14	0.20462	0.18068	0.15971	0.14133	0.12520	0.11102	0.09855	0.08757	0.07789	0.06934
15	0.18270	0.15989	0.14010	0.12289	0.10793	0.09489	0.08352	0.07359	0.06491	0.05731
16	0.16312	0.14150	0.12289	0.10686	0.09304	0.08110	0.07078	0.06184	0.05409	0.04736
17	0.14564	0.12522	0.10780	0.09293	0.08021	0.06932	0.05998	0.05196	0.04507	0.03914
18	0.13004	0.11081	0.09456	0.08081	0.06914	0.05925	0.05083	0.04367	0.03756	0.03235
19	0.11611	0.09806	0.08295	0.07027	0.05961	0.05064	0.04308	0.03670	0.03130	0.02673
20	0.10367	0.08678	0.07276	0.06110	0.05139	0.04328	0.03651	0.03084	0.02608	0.02209
21	0.09256	0.07680	0.06383	0.05313	0.04430	0.03699	0.03094	0.02591	0.02174	0.01826
22	0.08264	0.06796	0.05599	0.04620	0.03819	0.03162	0.02622	0.02178	0.01811	0.01509
23	0.07379	0.06014	0.04911	0.04017	0.03292	0.02702	0.02222	0.01830	0.01509	0.01247
24	0.06588	0.05323	0.04308	0.03493	0.02838	0.02310	0.01883	0.01538	0.01258	0.01031
25	0.05882	0.04710	0.03779	0.03038	0.02447	0.01974	0.01596	0.01292	0.01048	0.00852

MEMO

MEMO

MEMO

MEMO

MEMO